KB179971

안녕!

인터랙티브

미디어아트

안녕! 인터랙티브 미디어아트 아두이노, 프로세싱으로 컴퓨터와 대화하는 69가지 코딩 기술

초판 1쇄 발행 2020년 3월 18일 **지은이** 이재민 **펴낸이** 한기성 **펴낸곳** 인사이트 **제작·관리** 신승준, 박미경 **용지** 월드페이퍼 **출력·인쇄** 에스제이 피앤비 **제본** 서정바인텍 **등록번호** 제2002-000049호 **등록일자** 2002년 2월 19일 **주소** 서울시 마포구 연남로5길 19-5 **전화** 02-322-5143 **팩스** 02-3143-5579 **블로그** http://blog.insightbook.co.kr **이메일** insight@insightbook.co.kr **ISBN** 978-89-6626-258-8 책값은 뒤표지에 있습니다. 잘 못 만들어진 책은 바꾸어 드립니다. 이 책의 정오표는 http://blog.insightbook.co.kr에서 확인하실 수 있습니다. 이 도서의 국립중앙도서관 출판예 정도서목록(CIP)은 서지정보유통지원시스템 홈페이지(http://seoji.nl.go.kr)와 국가자료공동목록시스템(http://www.nl.go.kr/kolisnet)에서 이용하실 수 있습니다.(CIP제어번호: CIP2020002982)

안녕!
인터랙티브
미디어아트

아두이노,
프로세싱으로
컴퓨터와 대화하는
69가지 코딩 기술

이재민 지음

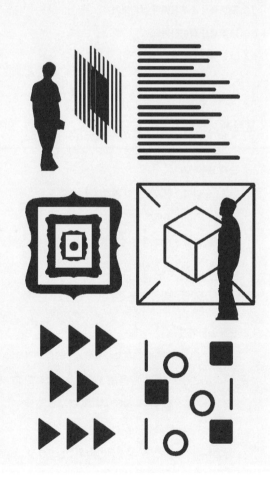

차례

2   프로세싱으로 프로젝션 매핑하기   176

3 아두이노 센서 정보 활용하기 226

들어가는 글

미국 유학시절 가을 학기 준비로 분주하던 2006년 여름 어느 날, 학교 게시판에서 "그림을 그리는 프로그래밍 언어: 프로세싱"이라는 문구가 눈에 띄었습니다. 새로 개설된 수업을 소개하는 포스터에 쓰여 있는 글이었죠. 프로세싱이란 프로그램을 배우는 과목이었는데 포토샵, 일러스트, 페인터 등 기존의 이미지 제작 프로그램들과는 사뭇 다른 작업 환경이 인상적이었습니다. 내가 원하는 그리기 도구를 선택하고 마우스를 움직여가며 그림을 그리는 방식이 아니라, 그리고 싶은 도형의 명령어와 도형의 위치와 형태를 결정하는 숫자 값을 입력해서 도형을 그리는 방식이었습니다. 그날 이후로 프로세싱의 다양한 명령어를 하나씩 입력하고 실행해 보면서 왜 컴퓨터 언어를 사용하여 그림을 그리는지, 코딩을 통해 그림을 그리면 어떤 장점들이 있는지, 그리고 어떤 이미지를 표현하는 데 효과적인지 조금씩 알게 되었습니다. 지금은 대부분의 인터랙티브 작업에 아두이노와 프로세싱을 함께 사용하고 있습니다.

유학을 마치고 돌아와 2009년 모교에서 비주얼 프로그래밍 수업을 맡으면서 처음으로 프로세싱을 가르치기 시작했습니다. 이후 과목명은 조금씩 다르지만 여러 대학에서 프로세싱을 활용하여 강의를 하게 되었고 2014년 《안녕! 미디어아트》를 내면서 다양한 분야의 전공자들이 참여하는 미디어아트 강좌를 개설하여 진행하기도 했습니다. 프로세싱은 머릿속으로 그린 이미지를 코딩을 통해 완성해 나가는 새로운 방식의 프로그래밍 도구입니다. 프로그래밍 교육을 위해서도 최적화된 프로그램이지만, 실제 작품을 위한 창작 도구로도 많이 사용되고 있습니다. 이 책에 나오는 예제들은 그동안 강의와 워크숍에서 다룬 수업 내용들로 구성했습니다. 오랫동안 프로세싱 강의를 하면서 느낀 점은 학생들이 프로젝트에서 구현하고 싶어 하는 효과들이 매년 중복된다는 것이었습니다. 강의를 하면서 많은 학생들이 관심을 보인 실습 예제와 프로세싱으로 표현하고 싶어 하던 효과들을 다음 학기 강의 커리큘럼에 반영했고, 이 책의 구성에도 그런 점들을 적극적으로 반영하였습니다. 이 책은 프로그래밍 문법들을 처음부터 순서대로 배운 다음 프로세싱으로 어떤 이미지를 그려보는 방식이 아니라 그려 보고 싶은 이미지를 정하고 그 이미지를 구현하기 위해 필요한 프로그래밍 명령어와 구조를 설명하고 이해하는 방식으로 구성했습니다. 대부분의 프로그래밍 관련 책에서는 어느 정도 기초 문법들을 배운 다음 배열(Array)을 다루지만 저는 앞부분에서 바로 배열을 활용했습니다. 이 책에서 프로세싱과 관련된 모든 프로그래밍 문법을 소개하지는 않습니다. 특히 객체지향 프로그래밍을 위한 문법은 다루지 않습니다. 이 책의 예제들은 명령문들을 순차적으로 실행하는 절차적 프로그래밍 방식으로 만들어졌습니다. 물론 프로세싱은 자바(Java) 언어를 기반으로 만들어진 만큼 객체지향 프로그래밍도 얼마든지 구현 가능합니다.

이 책은 주제에 따라 5장으로 나누었으며 실습 예제는 총 69가지입니다.

1장 프로세싱으로 그림 그리기
프로세싱에서 숫자, 문자, 이미지, 시간, 파티클, 픽셀 정보 등을 어떻게 활용하는지 살펴보고 마우스 움직임과 키보드 입력에 반응하여 실시간으로 이미지를 변화시켜 봅니다.

2장 프로세싱으로 프로젝션 매핑하기
녹화한 동영상을 프로세싱에서 어떻게 제어하는지 알아보고, 주위 사물이나 일상 공간에 새로운 의미를 부여하는 프로젝션 매핑 작업을 위한 기본 개념, 키스톤 라이브러리 활용 방법을 배워 봅니다.

3장 아두이노 센서 정보 활용하기
컴퓨터에 아두이노 보드를 연결해서 주위 환경의 변화에 따른 센서 정보를 프로세싱으로 전송하는 방법을 알아보고, 센서 값을 활용하여 이미지나 동영상이 실시간으로 반응하는 인터랙티브 작업을 만들어 봅니다.

4장 웹캠으로 입력되는 실시간 비디오 활용하기

컴퓨터와 웹캠 카메라를 연결하고, 웹캠이 전송하는 실시간 비디오를 프로세싱에서 읽어 들이는 법을 알아봅니다. 카메라 앞에 서 있는 관객의 움직임에 따라 실시간으로 변하는 인터랙티브 영상을 만들어 봅니다.

5장 실전 프로젝트

앞서 다룬 예제들을 조합하여 실제 전시 프로젝트에 응용해 봅니다. 아두이노 보드에 연결된 다수의 센서 정보 값들을 프로세싱에서 한 번에 입력받아 사용하는 법을 배우고, p5.js 라이브러리를 활용하여 인터넷 웹 사이트를 통해 나의 작품을 감상할 수 있는 웹 미술관을 오픈해 봅니다.

프로세싱을 처음 다루어보는 독자라면 첫 번째 예제부터 순서대로 실습해 보길 권합니다. 프로세싱과 아두이노를 어느 정도 접해본 독자라면 흥미를 끄는 예제부터 바로 실습해볼 수도 있습니다. 이 책의 특징 중 하나는 각 장의 예제들이 다음 장으로 넘어가면 새로운 주제에 맞춰 단계적으로 발전해 나간다는 점입니다. 예를 들어 1장의 예제 ex_1_3_7에서 명령어 get()으로 픽셀의 색깔 정보를 가져와 점묘법 그림을 그려봅니다. 예제 ex_1_6_7에서는 좀 더 나아가 픽셀의 밝기 값에 따라 해당 픽셀의 색깔을 변화시켜 봅니다. 3장의 예제 ex_3_4에서는 컴퓨터에 아두이노 보드와 사운드 센서를 연결해서 주변 소리 크기에 반응하는 점묘법 이미지를 스케치합니다. 5장의 예제 ex_5_6_2에서는 p5.js 라이브러리를 이용해서 사용자 터치에 반응하여 점묘법 이미지가 그려지는 웹 미술관으로 발전됩니다. 이처럼 예제들이 어떻게 결합되고 발전되는지 살펴보면서, 나만의 방식으로 각각의 예제들을 활용하고 조합하여 전혀 새로운 결과물을 만들어 볼 수 있습니다.

이 책을 강의용 교재로 활용한다면 2학기 과정으로 나누어 진행하면 좋습니다. 프로그래밍을 처음 접하는 학생들도 어렵지 않게 학습할 수 있습니다. 각 예제 마지막 부분에 있는 '좀 더 붙잡기~ 도전!'을 통해 그날 수업 내용을 복습하고 '작업 노트'와 '책 속 갤러리'로 작품 구상에 아이디어와 영감을 얻을 수 있습니다.

1학기 인터랙티브 미디어아트 입문(1장, 2장, 4장)

1주차	2주차	3주차	4주차	5주차	6주차	7주차	8주차
0. 프로세싱 준비하기	1.1 숫자로 표현하기	1.2 문자 움직이기	1.3 이미지 출력하기	1.4 시간 정보 활용하기	1.5 수많은 파티클 제어하기	1.6 이미지 픽셀 변형시키기	중간 프로젝트 발표

9주차	10주차	11주차	12주차	13주차	14주차	15주차
2.1 스마트폰으로 촬영한 동영상 재생하기	2.2 마스크 기능 활용하기	2.3 키스톤 라이브러리 활용하기	2.4 다면 스크린 만들기	4.1 웹캠으로 바라보기	4.2 실시간 비디오 픽셀 정보 활용하기	4.3 관객의 얼굴 정보 활용하기	기말 프로젝트 발표

2학기 인터랙티브 미디어아트 응용 실습(3장, 5장)

1주차	2주차	3주차	4주차	5주차	6주차	7주차	8주차
피지컬 컴퓨팅 소개	3.0 아두이노 준비하기	3.1 수족관 시계	3.2 촛불 무드등	3.3 채소 합창단	3.4 바람 불어 그리기	3.5 막대그래프	중간 프로젝트 발표

9주차	10주차	11주차	12주차	13주차	14주차	15주차
5.1 감지된 만남	5.2 무지개 피아노	5.3 자동차 경주	5.4 비디오 신디사이저	5.5 떨어지는 파티클 가지고 놀기	5.6 웹 미술관 오픈하기	기말 프로젝트 발표

이 책은 아두이노와 프로세싱 관련 서적을 한 권 이상 읽어보신 분, 실시간으로 변하는 이미지와 동영상을 활용한 공간 연출이나 실험 영상 작업에 관심 있는 분, 자신의 졸업 작품에 미디어아트를 접목시켜 인터랙티브 작품을 만들어 보고 싶은 분, 시각적 이미지와 새로운 기술에 관심이 많은 분, 개인 작업에 프로그래밍을 활용해 보고 싶은 분, 미니 빔 프로젝터를 가지고 뭔가 재미있는 이벤트를 기획해 보고 싶은 분,《안녕! 미디어아트》를 읽고 프로세싱과 아두이노를 활용해 인터랙티브 작업을 해보고 싶은 분들께 추천드립니다.

《안녕! 미디어아트》가 만들기(Making) 중심이었다면 《안녕! 인터랙티브 미디어아트》는 이미지와 동영상을 활용한 시각화(visualization)가 중심입니다. 《안녕! 미디어아트》에서는 실습 예제들을 직접 만들어보기 위해서 먼저 여러 가지 전자 부품들을 주문하고 납땜을 위한 공구들을 준비해야 했습니다. 하지만 인터랙티브 미디어아트는 컴퓨터만 있으면 바로 시작할 수 있습니다. 《안녕! 미디어아트》로 강의하면서 느낀 점은 아두이노와 프로세싱을 배운 학생들도 아두이노와 프로세싱을 연결시켜 함께 사용하는 인터랙티브 작업을 생각해내는 데는 적지 않은 어려움을 느낀다는 것이었습니다. 아두이노와 프로세싱을 개별적으로 다루는 것과 아두이노와 프로세싱을 연계시키는 작업은 또 다른 과정입니다. 책 속 실습예제들은 피지컬 컴퓨팅에 특화된 아두이노와 멀티미디어를 제어하는 프로세싱을 연결시키는 원리와 다양한 기술적 활용 방법들을 소개하고 있습니다. 《안녕! 인터랙티브 미디어아트》는 응용과 융합에 중점을 둔 실습서로, 데이터 시각화, 프로젝션 매핑, 컴퓨터 비전, 실험 영상, 피지컬 컴퓨팅, 사물인터넷, 생성 예술(Generative Art), 빅 데이터, 인터넷 아트, 게임, 전자책, 공간연출, VJing, 3D 매핑, 미디어 파사드 등 더욱 확장된 주제로 가기 위한 길잡이 역할을 합니다. 《안녕! 미디어아트》를 읽어본 독자라면 이 책이 일상 공간이 디지털 세계와 연결되는, 미디어아트의 새로운 가능성을 발견할 수 있는 좋은 기회가 될 것입니다.

정보 공유를 위한 네이버 카페, 페이스북 페이지와 함께 실습 예제 결과 동영상을 볼 수 있는 유튜브 채널을 운영하고 있습니다. 온라인 카페에서 언제든지 소통하고 질문하고 작품을 공유할 수도 있습니다. 네이버 카페에서 이 책에 나오는 모든 실습 예제에 사용한 이미지와 동영상, 소스 코드를 다운 받을 수 있습니다.

네이버 카페 🔲 https://cafe.naver.com/hellomediaart
페이스북 🔲 https://www.facebook.com/himediaart
유튜브(안녕! 미디어아트 Hello! Media Art) 🔲 https://bit.ly/2HQXGI8

보통 '상호작용'으로 해석하는 인터랙션을 설명할 때 저는 주로 우리가 나누는 '대화'에 비유합니다. 일상에서 나누는 대화는 참 쉬운 것 같은데 인터랙션이라는 단어는 왠지 어려워 보입니다. 이유를 생각해보면 인터랙션은 우리가 대화를 나누려고 하는 대상이 친한 친구가 아닌 컴퓨터 혹은 새로운 미디어이기 때문입니다. 외국 친구와 대화를 나누고 그 친구가 사는 나라에 대해 알고 싶다면 그 나라의 언어를 배워야 하듯이, 우리가 컴퓨터와 대화를 나누기 위해서는 컴퓨터의 언어인 프로그램 언어와 사용 방법을 알아야 더욱 친밀한 대화를 나눌 수 있습니다. 그래도 참 다행인 점은 정말 가까운 곳에 언제나 컴퓨터가 있다는 겁니다. 너무 가깝다 못해 잠깐이라도 눈에서 멀어지면 불안한 마음이 들 정도로 우리는 컴퓨터와 가까운 사이가 되었습니다. 처음에는 간단한 인사말부터 시작해 봅시다. 매일 안부를 묻고 종종 나의 비밀 이야기도 하고 그렇게 조금씩 컴퓨터와의 대화에 익숙해지면 서로 의미 있는 대화를 주고받는 인터랙티브 미디어아트 작업도 가능해질 거라 생각합니다.

이 책은 프로세싱으로 컴퓨터와 대화하는 69가지 코딩 예제들로 구성되어 있습니다. 예제들을 하나씩 하나씩 실행하면서 인터랙션을 이해하고 이를 통해 이 시대의 예술을 온몸으로 느껴 볼 수 있기를 바랍니다.

감사의 글

이 책이 나오기까지 아낌없는 격려와 조언을 해주신 한기성 대표님, 정수진 편집자님, 윤지현 교수님, 유원준 교수님, 권혁삼 부장님께 감사의 마음을 전합니다.

소중한 작품 이미지를 책에 실을 수 있도록 허락해주신 로미 아키투브Romy Achituv, 카미유 어터백Camille Utterback, 틴틴 울리아Tintin Wulia, 한진수, 김기철, 윤지현, 김태윤, 박준상 작가님께 특별한 감사의 말을 전합니다.

끝으로 언제나 헌신적인 사랑을 베풀어 주시는 부모님, 자신의 일도 힘에 부치는 상황에서도 육아까지 도맡으며 몇 달째 응원해주고 있는 아내와 매일 아침 일어나면 달려와 폭 안기는 귀염둥이 아들 유호 항상 사랑합니다.

이재민 드림

실습
이미지
갤러리

ex_0_3_1   P27   ex_0_4_4   P34   ex_1_1_1   P41   ex_1_1_2

ex_1_1_3   P50   ex_1_1_4   P55   ex_1_2_1   P64   ex_1_2_2   P66   ex_1_2_3   P

ex_1_2_4   P72   ex_1_2_5   P76   ex_1_2_6   P81   ex_1_3_1   P86   ex_1_3_2   P9

ex_1_3_3   P98   ex_1_3_4   P100   ex_1_3_5   P103   ex_1_3_6   P105   ex_1_3_7   P10

ex_1_3_8   P112   ex_1_4_1   P118   ex_1_4_2   P121   ex_1_4_3   P124   ex_1_4_4   P12

  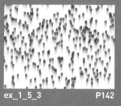 

ex_1_4_5   P129   ex_1_5_1   P137   ex_1_5_2   P139   ex_1_5_3   P142   ex_1_5_4   P145

    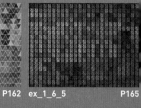

ex_1_6_1   P153   ex_1_6_2   P157   ex_1_6_3   P159   ex_1_6_4   P162   ex_1_6_5   P165

x_1_6_6   P167   ex_1_6_7   P170   ex_2_1_1   P179   ex_2_1_2   P184   ex_2_1_3   P188

x_2_2_1   P195   ex_2_2_2   P197   ex_2_3_1   P205   ex_2_3_2   P209   ex_2_4_1   P215

ex_2_4_2   P218   ex_3_1   P247   ex_3_2   P257   ex_3_3   P269   ex_3_4   P276

ex_3_5   P283   ex_4_1_1   P299   ex_4_1_2   P304   ex_4_1_3   P306   ex_4_1_4   P309

ex_4_2_1   P319   ex_4_2_2   P324   ex_4_2_3   P327   ex_4_2_4   P330   ex_4_2_5   P336

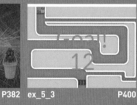

ex_4_3_1   P340   ex_4_3_2   P345   ex_5_1   P358   ex_5_2   P382   ex_5_3   P400

ex_5_4   P419   ex_5_5   P426   ex_5_6_0   P435   ex_5_6_1   P441   ex_5_6_2   P444

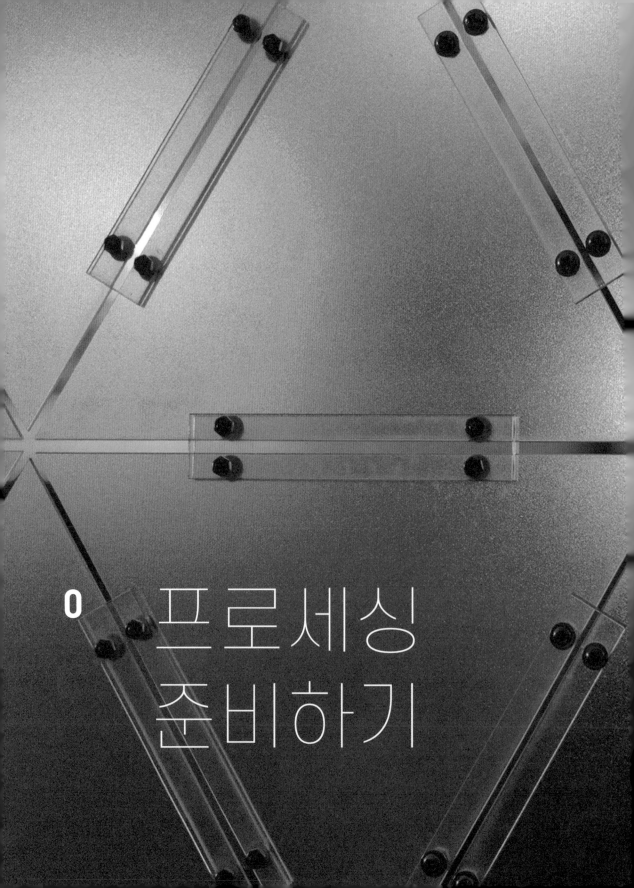

0 프로세싱
   준비하기

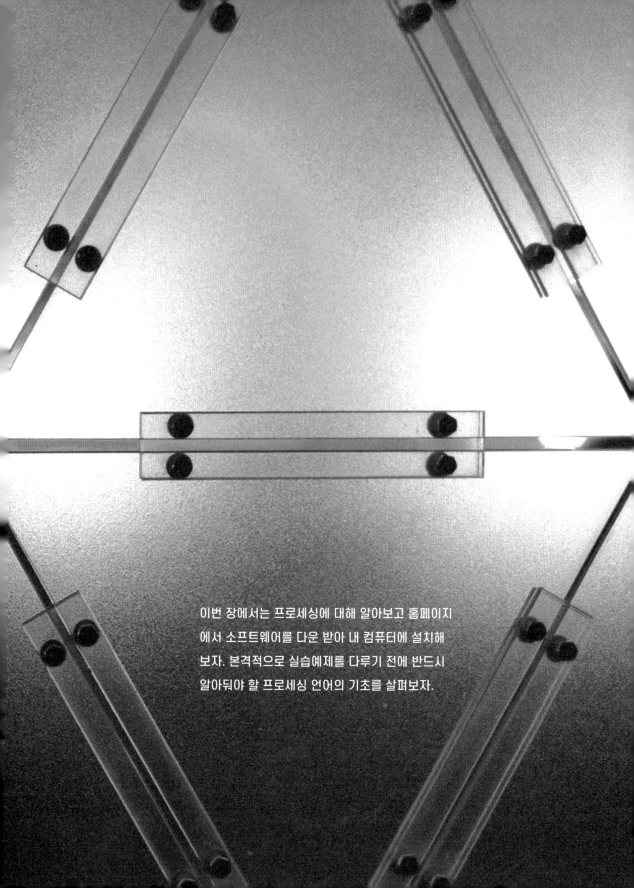

이번 장에서는 프로세싱에 대해 알아보고 홈페이지
에서 소프트웨어를 다운 받아 내 컴퓨터에 설치해
보자. 본격적으로 실습예제를 다루기 전에 반드시
알아둬야 할 프로세싱 언어의 기초를 살펴보자.

0.1
프로세싱 설치하기

#그림을 그리는 언어 "프로세싱"

프로세싱은 프로그래밍 전공자가 아닌 학생, 디자이너, 예술가들이 프로그래밍 언어를 배우지 않고도 시각적 이미지와 인터랙션을 구현할 수 있도록 만든 프로그램으로, 2001년 MIT 미디어랩에서 공부하고 있던 케이시 리스Casey Reas와 벤 프라이Ben Fry가 처음 개발을 시작했다. 초기 프로세싱은 그들의 지도 교수였던 존 마에다John Maeda가 만든 프로그램 언어인 '디자인 바이 넘버Design By Numbers'의 영향을 많이 받았다. 7년 동안의 안정화 작업을 거쳐 2008년 11월 29일 프로세싱 1.0 버전이 발표되었고, 이후로 많은 개발자들의 공헌으로 프로세싱 기능을 확장시켜주는 100개 이상의 라이브러리가 개발되었다. 현재 전 세계의 수많은 학교와 교육 기관에서 비전공자들에게 프로그래밍을 가르치기 위해 프로세싱을 꾸준히 사용하고 있으며, 많은 미디어아트 작가들이 프로세싱을 창작 도구로 사용하여 관객의 참여에 따라 반응하는 인터랙티브 작품을 지속적으로 발표하고 있다.

일반적으로 포토샵, 일러스트, 페인터 등 그림을 그리는 프로그램들은 연필 또는 붓 도구를 선택하고 마우스나 태블릿 펜을 움직여가며 그림을 그리는 반면, 프로세싱은 키보드로 텍스트를 입력할 수 있는 편집창에 다양한 명령어와 해당 숫자를 입력하는 방식으로 그림을 그린다. 이러한 작업 방식은 관객의 움직임에 따라 실시간으로 형태와 색깔이 변하는 이미지, 동영상, 사운드 등을 만드는 데 효과적이다. 프로세싱은 자바Java 언어로 만들었기 때문에 프로세싱 명령어로 작성한 프로그램은 내부적으로 자바 언어로 변환되어 스케치창을 통해 실행된다. 프로세싱은 무료 프로그램이다.

누구나 소프트웨어와 라이브러리를 무료로 다운 받아 사용할 수 있다. 또한 관련 커뮤니티 사이트에서 수많은 예제 파일을 쉽게 구할 수 있고, 전 세계적으로 많은 토론방이 활성화되어 있어서 궁금한 점들은 키워드 검색으로 해결할 수 있다. 프로세싱과 프로세싱을 기반으로 만든 아두이노 프로그램은 서로 쉽게 연결할 수 있어 센서 기반의 피지컬 컴퓨팅 작업에도 효과적이다. 무엇보다 프로세싱의 가장 큰 장점은 확장성이다. 자바 모드 이외에도 웹 프로그래밍을 위한 p5.js, 안드로이드 모바일 프로그래밍을 위한 Processing for Android, 파이썬 언어와 결합한 Processing.py, 프로세싱을 라즈베리 파이 컴퓨터에서 실행되도록 한 Processing for Pi 등 폭넓은 제작 환경을 제공하며 끊임없이 진화하고 있다.

#프로세싱 관련 사이트

· 프로세싱 공식 홈페이지

🔗 https://processing.org/

· 오픈 프로세싱(예제 공유 사이트)

🔗 https://www.openprocessing.org/

· 다니엘 쉬프만 홈페이지(교육 자료 및 동영상 제공)

🔗 https://shiffman.net/

· 러닝 프로세싱(다니엘 쉬프만의 교재 사이트)

🔗 http://learningprocessing.com/

· 헬로 프로세싱(입문자를 위한 동영상 강좌)

🔗 https://hello.processing.org/

· 안녕! 미디어아트 유튜브 채널

🔗 https://bit.ly/2HQXGI8

#프로세싱 다운로드 및 설치 방법

1. 프로세싱 홈페이지(http://www.processing.org)에서 'Download Pro-cessing'을 클릭해 다운로드 페이지로 이동한다.

2. 윈도우 사용자는 자신의 컴퓨터 사양에 맞게 'Windows(64-bit)' 또는 'Windows(32-bit)'를 클릭하여 다운로드한다(최근 컴퓨터는 주로 64비트 운영체제를 사용한다). 프로세싱은 프로그램 설치 과정 없이 다운 받은 파일의 압축을 풀기만 하면 된다. 맥 사용자는 'Mac OS X'을 다운로드하여 압축을 풀면 프로세싱 아이콘이 생성된다. 아이콘을 데스크탑 또는 응용 프로그램Application 폴더로 옮긴 다음 더블클릭하여 실행한다.

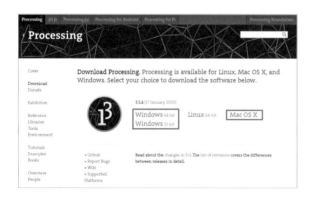

프로세싱 언어를 이용하여 프로그램을 개발하고 실행시킬 수 있는 소프트웨어인 프로세싱 PDEProcessing Development Environment, 프로세싱 개발 환경를 살펴보자. 프로세싱은 종이에 그림을 그리듯이 프로그래밍할 수 있는 컴퓨터 언어라는 컨셉에 맞춰, 프로세싱으로 코딩하는 과정을 '스케치한다'고 표현하며 코딩한 파일을 '스케치'라고 부른다.

TIP! 실제로 스케치를 해보면 끊임없이 대상을 관찰하면서 연필로 그리고 지우고 다시 그리는 과정을 반복하면서 그림이 완성된다. 프로그래밍도 마찬가지로 코딩한 내용을 중간중간 확인하면서 수정하고 다시 입력하는 과정을 반복하면서 본인이 원했던 결과물을 만들어간다. 한 번에 원하는 결과물이 나오지 않거나 또는 계속해서 에러가 난다고 해도 결코 실망할 필요없다. 반복된 수정 작업과 실수는 멋진 결과물을 만들어가는 과정일 뿐이다. 스케치북이 시커멓게 될 때까지 선긋기 연습을 하듯이 꾸준한 실전 경험만이 노하우를 쌓는 확실한 방법이다.

#프로세싱 소프트웨어

- 새 스케치
- 열기...
- 최근 스케치
- 스케치북
- 예제...
- 닫기
- 저장
- 다른 이름으로 저장...
- 애플리케이션으로 내보내기...
- 인쇄 설정
- 인쇄
- 환경 설정
- 종료

- 입력 취소
- 다시 실행
- 잘라내기
- 복사하기
- HTML 서식으로 복사
- 붙이기
- 전체선택
- 자동정렬
- 주석 처리/해제
- →들여쓰기
- ←내어쓰기
- 찾기...
- 다음 찾기
- 이전 찾기
- 선택영역으로 찾기

- 실행하기
- 전체화면 보기
- 변수 조정하기
- 정지하기
- 내부 라이브러리...
- 스케치 폴더 열기
- 스케치 불러오기...

- 글꼴 생성...
- 색상 선택
- .zip으로 압축하기
- Movie Maker
- 추가도구 생성...

- Enable Debugger
- Continue
- Step
- Step Into
- Step Out
- Toggle Breakpoint

- Processing에 관하여
- Welcome to Processing3
- 환경
- 레퍼런스
- 레퍼런스 찾기
- Libraries Reference
- Tools Reference
- 온라인
- 시작하기
- 문제해결
- f&q
- 프로세싱 재단
- Processing.org

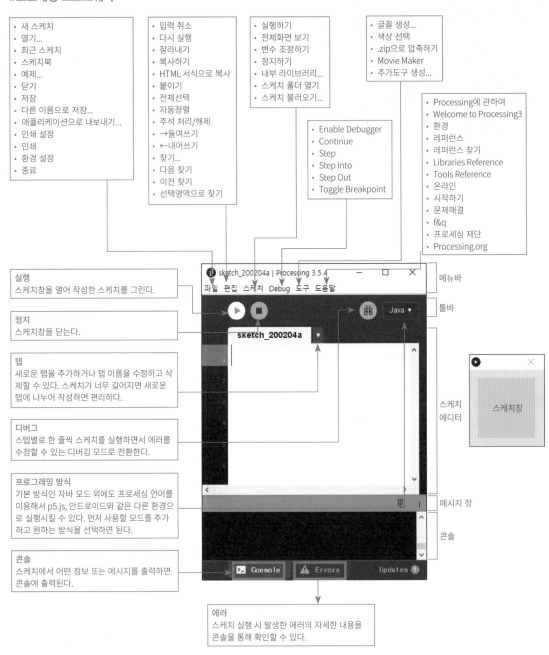

실행
스케치창을 열어 작성한 스케치를 그린다.

정지
스케치창을 닫는다.

탭
새로운 탭을 추가하거나 탭 이름을 수정하고 삭제할 수 있다. 스케치가 너무 길어지면 새로운 탭에 나누어 작성하면 편리하다.

디버그
스텝별로 한 줄씩 스케치를 실행하면서 에러를 수정할 수 있는 디버깅 모드로 전환한다.

프로그래밍 방식
기본 방식인 자바 모드 외에도 프로세싱 언어를 이용해서 p5.js, 안드로이드와 같은 다른 환경으로 실행시킬 수 있다. 먼저 사용할 모드를 추가하고 원하는 방식을 선택하면 된다.

콘솔
스케치에서 어떤 정보 또는 메시지를 출력하면 콘솔에 출력된다.

메뉴바

툴바

스케치
에디터

스케치창

메시지 창

콘솔

에러
스케치 실행 시 발생한 에러의 자세한 내용을 콘솔을 통해 확인할 수 있다.

#프로세싱 환경 설정

메뉴바에서 [파일]-[환경 설정]을 클릭하면 다양한 세부 설정을 변경할 수 있다. 편리한 작업을 위해 미리 설정을 변경해두자.

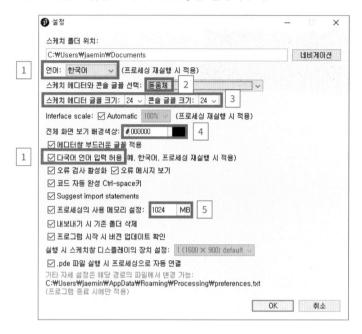

1 [언어]를 [한국어]로 선택하고 '다국어 언어 입력 허용' 체크박스에 체크 표시한다.

2 [스케치 에디터와 콘솔 글꼴 선택]에서 원하는 한글 폰트를 선택한다. 윈도우에서는 돋움체, 굴림체, 바탕체 등을 선택하고 맥 OS에서는 Andale Mono, Apple Color Emoji, Birch Std 등 한글 지원 폰트를 선택한다. 컴퓨터에 설치된 폰트의 종류에 따라 글꼴 선택창이 활성화 되는 데 3~5분 정도 시간이 걸리기도 한다.

3 [스케치 에디터 글꼴 크기]와 [콘솔 글꼴 크기]는 오타를 줄이기 위해 크게 키운다.

4 [전체 화면 보기 배경색상]을 '#000000'으로 설정해서 전체화면 보기로 스케치를 실행할 때 배경색이 검은색으로 나오도록 한다.

5 [프로세싱의 사용 메모리 설정]에서 프로세싱에 할당되는 최대 메모리를 1GB(1,024MB)로 늘린다.

0.3
프로세싱 실행하기

프로그래밍을 모른다고 겁먹을 필요는 없다. 간단한 문법 규칙만 짚고 넘어 가도록 하자. 프로세싱은 키워드의 이름을 보면 기능을 어느 정도 예상할 수 있다. 각 명령어의 ()(소괄호) 안에 설정값을 넣어주고 마지막에 ;(세미 콜론)을 찍어주면 특정한 작업을 실행할 수 있는 최소 단위인 하나의 명령 문이 완성된다. 글을 쓸 때 한 문장이 끝나면 마침표를 찍어주듯이 하나의 명령문이 끝나면 ;을 찍어 명령문이 마무리되었다는 표시를 해줘야 한다. 여러 문장이 모여 하나의 단락 또는 문단을 이루듯이 프로세싱에서는 여러 명령문들이 모여 하나의 함수를 구성하는데, 대부분의 스케치는 기본적으로 void setup()과 void draw() 두 함수로 이루어져 있다. void는 새로운 단락을 의미하며 함수를 나타내는 키워드이다.

void setup() 함수의 {}(중괄호) 안에 있는 명령문들은 프로그램이 실행되면 처음에 한 번만 실행된다. 주로 스케치창 크기 및 배경색 설정, 스케치에서 사용할 소스 파일 불러오기, 사용할 폰트 설정 등 한 번만 실행하면 되는 명령문들이다. setup() 함수를 마친 다음 void draw() 함수로 이동한다. draw() 함수는 {} 안에 있는 명령문들을 위에서부터 아래로 순서대로 실행되는 과정을 스케치창을 닫을 때까지 1초에 60번 반복한다.

요리를 할 때 먼저 필요한 재료와 도구를 준비하고 요리법에 따라 순서대로 요리하듯이 프로세싱에서는 setup() 함수에 스케치에 필요한 재료와 도구들을 준비하고 draw() 함수에 명령문들로 어떻게 스케치할 것인지 스케치하는 방법을 순서대로 작성해주면 된다.

#실습예제 ex_0_3_1 코드 및 설명

예제 ex_0_3_1

```
void setup() {
  size(300, 300);                       //❶ 스케치창 크기 설정
  background(30, 30, 100);              //❷ 바탕색 설정     한 번만 실행된다.
  noStroke();                           //❸ 외곽선 제거
}

void draw() {
  fill(255);                            //❹ 안쪽 면 색깔 설정
  ellipse(150, 150, 200, 150);         //❺ 원형 그림
  fill(255, 255, 10);
  ellipse(150, 150, 80, 80);                            순서대로 진행되는
  fill(255);                                            과정을 반복한다.
  ellipse(160, 140, 15, 15);
  text("맛있는 계란후라이", 100, 260); //❻ 문자열 메시지 출력
  noLoop();                             //❼ 반복 실행 멈춤
}
```

예제 ex_0_3_1에서 사용한 각 명령어들은 앞으로 다룰 실습예제를 통해 자세히 살펴보기로 하고 지금은 일단 스케치 에디터에 한 줄씩 입력해보자. setup() 함수에서 size(가로 크기, 세로 크기)로 스케치창 크기를 픽셀 단위로 설정하고(❶) background(빨간색, 초록색, 파란색)으로 바탕색을 짙은 파란색으로 지정한 다음(❷) 명령어 noStroke()로 도형의 외곽선은 그리지 않는 것으로 설정한다(❸). draw() 함수에 도형의 안쪽 면 색깔을 설정하는 명령어 fill(색깔)(❹)과 원형 그리기 명령어인 ellipse(기준점 x, y좌표 위치, 가로 크기, 세로 크기)(❺)로 계란의 흰자위를 먼저 그리고, 그 위에 노른자위를 넣어준 다음 흰색 작은 원으로 광택을 표현한다. 끝으로 text(출력할 내용, 기준점 x좌표, y좌표 위치)로 스케치창 중앙 아랫부분에 문자열 "맛있는 계란후라이"를 출력한다(❻). draw() 함수는 함수 안에 있는 명령문들을 1초에 60번 실행시키는데, 지금처럼 움직임이 없는 이미지를 그릴 때에는 draw() 함수를 군이 반복 실행시킬 필요가 없기 때문에 draw() 함수가 한 번만 실행되도록 반복 실행을 멈추는 명령어 noLoop()를 선택적으로 사용할 수 있다(❼). 이때 명령어 앞에 //를 입력하면 해당 줄에서 // 뒷부분은 주석(설명문) 처리가 되어 실행되지 않는다(비활성화). 명령문을 다시 실행시키고 싶을 때에

는 //를 지우면 된다(활성화). 스케치가 완료되면 툴바에 있는 실행 버튼을 눌러 스케치를 실행해보자. 맛있는 계란후라이 완성~

결과 이미지

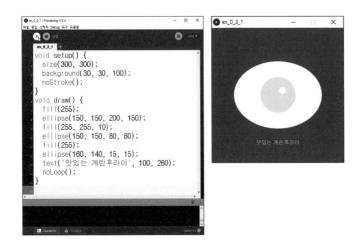

#프로세싱 명령어 사전

프로세싱에서 기본적으로 제공하는 명령어들은 프로세싱 홈페이지 왼쪽 메뉴에서 [Reference]를 클릭하면 볼 수 있다. 페이지에 나와 있는 명령어들을 한번씩 훑어보면 많은 도움이 된다. 스케치 도중에 궁금한 명령어를 발견하면 마우스로 드래그해서 선택하고 메뉴바에서 [도움말]-[레퍼런스 찾기]를 클릭하면(단축키는 [Ctrl+Shift+F]) 참조 페이지로 이동한다.

🔗http://processing.org/reference

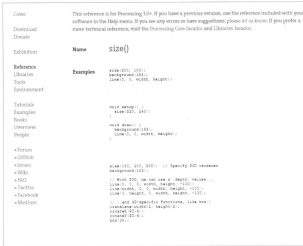

비디오, 사운드, 네트워크, 3D, 컴퓨터 비전, 데이터 등 좀 더 구체적이고 세분화된 기능들을 활용하고 싶을 때에는 현재 작성 중인 스케치 파일에 해당 라이브러리를 추가해보자. 라이브러리를 추가하면 기본 명령어 외에 라이브러리에서 제공하는 별도의 명령어들을 추가로 사용할 수 있다. 홈페이지 왼쪽 메뉴에서 [Libraries]를 클릭하면 확인할 수 있다. (●라이브러리 설치는 179쪽 참조)

🔗 http://processing.org/reference/libraries

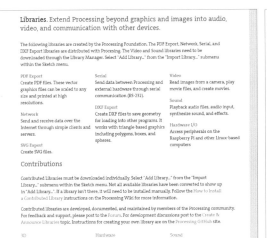

0.4
프로세싱 사용 전 필독!

프로세싱 스케치에서 반드시 알아두어야 할 개념인 좌표계와 변수에 대해 알아보고 에러를 줄이기 위해, 흔히 하는 실수들을 점검해 보자.

#프로세싱 좌표계

프로세싱 좌표값은 스케치창의 왼쪽 위가 기준점(원점)인 (0, 0)이다. 기준점에서 오른쪽으로 이동하면 x 좌표값이 커지며 왼쪽으로 이동하면 값이 작아진다. y 좌표값은 기준점에서 아래로 이동하면 값이 커지며 위로 이동하면 값이 작아진다. 하나의 픽셀에 해당하는 점을 그리는 명령어 point(x 좌표, y 좌표)로 스케치창 5군데에 점을 찍어보자. 실제로는 점의 크기가 매우 작아 스케치창에서는 잘 보이지 않는다. 그림을 기준으로 점의 위치를 (600, 400)으로 지정하면 스케치창 밖으로 벗어난 곳에 점이 찍혀 보이지 않는다.

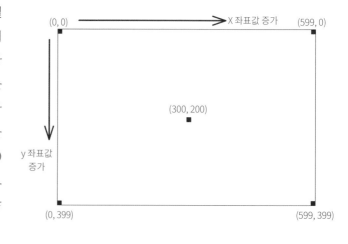

```
//Point
size(600, 400);
background(255);
point(0, 0);
point(599, 0);
point(0, 399);
point(300, 200);
point(599 ,399);
```

#변수 선언

이번에는 움직이는 이미지를 만들어보자. 다음 스케치는 ellipse()로 위치가 (100, 240)이고 가로세로 크기가 100인 정원을 그린 것이다. 예제 ex_0_4_1의 오른쪽 결과 이미지를 보면 원이 정지되어 있는 것처럼 보이지만 실제로는 같은 위치에 지름이 100인 원을 1초에 60번씩 반복해서 그리고 있다. 그럼 이제부터 원을 오른쪽 방향으로 이동시켜 보자.

예제 ex_0_4_1
- -

```
void setup(){
    size(720, 480);
    background(255);
}

void draw(){
    fill(255, 0, 255);
    ellipse(100, 240, 100, 100);
}
```

원의 위치를 오른쪽 방향으로 이동하기 위해서는 원의 x 좌표값이 증가해야 한다. 드디어 변수가 등장할 때이다. 변수는 '변화하는 어떤 정보의 값을 저장하기 위한 공간'으로 숫자, 문자, 불boolean, 참 또는 거짓 등 다양한 형태의 정보값들을 저장할 수 있다. 필요할 때는 새로운 값으로 변경하기도 하며 사용하고 싶을 때 언제든지 꺼내어 쓸 수 있다.

숫자
(0, 7, -15, 23.5, 1004)

문자
('a', "Hi", '?', "미디어")

불
(참 또는 거짓)

int   i = 0
(정보의 유형)(변수 이름) (초깃값)

변수 이름

정보의 유형	설명	사용 예시
int	정수	-23, 0, 37, 1004
float	소수(소수점이 있는 수)	-26.9, 0.5, 0.0, 3.14
char	문자(낱개의 문자나 부호, ''을 사용하여 표시)	'a', 'i', ':', '강'
String	문자열(2개 이상의 문자나 부호, ""을 사용하여 표시)	"abc", "Hi! Media Art"
color	색깔(RGB 색깔을 지정)	color(255, 0, 100)
boolean	불(논리값)	참(true) 또는 거짓(false)

변수를 사용할 때는 먼저 변수를 선언하고 초깃값을 대입해준다. 변수 선언은 어떤 유형의 정보(정수, 소수, 문자열, 불 등)를 저장할 것인지를 먼저 써주고 이어서 변수의 이름을 붙인다. 변수의 이름은 임의로 정하면 된다 (예: x, y, r, i, left, right 등). 예제 ex_0_4_2에서는 정수(int) 유형의 변수 x를 선언하고 초깃값으로 100을 대입했다. 변수에 값을 저장할 때는 =를 사용하는데 이것은 오른쪽에 있는 값을 왼쪽 변수에 넣겠다는 의미이다. 어떤 정보 2개가 같다는 표시를 할 때는 ==를 쓴다. 변수를 어디서 선언했는지에 따라 전역변수와 지역변수로 나뉜다. 예제 0_4_2에서처럼 void setup() 함수 밖에서 선언한 변수를 전역변수라고 하며 어느 장소에서도 사용이 가능하다. setup(), draw() 함수 또는 if(), for() 구문 안에서 선언한 변수를 지

역변수라고 하며 선언한 함수 또는 구문 안에서만 사용이 가능하다. 그럼 전역변수로 선언한 변수 x를 원의 x 좌표 위치에 넣고 매 프레임마다 변수 x 값에 1을 더해 값을 증가시켜 보자. 그러면 결과 이미지처럼 매 프레임마다 오른쪽으로 1픽셀씩 이동하며 반복적으로 원을 그려나간다. 하지만 기대한 모습과는 달리 새로운 원이 이전 원들과 중첩되어 그려진다. 어떻게 하면 원이 중첩되지 않고 오른쪽으로 이동하는 모습을 표현할 수 있을까?

예제 ex_0_4_2

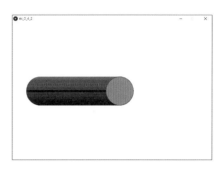

```
int x=100;

void setup(){
    size(720, 480);
    background(255);
}

void draw(){
    fill(255, 0, 255);
    ellipse(x, 240, 100, 100);
    x=x+1;
}
```

잔상 없이 오른쪽으로 이동하도록 하려면 매 프레임마다 background(255)를 draw() 함수 첫 줄에 입력해서 매 프레임이 시작할 때마다 바탕색을 흰색으로 만들어 기존의 원은 지우고 오른쪽으로 이동한 새로운 원을 그리는 방법이 있다. 하지만 원의 x 좌표값이 스케치창의 가로 크기인 720보다 커지면 원이 오른쪽 스케치창 밖으로 빠져나가서 보이지 않는다. 이 문제를 해결하기 위해서 if() 조건문을 사용할 것이다. 원이 스케치창 오른쪽 바깥으로 벗어나면 다시 왼쪽 끝으로 옮겨서 원이 스케치창을 계속해서 가로지르도록 만들어보자. if() 문은 () 안에 있는 조건을 테스트하여 만족하면(참) {} 안에 있는 명령문들을 한 번씩 실행하고 조건을 만족시키지 못하면(거짓) 명령문을 실행하지 않는다.

```
if(조건테스트){
 명령문들
}
```

예제 ex_0_4_3에서 if() 문의 조건테스트는 원이 오른쪽 스케치창 밖으로 완전히 빠져 나간 순간을 쓰면 된다. 원의 x 좌표는 원의 정중앙이 기준이기 때문에 원의 중심이 창의 가로 크기인 720을 지난 다음 반지름 크기만큼 더 이동해야 원이 완전히 보이지 않게 된다. 따라서 조건테스트에는 현재 변수 x의 위치가 스케치창의 가로 크기 720에 원의 반지름 50을 더한 값 770이거나 이보다 큰 경우로 설정한다. 원이 오른쪽 스케치창을 벗어나 if() 문의 조건을 만족시키면 원을 다시 왼쪽 스케치창 밖으로 이동시키는데 이때도 x 좌표가 시작하는 0에서 원의 반지름 50을 빼준 값 –50을 변수 x에 대입시킨다.

예제 ex_0_4_3

```
int x=100;

void setup(){
    size(720, 480);
}

void draw(){
    background(255);
    fill(255, 0, 255);
    ellipse(x, 240, 100, 100);
    x=x+1;
    if(x >= 770) {
        x=-50;
    }
}
```

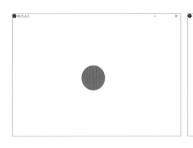
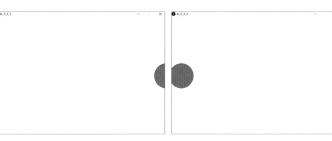

끝으로 사용자의 마우스 움직임에 반응하여 이동하는 원의 속도와 크기가 변하도록 해보자. 원의 속도는 x 좌표값에 더하는 값의 크기에 따라 변한다. x=x+1에서 1보다 큰 값을 넣어주면 속도가 빨라지는데 예제 ex_0_4_4에서는 시스템 변수 mouseX 값을 더해준다. 시스템(프로세싱) 변수는 프로그래밍에서 공통적으로 필요한 값을 프로세싱에서 미리 지정해 놓은 변수들로, mouseX는 현재 마우스 x 좌표 위치값을 실시간으로 저장하고 있다. 시스템 변수 mouseX 값을 매 프레임마다 원의 x 좌표 위치에 더해주고 동시에 원의 가로 세로 크기에도 넣어준다. 스케치창 배경을 검은색으로 변경하고 실행시킨 다음 스케치창 안에서 마우스를 움직여보자. 마우스를 스케치창 왼편으로 이동시키면 x 좌표값이

예제 ex_0_4_4

```
int x=100;

void setup() {
    size(720, 480);
}

void draw() {
    background(0);
    fill(255, 0, 255);
    ellipse(x, 240, mouseX, mouseX);
    x=x+mouseX;
    if(x >= 770) {
        x=-50;
    }
}
```

작아져 원의 속도는 느려지고 크기는 작아진다. 반대로 스케치창 오른편으로 이동시키면 x 좌표값이 커져 원의 속도는 빨라지고 크기도 커지는 것을 확인할 수 있다.

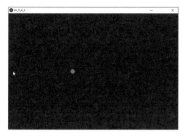  

#실수를 통해 배운다!

스케치를 실행해보면 메시지 창이 빨간색으로 바뀌면서 에러가 나는 경우가 종종 발생한다. 전혀 당황할 필요 없다. 에러는 스케치 과정에서 실수가 있었다는 의미로, 오류를 찾아 수정해주면 된다. 오류 수정은 프로그래밍에서 너무나도 당연한 과정이고 이를 통해 더 많이 배울 수 있다고 생각하자. 스케치할 때 흔히 발생하는 실수와 팁들을 모아 보았다.

1. 스케치 작성을 마무리하면 습관적으로 메뉴바에서 [편집]-[자동 정렬]([Ctrl + T])을 눌러 작성한 소스 코드가 보기 좋게 배치되도록 한다. 코드 간격이 자동으로 조절되어 오류를 발견하기 쉽다.

2. 메뉴바에서 [파일]-[다른 이름으로 저장...]을 클릭하여 원하는 곳에 저장한다. 프로세싱에서 작성한 스케치는 입력한 파일명과 같은 이름의 폴더를 만들고 그 안에 저장된다. 실행했을 때 에러가 발생하면 오류 지점에 빨간색 밑줄로 표시해주고, 해당 위치를 클릭하면 메시지 창에 오류에 대한 자세한 설명이 나온다.

3. void setup()과 draw() 함수는 {}(중괄호)로 열고 닫아야 한다. 가장 많이 하는 실수가 {}를 열고 닫지 않거나, 함수 안에서 if(), for() 문이 필요해서 중괄호를 여러 개 사용했을 때 {(왼쪽 중괄호) 개수와 }(오른쪽 중괄호) 개수가 맞지 않는 것이다. {를 클릭하면 짝을 이루는 }가 표시된다. ()(소괄호)도 마찬가지로 확인해준다.

4. 다음으로 많이 하는 실수는 오타이다. 프로세싱에서는 기본적으로 변수는 주황색, 명령어는 파란색으로 표시된다. 입력한 키워드의 색깔 정보는 오타를 체크할 때 편리하다. 만약 명령어 색깔이 파란색으로 변하지 않으면 오타일 확률이 높다. 소문자 l을 소문자 i로, 또는 숫자 0을 영문 o로 입력하지 않았는지 체크해보자. 참고로 두 단어가 합쳐진 명령어는 두 번째 단어가 시작할 때 대문자로 입력한다(예: strokeWeight(), colorMode(), frameRate(), mousePressed() 등).

5. 명령문 끝에는 항상 세미콜론(;)을 찍어줘야 한다. 세미콜론이 빠진 명령문이 없는지 확인하면서 세미콜론(;)을 콜론(:)으로 입력하지 않았는지도 체크해보자.

6. 명령어 () 안에 입력하는 설정값을 구분하기 위한 ,(쉼표)를 빠뜨리지 않았는지, ,(쉼표)를 .(마침표)로 입력하지 않았는지도 체크해보자.

7. 선언하지 않은 변수를 사용하거나 선언한 변수 이름을 잘못 쓴 경우가 없는지 확인한다.

8. 스케치에서 사용한 산술 연산자, 조건테스트 또는 더해주고 빼주는 값의 크기에는 문제가 없는지 확인하자. 내가 원하는 값이 맞는지, 또는 원하는 값으로 변경되었는지 확인할 때 println(콘솔에 출력할 정보)을 적극 활용하자.

9. 에러가 발생하면 심호흡을 크게 하고 프로세싱 홈페이지 왼쪽 메뉴 아래쪽에 있는 [Forum](포럼)을 클릭하여 질문 게시판으로 이동한 다음 메시지 창에 뜬 에러 문구를 검색해보자. 검색이 안 되면 코딩에 익숙한 친구 또는 선생님께 도움을 요청한다.

10. 그래도 에러가 해결되지 않을 때에는 잠깐 컴퓨터 앞을 떠나자. 잠시 다른 일을 하다가 다시 스케치를 보면 전에는 보지 못한 부분들이 더 잘 보인다.

좀 더 붙잡기~ 도전!

1. 예제 ex_0_4_4에서 현재 마우스 위치값을 저장하고 있는 시스템 변수 mouseX, mouseY를 원의 색깔을 지정하는 fill()의 설정값으로 사용해보자. 마우스의 움직임에 따라 원의 색깔이 실시간으로 변하는 것을 확인할 수 있다.

2. 원이 오른쪽 방향으로 이동하다가 스케치창 오른쪽 변에 닿으면 반대 방향인 왼쪽으로 튕겨 이동하고, 다시 스케치창 왼쪽 변에 닿으면 오른쪽 방향으로 튕겨 계속해서 스케치창 안에서 바운싱되도록 해보자.

TIP!

```
int x=100;
int speedX=3;

void setup() {
  size(720, 480);
}

void draw() {
  background(255);
  fill(255, 0, 255);
  ellipse(x, 240, 100, 100);
  x=x+speedX;
  if (x>width-50 || x<50) {
    speedX=speedX*-1;
  }
}
```

3. 원의 y 좌표값에도 변수를 사용하여 위, 아래 방향으로도 움직이도록 해보자.

1

프로세싱으로
그림 그리기

이번 장에서는 프로세싱에서 숫자,
문자, 이미지, 시간, 파티클, 그리고
이미지 픽셀 정보를 활용한 다양한 표현
방법들을 살펴본다. 마우스를 움직이거나
키보드 자판을 누르는 관객의 입력
정보에 반응하여 이미지가 실시간으로
변형되는 스케치를 해보자.

1.1
숫자 표현하기

내가 좋아하는 숫자들이 랜덤한 위치에서 출력되도록 해보자. 원하는 폰트 font, 글꼴로 숫자를 출력하기 위한 준비사항들을 살펴보고 원형 안에서 출력되는 숫자 값의 크기에 따라 원의 크기와 색깔이 바뀌도록 설정해볼 것이다. 또한 내가 지정한 특정 숫자가 좀 더 많이 출력될 수 있도록 선택될 확률을 높이거나 낮추는 방법도 알아보자.

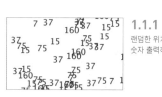

1.1.1
랜덤한 위치에
숫자 출력하기

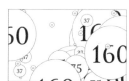

1.1.2
원하는 폰트로
원형 안에 숫자
출력하기

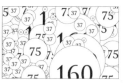

1.1.3
특정 숫자의
출력 확률
조절하기

1.1.4
원 색깔을
지정하고
이미지로
저장하기

1.1.1 랜덤한 위치에 숫자 출력하기

☑ 새롭게 배우는 명령어

array, random ( ), width, height, fill ( ), textSize ( ), text ( ), println ( )

☑ 필요한 재료

내가 좋아하는 숫자 5개(예: 7, 15, 37, 75, 160)

첫 단계로 array와 text(출력할 내용, x좌표 위치, y좌표 위치)를 사용하여 스케치창의 랜덤한 위치에 내가 좋아하는 숫자 5개 중 하나가 무작위로 선택되어 출력되도록 스케치해보자.

array: 장바구니 담기

array는 배열을 만들 때 쓴다. 변수는 한 개의 정보를 저장하는 반면 배열은 많은 양의 정보를 하나의 변수로 편리하게 관리할 수 있다. 배열은 각각의 정보를 담을 수 있는 여러 개의 작은 주머니를 가지고 있는 큰 바구니와 같다. 작은 주머니에 담겨 있는 정보들은 언제든지 활용 가능하며 새로운 값으로 바꿀 수도 있다. 배열에 저장된 정보의 위치는 대괄호([]) 안에 순번을 표시하여 나타낸다. 배열은 각 정보의 내용만큼이나 그 정보의 위치와 총 몇 개의 정보를 저장하고 있는지를 나타내는 배열의 전체 크기(정보의 총 개수)가 중요하다. 배열의 순번은 0부터 시작하기 때문에 마지막 정보의 위치는 전체 배열의 크기에서 1을 뺀 값이 된다는 점에 유의해야 한다. 5개의 정보를 담고 있는 배열에서 마지막 정보는 [4]번째 칸에 담겨있다.

```
//배열 선언하기
int[ ] myNum = new int[5];
myNum[0] = 7;
myNum[1] = 15;
myNum[2] = 37;
myNum[3] = 75;
myNum[4] = 160;
```

배열을 선언하려면 먼저 어떤 유형의 정보를 담을 것인지 정해야 한다. 배열은 정수뿐 아니라 소수(float), 문자(char 또는 String), 색깔(color), 이미지(PImage) 등 다양한 정보를 넣을 수 있으며 배열의 이름은 원하는 단어로 자유롭게 지을 수 있다. 예제처럼 정수(int) 형태의 요소들을 담기 위해서 정보의 유형 int에 비어있는 [](대괄호)를 붙여 배열을 사용한다고 표시해주고 배열의 이름(myNum)을 지어준다. 그 다음 배열의 크기를 설정한다. 새로운 배열을 선언한다는 의미로 'new'를 쓰고 정보의 유형 int와 함께 배열의 크기를 나타내는 숫자(정수)를 대괄호 안에 넣어주면 배열 선언이 마무리된다.

#배열의 요소를 설정하는 두 가지 방법

이제부터 담고 싶은 정보들로 배열을 채워보자. 첫 번째 방법은 정보의 유형[] 배열 이름 = new 정보의 유형[정보의 총 개수]로 한 번에 하나씩 배열의 요소들을 순차적으로 설정한다. 배열의 이름 뒤에 대괄호를 붙이고 그 안에 순번을 넣어 정보의 위치를 표시해준다.

```
myNum[0] = 7;          // myNum 배열의 첫 번째 요소는  7이다.
myNum[1] = 15;         // myNum 배열의 두 번째 요소는 15이다.
myNum[2] = 37;         // myNum 배열의 세 번째 요소는 37이다.
myNum[3] = 75;         // myNum 배열의 네 번째 요소는 75이다.
myNum[4] = 160;        // myNum 배열의 다섯 번째 요소는 160이다.
```

두 번째는 정보의 유형[ ] 배열 이름 = {"첫 번째 요소", "두 번째 요소", "세 번째 요소", "네 번째 요소", "다섯 번째 요소"}의 방법으로 { }(중괄호) 안에 담고 싶은 요소들을 모두 나열하여 한 번에 설정한다.

```
int[ ] myNum = {7, 15, 37, 75, 160};
```

정보의 유형이 숫자일 경우에는 바로 입력하고 낱개의 문자나 부호(char)는 ' '을 사용하여 표시하고, 2개 이상의 문자나 부호(String)는 " "을 사용하여 표시한다. 이때 요소의 총 개수가 배열의 전체 크기가 된다.

random ( ) : 컴퓨터에 물어봐~

명령어 random()은 설정값을 2개까지 넣을 수 있다. 설정값을 하나 입력하면 이를 최댓값으로 지정하며 0부터 최댓값 범위 안에서 컴퓨터가 임의로 하나의 숫자(소수)를 선택한다. 만약 random(10)이면 0 이상 10 미만 범위 안에서 랜덤한 소수값이 선택된다. 설정값이 2개일 때는 최솟값과 최댓값이 되고 최솟값에서 최댓값 사이의 랜덤한 소수값 한 개를 선택한다. random(-5, 5)로 설정하면 -5 이상 5 미만 범위에서 랜덤한 소수값이 만들어진다. 2개의 설정값을 입력할 때에는 두 번째 입력값인 최댓값이 첫 번째 입력값인 최솟값보다 커야 한다. random()은 정수가 아닌 소수의 형태로 만들어지기 때문에 정숫값으로 바꾸고 싶을 때는 random()을 다시 ()로 묶은 다음 앞에 정수를 선언하는 int를 붙여주면 된다.

random(5); 결괏값은 0 이상 5 미만 범위 안에서 소수값이 무작위로 선택된다.

int(random(1, 7)); 결괏값은 1 이상 7 미만 범위 안에서 정숫값(1, 2, 3, 4, 5, 6) 중에서 한 개의 값이 무작위로 선택된다.

random()을 사용하면 의외로 멋진 결과물을 만들어 낼 수 있다. 결정에 어려움을 느낀다면 더 없이 좋은 친구가 될 것이다.

#시스템 변수: 프로세싱님이 미리 예약해놓으셨습니다

어떤 값을 저장하기 위해 사용하는 변수는 저장할 정보값을 예측할 수 있는 이름으로 지어주면 효율적이다. 시스템 변수는 프로그래밍에서 공통적으로 필요한 값들로, 프로세싱에서 미리 지정해 놓은 변수들이다. 시스템 변수명을 내가 만들 변수의 이름으로 사용하지 않도록 주의한다.

변수명	설명
width	스케치창 가로 너비
height	스케치창 세로 높이
mouseX	마우스 x 좌표 현재 위치
mouseY	마우스 y 좌표 현재 위치
pmouseX	마우스 x 좌표 이전 위치
pmouseY	마우스 y 좌표 이전 위치
key	키보드에서 가장 최근에 눌린 키
keyCode	어떤 특수키를 눌렀는지 체크
keyPressed	키보드의 키가 눌렸는지 체크
mousePressed	마우스가 눌렸는지 체크
frameCount	지금까지 처리된 프레임 수
frameRate	평균적으로 처리된 초당 프레임 수

#실습예제 ex_1_1_1 코드 및 설명

`프로세싱` 예제 ex_1_1_1

```
int[] myNum=new int[5];          //❶ 배열 선언
int x, y;
int index;

void setup() {
  size(720, 480);
  background(255);
  myNum[0]=7;
  myNum[1]=15;
  myNum[2]=37;
  myNum[3]=75;
  myNum[4]=160;                  //❷ 초깃값 설정
}

void draw() {
  index=int(random(5));          //❸ 랜덤한 순번 만듦
  x = int(random(width));
  y = int(random(height));        //❹ 랜덤한 위치 구함
  fill(30);
```

```
    textSize(50);
    text(myNum[index], x, y);           //❺ 스케치창에 숫자 출력
    println(myNum[index]);              //❻ 콘솔에 숫자 출력
}
```

예제 1_1_1을 살펴보자. 먼저 정수 형태의 배열 myNum을 선언하고 배열의 크기는 5로 설정했다(❶). 출력될 숫자의 좌표 위치를 저장하기 위해 정수 형태로 변수 x, y를 만들고 배열에 담겨 있는 요소의 위치를 지정하기 위해 변수 index를 만들어준다. 다음으로 void setup() 함수에서 스케치창의 크기를 720×480 픽셀로 설정하고 바탕색은 흰색으로 설정한다. 배열 myNum 안에 숫자 5개(7, 15, 37, 75, 160)를 순서대로 넣어준다(❷). 그 다음 void draw() 함수에서 random()을 사용하여 매 프레임이 시작할 때마다 myNum 배열 안에서 임의의 값이 선택되도록 한다. int(random(5))의 결괏값은 0 이상 5 미만의 정숫값(0, 1, 2, 3, 4) 중에서 한 개의 값이 무작위로 선택되고 그 값을 변수 index에 저장한다. 만약 index 값이 2로 지정되면 myNum[index]는 myNum[2]가 되어 배열의 세 번째 칸에 있는 37이 출력된다(❸). 스케치창의 가로 크기를 나타내는 시스템 변수 width를 random()의 설정값으로 사용하여 0에서 720(width, 스케치창 가로 크기) 미만 범위에서 무작위로 선택된 값을 변수 x에 저장하고, 출력될 숫자의 x 좌표 위치로 사용한다. 세로 크기인 height도 같은 방법으로 설정한다(❹). fill(30)으로 출력될 숫자의 안쪽 면 색깔을 어두운 회색으로 설정한다. fill()의 설정값이 한 개일 때는 회색톤으로 색이 선택되는데 최솟값 0은 완전 검은색이고 최댓값 255는 완전 흰색이다. 입력값이 0에 가까울수록 짙은 회색이 된다. textSize()로 출력 문자의 크기를 20픽셀로 설정했다. text(출력할 내용, x 좌표 위치, y 좌표 위치)에서 변수 index 값에 따라 랜덤하게 정해진 배열 속 숫자 값이 스케치창의 랜덤한 위치를 나타내는 변수 x, y 좌표에 출력된다(❺). 끝으로 pritnln(myNum[index])를 사용하여 스케치창에 그려진 숫자가 콘솔에서도 출력되도록 한다(❻). println()을 사용하면 확인해보고 싶은 값들을 콘솔을 통해 편하게 체크할 수 있다.

결과 이미지

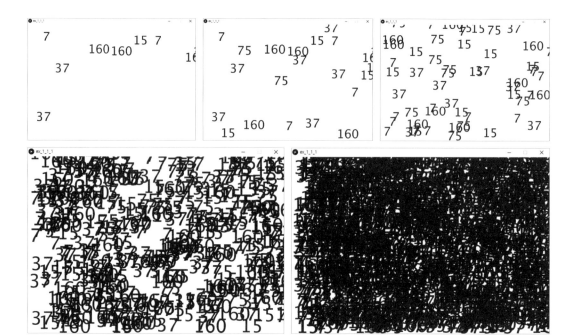

1.1.2 원하는 폰트로 원형 안에 숫자 출력하기

☑ **새롭게 배우는 명령어**
PFont, frameRate(), createFont(), textFont(), textAlign(), ellipse()

예제 ex_1_1_1에서는 랜덤하게 선택된 숫자를 스케치창에 출력해보았다. 이때 텍스트 폰트를 따로 설정하지 않으면 내 컴퓨터에 기본으로 설정된 폰트로 출력된다. 게다가 랜덤한 위치에 숫자들이 너무 빠른 속도로 나타나 스케치창이 금방 짙은 회색의 숫자들로 가득 차 버린다. 이번 예제에서는 frameRate(1초 동안 실행시킬 프레임 수)로 프레임 속도를 조절하는 방법을 알아보고, 원하는 글꼴을 사용하기 위해서는 어떤 설정이 필요한지, 어떻게 하면 숫자를 원 안에 출력되도록 할 수 있는지 살펴볼 것이다.

사용할 폰트를 설정하는 방법은 createFont()와 loadFont() 두 가지가 있다. 이 책에서는 createFont()를 사용했다. loadFont()는 사용할 폰트를 프로세싱 전용 폰트인 .vlw 포맷으로 변환하여 사용하는 방식으로, 이 책에서는 따로 설명하지 않을 것이다.

createFont()로 폰트 생성하기

1. 먼저 사용할 폰트를 로딩하기 위해 PFont(프로세싱 폰트) 유형의 새로운 변수를 만든다. 변수 이름은 자유롭게 정한다.

   PFont 변수 이름 → PFont font;

2. createFont()를 이용하여 사용할 폰트를 정하고 변수에 저장한다.

   font=createFont("폰트 이름", 폰트 크기) → font=createFont("AriaText G1", 160);

   첫 번째 설정값으로 컴퓨터에 설치된 폰트(ttf 또는 otf 파일) 중에서 사용할 폰트를 " " 안에 입력하면 프로세싱 메모리에 로딩된다. printArray (PFont.list())를 실행시키면 프로세싱 콘솔을 통해 내 컴퓨터에 설치된 폰트들을 확인할 수 있다. 원하는 폰트를 큰따옴표까지 복사한 뒤 첫 번째 설정값 자리에 붙여 넣는다.

   TIP! 현재 작업 중인 스케치 파일이 저장된 폴더 안의 [data] 폴더에 사용할 폰트를 저장해 놓아도 사용 가능하다. 이때는 폰트 이름과 함께 확장자명까지 입력해준다.

```
//사용 가능한 폰트 체크하기
void setup() {
  printArray(PFont.list());
}

void draw() {
}
```

사용하고 싶은 폰트가 컴퓨터에 없다면 폰트를 설치하고 프로세싱을 다시 실행하면 된다. 두 번째 설정값으로 사용할 폰트의 크기를 지정할 수 있다. createFont()는 문자가 벡터(vector) 형식으로 출력되기 때문에 지정한 폰트 크기보다 크거나 작게 출력할 수 있다.

3. textFont()로 text()에서 사용할 폰트를 지정한다.

textFont(사용할 폰트의 변수 이름) → textFont(font);

첫 번째 설정값에는 사용할 폰트의 변수 이름을, 두 번째 설정값에는 폰트 크기를 선택적으로 지정할 수 있는데 따로 지정하지 않으면 기존에 로딩한 크기로 나타난다.

#문자 정렬 textAlign ( ) : 문자 부대 기준~!

textAlign()으로 문자의 기준점 위치를 변경하여 문자열의 정렬 형태를 변경할 수 있다. textAlign()은 설정값을 2개까지 입력할 수 있는데 한 개일 때는 LEFT, CENTER, RIGHT 중에 한 개를 선택하고 2개일 때는 첫 번째 설정값은 수평(가로) 방향, 두 번째 설정값은 수직(세로) 방향으로 TOP, CENTER, BOTTOM 중에 하나를 선택할 수 있다.

```
textAlign(CENTER)              //기준점의 위치가 가운데 아래
textAlign(LEFT, TOP)           //기준점의 위치가 왼쪽 위
textAlign(RIGHT, BOTTOM)       //기준점의 위치가 오른쪽 아래
```

#실습예제 ex_1_1_2 코드 및 설명

프로세싱 예제 ex_1_1_2

```
int[] myNum=new int[5];
PFont font;                              //❶ 폰트 변수 선언
int x, y;
int index;

void setup() {
  size(720, 480);
  background(255);
  frameRate(5);                          //❷ 프레임 속도 조절
  myNum[0]=7;
  myNum[1]=15;
```

```
  myNum[2]=37;
  myNum[3]=75;
  myNum[4]=160;
  printArray(PFont.list());
  font=createFont("AriaTextG1", 160);
  textFont(font);                                    //❸ 폰트 설정
}

void draw() {
  index=int(random(5));
  x = int(random(width));
  y = int(random(height));
  fill(255);
  ellipse(x, y, myNum[index]*2, myNum[index]*2);     //❹ 원형 그림
  fill(30);
  textSize(myNum[index]);                            //❺ 문자 크기 조절
  textAlign(CENTER, CENTER);                         //❻ 문자 정렬
  text(myNum[index], x, y);
  println(myNum[index]);
}
```

그림 예제 ex_1_1_2에서 추가된 부분들을 살펴보자. 먼저 출력될 숫자의 폰트를 바꾸기 위해 PFont 유형의 변수 font를 전역변수로 선언한다(❶). void setup() 함수에서 frameRate(5)로 1초에 다섯 번 void draw() 함수가 실행되도록 프레임 속도를 조절한다. 프레임 속도를 별도로 지정해 주지 않으면 프로세싱은 void draw() 함수를 1초에 60번 반복적으로 실행한다(❷). printArray(PFont.list())로 내 컴퓨터에서 사용 가능한 폰트들을 콘솔에 출력하고 createFont()로 AriaTextG1 폰트를 변수 font에 저장한다. 폰트 크기는 160으로 지정하고 변수 font로 실제 사용할 폰트를 설정한다(❸). 다음으로 void draw() 함수에서 fill()과 ellipse()로 안쪽 면이 흰색인 원형을 랜덤한 위치에 출력될 숫자와 같은 위치에 그린다. 이때 숫자가 원 안에 적당한 크기로 출력되도록 하기 위해 원의 가로세로 길이(지름)는 출력될 숫자 값의 크기에 2를 곱하여 두 배로 지정한다(❹). textSize()로 랜덤하게 선택된 숫자 값과 같은 크기로 숫자가 출력되도록 지정하고(❺) textAlign()으로 원의 중심에서 숫자가 출력될 수 있도록 수평, 수직 정렬 방식을 둘 다 가운데(CENTER)로 입력한다(❻).

결과 이미지

1.1.3 특정 숫자의 출력 확률 조절하기

☑️ **새롭게 배우는 명령어**
　if( ), else if( ), else

이번에는 if() 조건문으로 배열 안에 저장된 요소들 중에서 특정 위치의 정
보값이 선택될 확률을 높이거나 낮추는 방법을 알아보자. 매 프레임마다 숫
자 5개(7, 15, 37, 75, 160)가 각각 다른 확률로 스케치창에 출력되도록 스케
치해보자.

#조건문 if(): 판짜기! 설계 들어갑니다
if()는 어떤 조건에 따라 각각 다른 명령문들을 실행시켜 다양한 결과를 얻
고 싶을 때 매우 유용한 구문이다. 기본 형태는 if(조건테스트)에서 조건을 만

족시키면(참) {} 안에 있는 명령문들을 한 번씩 실행시키고 조건문을 벗어나며, 만족시키지 못하면(거짓) 중괄호 안에 있는 명령문들을 실행시키지 않고 그냥 지나간다. if() 조건문은 다음과 같이 else, else if()와 함께 여러 가지 형태로 설계할 수 있다.

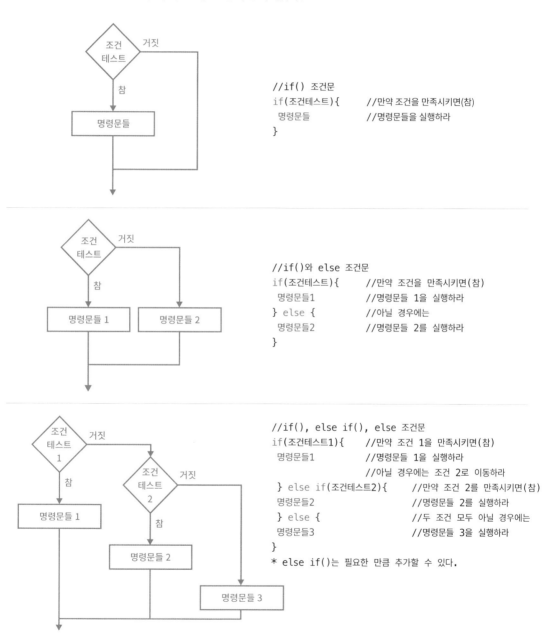

```
//if() 조건문
if(조건테스트){        //만약 조건을 만족시키면(참)
  명령문들              //명령문들을 실행하라
}
```

```
//if()와 else 조건문
if(조건테스트){        //만약 조건을 만족시키면(참)
  명령문들1            //명령문들 1을 실행하라
} else {              //아닐 경우에는
  명령문들2            //명령문들 2를 실행하라
}
```

```
//if(), else if(), else 조건문
if(조건테스트1){        //만약 조건 1을 만족시키면(참)
  명령문들1              //명령문들 1을 실행하라
                        //아닐 경우에는 조건 2로 이동하라
} else if(조건테스트2){   //만약 조건 2를 만족시키면(참)
  명령문들2              //명령문들 2를 실행하라
} else {                //두 조건 모두 아닐 경우에는
  명령문들3              //명령문들 3을 실행하라
}
* else if()는 필요한 만큼 추가할 수 있다.
```

조건테스트는 관계 연산자로 두 값을 비교하는 방식으로 만들 수 있다. 만약 변수 x가 5보다 큰 값인지 테스트하려면 x>5와 같이 질문하고, 참인지 거짓인지에 따라 실행시킬 명령문이 결정된다. 또한 두 가지 이상의 조건으로 어떤 값의 범위를 설정하고 싶을 때에는 논리 연산자로 연결하여 하나의 조건문으로 설정할 수 있다. 다음 표는 프로세싱에서 자주 사용하는 연산자들을 정리한 것이다.

관계 연산자		논리 연산자	
A > B	//A는 B보다 크다	A && B	//A and B
A >= B	//A는 B보다 크거나 같다		(A와 B 두 조건 모두 만족해야 참)
A < B	//A는 B보다 작다	A ‖ B	//A or B
A <= B	//A는 B보다 작거나 같다		(A와 B 두 조건 중 하나만 만족해도 참)
A == B	//A와 B는 같다	!A	//notA(A가 아닐 경우)
A != B	//A와 B는 같지 않다		

이제 if() 조건문으로 배열 myNum[]에 저장된 숫자 5개 중에서 특정 숫자가 선택될 확률을 조절해보자. 예제 ex_1_1_2에서 사용한 index = int(random(5))의 결괏값에서 각각의 숫자가 선택될 확률은 20% 정도로 비슷하다.

　여기서 random()의 설정값을 100으로 입력하고, if(), else if(), else 조건문으로 결괏값의 범위를 조절해주면 그 범위의 크기만큼 선택될 확률이 바뀐다. 새로운 변수 chance를 전역변수로 선언하고 랜덤의 결괏값을 저장한다. int(random(100))으로 0 이상 100 미만의 범위 안에서 무작위로 숫자(정수)를 선택하는데 이때 결괏값에 따른 확률은 다음 표와 같다.

if (chance<50)	else if (chance<70)	else if (chance<90)	else if (chance<95)	else
0~49	50~69	70~89	90~94	95~99
50%	**20%**	**20%**	**5%**	**5%**
index=2	index=1	index=3	index=0	index=4

```
myNumber[0] = 7        //5% 확률로 출력
myNumber[1] = 15       //20% 확률로 출력
myNumber[2] = 37       //50% 확률로 출력
myNumber[3] = 75       //20% 확률로 출력
myNumber[4] = 160      //5% 확률로 출력
```

#실습예제 ex_1_1_3 코드 및 설명

프로세싱 예제 ex_1_1_3

```
int[] myNum=new int[5];
PFont font;
int x, y;
int chance;                              //❶ 변수 chance 선언
int index;

void setup() {
  size(720, 480);
  background(255);
  frameRate(5);
  myNum[0]=7;
  myNum[1]=15;
  myNum[2]=37;
  myNum[3]=75;
  myNum[4]=160;
  printArray(PFont.list());
  font=createFont("AriaTextG1", 200);
  textFont(font);
}

void draw() {
  chance = int(random(100));             //❷ 변수 chance에 랜덤 값 저장
  x = int(random(width));
  y = int(random(height));
  if (chance < 50) {                     //❸ if() 조건문으로 선택 확률 정함
    index=2;
  } else if (chance < 70) {
    index=1;
  } else if (chance < 90) {
    index=3;
  } else if (chance < 95) {
    index=0;
  } else {
    index=4;
  }
  fill(255);
  ellipse(x, y, myNum[index]*2, myNum[index]*2);
```

```
    fill(30);
    textSize(myNum[index]);
    textAlign(CENTER, CENTER);
    text(myNum[index], x, y);
    println(myNum[index]);
}
```

그럼 예제 ex_1_1_3에 추가된 내용을 살펴보자. 먼저 전역 변수로 변수 chance를 선언한다. 여기에 0 이상 100 미만 범위 안에서 무작위로 선택되는 랜덤 값을 정수 형태로 바꾸어 저장한다(❶). void draw() 함수 안에서 매 프레임마다 0 이상 100 미만 범위 안에서 랜덤하게 선택된 정수값을 변수 chance에 대입한다(❷). if() 조건문으로 변수 chance 값이 해당하는 범위에 따라 index 값을 지정해서 출력한다(❸).

결과 이미지

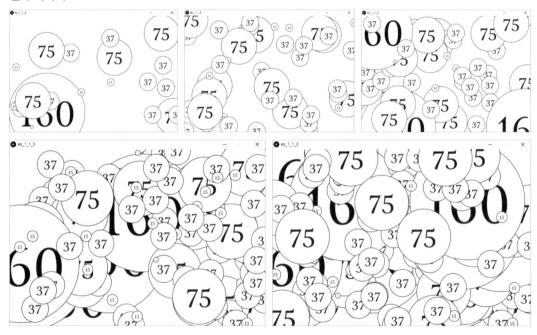

1.1.4 원 색깔을 지정하고 이미지로 저장하기

☑️ 새롭게 배우는 명령어
noStroke(), fill(), rect(), keyPressed(), key, saveFrame(), nf()

이번에는 원의 색깔을 내가 원하는 색상으로 지정하고, 나타난 원들이 서서히 사라지면서 희미하게 남아 있도록 스케치해보자. 또 스케치가 실행되고 있는 중간에 관객이 키보드의 [s] 키를 누르면 현재 스케치창이 이미지 파일로 컴퓨터에 저장되도록 하는 방법도 알아본다.

#이벤트 함수 keyPressed(): 때가 되면 나타난다
이벤트 함수를 사용하면 관객이 마우스를 클릭하거나 키보드의 키를 눌렀을 때 실시간으로 스케치에 어떤 변화를 줄 수 있다. 새로운 void 구문으로 추가되며 관객의 구체적인 행위(이벤트)가 발생할 때마다 {} 안에 있는 명령문들을 한 번씩 실행시킨다. void draw() 함수가 실행되는 동안 관객의 입력이 있으면 즉각적으로 반응한다.

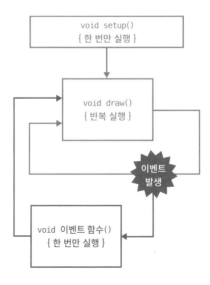

```
void setup(){              //한 번만 실행
 size(720, 480);
 background(255);
}

void draw(){              //반복 실행
}

void mousePressed(){     //마우스 버튼을 누를 때마다
 background(random(255), random(255), random(255)); //바탕색을 랜덤한 색깔로 변경
}
```

자주 사용하는 이벤트 함수를 다음 표에 정리해놓았다.

이벤트 함수	이벤트 상황
keyPressed()	//키보드의 키를 누르면
keyReleased()	//키보드의 키에서 손을 떼면
keyTyped()	//키보드의 키를 누르고 손을 떼면
mousePressed()	//마우스 버튼을 누르면
mouseReleased()	//마우스 버튼에서 손을 떼면
mouseDragged()	//마우스 버튼을 누른 상태에서 움직이면
mouseMoved()	//마우스를 움직이면
mouseClicked()	//마우스 버튼을 누르고 손을 떼면

#실습예제 ex_1_1_4 코드 및 설명

프로세싱 예제 ex_1_1_4

```
int[] myNum=new int[5];
PFont font;
int x, y;
int chance;
int index;
int count=0;                          //❶ 파일명 순번 변수 선언

void setup() {
  size(720, 480);
  background(255);
  frameRate(5);
```

```
    noStroke();                              //❷ 외곽선 제거
    myNum[0]=7;
    myNum[1]=15;
    myNum[2]=37;
    myNum[3]=75;
    myNum[4]=160;
    printArray(PFont.list());
    font=createFont("AriaTextG1", 200);
    textFont(font);
}

void draw() {
    fill(255, 5);
    rect(0, 0, width, height);               //❸ 잔상 효과를 위한 반투명한 사각형 그림
    chance = int(random(100));
    x = int(random(width));
    y = int(random(height));
    if (chance < 50) {
        fill(142, 196, 62);                  //❹ 원하는 색상 지정
        index=2;
    } else if (chance < 70) {
        fill(231, 39, 17);
        index=1;
    } else if (chance < 90) {
        fill(226, 64, 145);
        index=3;
    } else if (chance < 95) {
        fill(87, 187, 235);
        index=0;
    } else {
        fill(86, 27, 134);
        index=4;
    }
    ellipse(x, y, myNum[index]*2, myNum[index]*2);
    fill(30);
    textSize(myNum[index]);
    textAlign(CENTER, CENTER);
    text(myNum[index], x, y);
    println(myNum[index]);
}

void keyPressed() {                          //❺ 이벤트 함수 만듦
    if (key=='s') {
        saveFrame("image"+nf(count, 3)+".jpg");   //❻ 이미지 파일로 저장
        count+=1;
    }
}
```

그럼 예제 ex_1_1_4에 추가된 내용들을 살펴보자. 먼저 이벤트 함수로 스케치창에 그려지는 모습을 이미지 파일로 저장할 때 파일명의 순번으로 사용하기 위한 변수 count를 전역변수로 만들고 초깃값으로 0을 대입한다(❶). void setup() 함수에서 noStroke()를 사용해서 출력되는 원형의 외곽선을 제거한다(❷). noStroke()와 마찬가지로 noFill()은 도형의 안쪽에 색을 채우지 않으며 두 명령어를 동시에 사용하면 화면에 아무런 도형도 나타나지 않는다.

다음으로 void draw() 함수에서 매 프레임이 시작할 때마다 스케치창 크기와 같은 반투명한 흰색 사각형을 한 번씩 그려주어 이전 프레임에 그려진 원들이 희미하게 사라지는 듯한 잔상 효과를 만든다(❸). 명령어 fill()의 설정값이 3개일 때는 각각 빨간색(Red), 초록색(Green), 파란색(Blue) 값을 나타내며 0(0%) ~ 255(100%) 사이의 값을 입력한다. 입력한 설정값의 비율에 따라 RGB 색상이 혼합되어 색상이 정해진다. 이때 네 번째 설정값으로 투명도(0은 완전 투명, 255는 완전 불투명)를 설정할 수도 있다.

TIP! 원하는 색깔의 RGB 값이 잘 떠오르지 않을 때에는 메뉴바에서 [도구]-[색상 선택]을 클릭하면 원하는 색상의 R, G, B 값을 간편하게 알 수 있다.

색상 선택 창

if() 조건문의 각 조건에 따라 fill()에 지정한 색으로 원의 안쪽 면이 채워지도록 한다(❹).

이제 이벤트 함수를 활용하여 스케치창에서 실행 중인 장면을 이미지 파일로 저장하는 방법을 살펴보자. void keyPressed() 함수를 사용하여 키를 누를 때마다 {} 안에 있는 명령문들이 한 번씩 실행되도록 하고 if() 조건문으로 입력한 키가 [s] 키인지 체크한 다음, 참이면 saveFrame(파일 이름)으로 현재 스케치창이 이미지 형태로 저장된다(❺). 이때 키보드 자판 입력 방식이 한글이나 영문 대문자이면 작동되지 않으니 주의해야 한다. 저장 가능한 이미지 포맷은 TIFF(.tif), TARGA(.tga), JPEG(.jpg), PNG(.png) 중에서 선택할 수 있다. 이번 예제에서는 saveFrame("파일명" + nf(숫자 값, 자릿수) + ".확장자명")으로 이미지를 저장한다(❻).

TIP! 문자열은 '+' 기호를 이용하여 2개 이상의 단어를 한 문장으로 연결할 수 있다. nf(숫자 값, 자릿수)는 순차적으로 증가하는 숫자를 만들 때 효과적이다. nf()의 첫 번째 숫자 값에 변수 count를 넣어 매번 [s] 키를 누를 때마다 초깃값 0에서부터 1씩 증가하도록 하여 연속되는 숫자로 만들어진 파일명으로 이미지가 저장되도록 한다.

결과 이미지

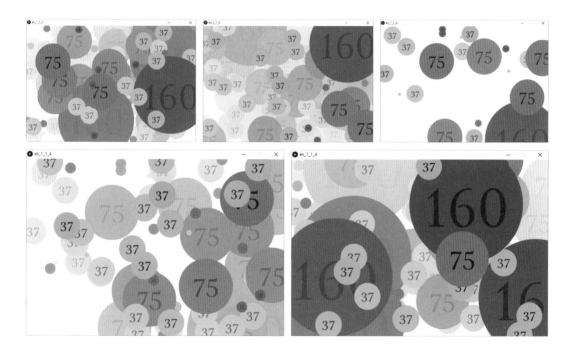

좀 더 붙잡기~ 도전!

1. 선택된 숫자가 사각형 또는 삼각형 안에서 출력되도록 해보자.

TIP! 사각형을 그리는 명령어 rect()는 기준점의 위치가 원형과 다르므로 명령어 rectMode( )로 출력되는 사각형과 잔상 효과를 위한 반투명 사각형의 기준점 위치를 수정해야 한다.

2. 숫자 폰트를 바꿔보고 숫자 색깔이 랜덤하게 변하도록 해보자.

3. 숫자가 아닌 부호 또는 단어들이 랜덤하게 출력되도록 해보자.

TIP! 배열을 선언할 때 정보의 유형을 String으로 바꿔준다.

4. 이벤트 함수로 다른 키를 누르면 스케치창 바탕색이 바뀌거나 숫자 크기가 변하도록 스케치를 수정해보자.

참고 이미지

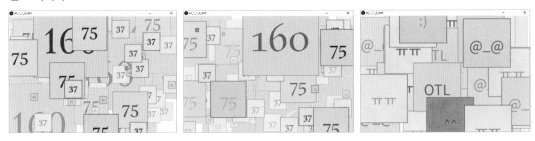

#오프라인 매장의 역습

아무리 작은 물건도 인터넷으로 주문하는 데 익숙해졌다. 쇼핑하러 가서도 마음에 드는 옷이 있으면 한 번 입어보고 치수를 확인한 다음 스마트폰으로 검색해 최저가를 찾아 온라인에서 주문해 버린다. 이제는 더 이상 온라인 매장과 비교해 차별화된 서비스를 제공하지 못하는 오프라인 매장은 살아남지 못할 것 같다. 그러고 보면 많은 가게들이 사라졌다. 동네 슈퍼, 문구사, 스포츠 용품점, 악기점, 책방, 철물점 등 버스에서 내려 집에 가는 길에서 한 번씩은 마주쳤던 가게들이 지금은 찾아보기 힘들어졌다.

그 자리에는 새로운 가게들이 들어섰다. 그 중에는 재미있는 가게들도 있다. 방탈출 카페, 이색 만화방, 작은 공방들, 독립 서점, 설치미술 전시장 같은 선글라스 매장, 코인 노래방 등. 이런 공간들은 단순히 물건을 파는 게 아니라 색다른 체험과 사진 찍기 좋은 분위기로 그곳에 머무는 시간을 즐겁게 만들어준다. 온라인 매장에서는 제공할 수 없는 오프라인 매장만의 돌파구를 찾은 것 같다. 오감을 통한 물리적인 즐거움, 바로 오프라인 매장의 역습이 시작되었다.

미국 유학 시절, 설치 작업에 필요한 재료들을 사러 홈디포(Home Depot)에 자주 갔었다. 홈디포는 집을 꾸밀 때 필요한 작은 인테리어 소품부터 집수리를 위한 덩치 큰 장비까지 집에 관한 다양한 물건들을 파는 쇼핑몰이다. 종류별로 가지런히 정돈된 상품들과 가격표를 보고 있노라면 마치 온라인 주문 페이지 속으로 들어온 듯하다. 홈디포 매장 곳곳에서는 색다른 서비스도 제공하고 있다. 페인트를 파는 코너에서는 전문가가 고객이 원하는 색상의 페인트를 그 자리에서 직접 제조해 주고, 도면을 그려 가면 치수에 맞추어 합판을 바로 잘라준다. 코너 곳곳에 설치된 모니터에서는 집을 수리하는 데 필요한 정보들을 끊임없이 제공하고 있다.

홈디포는 가정에 필요한 모든 일을 스스로 해결할 수 있도록 물자와 기술을 공급하여 미국 사회에 DIY(Do it Yourself, 스스로 하기) 운동을 정착시킨 대표 기업으로 평가받고 있다. 가끔 미국 친구들의 집에 놀러 가보면 차고나 지하 공간이 홈디포에서 파는 공구와 재료 들로 가득 차 있었다. 어릴 때부터 부모님이 무언가를 만드는 모습을 보고 자라서 자연스럽게 만드는 것에 익숙해지고, 이것이 하나의 문화로 정착된 것 같다.

　즐거운 체험을 제공하는 오프라인 공간은 사회 곳곳에서 작은 변화들을 만들어 나갈 것이다. 인터넷 공간에서는 느낄 수 없는 대체 불가능한 경험들, 따뜻한 눈맞춤, 신기한 맛, 리듬 있는 몸짓, 기분 좋은 냄새, 공감가는 이야기, 힘찬 하이파이브 등 오프라인 매장이 반격을 위해 준비한 것들이다. 우리의 일상을 좀 더 즐겁게 만들어 줄 모든 오프라인 매장들에 온 마음을 담아 "좋아요~!"

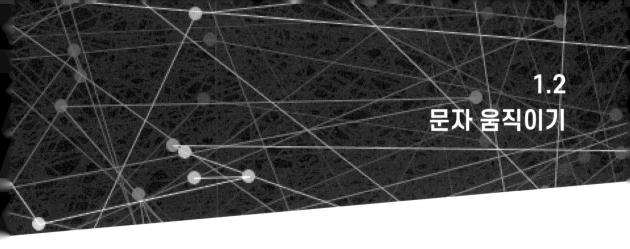

문자 움직이기

이번에는 숫자 대신 연관된 단어 6개를 선으로 연결하고 랜덤한 위치에 출력되도록 스케치해보자. 프로세싱에서 문자열을 만드는 다양한 방법들을 살펴보고 마우스와 키보드를 활용한 관객의 입력에 따라 문자열이 사방으로 움직이거나 3D로 회전하도록 만드는 방법도 알아보자.

1.2.1
랜덤한 위치에
그려지는 원들을
선으로 연결하기

1.2.2
랜덤한 위치에
출력되는 단어들을
선으로 연결하기

1.2.3
마우스 클릭한
위치에 '서시'의
한 행을 출력하기

1.2.4
키보드의 방향키로
'서시' 이동시키기

1.2.5
지정축을 기준으로
'서시' 3D 회전시키기

1.2.6
마우스 위치에 따라
'서시' 회전 각도
변경하기

1.2.1 랜덤한 위치에 그려지는 원들을 선으로 연결하기

☑️ 새롭게 배우는 명령어

line()

이번 예제는 예제 ex_1_2_2를 위한 준비 단계로, 랜덤한 위치에 새로운 원들을 그려 나가면서 동시에 이전 원과 선으로 이어지도록 해보자. line(선의 첫 번째 점 x 좌표 위치, y 좌표 위치, 선의 두 번째 점 x 좌표 위치, y 좌표 위치)로 선의 첫 번째 점과 두 번째 점의 위치를 입력하면 두 점을 이어주는 선을 그린다. 선의 색깔은 stroke()로, 설정값은 fill()과 같은 방식으로 입력하고 선의 굵기는 strokeWeight()로 원하는 굵기의 픽셀 값을 입력하여 조절한다. strokeWeight(5)이면 5픽셀 굵기의 선이 그려지고, 별도로 지정해주지 않으면 1픽셀의 선을 그린다.

#실습예제 ex_1_2_1 코드 및 설명

프로세싱 예제 ex_1_2_1

```
int x1, y1, x2, y2;
int count=0;                          //❶ 선의 위치 변수 선언

void setup() {
  size(720, 480);
  background(10, 10, 50);
  frameRate(10);
  x2=0;
  y2=0;                               //❷ 변수의 초깃값 설정
}

void draw() {
  noStroke();
  fill(10, 10, 50, 5);
  rect(0, 0, width, height);          //❸ 잔상 효과를 위한 사각형 그림
  x1 = int(random(width));
  y1 = int(random(height));           //❹ 랜덤한 위치 구함
  fill(random(150, 255), random(150, 255), random(150, 255));
  ellipse(x1, y1, 10, 10);            //❺ 원형 그림
  stroke(255);
  line(x1, y1, x2, y2);               //❻ 선 그림
```

```
    x2 = x1;
    y2 = y1;                              //❼ 변수값 바꿈
    println(x1+":"+y1);                   //❽ 콘솔에 새로운 위치 출력
}

void keyPressed() {
  if (key=='s') {
    saveFrame("image"+nf(count, 3)+".jpg");
    count+=1;
  }
}
```

그럼 예제 ex_1_2_1을 살펴보자, 선의 첫 번째 점 x, y 좌표 위치를 저장하기
위해 변수 x1, y1를 만들고 선의 두 번째 점의 x, y 좌표 위치를 저장하기 위
해 변수 x2, y2를 전역변수로 선언한다. 이벤트 함수로 실행 중인 화면을 이
미지 파일로 저장하기 위해 변수 count도 함께 선언한다(❶). void setup()
함수에서 먼저 스케치창 크기와 바탕색을 지정하고, 프레임 속도는 10으로
draw() 함수가 1초에 10번씩 실행되도록 설정한다. 첫 번째 선의 두 번째 점
의 위치로 x2와 y2에 각각 0을 대입한다(❷).

　　void draw() 함수로 매 프레임마다 스케치창 크기와 동일한 짙은 파란
색의 반투명 사각형을 그려 잔상 효과를 준다. 잔상 효과를 위한 투명창은
noStroke()로 외곽선을 없애준다(❸). 스케치창 가로 크기 0~720(width)
안에서 랜덤한 x 좌표 위치를 변수 x1에 저장하고 스케치창 세로 크기
0~480(height) 안에서 랜덤한 y 좌표 위치를 변수 y1에 저장한다(❹). 첫 번
째 랜덤 위치인 x1, y1에 랜덤한 색깔의 지름 10픽셀 원형을 그린다. 원의 안
쪽 면을 랜덤한 색상으로 채우기 위해 fill()의 설정값으로 random을 넣어 주
는데 이때 최솟값을 150으로 하여 전체적으로 밝은 색상이 선택되도록 한다
(❺). 다음으로 첫 번째 랜덤 위치 x1, y1에서 변수 x2, y2의 좌표 위치인 (0, 0)
까지 흰색 선을 그린다(❻). 그리고 첫 번째 랜덤 위치값 x1, y1를 변수 x2와
y2에 각각 대입시킨다(❼). 다음 프레임에서는 두 번째 새로운 랜덤 위치를
x1, y1에 저장하고 그 위치에 두 번째 원을 그린 다음 첫 번째 랜덤 위치 x2,
y2까지 다시 흰색 선을 그려 나가는 과정을 반복한다. 매 프레임마다 명령어
println()으로 새로운 랜덤 위치가 콘솔에 출력되도록 한다(❽). println()의
설정값은 확인하고 싶은 정보들을 '+' 기호로 연결하여 하나의 문자열 형태로
출력할 수 있다. 끝으로 이벤트 함수를 사용해서 키보드의 [s] 키를 누르면 현

재 스케치창이 이미지 파일로 저장되도록 한다. 이때 키보드 자판 입력 방식은 영문으로 하고 대문자 입력키(Caps Lock)는 비활성화한다. 키보드 입력방식이 한글이면 예제 속 이벤트 함수가 작동하지 않으므로 주의해야 한다. (◎이벤트 함수는 55쪽 참조)

결과 이미지

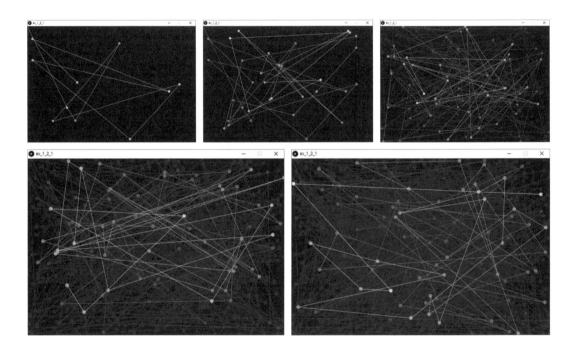

1.2.2 랜덤한 위치에 출력되는 단어들을 선으로 연결하기

☑ 새롭게 배우는 명령어
  String[ ]

☑ 필요한 재료
  연관성 있는 단어 6개(예: 도시 이름 6개, 음식 이름 6개, 국가 이름 6개 등)

이번에는 랜덤한 위치에 원을 그리는 대신 연관성 있는 단어가 나타나도록
스케치해보자.

#실습예제 ex_1_2_2 코드 및 설명

프로세싱 예제 ex_1_2_2

```
String[] myText={"서울", "인천", "대전", "대구", "부산", "광주"}; // ❶ 문자열 배열 선언
PFont font;                          // ❷ 폰트 변수 선언
int x1, y1, x2, y2;
int count=0;

void setup() {
  size(720, 480);
  background(10, 10, 50);
  frameRate(10);
  printArray(PFont.list());
  font=createFont("SpoqaHanSans-Regular", 50);
  textFont(font);                    // ❷ 폰트 설정
  x2=0;
  y2=0;
}

void draw() {
  noStroke();
  fill(10, 10, 50, 5);
  rect(0, 0, width, height);
  int index = int(random(6));        // ❸ 랜덤한 순번 만듦
  x1 = int(random(width));
  y1 = int(random(height));
  fill(random(150, 255), random(150, 255), random(150, 255));
  textSize(random(10, 50));
  textAlign(CENTER, CENTER);
  text(myText[index], x1, y1);       // ❹ 스케치창에 문자 출력
  stroke(255);
  line(x1, y1, x2, y2);
  x2 = x1;
  y2 = y1;
  println(myText[index]);
}

void keyPressed() {
  if (key=='s') {
    saveFrame("image"+nf(count, 3)+".jpg");
    count+=1;
  }
}
```

ex_1_2_2에서는 2개 이상의 문자로 이루어진 단어 또는 문장을 나타내는 문자열(String) 형태로 배열 myText를 선언하고 { } 안에 모든 요소(서

울, 인천, 대전, 대구, 부산, 광주)를 나열해서 배열의 요소값을 한 번에 설정한다(❶).(➲배열 선언하기는 41쪽 참조) myText 배열의 첫 번째 칸 my-Text[0]의 요소는 "서울"이 되고 마지막 여섯 번째 칸 myText[5]는 "광주"가 된다. 이제 원하는 폰트를 설정하기 위해 PFont 유형의 변수 font를 전역변수로 선언하고 void setup() 함수에서 createFont()로 사용할 폰트를 변수 font에 로딩시킨 다음 명령어 textFont()로 스케치에서 실제 사용할 폰트를 변수 font로 지정한다(❷). (➲폰트 설정하기는 47쪽 참조)

TIP! 예제를 실행시켰을 때 스케치창에 출력되는 문자가 책의 결과 이미지와 다를 경우 '스포카 한 산스' 폰트를 다운 받아 컴퓨터에 설치하면 동일한 결과를 볼 수 있다.

그 다음 void draw() 함수에서 int(random(6))을 사용해서 배열 myText에 저장된 단어들이 랜덤하게 출력되도록 하고 결괏값을 변수 index에 저장한다. 변수 index는 정수(int) 형태로, void draw() 함수에서만 사용 가능한 지역변수로 선언하였다(❸). 변수 index에 저장된 랜덤한 숫자는 myText[index]로 배열의 위치를 정하고 해당 위치의 단어는 명령어 text()로 매 프레임마다 랜덤한 위치에 출력되며 동시에 이전 프레임에서 출력된 단어와 흰색 선으로 연결된다. 출력되는 문자 크기는 textSize(random(10, 50))으로 10~50 픽셀 범위 안에서 랜덤하게 정해지도록 하고 문자열 기준점의 위치는 textAlign()으로 가로축과 세로축 모두 가운데로 설정한다(❹).

TIP! 스케치 에디터에 한글 입력을 위한 환경설정 방법
메뉴바에서 [파일]-[환경설정]을 선택한 다음 [언어]는 '한국어'로 선택하고 [스케치 에디터와 콘솔 글꼴 선택]에서 한글 폰트(굴림체, 돋움체, 바탕체 등)를 선택해 준다. 맥 OS에서 한글 폰트가 보이지 않을 때에는 Andale Mono, Apple Color Emoji, Birch Std 등 한글 지원 폰트를 선택한 다음 '다국어 언어 입력 허용' 앞 체크박스에 체크한다. 컴퓨터에 따라 한글 폰트 선택창이 활성화되는 데 시간이 걸리기도 하니 3~5분 정도 기다려준다.

결과 이미지

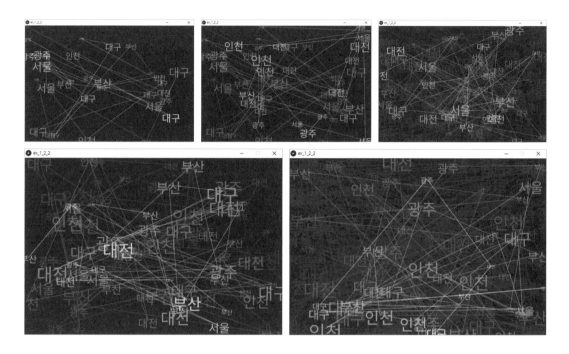

1.2.3 마우스 클릭한 위치에 '서시'의 한 행을 출력하기

☑ 새롭게 배우는 명령어

mousePressed( ), mouseX, mouseY

예제 ex_1_2_2에서 배운 방법으로 윤동주 시인의 '서시'를 한 구절씩 배열
에 담아 마우스를 클릭한 위치에 랜덤하게 선택된 한 행의 문장 전체가 출
력되도록 스케치해보자.

#실습예제 ex_1_2_3 코드 및 설명

프로세싱 예제 ex_1_2_3
- -

```
String[] myText={                    //❶ 배열 선언
  "서시",
  "죽는 날까지 하늘을 우러러",
  "한점 부끄럼이 없기를,",
```

```
  "잎새에 이는 바람에도",
  "나는 괴로와했다.",
  "별을 노래하는 마음으로",
  "모든 죽어가는 것들을 사랑해야지",
  "그리고 나한테 주어진 길을 걸어가야겠다.",
  "오늘밤에도 별이 바람에 스치운다."
};
PFont font;
int count=0;

void setup() {
  size(720, 480);
  background(10, 10, 50);
  frameRate(5);
  printArray(PFont.list());
  font=createFont("Batangche", 50);          //❷ 폰트 설정
  textFont(font);
}

void draw() {
  noStroke();
  fill(10, 10, 50, 5);
  rect(0, 0, width, height);
}

void mousePressed() {
  int index = int(random(9));                //❸ 랜덤한 순번 만듦
  fill(random(150, 255), random(150, 255), random(150, 255));
  textSize(random(10, 50));
  textAlign(CENTER, CENTER);
  text(myText[index], mouseX, mouseY);       //❹ 현재 마우스 위치에 문자열 출력
  println(myText[index]);
}

void keyPressed() {
  if (key=='s') {
    saveFrame("image"+nf(count, 3)+".jpg");
    count+=1;
  }
}
```

먼저 String 유형의 배열 myText에 제목과 시의 각 행들을 배열의 요소값으로
설정한다(❶). void setup() 함수에 문자가 출력된 후 서서히 사라지는 잔상 효
과가 적용되도록 프레임 속도를 5로 설정한다. 서체는 바탕체로, 크기는 50픽
셀로 지정한다(❷). void draw() 함수에 반투명한 사각형을 이용해서 출력된 문
자가 서서히 사라지는 잔상 효과를 만든다. 그 다음 void mousePressed() 이벤

트 함수를 사용하여 관객이 마우스를 클릭했을 때 함수 안에 위치한 명령문들이 한 번씩 실행되도록 한다. 먼저 int(random(9))로 배열의 크기가 9인 myText 배열 안에서 문자열이 랜덤하게 선택되도록 하고 결괏값을 변수 index에 정수 형태로 저장한다(❸). 문자가 랜덤한 색깔과 크기로 나타나도록 설정하고 마우스를 클릭한 위치가 문자의 중심이 되도록 textAlign()에 가로축과 세로축 둘 다 기준점을 가운데로 설정한다. text()로 랜덤하게 선택된 문장을 현재 클릭한 마우스 x(mouseX), y(mouseY) 좌표 위치에 출력한다(❹). 시스템 변수 mouseX 와 mouseY는 항상 현재 마우스 x, y 좌표값을 저장하고 있다. 만약 마우스가 스케치창 밖에 있으면 초깃값은 (0, 0)이며 실행 중일 때 마우스가 스케치창 밖으로 나가면 마지막 좌표 위치값을 나타낸다. 선택된 문장은 println()으로 콘솔에도 출력한다. 끝으로 void keyPressed() 이벤트 함수로 키보드의 [s] 키를 누르면 현재 스케치창이 이미지 파일로 저장되도록 한다.

TIP! 프레임 속도는 1초당 화면에 출력되는 이미지의 개수로, 프로세싱의 기본 프레임 속도는 60프레임이며 명령어 frameRate()로 변경 가능하다.

결과 이미지

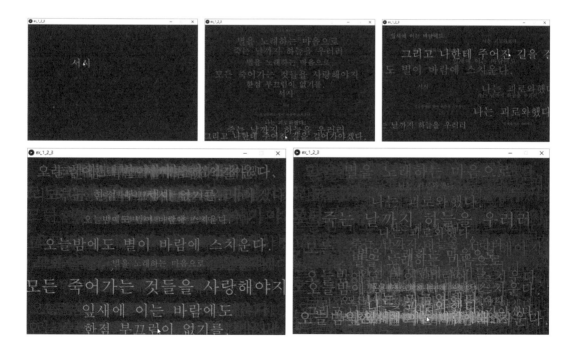

1.2.4 키보드의 방향키로 '서시' 이동시키기

☑️ 새롭게 배우는 명령어

  key, keyCode, x++, x--

이번 예제에서는 배열을 사용하지 않고 문자열 유형의 변수 myText에 '서시' 전체를 하나의 문자열 정보로 저장한 다음, 관객이 키보드의 화살표 방향키를 입력하면 키 방향에 따라 시가 사방으로 움직이도록 스케치해보자.

#실습예제 ex_1_2_4 코드 및 설명

프로세싱 예제 ex_1_2_4

```
String myText="서시\n죽는 날까지 하늘을 우러러\n한점 부끄럼이 없기를,\n잎새에 이는
               바람에도\n나는 괴로와했다.\n별을 노래하는 마음으로\n모든 죽어가는 것들을
               사랑해야지\n그리고 나한테 주어진 길을 걸어가야겠다.\n오늘밤에도 별이
               바람에 스치운다."; // ❶ 변수 선언
PFont font;
int x = 360;
int y = 240;                   // ❷ 변수 선언 및 초깃값 설정
int count=0;

void setup() {
  size(720, 480);
  printArray(PFont.list());
  font=createFont("Batangche", 25);
  textFont(font);
}

void draw() {
  background(10, 10, 50); // ❸ 바탕색으로 스케치창 갱신
  if (key == CODED) {      // ❹ 특수키 입력 여부 확인
    if (keyCode == UP) {  // ❺ 방향키 종류 확인
      y--;
      if (y<-150) {        // ❻ 문자열이 스케치창을 벗어나면 위치 이동
        y=height+150;
      }
    } else if (keyCode == DOWN) {
      y++;
      if (y>height+150) {
        y=-150;
      }
```

```
    } else if (keyCode == LEFT) {
      x--;
      if (x<-240) {
        x=width+240;
      }
    } else if (keyCode == RIGHT) {
      x++;
      if (x>width+240) {
        x=-240;
      }
    } else {                    // ❼ 문자열 이동 멈춤
      x=x;
      y=y;
    }
  }
  fill(255);
  textSize(25);
  textAlign(CENTER, CENTER);
  text(myText, x, y);        // ❽ 문자열 출력
}

void keyPressed() {
  if (key=='s') {
    saveFrame("image"+nf(count, 3)+".jpg");
    count+=1;
  }
}
```

예제 ex_1_2_4에서는 먼저 '서시'를 하나의 문자열로 변수 myText에 저장한다(❶). 이때 확장 비트열 \n(백슬래시+소문자n)을 사용하여 제목과 각 행들이 줄바꿈되어서 출력되도록 한다.

TIP! 확장 비트열은 문자열의 형태를 변형하거나 부호 입력을 위해 문자열에 포함시키는 제어 문자이다. \n은 줄바꿈으로 키보드의 엔터 키와 같은 역할을 하고 \0(공백문자), \'(작은따옴표), \"(큰따옴표), \\(백슬래시) 등이 사용된다. 스케치 에디터에서 문자열을 입력할 때 줄바꿈을 위해 확장 비트열 \n 대신 엔터키로 줄바꿈하면 에러가 나므로 주의해야 한다.

다음으로 '서시'의 좌표 위치를 저장하고 움직임을 제어하기 위해 변수 x, y 를 만든다. 초깃값은 스케치창의 중앙인 x=360(width/2), y=240(height/2) 로 설정한다(❷). 그 다음 void draw() 함수에서 반투명창을 이용한 잔상 효과 대신 background(10, 10, 50)으로 매 프레임이 시작할 때마다 짙은 파란색으로 스케치창을 깨끗하게 만들어 갱신해준다(❸).

이제 if() 조건문으로 관객이 어떤 방향키를 눌렀는지 체크하는 방법을 알아보자. 시스템 변수 key는 가장 최근에 입력한 키를 저장한다. 관객이 누른 키가 어떤 키인지 알기 위해서는 관계 연산자 ==를 써서 확인하고 싶은 키와 같은지 테스트한다. 이번 예제에서 확인할 화살표 방향키는 특수키로, 먼저 if(key==CODED) 조건문으로 입력한 키가 특수키인지 체크한다(❹).

첫 번째 조건테스트 결과가 참이면 조건문 안에서 다시 해당키가 어느 방향키인지를 테스트한다. 만약 입력한 키가 UP 키로 if(keyCode==UP) 조건테스트가 참이면 문자열 y 좌표값을 1씩 줄여 시時가 위쪽 방향으로 움직이도록 한다(❺). y--는 y=y-1의 줄인 형태로 매 프레임마다 y 값을 1씩 감소시킨다. 만약 입력한 키가 DOWN 키로 else if(keyCode==DOWN) 조건이 참이면 y 좌표값에 1씩 더해(y++) 시가 아래쪽 방향으로 움직이고, LEFT 키로 else if(keyCode==LEFT) 조건이 참이면 x 좌표값을 1씩 줄여(x--) 시가 왼쪽 방향으로 움직이도록 하고, RIGHT 키로 else if(keyCode==RIGHT) 조건이 참이면 x 좌표값에 1씩 더해(x++) 시 전체가 오른쪽 방향으로 움직이도록 한다. 이때 각 조건문에서 시가 스케치창에서 사라지는 순간이 되면 다시 스케치창 반대편으로 위치를 이동시켜 계속 반복적으로 나타나도록 한다(❻). 조건문 else는 특수키를 눌렀는지를 확인하는 첫 번째 조건테스트가 거짓일 경우에 해당하며 만약 관객이 특수키가 아닌 일반키를 누르면 문자열이 그 자리에 멈추도록 한다(❼). 끝으로 text()를 통해 현재 x, y 좌표 위치에 문자열을 출력한다(❽).

다음 표는 프로세싱에서 사용되는 산술 연산자를 정리한 것이다.

연산자	의미
x = x + 3	x에 3을 더하고 x에 그 값을 넣는다.
x = x - 3	x에서 3을 빼고 x에 그 값을 넣는다.
x = x * 3	x에 3을 곱하고 x에 그 값을 넣는다.
x = x / 3	x를 3으로 나눈 값의 몫을 x에 넣는다.
x = x % 3	x를 3으로 나눈 값의 나머지를 x에 넣는다.
x += 5	x에 5를 더하고 x에 그 값을 넣는다. x = x + 5와 같다.
x -= 5	x에 5를 빼고 x에 그 값을 넣는다. x = x - 5와 같다.
x *= 5	x에 5를 곱하고 x에 그 값을 넣는다. x = x * 5와 같다.
x /= 5	x를 5로 나눈 값의 몫을 x에 넣는다. x = x / 5와 같다.
x++	x에 1을 더한다. x = x + 1과 같다.
x--	x에 1을 뺀다. x = x - 1과 같다.

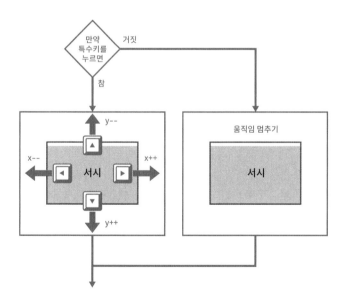

결과 이미지

1.2.5 지정축을 기준으로 '서시' 3D 회전시키기

☑️ 새롭게 배우는 명령어

　　P3D, translate( ), rotate( )

앞서 다룬 예제들은 x, y축만 있는 평면 형태의 스케치창에 스케치했다면 이번 예제에서는 x, y축에 깊이를 나타내는 z축을 추가하여 스케치창을 3차 원 공간으로 만든 다음 문자열을 회전시킬 것이다. 프로세싱 스케치창을 평 면적인 2D 공간에서 3D 입체 공간으로 바꿔주는 P3D 렌더러에 대해 알아 보고 x, y, z축 중에서 내가 지정한 축을 기준으로 텍스트가 계속해서 회전 하도록 스케치해보자.

ex_1_2_5 코드 및 설명

```
String myText="서시\n죽는 날까지 하늘을 우러러\n한 점 부끄럼이 없기를,\n잎새에 이는
             바람에도\n나는 괴로워했다.\n별을 노래하는 마음으로\n모든 죽어가는 것을
             사랑해야지\n그리고 나한테 주어진 길을 걸어가야겠다.\n오늘 밤에도 별이
             바람에 스치운다.";
PFont font;
float angle=0.0;                    // ❶ 변수 선언
int count=0;

void setup() {
  size(720, 480, P3D);             // ❷ 3D 스케치창 만듦
  printArray(PFont.list());
  font=createFont("Batangche", 25);
  textFont(font);
}

void draw() {
  background(10, 10, 50);
  fill(255);
  textSize(25);
  translate(width/2, height/2); // ❸ 스케치창 원점 이동
  rotateX(angle);                  // ❹ x축으로 회전
  textAlign(CENTER, CENTER);
  text(myText, 0, 0);              // ❺ 문자열 출력
  angle+=0.01;                     // ❻ 변수값 갱신
  println(angle);
}

void keyPressed() {
  if (key=='s') {
    saveFrame("image"+nf(count, 3)+".jpg");
    count+=1;
  }
}
```

'서시'를 하나의 문자열로 변수 myText에 저장하고 크기는 25픽셀로, 폰트는 바탕체로 지정한다. 다음으로 회전 각도 입력을 위해 소수 형태(float)의 변수 angle을 만들고 초깃값을 0.0으로 설정한다(❶). size(스케치창 가로 크기, 세로 크기, 렌더러)에서 세 번째 설정값을 P3D(프로세싱 3D) 렌더러renderer로 설정하여 3차원 공간의 스케치창을 만든다(❷).

```
size(100, 100); //2D 스케치창
```

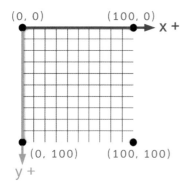

```
size(100, 100, P3D); //3D 스케치창
```

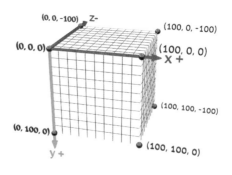

회전은 rotate()를 사용하는데 이때 좌표계 원점은 왼쪽 위이다. 만약 스케치창 x, y 좌표 (40, 40) 위치에 있는 사각형을 rotate()로 회전시키면 스케치창 왼쪽 위에 위치한 원점을 중심으로 회전하기 때문에 원하는 움직임을 만들기 힘들다. 이때 좌표계 원점을 이동시키기 위해 translate(x 좌표, y 좌표, z 좌표 이동거리)를 사용한다. 좌표계의 원점을 회전시키고 싶은 도형 또는 문자의 중심으로 먼저 이동시킨 다음 rotate()로 회전시키면 해당 도형은 현재 위치를 기준으로 회전하게 된다.

```
rotate(PI/4.0);       //좌표계 45도 회전
rectMode(CENTER);     //사각형 기준점 변경
rect(40, 40, 20, 20); //사각형 그림
```

```
translate(40, 40);   //좌표계 원점 이동
rotate(PI/4.0);      //좌표계 45도 회전
rectMode(CENTER);    //사각형 기준점 변경
rect(0, 0, 20, 20);  //이동한 좌표계에 사각형 그림
```

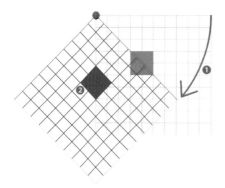

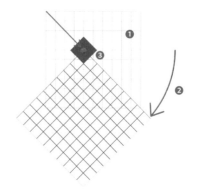

P3D 모드에서 translate()의 세 번째 설정값으로 z 좌표 이동거리 값을 변경할 수 있는데 이때 양수값을 입력하면 원점이 스케치창 앞쪽으로 이동하고 음수값을 입력하면 뒤쪽으로 이동한다.

```
size(300, 300, P3D);
translate(150, 150);
rectMode(CENTER);
rect(0, 0, 150, 150);
```

```
size(300, 300, P3D);
translate(150, 150, -100);
rectMode(CENTER);
rect(0, 0, 150, 150);
```

```
size(300, 300, P3D);
translate(150, 150, -100);
rotateY(2.0);
rectMode(CENTER);
rect(0, 0, 150, 150);
```

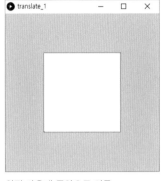

원점 가운데 중앙으로 이동

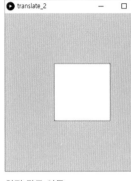

원점 뒤로 이동

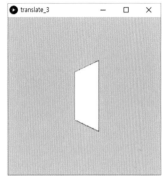

y축 기준으로 좌표계 회전

translate()로 원점을 스케치창 가운데 중앙(width/2, height/2)으로 옮긴 다음(❸) rotateX(라디안값) 명령어로 서시를 x축 기준 시계방향으로 회전시킨다(❹).

TIP! rotate() 명령어에 회전 각도를 나타내는 설정값은 일반적으로 많이 사용하는 각도(°, degree) 대신에 호도법에 의한 각의 단위인 라디안 또는 호도(radian) 값을 입력해야 한다. 각도는 원둘레를 360등분한 호에 대한 중심각을 도(°)로 표시하는 반면 호도는 파이(π, 3.14159) 값에 기반을 둔 치수로 원의 반지름과 같은 길이의 원호가 대하는 중심각을 1라디안(radian)이라고 부르고 이것을 단위로 하여 각의 크기를 결정한다. 만약 라디안값이 익숙지 않다면 프로세싱에서 제공하는 명령어 radians(각도)을 사용하면 된다. radians()는 설정값으로 입력한 각도를 라디안 값으로 바꾸어주기 때문에 rotate()에 rotate(radians(각도))의 형태로 입력하여 바로 사용할 수 있다. 다음 표에 주요 각도에 대한 라디안값을 정리해 놓았다.

각도 (°, degree)	라디안 (rad, radian)	프로세싱 명령어 rotate ( )
30°	0.52 (π/6)	rotate(PI/6.0) 또는 rotate(radians(30))
45°	0.79 (π/4)	rotate(PI/4.0) 또는 rotate(radians(45))
90°	1.57 (π/2)	rotate(PI/2.0) 또는 rotate(radians(90))
180°	3.14 (π)	rotate(PI) 또는 rotate(radians(180))
270°	4.71 (3π/2)	rotate(PI+PI/2.0) 또는 rotate(radians(270))
360°	6.28 (2π)	rotate(TWO_PI) 또는 rotate(radians(360))

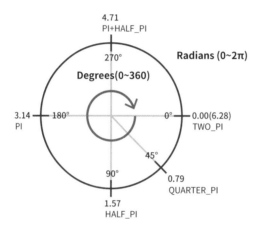

호도(Radians)와 각도(Degrees) 값

이제 '서시'도 문자열 가운데를 중심으로 회전하기 위해 텍스트 가로세로 정렬 방법을 textAlign(CENTER, CENTER)로 맞춘다. text()로 시를 스케치창 가운데 출력하고(❺) rotateX()의 angle 값을 매 프레임마다 0.01씩 더해준다(❻). angle+=0.01은 angle=angle+0.01을 줄인 형태로, 더하는 값이 크면 클수록 회전 속도가 빨라진다. rotateX() 대신 rotateY(), rotateZ()를 입력하여 다른 방향으로도 회전시켜 보자.

결과 이미지

rotateX(angle)   rotateY(angle)   rotateZ(angle)

1.2.6 마우스 위치에 따라 '서시' 회전 각도 변경하기

☑️ 새롭게 배우는 명령어
   map()

이번에는 map()으로 관객의 마우스 움직임에 따라 텍스트의 회전 각도와 방향이 변하도록 스케치해보자.

#실습예제 ex_1_2_6 코드 및 설명

`프로세싱` 예제 ex_1_2_6

- -

```
String myText="서시\n죽는 날까지 하늘을 우러러\n한 점 부끄럼이 없기를,\n잎새에 이는
              바람에도\n나는 괴로워했다.\n별을 노래하는 마음으로\n모든 죽어가는 것을
              사랑해야지\n그리고 나한테 주어진 길을 걸어가야겠다.\n오늘 밤에도 별이
              바람에 스치운다.";
PFont font;
float angle=0.0;
int count=0;

void setup() {
  size(720, 480, P3D);
  printArray(PFont.list());
  font=createFont("Batangche", 25);
  textFont(font);
}

void draw() {
  background(10, 10, 50);
  fill(255);
```

```
  textSize(25);
  translate(width/2, height/2);
  rotateX(angle);
  textAlign(CENTER, CENTER);
  text(myText, 0, 0);
  angle=map(mouseX, 0, width, 0, TWO_PI); // ❶ 마우스 x 위치값을 회전 각도로 변환
  println(angle);
}

void keyPressed() {
  if (key=='s') {
    saveFrame("image"+nf(count, 3)+".jpg");
    count+=1;
  }
}
```

예제 ex_1_2_6에서는 특정한 변수의 범위값을 새로운 범위값으로 변환하기 위해 map(변환하고 싶은 변수, 변환하고 싶은 변수의 최솟값, 최댓값, 새로운 범위의 최솟값, 최댓값)을 사용해본다. map()으로 변수 mouseX의 최솟값 0, 최댓값 width(스케치창 가로 크기)를 같은 비율에 따라 최솟값 0, 최댓값 TWO_PI(360)으로 값을 변환한 다음 변수 angle에 저장하여 마우스 좌우 움직임에 따라 서시의 회전 각도와 방향이 실시간으로 변하는 스케치를 만들 수 있다 (❶). 앞의 예제와 마찬가지로 회전축 y, z로도 테스트해보자.

결과 이미지

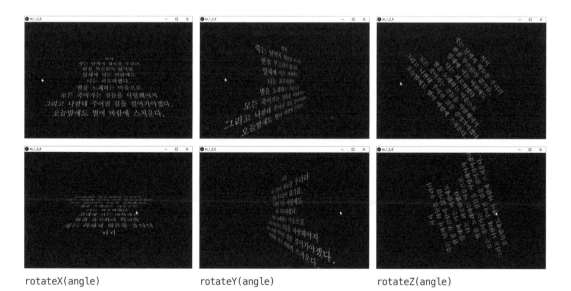

rotateX(angle)   rotateY(angle)   rotateZ(angle)

좀 더 붙잡기~ 도전!

1. 예제 ex_1_2_2에서 사용한 도시 이름 대신 음식 메뉴, 올해의 키워드 등으로 배열의 요소값을 바꾸어 보자. 바탕색, 폰트, 선의 색과 굵기도 출력되는 문자 정보에 어울리도록 변경해 보자.

2. 예제 ex_1_2_4에서 확장 비트열 \n(줄바꿈)과 \0(공백문자)을 이용하여 문자열로 이모티콘이나 그림문자를 만들어 움직여보자. void draw() 함수가 시작할 때 반투명 사각형을 넣어 문자열 움직임에 잔상 효과를 적용시켜보자.

3. 예제 ex_1_2_5, ex_1_2_6에서 회전하는 기준 축을 한 개가 아니라 2개로 설정해서 움직이는 문자열의 형태를 비틀어보자. 2개 이상의 문자열이 여러 위치에서 회전하도록 해보자. 추가적으로 명령어 translate()의 x, y 좌표 위치를 mouseX, mouseY로 바꾸어 문자열이 현재 마우스 위치에서 회전하도록 해보자.

참고 이미지

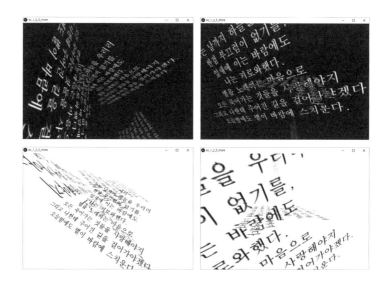

4. 3차원 공간을 구성하고 있는 입체적인 면들을 문자열로 만든 3D 면들로 표현해보자.

TIP! 유튜브에서 제프리 쇼 Jeffrey Shaw의 작품 'Legible City(1989)'를 감상해본다.

#미술관에서 만난 한글

2017년 서울시립미술관에서 개최된 <날개. 파티>전은 안상수체로 유명한 안상수 선생님의 작품들과 파주 타이포그래피 학교 학생들의 워크샵 결과물로 구성된 전시였다. 그 중 타이포그래피 영상 작업인 '문자도 영상'과 설치 작업인 '도자기 타일'이 가장 인상적이었다. 두 작품은 한글의 조형성을 확장시켰고 소리글자인 한글의 특징이 잘 살아있었다. 오랫동안 한글을 연구하고 작업에 활용해 오신 선생님의 작품에 다시 한번 한글의 멋스러움을 깨닫게 되었다.

많은 국문학 작품들 속에는 보물 같은 문장들이 숨어있다. 누구나 마음속에 잊히지 않는 인생 문장이 있다. 학창시절 도서관에서 우연히 꺼내든 근원 김용준 화가의 수필집 첫 문장 "댁에 매화가 구름처럼 피었더군요.", 그리고 의사이자 시인인 허만하 작가의 "비는 수직으로 서서 죽는다."는 나의 인생 문장이다. 언젠가 이 문장들을 미디어아트 작업으로 되새겨 보고 싶은 마음속 숙제를 매일같이 풀어가고 있다.

한글은 우리가 미디어아트 작업에 사용할 수 있는 좋은 도구이기도 하다. 특히 묻고 답하는 일은 본능적이다. 우리가 제일 잘 할 수 있는 일이기도 하다. 우리의 사상과 감정을 표현하는 한글을 활용한 미디어아트 작품은 어떤 모습일까...? 다시 묻고 답해본다.

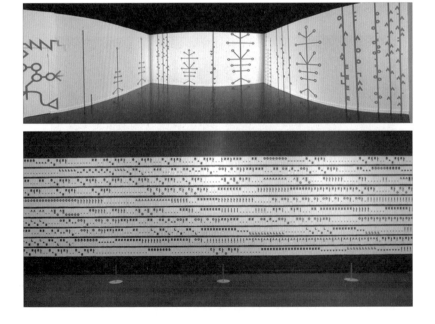

1.3
이미지 출력하기

지금까지 프로세싱에서 숫자와 문자를 사용해서 이미지를 만들어 보았다. 이번 예제에서는 이미지 또는 사진을 활용하는 다양한 방법들을 살펴보자. 기존 이미지를 변화시키는 색 채우기 명령어 tint()와 필터 효과를 적용하는 filter()로 인상적인 이미지 연출 방법을 알아보고, 관객의 마우스 위치와 움직임에 따라 실시간으로 변하는 콜라주와 점묘법 이미지도 만들어보자.

1.3.1
랜덤한 순서로
이미지 출력하기

1.3.2
랜덤한 순서로
출력되는 이미지에
다양한 필터 효과
주기

1.3.3
마우스 위치에 따라
이미지 출력하기

1.3.4
마우스 위치와
클릭으로 이미지
4등분하여 출력하기

1.3.5
마우스 움직임에
따라 이미지 크기
조절하고 회전시키기

1.3.6
마우스 클릭으로
랜덤한 이미지
출력하기

1.3.7
랜덤하게 출력되는
원형 픽셀로 점묘법
스케치하기

1.3.8
빠른 속도로 점묘법
스케치하기

1.3.1 랜덤한 순서로 이미지 출력하기

☑️ 새롭게 배우는 명령어
PImage, for( ), loadImage( ), tint( ), image( )

☑️ 필요한 재료
내가 좋아하는 이미지 10장(파일명: img00.jpg~img09.jpg, 이미지 크기: 720 × 480px)

첫 단계로 프로세싱에서 내 컴퓨터에 저장된 이미지 또는 사진을 활용하기 위한 준비 과정을 알아보자. for( ) 반복문으로 내가 좋아하는 이미지 10장을 이미지 유형의 배열에 차례대로 저장하고, 관객이 마우스를 클릭할 때마다 이미지 한 장이 랜덤하게 스케치창에 출력되도록 해보자.

#PImage: 바야흐로 이미지 시대
프로세싱에서는 gif, jpg, tga, png 포맷의 이미지를 사용할 수 있다. 내 컴퓨터에 저장된 이미지를 프로세싱에서 활용하기 위해서는 다음과 같은 사전작업이 필요하다.

1. 사용할 이미지 미리 저장하기
먼저 사용할 이미지들을 현재 작업 중인 스케치 파일이 저장된 폴더 안의 [data] 폴더에 저장해 놓아야 한다. 저장할 때는 이미지 파일을 마우스로 끌어서 폴더에 넣을 수도 있고 [스케치]-[스케치 불러오기…] 메뉴를 이용하거나 직접 폴더를 만들고 복사해 넣을 수도 있다.

저장한 이미지들을 확인하고 싶을 때에는 메뉴바에서 [스케치]-[스케치 폴더 열기] 또는 단축키 [Ctrl+K]를 누르면 [data] 폴더에 추가된 이미지들을 볼 수 있다.

2. 변수 만들기
사용할 이미지를 불러오기 위해 **PImage**(프로세싱 이미지) 유형의 새로운 변수를 만든다.
PImage 변수 이름 → PImage img

3. loadImage()로 사용할 이미지 불러오기

변수 이름=loadImage("불러올 이미지 파일명") → img=loadImage("img00.jpg")

불러올 이미지 파일명은 큰따옴표로 묶고 파일의 확장자명까지 대소문자 구별하여 정확하게 입력해야 한다. 사용할 이미지는 void setup() 함수 또는 이벤트 함수 안에서 한 번만 불러오면 된다. 만약 void draw() 함수 안에서 loadImage()를 실행시키면 매 프레임마다 이미지를 저장하기 때문에 실행 속도가 느려지거나 에러가 날 수 있다.

TIP! 이미지 파일명을 입력할 때는 확장자명까지 반드시 넣어야 한다. [data] 폴더 안에 있는 이미지의 확장자명이 보이지 않는다면 윈도우 탐색창 메뉴바에서 [보기]를 클릭하고 [표시/숨기기]에 있는 '파일 확장자명' 체크박스를 체크하면 된다.

이렇게 하면 이제 image(사용할 이미지 변수 이름, 기준점 x 좌표 위치, y 좌표 위치, 이미지 가로 크기, 세로 크기)로 스케치창에 이미지를 출력할 수 있다. 기준점의 위치는 사각형을 그리는 rect()와 마찬가지로 왼쪽 위이다. 네 번째, 다섯 번째 설정값을 입력하지 않으면 저장된 이미지 크기 그대로 출력되며 설정값을 입력하면 입력한 값에 따라 이미지의 가로세로 크기가 조절된다. 이미지 크기를 조절할 때 원본보다 크기를 키우거나 비율을 바꾸면 이미지가 깨지거나 왜곡되어 보이므로 원본 이미지 크기를 미리 체크해두어야 한다.

이미지의 기준점 위치는 imageMode()로 바꿀 수 있다.

---

imageMode(CORNER)　　　//한 모서리 모드 (기본모드)
image(사용할 이미지 변수 이름, 왼쪽 위 기준점 x 좌표, y 좌표, 이미지 가로 크기, 세로 크기)

---

imageMode(CORNERS)　　　//두 모서리 모드
image(사용할 이미지 변수 이름, 왼쪽 위 기준점 x 좌표, y 좌표, 오른쪽 아래 x 좌표, y 좌표)

---

imageMode(CENTER)　　　//중심 모드
image(사용할 이미지 변수 이름, 가운데 중심 기준점 x 좌표, y 좌표, 이미지 가로 크기, 세로 크기)

중심 모드에서 기준점의 x, y 좌표 위치에 현재 마우스의 x, y 좌표 위치를
나타내는 시스템 변수 mouseX, mouseY를 입력하면 현재 마우스 위치를 중심
으로 이미지가 출력된다. 사각형과 원형의 기준점도 rectMode()와 ellipse
Mode()를 사용하여 같은 방법으로 변경할 수 있다.

이제 이미지 한 장을 불러오는 경우와 두 장을 불러와 출력하는 경우를
살펴보자.

스케치창 크기에 맞춰 이미지 한 장 출력하기

```
PImage img;

void setup() {
  size(720, 480);
  background(255);
  img=loadImage("img00.jpg");
}

void draw() {
  image(img, 0, 0, 720, 480);
}
```

스케치창 절반 크기로 이미지 두 장 출력하기

```
PImage img1, img2;

void setup() {
  size(720, 480);
  background(255);
  img1=loadImage("img00.jpg");
  img2=loadImage("img01.jpg");
}

void draw() {
  image(img1, 0, 120, 360, 240);
  image(img2, 360, 120, 360, 240);
}
```

하지만 사용할 이미지가 10장이 넘어가면 입력해야 할 명령문이 길어져 비
효율적이다. 이를 해결하기 위해 이미지 유형의 배열을 만들고 for() 반복
문으로 배열의 이미지 요소들을 한번에 저장하는 법을 알아보자.

#반복문 for ( ) : 휘리릭~ 반복 작업 끝! 가성비 끝판왕

```
for(int i = 0;❶ i < 100;❷ i++❸){ //정수 유형의 카운터 변수 i는 0에서부터 1씩 증가하며
  명령문들();                     //중괄호 안의 명령문들을 100번 반복 실행한다.
}
```

for() 반복문은 어떤 작업을 내가 원하는 횟수만큼 반복해서 실행하고 싶을 때 효과적이다. for() 반복문은 세 항목으로 이루어져 있으며 각 항목들은 ;(세미콜론)으로 구별된다. 반복 횟수를 체크하기 위한 카운터 변수 선언과 초깃값을 설정하고(❶) 조건테스트로 반복 횟수를 제한하며(❷) 갱신 방법을 기술한다(❸). 그럼 for() 반복문의 진행과정을 살펴보자. 정수 유형의 카운터 변수 i는 for() 반복문에서만 사용되는 지역변수로, 초깃값 0을 ❷번의 조건에 대입한다. 0은 100보다 작기 때문에 참이 되고, 변수 i는 0이라는 값을 가지고 중괄호 안의 명령문들을 한 번씩 실행시킨 다음 세 번째 항목 갱신 방법으로 넘어간다. i++는 i=i+1을 줄인 형태로 i는 1이 된다. i는 다시 두 번째 항목으로 가서 테스트를 받고 아직 100보다 작기 때문에 명령문을 다시 한번 실행시킨다. i가 100이 되는 순간까지 명령문들을 반복 실행하고 100이 되는 순간 for() 반복문을 벗어난다.

#실습예제 ex_1_3_1 코드 및 설명

프로세싱 예제 ex_1_3_1

```
int frameNum = 10;                       //❶ 변수 선언 및 초깃값 설정
PImage[] img = new PImage[frameNum];     //❷ 이미지 유형의 배열 선언
int frame = 0;                           //❸ 변수 선언 및 초깃값 설정

void setup() {
  size(720, 480);
  background(255);
  for (int i = 0; i < frameNum; i++) { //❹ for() 문으로 배열에 이미지 불러옴
    img[i] = loadImage("img" + nf(i, 2) + ".jpg");
  }
}

void draw() {
  tint(255, 50);                         //❺ 색깔 넣기
  image(img[frame], 0, 0, 720, 480);     //❻ 스케치창에 이미지 출력
  println(frame);
```

```
}

void mousePressed() {                    //❼ 마우스 이벤트 함수 만듦
  frame = int(random(frameNum));         //❽ 랜덤한 이미지 순번 만듦
}
```

그럼 예제 ex_1_3_1을 살펴보자. 배열의 크기에 해당하는 변수 frameNum
을 만들고 초깃값으로 10을 대입시킨다(❶). PImage 유형의 배열 img를 선
언하고 배열의 크기는 변수 frameNum 값인 10으로 설정한다(❷). 배열의
위치에 해당하는 변수 frame을 전역변수로 만들고 초깃값으로 0을 저장한
다(❸). void setup() 함수에서 먼저 스케치창의 크기와 바탕색을 지정하고
for() 반복문 안에서 명령어 loadImage()를 사용하여 배열 img의 첫 번째 칸
img[0]부터 마지막 열 번째 칸 [9]까지 이미지 10장을 차례대로 불러온다.
이때 불러올 이미지 파일명에 연속된 번호를 넣어주면 훨씬 간편하게 이미
지를 추가할 수 있다. 순차적으로 증가하는 숫자를 만들 때 효과적인 nf(숫
자, 자릿수) 명령어로 앞의 이미지 이름 img와 확장자 jpg는 동일하고 가운
데 두 자리 숫자만 증가하는 문자열 형태로 완성한 다음 배열에 담을 각각
의 이미지 파일명으로 사용한다(이때 이름과 숫자, 확장자명은 '+'로 연결
한다)(❹). void draw() 함수에서는 이미지의 색깔과 투명도를 바꾸어주는
명령어 tint(색깔, 투명도)로 선택된 이미지가 거의 투명한 상태에서 점점 뚜
렷해지도록 만들어서, 마우스 클릭으로 이미지가 교체될 때 부드럽게 넘
어가도록 한다(❺). image(img[frame], 0, 0, 720, 480)으로 변수 frame 값
에 따라 랜덤하게 선택된 배열 속 이미지가 스케치창 크기에 맞게 출력된다
(❻). 변수 frame의 초깃값이 0이므로 이미지 img00.jpg가 항상 제일 먼저
출력된다. 마우스를 클릭할 때마다 랜덤하게 선택된 이미지가 출력되도록
mousePressed() 이벤트 함수를 만든다(❼). 마우스를 클릭했을 때 배열 안에
서 선택된 랜덤한 숫자 값을 정수 형태로 바꾸어 변수 frame에 대입시키고
void draw() 함수에서 image()의 첫 번째 설정값 img[frame]에 사용한다(❽).

결과 이미지

1.3.2 랜덤한 순서로 출력되는 이미지에 다양한 필터 효과 주기

☑ **새롭게 배우는 명령어**

    tint( ), filter( )

☑ **필요한 재료**

    내가 좋아하는 이미지 8장(파일명:img00.jpg~img09.jpg, 이미지 크기: 720 × 480px)

이번에는 이미지에 tint()와 filter()를 적용시켜 원본 소스 이미지를 완전히 다른 느낌으로 변형시켜 보자.

#색상 변경 tint( ) : 이미지 색조 화장하기

tint()는 출력되는 이미지의 명도를 조절하거나 색깔을 바꿀 수도 있고 투명하게 만들 수도 있다. 도형의 안쪽 면에 색을 채우는 fill()과 같은 방법으로 이미지를 변화시킨다. tint()에는 4개까지 설정값을 넣을 수 있다. 각 값은 0~255 사이의 숫자 값으로 조절한다.

· 1개: tint(명도) (0은 완전 어두움, 255는 원래 상태 유지)
· 2개: tint(명도, 투명도) (0은 완전 투명, 255는 완전 불투명)
· 3개: tint(R, G, B)
· 4개: tint(R, G, B, 투명도)

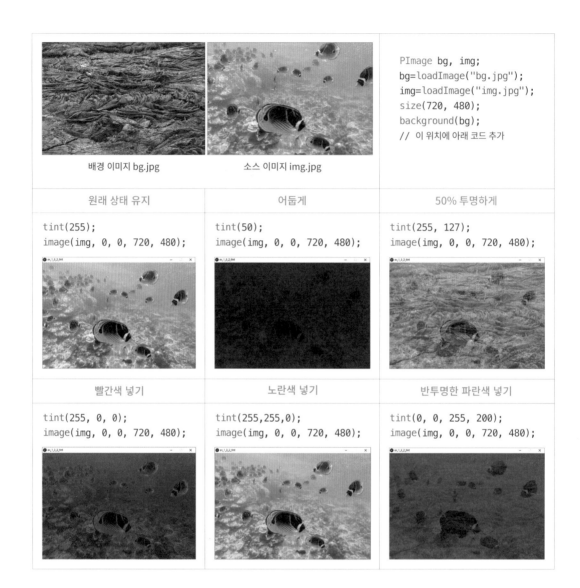

원래 상태 유지	어둡게	50% 투명하게
`tint(255);` `image(img, 0, 0, 720, 480);`	`tint(50);` `image(img, 0, 0, 720, 480);`	`tint(255, 127);` `image(img, 0, 0, 720, 480);`

빨간색 넣기	노란색 넣기	반투명한 파란색 넣기
`tint(255, 0, 0);` `image(img, 0, 0, 720, 480);`	`tint(255,255,0);` `image(img, 0, 0, 720, 480);`	`tint(0, 0, 255, 200);` `image(img, 0, 0, 720, 480);`

상단 코드:
```
PImage bg, img;
bg=loadImage("bg.jpg");
img=loadImage("img.jpg");
size(720, 480);
background(bg);
// 이 위치에 아래 코드 추가
```

배경 이미지 bg.jpg　　소스 이미지 img.jpg

#필터 filter(): 이미지의 변신은 무죄

이번에는 filter(적용 효과, 정도값)으로 이미지를 바꿔보자. keyPressed() 이벤트 함수를 사용하여 키보드에서 각 필터에 해당하는 특정 키를 누를 때마다 이미지에 필터가 적용되도록 할 것이다. 만약 스케치창 전체가 아닌 어떤 특정한 이미지에만 필터 효과를 주고 싶을 때에는 '대상 이미지 변수 이름.filter(적용 효과, 정도값)'으로 입력한다. 프로세싱에서 제공되는 필터는 다음과 같다.

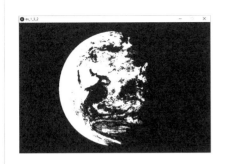

THRESHOLD(한계값 효과, 0~1)

한계값을 경계로 흰색 또는 검은색 픽셀들만 사용하여 이미지를 표현한다. 만약 현재 픽셀의 명도가 정도값보다 작으면 검은색, 크면 흰색으로 정해지며 정도값은 0.0(검은색)~1.0(흰색) 범위 안에서 입력한다. 정도값을 따로 입력하지 않으면 0.5를 적용한다.

```
if (key=='t') {
    img[frame].filter(THRESHOLD, 0.5);
}
```

GRAY(흑백 효과)

흑백 이미지로 바꿔준다.

```
if (key=='g') {
    img[frame].filter(GRAY);
}
```

INVERT(반전 효과)

모든 픽셀의 색상을 반대로 표현해서 네거티브 필름과 같은 효과를 얻을 수 있다.

```
if (key=='i') {
    img[frame].filter(INVERT);
}
```

POSTERIZE(포스터화 효과, 2~255)

입력한 정도값을 색상 개수로 사용하여 이미지를 표현해준다. 정도값은 2(2가지 색)~255(255가지 색)까지 입력이 가능하지만 10 이하의 숫자를 입력해야 효과를 느낄 수 있다.

```
if (key=='p') {
    img[frame].filter(POSTERIZE, 3);
}
```

BLUR(흐림 효과, 1~)

포토샵의 가우시안 블러와 같이 이미지를 뿌옇게 만든다.
정도값이 크면 클수록 희미해지는 범위와 강도가 증가한다.

```
if (key=='b') {
    img[frame].filter(BLUR, 2);
  }
```

ERODE(약화 효과)

밝은 영역을 줄여준다. [e] 키를 여러 번 누르면 이 효과를 반복해서
적용할 수 있다.

```
if (key=='e') {
    img[frame].filter(ERODE);
  }
```

DILATE(확장 효과)

밝은 영역을 강화시켜 준다. [d] 키를 여러 번 누르면 이 효과를
반복해서 적용할 수 있다.

```
if (key=='d') {
    img[frame].filter(DILATE);
  }
```

#실습예제 ex_1_3_2 코드 및 설명

프로세싱 예제 ex_1_3_2

```
int frameNum = 8;
PImage[] img = new PImage[frameNum];
int frame = 0;
int count=0;

void setup() {
  size(720, 480);
  background(255);
  for (int i = 0; i < frameNum; i++) {
```

```
      img[i] = loadImage("img" + nf(i, 2) + ".jpg");
  }
}

void draw() {
  tint(255, 50);
  image(img[frame], 0, 0, 720, 480);
  println(frame);
}

void mousePressed() {
  frame = int(random(frameNum));
}

void keyPressed() {                              //❶ 이벤트 함수 만듦
  if (key=='t') {
    img[frame].filter(THRESHOLD, 0.5);
  }
  if (key=='g') {
    img[frame].filter(GRAY);
  }
  if (key=='i') {
    img[frame].filter(INVERT);
  }
  if (key=='p') {
    img[frame].filter(POSTERIZE, 3);
  }
  if (key=='b') {
    img[frame].filter(BLUR, 2);
  }
  if (key=='e') {
    img[frame].filter(ERODE);
  }
  if (key=='d') {
    img[frame].filter(DILATE);                   //❷ 필터 효과 적용
  }
  if (key=='r') {                                //❸ 소스 이미지 초기화
    img[frame] = loadImage("img" + nf(frame, 2) + ".jpg");
  }
  if (key=='s') {                                //❹ 저장
    saveFrame("image" + nf(count, 3) + ".jpg");
    count+=1;
  }
}
```

예제 ex_1_3_2를 살펴보자. 관객의 키보드 입력을 위해 void keyPressed() 이벤트 함수를 만들고(❶) 각 필터에 해당하는 특정키를 누르면 해당 필터 가 출력된 이미지에 적용되도록 한다(❷). 이미지를 다시 원래 상태로 되돌 리고 싶을 때에는 [r] 키를 누르면 된다. [r] 키를 누르면 loadImage("불러올 이 미지 파일명")으로 [data] 폴더에 있는 원본 소스 이미지를 프로세싱으로 다시 불러와서 이미지가 처음 상태로 되돌아간다(❸). [s] 키를 누르면 현재 스케 치창이 이미지 파일로 저장된다(❹). 이번 예제에서는 입력되는 키를 '영문 소문자'로 지정했기 때문에 한글이나 영문 대문자로 입력하면 필터 기능이 적용되지 않으므로 주의해야 한다. 앞으로 tint()와 filter() 기능을 비디오 를 활용하는 스케치에도 적용시켜 보자.

TIP! setup() 함수에서 원본 소스 이미지를 저장할 배열과 필터 효과를 적용시킬 소스 이미지 를 저장할 배열 2개를 따로 만들어주면 메모리 관리에 도움이 된다.

결과 이미지
소스 이미지 8장

INVERT (반전 효과)	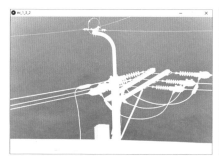	
POSTERIZE (포스터화 효과, 3)		
GRAY (흑백 효과) + INVERT (반전 효과)		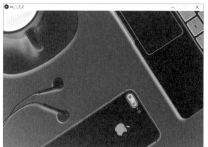
DILATE (확장 효과) + POSTERIZE (포스터화 효과, 3)		

<table>
<tr>
<td>INVERT
(반전 효과) +
POSTERIZE
(포스터화
효과, 3)</td>
<td></td>
<td></td>
</tr>
</table>

1.3.3 마우스 위치에 따라 이미지 출력하기

☑ 새롭게 배우는 명령어
get( )

☑ 필요한 재료
내가 좋아하는 이미지 1장(파일명: img.jpg, 이미지 크기: 720×480px)

이번에는 if() 조건문을 사용해서 현재 마우스 위치가 화면 가운데를 기준으로 왼쪽에 있으면 소스 이미지의 왼쪽 절반만 나타나고 오른쪽에 있으면 소스 이미지의 오른쪽 절반만 나타나게 해보자. 이를 위해서 get()을 사용한다.

#가져오기 get(): 신속 정확한 심부름센터

get()은 대상 이미지에서 특정 위치에 있는 픽셀의 정보를 가져올 수도 있고 소스 이미지에서 특정한 부분만 사각형 형태로 잘라내어 스케치창에 나타나게 할 수도 있다. get()을 사용할 때에는 filter()와 마찬가지로 '대상 이미지 변수 이름.get()'으로 입력한다. 만약 get(450, 300)처럼 get()의 설정값이 2개면 정보값을 가져올 픽셀의 x, y 좌표 위치를 나타내고, get(450, 300, 100, 100)처럼 설정값이 네 개면 첫 번째, 두 번째는 잘라낼 부분 이미지의 사각형 기준점(왼쪽 위)의 x, y 좌표값이고 세 번째, 네 번째는 잘라낼 사각형의 가로, 세로 크기가 된다. 설정값을 입력하지 않으면 대상 이미지 전체를 가져온다.

#실습예제 ex_1_3_3 코드 및 설명

```
PImage img;
int count=0;

void setup() {
  size(720, 480);
  img = loadImage("img.jpg");
}

void draw() {
  background(255, 200, 110);                           //❶ 바탕색으로 스케치창 갱신
  if (mouseX < 360) {                                  //❷ 마우스 위치 테스트
    image(img.get(0, 0, 360, 480), 0, 0, 360, 480);
  } else {
    image(img.get(360, 0, 360, 480), 360, 0, 360, 480);  //❸ 조건에 해당하는 이미지 출력
  }
}

void keyPressed() {
  if (key=='s') {
    saveFrame("image"+nf(count, 3)+".jpg");
    count+=1;
  }
}
```

먼저 **PImage** 유형의 변수 img를 만들고 **void setup()** 함수에서 [data] 폴더에 저장된 소스 이미지 한 장을 불러와 변수 img에 저장한다. **void draw()** 함수에서 매 프레임마다 스케치창을 바탕색으로 새롭게 만들어 현재 프레임에서 마우스 위치 정보에 해당하는 **get()** 이미지만 출력되도록 한다(❶). **if()** 문의 조건테스트는 현재 마우스 x 좌표 위치(**mouseX**)가 화면 가운데 x 좌표 위치인 360(**width/2**)보다 작은지를 판단하고(❷) 참이면 **img.get(0, 0, 360, 480)**으로 소스 이미지의 왼쪽 절반 부분을 잘라낸 다음 현재 스케치창 왼쪽 위 (0, 0)을 기준으로 360×480 픽셀 크기로 출력한다. 조건테스트 결과가 거짓이면 **else**로 넘어가서 **img.get(360, 0, 360, 480)**으로 소스 이미지의 오른쪽 절반 부분을 잘라낸 다음 현재 스케치창 가운데 위 (360, 0)을 기준으로 360×480 픽셀 크기로 나타낸다(❸). 이번 예제에서는 마우스 위치를 체크했지만, 이후에는 마우스 위치 대신 아두이노에 연결된 인체 감지 센서로 관객이 어느 쪽에 있는지에 따라 다른 이미지가 나타나도록 발전시켜보자.

결과 이미지

소스 이미지

마우스 커서가 왼쪽에 위치할 때

마우스 커서가 오른쪽에 위치할 때

1.3.4 마우스 위치와 클릭으로 이미지 4등분하여 출력하기

☑️ 새롭게 배우는 명령어
   A && B

☑️ 필요한 재료
   내가 좋아하는 이미지 1장(파일명: img.jpg, 이미지 크기: 720 × 480px)

예제 ex_1_3_3에서는 스케치창을 왼쪽과 오른쪽으로 나누어 보았다. 이번 예제에서는 스케치창을 4등분하여 마우스를 클릭하면 전체 이미지 중 클릭한 부분의 이미지만 출력되도록 스케치해보자.

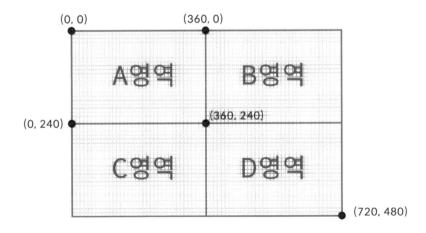

#실습예제 ex_1_3_4 코드 및 설명

```
PImage img;
int count=0;

void setup() {
  size(720, 480);
  background(48, 176, 185);
  img = loadImage("img.jpg");
}

void draw() {
}

void mousePressed() {                                    //❶ 마우스 이벤트 함수 만듦
  if (mouseX <= 360 && mouseY <= 240) {                 //❷ 각 영역에 해당 이미지 출력
    image(img.get(0, 0, 360, 240), 0, 0, 360, 240);
  } else if (mouseX > 360 && mouseY <= 240) {
    image(img.get(360, 0, 360, 240), 360, 0, 360, 240);
  } else if (mouseX <= 360 && mouseY > 240) {
    image(img.get(0, 240, 360, 240), 0, 240, 360, 240);
  } else {
    image(img.get(360, 240, 360, 240), 360, 240, 360, 240);
  }
}

void keyPressed() {
  if (key=='r') {                                        //❸ 바탕색으로 스케치창 갱신
    background(48, 176, 185);
  }
  if (key=='s') {
    saveFrame("image"+nf(count, 3)+".jpg");
    count+=1;
  }
}
```

현재 마우스 위치와 클릭 여부를 체크하기 위해 먼저 마우스 이벤트 함수를 만들고(❶) 그 안에서 if() 조건문으로 현재 마우스 x, y 좌표 위치가 어느 영역 안에 있는지를 체크한다. 이때 마우스 x, y 좌표 위치를 동시에 체크해야 하는데 이럴 때 논리 연산자 &&(And)를 사용한다. if() 문의 조건테스트에서 두 조건 모두 만족해야 한다면 A&&B로 입력한다. 조건테스트에서 두 조건 중 하나만 만족해도 참이 되는 형태는 A||B로 표시한다. (❍논리 연산

자는 52쪽 참조)

마우스 위치가 A 영역 안에 있는지 체크하는 조건테스트의 형태는 마우스 x 좌표가 스케치창 가로 크기 720(width)의 절반인 360보다 작고 마우스 y 좌표가 스케치창 세로 크기 480(height)의 절반인 240보다 작은지를 동시에 확인해야 한다(mouseX<=360 && mouseY<=240). 만약 관객이 마우스를 눌렀을 때 두 조건 모두 참이면 첫 번째 if() 문 안에 있는 명령문들을 실행한다. 명령어 get()으로 A 영역에 해당하는 소스 이미지의 왼쪽 윗부분을 잘라내 스케치창 A 영역 위치에 출력한다(❷). B와 C 영역은 else if() 조건문으로 테스트하고 D 영역은 else로 A, B, C 영역 이외의 위치에 마우스가 있을 때 소스 이미지 오른쪽 아랫부분을 나타낸다. A, B, C, D 네 영역에서 마우스를 한 번씩 클릭하면 소스 이미지 전체가 드러난다. 영문 소문자 [r] 키를 누르면 바탕색으로 스케치창을 되돌려서 다시 시작할 수 있도록 한다 (❸). 이 방식은 프로세싱으로 입력되는 위치 정보와 반응 여부에 따라 다른 결과물이 나타나도록 할 때 유용하다.

결과 이미지

소스 이미지

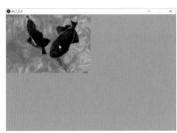

A 영역에서 마우스를 클릭했을 때

A영역과 D 영역에서 마우스를 클릭했을 때

A, B, D 영역에서 마우스를
한 번씩 클릭했을 때

A, B, C, D 각 영역 안에서 마우스를
한 번씩 클릭했을 때

키보드 키 영문 소문자 [r] 키를 눌렀을 때

1.3.5 마우스 움직임에 따라 이미지 크기 조절하고 회전시키기

☑️ **새롭게 배우는 명령어**
translate(), scale(), rotate(), imageMode()

☑️ **필요한 재료**
바탕이 투명한 png 이미지 1장(파일명: cat.png)

이번에는 예제 ex_1_2_5에서 문자열 회전을 위해 사용했던 translate()와 rotate()를 이미지에 적용해서 관객의 마우스 움직임에 따라 이미지가 회전하도록 스케치해보자. 회전과 함께 이미지 크기를 확대/축소할 수 있는 scale()을 사용하여 줌인/줌아웃 기능도 추가해보자.

TIP! PNG는 그래픽 이미지를 저장하는 파일 포맷으로 8비트 알파 채널을 이용하여 부드러운 투명층을 표현할 수 있으며, 작은 용량으로 바탕이 완전 투명한 깔끔한 이미지를 만들 수 있다. 포토샵으로 JPG 이미지를 PNG 포맷으로 변환하거나 포털사이트에서 검색어 뒤에 'png'를 붙여 검색하면 쉽게 찾을 수 있다.

#실습예제 ex_1_3_5 코드 및 설명

프로세싱 예제 ex_1_3_5

```
PImage img;
int count=0;

void setup() {
  size(720, 480);
  img= loadImage("cat.png");
  background(255);
}

void draw() {
  translate(width/2, height/2);                //❶ 스케치창 원점 이동
  scale(map(mouseY, 0, height, 0.2, 2.0));     //❷ 마우스Y 위치로 확대/축소
  rotate(map(mouseX, 0, width, 0, TWO_PI));    //❸ 마우스X 위치로 회전
  imageMode(CENTER);
  image(img, 0, 0);                            //❹ 이미지 출력하기
}
```

```
void keyPressed() {
  if (key=='s') {
    saveFrame("image"+nf(count, 3)+".jpg");
    count+=1;
  }
}
```

이번 예제에 사용되는 소스 이미지는 바탕이 투명한 png 이미지이다. 프로세싱에서 이동(translate), 회전(rotate), 확대/축소(scale)와 같은 변형(transformation)은 스케치창 좌표계 원점(0, 0)을 기준으로 이루어지기 때문에 이미지를 스케치창 가운데에서 변형시키기 위해서는 먼저 void draw() 함수에서 translate()로 좌표계 원점의 위치를 스케치창 가운데로 이동해야 한다(❶). 다음으로 마우스 y 좌표 위치에 따라 이미지 크기가 조절되고 마우스 x 좌표 위치에 따라 이미지가 회전하도록 하기 위해서 map(변환하고 싶은 변수, 변환하고 싶은 변수의 최솟값, 최댓값, 새로운 범위의 최솟값, 최댓값)을 사용한다. scale()의 설정값으로 사용된 map()은 마우스 y 좌표값의 범위인 0~480(height)을 0.2~2.0의 범위로 변환해준다. 0.2는 이미지를 20%로 축소하고 2.0은 이미지를 200%(두 배) 확대시킨다. 마우스를 위로 이동시키면 최솟값 0.2에 가까워지며 이미지 크기가 작아지고 아래로 이동시키면 최댓값 2.0에 가까워지면서 이미지가 확대된다(❷). 다음으로 rotate()의 설정값으로 사용된 map()은 마우스 x 좌표값의 범위인 0~720(width)을 0~TWO_PI(360°) 범위로 변환해 준다(❸). 결과적으로 마우스를 왼쪽으로 이동시키면 이미지가 시계 반대 방향(최솟값 0°)으로 회전하고 스케치창 오른쪽으로 이동하면 시계 방향(최댓값 360°)으로 이미지가 회전한다. 마우스를 비스듬하게 사선 방향으로 이동시키면 확대/축소와 회전이 동시에 일어난다. 이제 이미지를 스케치창 가운데를 중심으로 변형시키기 위해 명령어 imageMode(CENTER)로 이미지 기준점의 위치를 가운데로 정렬하고 스케치창 원점(0, 0)에 이미지를 출력한다(❹).

결과 이미지

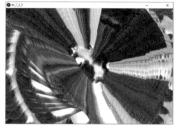

1.3.6 마우스 클릭으로 랜덤한 이미지 출력하기

☑️ 필요한 재료

바탕이 투명한 png 이미지 총 24장(파일명: img00.png ~ img23.png)

지금까지 다룬 배열 선언, random(), if() 조건문, for() 반복문, translate(), scale(), rotate(), filter(), image()를 모두 활용해서 스케치를 해보자. 이번 예제는 마우스를 클릭한 위치에 바탕이 투명한 소스 이미지가 랜덤한 크기 와 방향으로 회전되어 출력되며, 이미지에는 다양한 필터 효과를 적용시켜 콜라주 이미지를 만들어볼 것이다. 먼저 콜라주 기법의 우연적인 효과를 극 대화시키기 위해 서로 연관성이 없고 외곽 형태가 불규칙한 소스 이미지 24 장을 준비한다.

#실습예제 ex_1_3_6 코드 및 설명

프로세싱 예제 ex_1_3_6
- -
```
int frameNum= 24;
PImage[] img = new PImage[frameNum];
int frame = 0;
int count=0;

void setup() {
  size(720, 480);
  background(255);
  for (int i = 0; i < frameNum; i++) {
```

```
    img[i] = loadImage("img" + nf(i, 2) + ".png");
  }
}

void draw() {
}

void mousePressed() {                          //❶ 마우스 이벤트 함수 만듦
  frame = int(random(24));                     //❷ 랜덤한 순번 만듦
  translate(mouseX, mouseY);                   //❸ 스케치창 원점 이동
  scale(random(0.1, 0.9));                     //❹ 랜덤한 비율로 축소
  rotate(random(TWO_PI));                      //❺ 랜덤한 방향으로 회전
  if (frame<4) {                               //❻ 다양한 필터 효과 적용
    img[frame].filter(GRAY);
  } else if (frame<10) {
    img[frame].filter(INVERT);
  } else if (frame<15) {
    img[frame].filter(THRESHOLD, .5);
  } else if (frame<20) {
    img[frame].filter(BLUR, 1);
  } else {
    img[frame].filter(POSTERIZE, 4);
  }
  imageMode(CENTER);
  image(img[frame], 0, 0);                     //❼ 이미지 출력
  println(frame);
}

void keyPressed() {
  if (key=='r') {
    background(255);
    for (int i = 0; i < frameNum; i++) {
      img[i] = loadImage("img" + nf(i, 2) + ".png"); //❽ 스케치 초기화
    }
  }
  if (key=='s') {
    saveFrame("image"+nf(count, 3)+".jpg");
    count+=1;
  }
}
```

마우스를 클릭했을 때만 이미지가 출력될 수 있도록 void draw() 함수는 비
워놓고, void mousePressed() 마우스 이벤트 함수를 만들어서 랜덤하게 선
택된 이미지가 변형되어 현재 마우스 x, y 좌표 위치에 출력되도록 할 것이
다(❶). 먼저 random()으로 0~23 범위 안에서 랜덤한 한 개의 숫자(정수)를

선택하고 변수 frame에 저장한다(❷). 변수 frame은 소스 이미지 24장이 저장되어 있는 배열 img[frame]의 순번 위치값으로 사용하여 랜덤한 이미지를 스케치창에 나타나도록 한다.

translate()로 스케치창 좌표계 원점(0, 0)의 위치를 현재 마우스 x, y 위치(mouseX, mouseY)로 이동한다(❸). scale()의 설정값으로 random(0.1, 0.9)을 입력하여 이미지가 10%~90% 범위 안에서 랜덤한 비율로 축소되도록 한다(❹). 만약 명령어 scale()의 설정값으로 숫자 값 한 개가 아니라 2개를 입력하면 첫 번째 값은 x축을 따라서 좌우 방향으로 확대/축소되고 두 번째 값은 y축을 따라서 위아래 방향으로 크기가 조절된다. 세 번째 설정값을 입력하면 z 축을 따라서도 크기 조절이 가능하다.

다음으로 rotate()의 설정값으로 random(TWO_PI)를 입력하여 이미지가 0~360° 범위 안에서 시계방향으로 랜덤하게 회전하도록 한다(❺). if() 조건문을 사용해서 만약 변수 frame 값이 0 이상 4 미만이면 img[frame].filter(GRAY)로 출력될 이미지에 흑백 효과 필터를 적용시키고, 4 이상 10 미만이면 img[frame].filter(INVERT)로 반전 효과 필터를, 10 이상 15 미만이면 한계값 효과 필터, 15 이상 20 미만이면 흐림 효과, 그 외 20 이상 24 미만이면 포스터화 효과 필터를 적용한다(❻). imageMode(CENTER)로 이미지 기준점의 위치를 가운데로 정렬하여 마우스를 클릭한 위치에 이미지 중심이 바로 출력되도록 한다(❼). void keyPressed() 이벤트 함수를 사용해서 키보드의 [r] 키를 누르면 background(255)로 스케치창을 흰색으로 채워서 깨끗하게 만들도록 설정한다. [data] 폴더에 저장된 소스 이미지 24장을 다시 배열 img[ ]에 순차적으로 불러오고 필터 효과도 초기화시키도록 설정한다(❽).

TIP! 이번 예제는 소스 이미지의 유형에 따라 콜라주 효과를 극대화할 수 있는 기능들을 선택해서 사용하면 좋다. 예를 들어 텍스트 위주의 소스 이미지 24장을 준비했다면 회전 기능은 삭제하고, 확대/축소 기능을 강화하는 동시에 텍스트에 색깔과 투명도를 적용하면 훨씬 재미있는 구성을 만들 수 있다.

결과 이미지

소스 이미지 24장

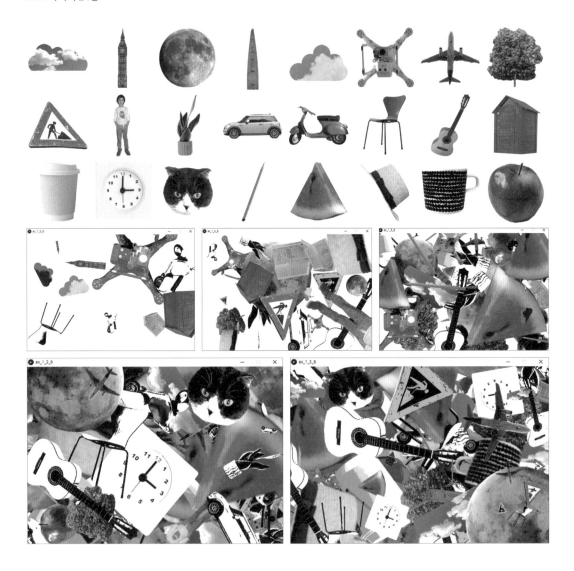

1.3.7 랜덤하게 출력되는 원형 픽셀로 점묘법 스케치하기

☑ 새롭게 배우는 명령어
  color

☑ 필요한 재료
  이미지 1장(파일명: img.jpg, 이미지 크기: 720×480px)

이번에는 이미지가 점묘법으로 그려지는 프로세싱 스케치를 해보자. 우선 random()을 이용하여 스케치창의 랜덤한 위치에 원형이 출력되고 그 원의 안쪽 면 색깔을 소스 이미지에서 같은 위치에 있는 픽셀의 색깔로 채워서 점묘법으로 그린 그림처럼 이미지가 만들어지도록 스케치해보자.

#실습예제 ex_1_3_7 코드 및 설명

프로세싱 예제 ex_1_3_7

```
PImage img;
int x, y;
int pSize=1;                                    //❶ 변수 선언 및 초깃값 설정
int count=0;

void setup() {
  size(720, 480);
  background(255);
  img = loadImage("img.jpg");
}

void draw() {
  x=int(random(width));
  y=int(random(height));                        //❷ 랜덤 값 저장
  color c = img.get(x, y);                      //❸ 색깔 정보 가져옴
  fill(c);                                      //❹ 안쪽 면 색 지정
  pSize=int(map(mouseX, 0, width, 1, 50));      //❺ 원형 점 크기 조절
  noStroke();
  ellipse(x, y, pSize, pSize);                  //❻ 원형 그림
  println(pSize);
}

void keyPressed() {
  if (key=='r') {
    background(255);                            //❼ 바탕색으로 스케치창 갱신
```

```
  }
  if (key=='s') {
    saveFrame("image"+nf(count, 3)+".jpg");
    count+=1;
  }
}
```

소스 이미지를 불러온 다음 출력되는 원형의 지름을 조절하기 위해 변수 pSize를 만들고 초깃값은 1을 대입한다(❶). void draw() 함수에서 스케치 창의 가로 크기를 나타내는 시스템 변수 width를 random()의 설정값으로 사용한다. 변수 x에 0~720 미만 범위 안에서 무작위로 선택된 값을 정수 형태로 저장하고, 출력될 원형의 x 좌표 위치로 사용한다. 같은 방법으로 int (random(height))로 변수 y에 0~480 미만 범위 안에서 무작위로 선택된 값을 저장하고, 출력될 원형의 y 좌표 위치로 사용한다(❷). 그 다음 프로세싱에서 색깔 정보를 저장할 수 있는 정보의 유형 color로 변수 c를 만든다. img.get(x, y)로 원형이 그려지는 x, y 위치와 동일한 좌표 위치에 있는 소스 이미지 픽셀의 색깔 데이터를 가져와 변수 c에 저장한다(❸). 다음은 color를 활용하는 몇 가지 예이다.

color 활용 예	설명
color c1 = color(255, 0, 255);	//변수 c1에 R,G,B 색깔 저장하기
color c2 = #3AFF00;	//16진수 표기법으로 변수 c2에 색깔 저장하기
color c3 = get(360, 240);	//스케치창 x(360), y(240) 좌표 위치에 있는 픽셀의 색깔 정보를 변수 c3에 저장하기
color c4 = img.get(240, 50);	//이미지 변수 img에 저장된 소스 이미지에서 x(240), y(50) 좌표 위치에 있는 픽셀의 색깔 정보를 변수 c4에 저장하기

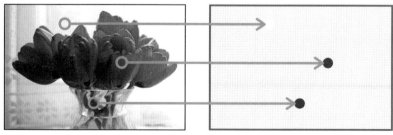

소스 이미지(img.jpg)   스케치창

변수 c에 저장된 색깔 정보를 fill()의 설정값으로 사용하여 출력될 원형의 안쪽 면 색깔로 사용한다(❹). 그 다음 마우스 X의 위치에 따라 출력될 원형의 크기가 조절되도록 한다. map()으로 마우스 X의 위치 0~720(width) 범위를 원형의 지름 크기 값 1~50 범위로 변환하여, 마우스가 왼쪽으로 이동하면 원형의 크기가 줄어들고(최솟값 1) 오른쪽으로 이동하면 원형의 크기가 커지도록 한다(최댓값 50)(❺). ellipse()로 랜덤한 위치 x, y에 변수 pSize 크기만큼 원형을 그린다(❻). 키보드 이벤트 함수를 사용해서 [r] 키를 누르면 스케치창을 바탕색(흰색)으로 깨끗하게 만든다(❼). 마우스를 왼쪽으로 이동시켜 작은 크기의 점(원형)을 그리면 높은 해상도의 이미지를 얻을 수 있고, 오른쪽으로 이동시키면 큰 크기의 점(원형)으로 넓은 면적을 채울 수 있다. 하지만 이번 예제를 실행시켜 보면 픽셀의 크기가 5 이하일 경우 매 프레임 점(원형)이 한 개씩 찍히기 때문에 뚜렷한 이미지를 얻는 데 시간이 오래 걸린다는 단점이 있다. 다음 예제에서 해결해보자.

결과 이미지

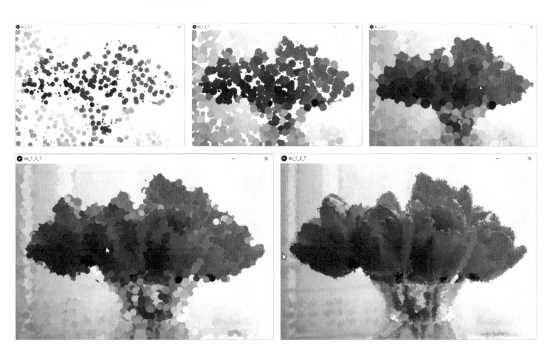

1.3.8 빠른 속도로 점묘법 스케치하기

☑️ 필요한 재료

이미지 4장(파일명: img1.jpg ~ img4.jpg, 이미지 크기: 720×480px)

예제 ex_1_3_7에서는 매 프레임마다 점(원형) 하나가 찍혀 점묘법 이미지가 완성되는 데 시간이 오래 걸리는 문제가 있었다. for() 반복문으로 해결해보자.

#실습예제 ex_1_3_8 코드 및 설명

프로세싱 예제 ex_1_3_8

```
PImage img;
int x, y;
int pSize=1;
int count=0;

void setup() {
  size(720, 480);
  background(255);
  img = loadImage("img1.jpg");
}

void draw() {
 for (int i=0; i<70; i++) {                     //❶ for() 문으로 반복 실행
  x=int(random(width));
  y=int(random(height));
  color c = img.get(x, y);
  fill(c);
  pSize=int(random(map(mouseX, 0, width, 1, 30))); //❷ 랜덤한 원형 크기 조절
  noStroke();
  ellipse(x, y, pSize, pSize);
  }
 println(pSize);
}

void keyPressed() {
  if (key=='1') {
    background(255);
    img = loadImage("img1.jpg");                //❸ 변수 img 이미지 변경
  }
```

```
    if (key=='2') {
      background(255);
      img = loadImage("img2.jpg");
    }
    if (key=='3') {
      background(255);
      img = loadImage("img3.jpg");
    }
    if (key=='4') {
      background(255);
      img = loadImage("img4.jpg");
    }
    if (key=='s') {
      saveFrame("image"+nf(count, 3)+".jpg");
      count+=1;
    }
}
```

매 프레임마다 점(원형)들이 빠르게 찍히도록 void draw() 함수에서 for() 반복문을 사용한다. 카운터 변수 i는 0에서 시작해 70 미만이 될 때까지 1 씩 증가하는데, 값이 증가할 때마다 랜덤한 위치에 원을 그려 총 70개의 원을 그린다. 이처럼 매 프레임마다 70번씩 랜덤한 위치에 원을 그리는 for() 문이 실행되어 순식간에 스케치창이 점들로 덮이게 만들 수 있다(❶). 프로세싱에서는 frameRate()로 따로 프레임 속도를 지정하지 않으면 기본 설정인 1초에 60프레임 속도로 실행된다. 이번 예제에서는 1초에 4200(60×70)개의 점들이 그려지게 설정해서 훨씬 빠른 속도로 점묘법 이미지가 완성되도록 했다. map()으로 마우스의 x 좌표값에 따라 원형의 크기가 조절되도록 한다. 이때 map()의 결괏값에 random(map())을 적용해서 항상 같은 크기의 원형이 아닌 1~결괏값 범위 안에서 다양한 크기의 점들이 찍히도록 한다(❷). void keyPressed() 키보드 이벤트 함수에는 숫자 키를 누르면 이미지를 다시 불러오도록 설정한다. 숫자 [1] 키를 누르면 명령어 background(255)로 스케치창을 깨끗하게 흰색으로 만든 다음 소스 이미지를 저장하는 변수 img에 img1.jpg를 불러와 새로운 이미지로 점묘법 이미지를 그리도록 한다(❸). 같은 방법으로 숫자 [2] 키를 누르면 img2.jpg, [3] 키를 누르면 img3.jpg, [4] 키를 누르면 img4.jpg 소스 이미지를 새로 불러온다.

결과 이미지

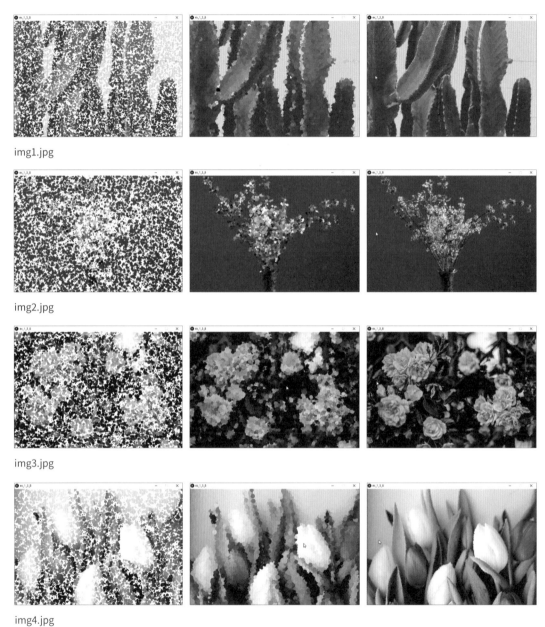

img1.jpg

img2.jpg

img3.jpg

img4.jpg

좀 더 붙잡기~ 도전!

1. 예제 ex_1_3_2에서 filter()와 tint()를 함께 사용하여 다양한 필터 효과를 적용한 이미지에 색깔이 랜덤하게 바뀌는 스케치를 해보자.

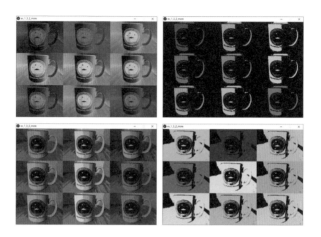

2. 마우스를 클릭한 위치 영역에 해당하는 소스 이미지의 한 부분이 출력되는 예제 ex_1_3_4를 변형하여 마우스를 클릭한 위치에서 해당하는 소스 이미지의 랜덤한 부분 이미지가 출력되도록 스케치를 해보자.

3. 예제 ex_1_3_8에서 점묘법 이미지를 만드는 한 점의 형태를 원형이 아니라 사각형 또는 삼각형으로 바꾸어보자.

#빛을 기록하는 카메라

스마트폰 앱 '구닥'은 옛날 필름 카메라에 대한 향수를 불러일으켜 큰 인기를 얻었다. 구닥은 필름 카메라처럼 한 번에 찍을 수 있는 사진의 수량이 제한되어 있고 찍은 사진을 보기 위해서는 3일 정도 기다려야 된다. 3일이 지나면 찍었던 사진들을 볼 수 있는데 실제 필름 카메라로 찍은 듯한 느낌을 준다. 카메라 버튼만 누르면 언제든지 간편하게 사진을 찍을 수 있는 디지털 카메라에 불편함을 가미해 오히려 관심을 받게 된 재미있는 사례이다.

학부 시절 사진 수업 때 사용한 필름 카메라와 과제로 직접 인화한 사진들을 꺼내어 보았다. 인화지 박스 뚜껑을 열면 아직도 익숙해지지 않는 약품 냄새와 함께 사진을 찍었던 그날의 기억들이 소환된다. 필름 카메라를 사용하려면 알아야 할 내용들도 많았다. 필름을 카메라에 넣고 빼는 법부터 적정 노출값 구하기, 피사계 심도, ISO 감도, 화이트 밸런스, 광원의 위치 등 한 학기 동안 두꺼운 책을 뒤져가며 개념들을 이해해야 했다. 필름 카메라는 실제로 고려해야 될 사항이 많았다. 그래서 셔터를 한 번 누를 때에도 많은 생각을 해야 했고 그만큼 신중해진다. 그때의 버릇이 아직도 남아 있음을 확인할 때마다 혼자서 피식 웃기도 한다. 필름 카메라 시절 여행의 끝은 따끈따끈한 사진들을 나누어 가지는 것이었다. 여행에서 찍은 필름을 사진관에 맡기며 "인원수대로 뽑아 주세요."라고 얘기하고 오면 며칠 동안은 사진이 잘 나왔을까 기대 반 설렘 반으로 보내게 된다.

구닥은 필름 카메라를 경험해본 아날로그 세대에게는 익숙한 '불편함'을 다시 떠올려 보게 만들어주고, 필름 카메라를 사용해 보지 않은 디지털 세대에게는 색다른 서비스를 제공해준다. '필름 카메라'가 아날로그 세대에게 만들어 준 일상과 구닥 앱이 만들어낼 디지털 세대의 일상 속 변화들은 우리에게 어떤 의미가 있을까?

1.4
시간 정보 활용하기

프로세싱에서는 컴퓨터에서 시간 정보를 가져와 스케치에 활용할 수 있다. 도형의 크기와 색깔, 또는 움직임에 시간 정보를 적용시키면 다양한 형태로 시간의 흐름을 표현할 수 있다. 이번 예제에서는 다양한 크기와 색깔로 계속 바뀌는 디지털시계를 만들어보자. 또한 관객이 마우스를 클릭한 위치에서 연속된 이미지가 빠르게 출력되는 셀 애니메이션도 구현해보자.

1.4.1
매초 색깔이 바뀌고
크기가 커지는 시계
만들기

1.4.2
도형의 크기와
색깔이 계속 바뀌는
시계 만들기

1.4.3
내가 좋아하는
단어가 함께 나오는
시계 만들기

1.4.4
연속된 이미지로
셀 애니메이션
만들기

1.4.5
마우스 클릭한 위치에
셀 애니메이션 재생하기

1.4.1 매초 색깔이 바뀌고 크기가 커지는 시계 만들기

☑ 새롭게 배우는 명령어

    second(), minute(), hour(), %(모듈로)

첫 단계로 내 컴퓨터의 시간 정보를 프로세싱으로 가져와 스케치창에 현재
시각을 출력하는 스케치를 해보자.

#실습예제 ex_1_4_1 코드 및 설명

`프로세싱` 예제 ex_1_4_1
- -
```
PFont font;
int count=0;

void setup() {
  size(720, 480);
  frameRate(1);
  background(255);
  noStroke();                               //❶ 프레임 속도 조절
  printArray(PFont.list());
  font=createFont("DS-Digital", 250);       //❷ 폰트 설정
  textFont(font);
}

void draw() {
  fill(255, 10);
  rect(0, 0, width, height);
  int s = second();
  int m = minute();
  int h = hour()%12;                        //❸ 시간 정보 가져옴
  String time = nf(h, 2)+":"+nf(m, 2)+":"+nf(s, 2); //❹ 현재 시각 문자열 만듦
  fill(random(255), random(255), random(255));
  textSize(s*3.5+1);                        //❺ 매초 문자열이 커짐
  textAlign(CENTER, CENTER);
  text(time, width/2, height/2);            //❻ 현재 시각 문자열 출력
  if (s==0) {
    background(255);                        //❼ 매분 스케치창 갱신
  }
}

void keyPressed() {
  if (key=='s') {
```

```
    saveFrame("image"+nf(count, 3)+".jpg");
    count+=1;
  }
}
```

예제 ex_1_4_1을 살펴보면 먼저 void setup() 함수에서 스케치창 크기와 바탕색을 흰색으로 지정하고, noStroke()로 잔상 효과를 위한 반투명 사각형의 외곽선을 없앤다. 그 다음 frameRate(1)로 1초에 한 번씩 void draw() 함수를 실행해서 매초 현재 시간 정보가 출력되고 초 정보에 따라 숫자의 크기도 바뀌도록 설정한다(❶). PFont 유형의 변수 font를 전역변수로 선언하고 void setup() 함수 안에서 createFont()로 디지털시계 폰트(DS-Digital)를 변수 font에 로딩한 다음 textFont()로 스케치에서 실제 사용할 폰트를 변수 font로 지정한다(❷). (➲폰트 설정하기는 47쪽 참조)

void draw() 함수에서는 매 프레임이 시작할 때마다 반투명한 사각형으로 스케치창을 덮어 시계 속 숫자들이 서서히 사라지는 잔상 효과를 준다. 다음 명령어들로 내 컴퓨터에 저장된 시간과 날짜 정보를 불러와 현재 시간을 문자열 형태로 만들어 보자.

second()	//초(0~59)	day()	//오늘 날짜(1~31)
minute()	//분(0~59)	month()	//이번 달(1~12)
hour()	//시(0~23)	year()	//올해(2018, 2019, ...)

현재 시각을 표시하기 위해 정수 유형의 변수 s에는 초 단위 값, 변수 m에는 분 단위 값, 변수 h에는 시 단위 값을 각각 저장한다(❸). 문자열 유형의 변수 time에 현재 시각을 나타내는 숫자 정보를 저장하는데 이때 nf()를 사용한다. nf()의 첫 번째 설정값은 숫자 값이고 두 번째 설정값은 0과 함께 자릿수를 나타낸다. 이번 예제에서는 시, 분, 초를 모두 두 자릿수로 표시하고 중간에 :(콜론)을 추가하여 디지털시계처럼 표현했다(❹). 이때 시 정보 값을 24시간이 아닌 12시간으로 표시하고 싶을 때에는 hour()를 %(모듈로) 12로 계산하여 시 단위 값이 항상 0 이상 12 미만의 숫자 값으로 출력되도록 한다.

```
int h = hour() % 12;     //12시간제
int h = hour();          //24시간제
```

TIP! 프로세싱 산술 연산자 중 하나인 %modulo, 모듈로는 나눗셈을 한 몫이 아닌 나머지 값을 나타 낸다. 예를 들어 5 나누기 2를 했을 때 몫은 2이고 나머지는 1이다. 이 식에서 몫을 구하고 싶을 때의 식은 x=5/2이고 x의 값은 2가 된다. 나머지를 구하고 싶을 때의 식은 x=5 % 2고 x의 값은 나머지인 1이 된다. 프로세싱에서는 나누어지는 값이 나누는 값보다 작을 경우 몫은 0이 되고 나머지는 나누어지는 값이 된다(5/10=0, 5 % 10=5). %는 어떤 값이 계속 증가하더라도 일정한 범위 안에서 그 값이 반복되게 하고 싶을 때 유용하다. 만약 x 값이 매 프레임마다 1씩 증가하 는 경우 y=x % 3으로 설정하면 x 값이 아무리 증가하더라도 y 값은 0 이상 3 미만(0, 1, 2)의 숫 자 범위 안에서 계속 반복된다.

그 다음 fill()로 1초마다 한 번씩 숫자들의 색상을 랜덤하게 바꿔주고, 문자 열의 전체 크기가 점점 커지도록 textSize()를 활용한다. textSize()의 설정 값으로 초 단위 값에 3.5를 곱하고 0초일 때는 크기 1을 유지할 수 있도록 1 을 더해준다(❺). 곱하는 값은 스케치창과 숫자 크기를 감안하여 초 단위 값 의 최댓값 59일 때 전체 문자열이 스케치창을 벗어나지 않도록 한다. 문자열 의 텍스트 정렬 방식을 가운데(CENTER)로 맞추고 text()로 문자열 유형의 변수 time에 저장된 현재 시간을 현재 스케치창 가운데에 표시한다(❻). if() 조건문을 활용하여 초 단위 값이 0초가 되는 매분마다 스케치창을 바탕색 (여기서는 흰색)으로 덮어 깨끗하게 만들어준다(❼). 키보드 이벤트 함수로 [s] 키를 누르면 현재 스케치창이 이미지 파일로 저장되도록 설정한다.

결과 이미지

1.4.2 도형의 크기와 색깔이 계속 바뀌는 시계 만들기

이번에는 앞서 다루어본 디지털시계에 매초마다 랜덤하게 변하는 도형들을 추가하여 시간의 흐름을 좀 더 흥미롭게 표현해보자.

#도형과 색깔 다양하게 적용하기

첫 번째 방법은 랜덤 사각형으로, 현재 시간을 표시하는 숫자 문자열이 출력되기 전에 다음 스케치를 추가하여 매초 랜덤한 크기와 색깔의 사각형이 스케치창 정중앙에서 시간 정보와 함께 출력된다. 이때 잔상 효과를 위한 반투명 사각형은 왼쪽 위를 기준으로 그려지고 랜덤 사각형은 도형의 중심을 기준으로 그려지도록 rectMode()를 사용하여 기준점의 위치를 변경해준다.

```
fill(255, 10);                                        //반투명한 색깔 채움
rectMode(CORNER);                                     //사각형 기준점 위치를 왼쪽 위로 변경
rect(0, 0, width, height);                            //잔상 효과를 위한 반투명한 사각형 그림
fill(random(255), random(255), random(255), random(255)); //랜덤한 색깔 채움
rectMode(CENTER);                                     //기준점 위치를 사각형 중심으로 변경
rect(width/2, height/2, random(width), random(height));   //랜덤한 크기의 사각형 그림
```

두 번째 방법은 랜덤 타원형으로, 앞에서 랜덤 사각형을 위해 입력한 부분을 다음 스케치로 바꾸어준다. 잔상 효과와 함께 매초 랜덤한 크기와 색깔의 원형이 스케치창 정중앙에서 시간 정보와 함께 출력된다.

```
fill(255, 10);                                        //반투명한 색깔 채움
rect(0, 0, width, height);                            //잔상 효과를 위한 반투명한 사각형 그림
fill(random(255), random(255), random(255), random(255));  //랜덤한 색깔 채움
ellipse(width/2, height/2, random(width), random(height)); //랜덤한 크기의 타원형 그림
```

세 번째 방법은 랜덤 타원형과 바탕색으로, 두 번째 방법에 추가로 매 프레임에 잔상 효과를 주기 위해 그린 스케치창 전체 크기의 반투명한 사각형을 랜덤한 색깔로 채워준다. void draw() 함수 아래 첫 번째 fill()을 다음 스케치로 바꾸어준다.

```
fill(random(255),random(255),random(255), 60);       //랜덤 색깔 채움
rect(0, 0, width, height);
fill(random(255), random(255), random(255), random(255));
ellipse(width/2, height/2, random(width), random(height));
```

지금까지 살펴본 방법으로 매초 다른 형태와 색깔의 선, 삼각형, 이미지, 문자, 또는 필터를 시계에 추가해 준다면 더욱 재미있는 효과를 얻을 수 있다.

#실습예제 ex_1_4_2 코드 및 설명

프로세싱 예제 ex_1_4_2

```
PFont font;
int count=0;

void setup() {
  size(720, 480);
  frameRate(1);
  background(255);
  noStroke();
  printArray(PFont.list());
  font=createFont("DS-Digital", 250);
  textFont(font);
}

void draw() {
  fill(255, 10);
  rectMode(CORNER);
  rect(0, 0, width, height);
  fill(random(255), random(255), random(255), random(255));
  rectMode(CENTER);
  rect(width/2, height/2, random(width), random(height));   //❶ 랜덤 사각형 추가
  int s = second();
  int m = minute();
  int h = hour()%12;
  String time = nf(h, 2)+":"+nf(m, 2)+":"+nf(s, 2);
  fill(random(255), random(255), random(255));
  textSize(s*3.5+1);
  textAlign(CENTER, CENTER);
  text(time, width/2, height/2);
}

void keyPressed() {
  if (key=='s') {
    saveFrame("image"+nf(count, 3)+".jpg");
    count+=1;
  }
}
```

첫 번째로 살펴본 랜덤 사각형을 위한 명령문들을 스케치에 추가하여 매초 랜덤한 크기와 색깔의 사각형과 함께 현재 시간이 출력되도록 한다(❶).

결과 이미지

1. 랜덤 사각형

2. 랜덤 타원형

3. 랜덤 타원형과 바탕색

 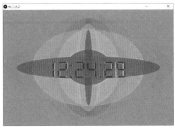 

1.4.3 내가 좋아하는 단어가 함께 나오는 시계 만들기

☑️ **필요한 재료**

내가 좋아하는 단어 8개(예: 꿈, 희망, 정의, 친구 등)

이번에는 디지털시계에 내가 좋아하는 단어가 함께 출력되도록 스케치를 해보자.

#실습예제 ex_1_4_3 코드 및 설명

프로세싱 예제 ex_1_4_3

```
PFont font1, font2;                                   //❶ 폰트 2개 설정
String[] myText={"Dream 꿈", "Hope 희망", "Justice 정의", "Peace 평화",
                "Courage 용기", "Love 사랑", "Confidence 자신감",
                "Friend 친구"};                       //❷ 배열 선언
int index=0;                                          //❸ 변수 선언
int count=0;

void setup() {
  size(720, 480);
  frameRate(1);
  noStroke();
  printArray(PFont.list());
  font1=createFont("DS-Digital", 180);
  font2=createFont("SpoqaHanSans-Regular", 30);       //❶ 폰트 2개 설정
}

void draw() {
  background(230);                                    //❹ 바탕색으로 스케치창 갱신
  int s=second();
  int m=minute();
  int h=hour()%12;
  String time=nf(h, 2)+":"+nf(m, 2)+":"+nf(s, 2);
  fill(random(255), random(255), random(255));
  textFont(font1);
  textSize(180);
  textAlign(CENTER, CENTER);
  text(time, width/2, height/2);                      //❺ 현재 시간 문자열 출력
  textFont(font2);
  textSize(30);
  textAlign(CENTER, CENTER);
  text(myText[index], width/2, 100);                  //❻ 단어 출력
```

```
    index++;
    if (index>=8) {                              //❼ 배열의 위치값 처음으로 되돌림
      index=0;
    }
}

void keyPressed() {
  if (key=='s') {
    saveFrame("image"+nf(count, 3)+".jpg");
    count+=1;
  }
}
```

먼저 디지털시계의 숫자에 사용할 폰트와 내가 좋아하는 단어를 출력할 폰트를 PFont 유형의 전역변수 font1, font2로 선언하고, void setup() 함수에서 createFont()로 변수 font1에 디지털시계 폰트(DS-Digital)를 로딩하고 변수 font2에 스포카 한 산스(Spoqa Han Sans) 폰트를 로딩한다(❶). 지금까지는 void setup() 함수에서 textFont()로 스케치에서 사용할 폰트를 지정했지만, 이번 예제에서는 void draw() 함수 안에서 text()로 디지털 숫자와 단어를 출력하기 전에 디지털 숫자는 textFont(font1)로 지정하고, 출력할 단어는 textFont(font2)로 각각 따로 지정해준다.

문자열 형태로 배열 myText를 선언하고 {} 안에 모든 요소를 나열하여 배열의 요소값들을 한 번에 설정한다(❷). 배열에 담긴 단어들이 매 초 순차적으로 출력되도록 배열에 저장된 요소의 위치를 정하는 변수 index를 정수 형태로 만들고 초깃값으로 0을 대입한다(❸). 그 다음 void draw() 함수에서 반투명창을 이용한 잔상 효과 대신 밝은 회색 배경을 만들고, 출력되는 시계 숫자와 단어들의 크기도 고정해서 탁상시계처럼 깔끔한 느낌으로 만든다(❹). 현재 시간을 표시하는 숫자 문자열은 text()를 이용해서 스케치창 정중앙에 180픽셀 크기의 디지털 폰트(font1)로 출력되도록 한다(❺). 단어들은 스케치창 가운데에서 위쪽으로 30픽셀 크기의 스포카 한 산스(font2)로 출력되도록 한다(❻). 단어들은 배열 myText[index]의 첫 번째 칸 myText[0]에 담겨있는 "Dream 꿈"부터 마지막 칸 myText[7]에 위치한 "Friend 친구"까지 순서대로 출력되도록 한다. 배열의 위치를 나타내는 변수 index는 매 프레임마다 1씩 증가시켜 1초마다 한 번씩 단어들이 바뀌도록 하고, 만약 index 값이 배열의 전체 크기인 8보다

커질 때에는 if() 조건문으로 index 값을 다시 0으로 만들어 0에서 7 사이를 반복하도록 한다(❼). 단어를 10초마다 한 번씩 바뀌게 하고 싶다면 나머지 연산자 %(모듈로)를 사용하여 if() 조건문을 다음과 같이 수정한다. (➡ 모듈로는 120쪽 참조)

매 프레임(1초) 단어가 바뀜	10초마다 단어가 바뀜

`index++;`
`if (index>=8) {`
`  index=0;`
`}`
	`if (s%10 == 0) {`
	`  index++;`
	`  if (index>=8) {`
	`    index=0;`
	`  }`
	`}`

결과 이미지

1.4.4 연속된 이미지로 셀 애니메이션 만들기

☑️ **필요한 재료**
연속된 png 이미지 8장(파일명: L0.png~L7.png, 이미지 크기: 300×450px),
배경으로 사용할 jpg 이미지 1장(파일명: park.jpg, 이미지 크기: 720×480px)

학창 시절 누구나 한번쯤 교과서 한 귀퉁이에 그림을 그리고 책을 빠르게 넘기며 움직이는 그림을 만들어본 경험이 있을 것이다. 이번에 다루어볼 셀 애니메이션cell animation은 연속되는 이미지가 그려진 투명한 플라스틱 필름셀, cell를 정지된 배경 이미지 위에 올려놓고 한 프레임씩 촬영한 다음 일정한 속도로 재생하여 움직이는 것처럼 보이게 하는 전통적인 애니메이션 제작 기법이다. 이번 예제에서는 연속된 png 이미지를 배경 이미지 위에서 한 장씩 빠른 속도로 재생시켜 셀 애니메이션을 만들어보자.

 +

#실습예제 ex_1_4_4 코드 및 설명

프로세싱 예제 ex_1_4_4

```
int frameNum = 8;
PImage[] img = new PImage[frameNum];          //❶ 배열 선언
int frame = 0;                                //❷ 변수 선언
PImage bg;
int count=0;

void setup() {
  size(720, 480);
  background(255);
  noStroke();
  frameRate(12);                              //❸  프레임 속도 설정
  for (int i = 0; i < img.length; i ++) { //❹ for()문으로 배열에 이미지 불러옴
    img[i] = loadImage("L" + nf(i, 1) + ".png");
  }
  bg=loadImage("park.jpg");
}

void draw() {
  imageMode(CORNER);
  image(bg, 0, 0, 720, 480);                  //❺ 배경 이미지 출력
  fill(200, 200, 255);
  ellipse(mouseX, mouseY-100, 100, 100);      //❻ 원형 그림
  fill(10);
  ellipse(370, 430, 90, 20);                  //❼ 그림자 만듦
  imageMode(CENTER);
  frame++;
  if (frame == frameNum) {                    //❽ 배열의 위치값 초기화
    frame = 0;
  }
  image(img[frame], width/2, height/2+60, 200, 300); //❾ 연속된 이미지 출력
  fill(255, 200, 200);
  rectMode(CENTER);
  rect(mouseX, mouseY+100, 200, 10);          //❿ 사각형 그림
```

```
}

void keyPressed() {
  if (key=='s') {
    saveFrame("image"+nf(count, 3)+".jpg");
    count+=1;
  }
}
```

그럼 예제 ex_1_4_4를 살펴보자. 배열의 크기에 해당하는 변수 frameNum
을 만들고 초깃값으로 8을 대입한다. 프로세싱 이미지(PImage) 유형의 배열
img를 선언하고 배열의 크기는 변수 frameNum 값인 8로 설정한다(❶). 배
열의 위치값에 해당하는 변수 frame을 전역변수로 만들고 초깃값은 0을 저
장한다(❷). 배경 이미지를 불러들일 PImage 유형의 변수 bg도 전역변수로
선언한다. void setup() 함수에서 frameRate()는 12로 설정해서 1초에 void
draw() 함수가 12번 실행되도록 한다(❸). for() 반복문에서 loadImage()를
사용하여 [data] 폴더에 저장한 소스 이미지 8장을 차례대로 불러온다. 배경
이미지도 변수 bg에 로드한다(❹).

그 다음 void draw() 함수에서 움직임이 없는 배경 이미지를 제일 먼저
스케치창에 출력한다(❺). 현재 마우스 위치보다 조금 위쪽에 원형이 출력
되도록 하고(❻) 움직이는 캐릭터의 그림자를 어두운 원형으로 그려준다
(❼). 연속되는 소스 이미지는 배열 img[frame]의 첫 번째 칸 img[0]에 담겨
있는 이미지부터 마지막 칸 img[7]에 위치한 이미지까지 순서대로 출력되
도록 한다. 배열의 위치를 나타내는 변수 frame은 매 프레임마다 1씩 증
가시켜 1초마다 12번씩 연속적으로 이미지가 출력되도록 한다. 이때 만
약 frame 값이 배열의 전체 크기인 8보다 커지면 if() 조건문으로 frame 값
을 다시 0으로 만들어 소스 이미지 8장이 다시 반복 재생되도록 한다(❽).
image()로 현재 변수 frame에 해당하는 배열 img[frame] 이미지를 스케치창
가운데 출력한다(❾). 움직이는 이미지 앞으로 마우스 위치보다 조금 아래
쪽에 긴 사각형을 출력한다(❿).

연속되는 이미지의 움직이는 속도는 frameRate()의 설정값으로 조절한
다. 값이 크면 빠르게 움직이고 작으면 느리게 움직인다. 여기서는 이미지
앞뒤로 마우스를 따라다니는 원형과 사각형을 만들어 보았는데 원형 대신

에 배경과 캐릭터 사이를 날아다니는 새 이미지를 넣는다거나 사각형 대신
에 캐릭터 앞으로 지나가는 고양이 이미지를 넣으면 셀 애니메이션 효과를
더욱 극대화시킬 수 있다.

결과 이미지

1.4.5 마우스를 클릭한 위치에 셀 애니메이션 재생하기

☑️ **필요한 재료**
연속된 png 이미지 8장(파일명: T0.png~T7.png, 이미지 크기: 300 × 450px)

이번에는 예제 ex_1_4_4를 조금 수정하여 관객이 마우스를 클릭한 위치에
서 이미지가 반복 재생되는 셀 애니메이션을 만들어보자.

 +  =

#실습예제 ex_1_4_5 코드 및 설명

`프로세싱` 예제 ex_1_4_5

```
int frameNum = 8;
PImage[] img = new PImage[frameNum];
int frame = 0;
int mX, mY;                                    //❶ 변수 선언
int count=0;
```

```
void setup() {
  size(720, 480);
  frameRate(12);
  background(190, 200, 230);
  noStroke();
  for (int i = 0; i < img.length; i ++) {
    img[i] = loadImage("T" + nf(i, 1) + ".png");
  }
  mX=width/2;
  mY=height/2;                              //❷ 변수의 초깃값 설정
}

void draw() {
  fill(190, 200, 230, 10);
  rect(0, 0, width, height);                //❸ 잔상 효과를 위한 사각형 그림
  frame++;
  if (frame == frameNum) {
    frame = 0;
  }
  imageMode(CENTER);
  image(img[frame], mX, mY, 200, 300);      //❹ 현재 변수값에 이미지 출력
}

void mousePressed() {
  mX=mouseX;
  mY=mouseY;                                //❺ 변수값 변경
}

void keyPressed() {
  if (key=='s') {
    saveFrame("image"+nf(count, 3)+".jpg");
    count+=1;
  }
}
```

예제 ex_1_4_5에 추가된 부분을 살펴보자. 애니메이션이 재생될 마우스 x, y 좌표 위치를 저장하기 위해 정수 유형의 변수 mX, mY를 만들고(❶) 초깃값으로 스케치창 가로 크기의 중간 위치(width/2)와 세로 크기의 중간 위치(height/2)를 각각 대입한다(❷). void draw() 함수 안에서 배경 이미지로 스케치창을 매 프레임마다 새롭게 만든 예제 ex_1_4_4와는 달리 이번에는 매 프레임마다 반투명한 파란색 사각형을 덮어주어 잔상 효과와 함께 애니메이션이 진행되도록 한다(❸). 명령어 image()로 변수 frame에 해당하는 배열 img[frame] 이미지를 현재 변수 mX, mY에 저장된 위치에서 출력한다

(❹). 그 다음 void mousePressed() 마우스 이벤트 함수로 관객이 마우스를 클릭할 때마다 새로운 마우스 x, y 좌표 위치를 변수 mX, mY에 대입시켜 해당 위치에서 애니메이션이 재생되도록 한다(❺).

결과 이미지

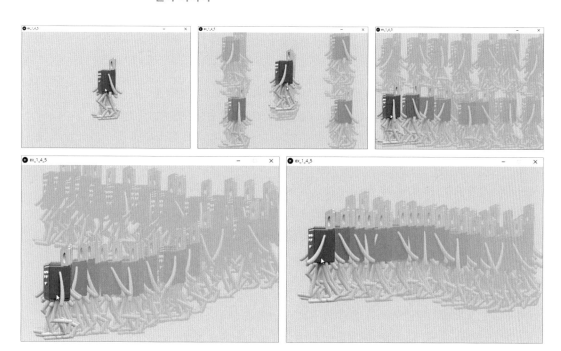

좀 더 붙잡기~ 도전!

1. 예제 ex_1_4_1~3에서 만들어 본 디지털시계에 오늘의 날짜, 이번 달, 올해의 연도가 문자열 형태로 시간과 함께 출력되도록 스케치해보자.

2. 예제 ex_1_4_2에서 디지털시계와 함께 출력한 랜덤한 도형들 대신 매초마다 규칙적으로 도형이 조금씩 커지거나 회전하는 형태로 만들어 보자.

3. 예제 ex_1_4_3에서 매초 또는 10초마다 한 번씩 배경 이미지가 바뀌는 스케치를 해보자. 예제 ex_1_3_1를 참고하면 배열과 for() 반복문을 사용하여 원하는 개수의 이미지를 한번에 불러올 수 있다.

4. 디지털시계에 알람 기능을 넣어보자. if() 조건문으로 아침 7시가 되면 원하는 음악 파일이 재생되도록 해보자. 아직 다루지 않았지만 프로세싱에서 미님Minim 라이브러리를 활용하면 음악 파일을 재생할 수 있다.(⊙라이브러리 추가하기는 179쪽 참조)

   if(hour()==7){음악 파일 재생}

5. 예제 ex_1_4_4에서 배경 이미지가 캐릭터가 움직이는 방향과 반대 방향으로 조금씩 움직이게 하면 좀 더 역동적인 장면을 만들 수 있다. 셀 애니메이션에서 배경 이미지를 현재 시간에 맞추어 변경하면 시간의 흐름을 표현할 수도 있다. 해와 달의 위치를 조절하여 아침, 점심, 저녁, 밤을 표현하는 배경 이미지를 만들고 if() 조건문으로 현재 시간 정보에 따라 출력되도록 해보자.

6. 예제 ex_1_4_5에서 관객이 마우스를 클릭한 위치를 체크한 다음 해당 위치에 따라 특정 이미지가 출력되도록 해보자. 예를 들면 스케치창 절반을 기준으로 왼편을 클릭하면 남극 이미지가 출력되고 오른편을 클릭하면 사막 이미지가 출력되도록 하는 식이다. 마우스를 클릭한 위치에 따라 다른 이미지를 출력하는 방법은 예제 ex_1_3_3, ex_1_3_4를 참조하자.

7. 현재 시간을 숫자가 아닌 이미지로 표현해보자. 12시간을 표현하는 이미지 12장, 60분을 나타내는 개별 이미지 60장, 60초를 나타내는 개별 이미지 60장을 만든 다음 예제 ex_1_3_1을 참고하여 각 배열에 for() 반복문으로 저장한다. 현재 시간 정보에 맞추어 해당 이미지가 스케치창에 순차적으로 출력되도록 스케치한다. 소스 이미지는 스마트폰으로 촬영한 사진이나 손으로 직접 쓴 글씨를 스캔한 이미지 등을 다양하게 활용해보자.

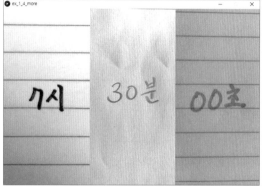

#몰입하는 순간

미디어아트뿐만 아니라 많은 예술 분야가 시간과 연관되어 있다. 이러한 분야를 'Time Based Arts'라고 부른다. 영상이 상영되는 시간, 움직임이 일어나는 시간, 사운드가 재생되는 시간 모두 시작되고 끝나는 순간과 길이가 존재한다. 마찬가지로 인터랙티브 미디어아트에서 빼놓을 수 없는 부분이 바로 관객이 작품에 참여하는 시간이다. 인터랙티브 미디어아트는 관객이 작품에 참여하여 작품을 변화시킨다. 그 변화는 다시 관객의 참여를 유도하고 참여가 또 다시 변화를 일으키고.... 끊임없이 참여와 변화의 과정이 반복되면서 작품이 완성된다. 그래서 대부분의 작가들은 관객이 작품에 참여하는 순간을 궁금해 하고 기록한다.

하지만 관객이 작품에 참여하는 시간은 그렇게 길지 않다. 좀 더 솔직히 얘기하면 대부분 그냥 지나치는 경우가 많다. 아무리 좋은 작업이라도 관객의 참여가 없으면 아쉽게도 그 작품은 관객에게 어떠한 경험도 제공하지 못한다. 관객의 참여를 자연스럽게 이끌어내고 공감을 불러일으키는 몰입의 순간을 제공하기 위한 아이디어와 전략이 필요한 이유이다. 그렇다고 억지스러운 방법은 단순한 반응밖에 돌아오지 않는다. 매번 작업을 업데이트할 때마다 신경 쓰는 부분이다. "어떻게 하면 관객이 작품에 몰입할 수 있을까?"

나름대로 괜찮았던 방법들을 떠올려 본다. 관객에게 붓으로 빛이 나는 그림을 직접 그려보게 한 작품, 자전거를 타고 페달을 밟으면 둥근 설치물들이 움직이고 영상이 재생되는 작품, 스크린 앞에 전용 의자 두개를 배치하여 편하게 영상을 감상할 수 있도록 한 작품......

Water Lights | 2008   한강을 타고 | 2014   혼미한 프로젝트 | 2017

의외의 변수도 있었다. 2014년 일본 요코하마에서 개최된 <Smart Illumination 2014>는 빛의 근원을 주제로 한중일 작가들이 참여한 전시였다. 나는 관객이 작은 화분에 피어있는 투명한 꽃에 물을 주면 빛이 나는 'Lighting Flowerpot'(2014)을 출품하였다. 식물에 물을 주는 자연스러운 행동으로 관객의 참여를 이끌어 내고 싶었다. 많은 관객들이 생각했던 모습으로 참여했다. 그러던 중 한 꼬마 관객이 오랫동안 작은 화분 앞에서 떠나지 않고 있었다. 주위에 있던 화분들은 다 켜지고 마지막 화분 앞이었던 것 같다. 꽤 오랜 시간이 지나고 그 꼬마 관객은 다시 물통에 물을 받아서 화분 앞에 앉았다. 그리고 계속 물을 준다. 그렇게 또 시간이 지났다. 고마운 마음이 들려고 하는 순간 문득 내 머릿속을 스친 생각... 설마 고장난 화분...? 그러고 보니 그 화분만 빛이 들어오지 않고 있었다. 의도치 않은 변수로 관객 사로잡기?!

Lighting Flowerpot | 2014
© Masahiro Ihara

1.5
수많은 파티클 제어하기

지금까지 살펴본 배열 선언하기와 for() 반복문을 활용해서 프로세싱에서 눈, 비, 먼지와 같은 자연현상을 표현할 때 많이 사용하는, 작은 입자 형태의 파티클을 활용하는 방법에 대해 알아보자. 한여름 밤을 수놓는 반딧불이와 겨울에 눈 내리는 풍경, 그리고 문자가 하늘 위로 솟아오르는 모습을 스케치해보자. 또한 관객이 마우스를 클릭할 때마다 해당 위치값을 배열에 저장하여 새로운 이미지가 스케치창에 계속 추가되도록 하는 법도 살펴본다.

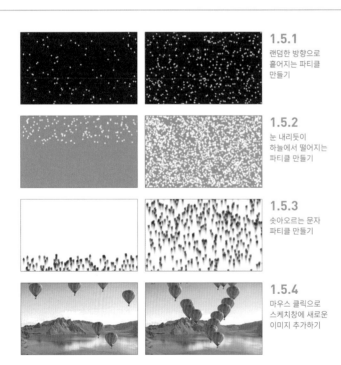

1.5.1
랜덤한 방향으로
흩어지는 파티클
만들기

1.5.2
눈 내리듯이
하늘에서 떨어지는
파티클 만들기

1.5.3
솟아오르는 문자
파티클 만들기

1.5.4
마우스 클릭으로
스케치창에 새로운
이미지 추가하기

1.5.1 랜덤한 방향으로 흩어지는 파티클 만들기

첫 번째로 랜덤한 방향으로 흩어지듯이 움직이는 수많은 원형 파티클로 무더운 여름 밤하늘을 아름답게 수놓는 반딧불이를 표현해보자.

#실습예제 ex_1_5_1 코드 및 설명

프로세싱 예제 ex_1_5_1

```
int ballNum = 100;                          //❶ 변수 선언
float[] ballX = new float[ballNum];
float[] ballY = new float[ballNum];         //❷ 배열 선언
int count=0;

void setup() {
  size(720, 480);
  noStroke();
  background(0, 0, 50);
  for (int i = 0; i < ballNum; i++) {       //❸ for() 문으로 배열의 위치값 지정
    ballX[i] = random(width);
    ballY[i] = random(height);
  }
}

void draw() {
  background(0, 0, 50);                      //❹ 바탕색으로 스케치창 갱신
  for (int i = 0; i < ballNum; i++) {
    ballX[i] += random(-2.0, 2.0);
    ballY[i] += random(-2.0, 2.0);           //❺ 배열의 위치값 갱신
    fill(255, 255, 100, 150);
    ellipse(ballX[i], ballY[i], 10, 10);
    fill(255);
    ellipse(ballX[i], ballY[i], 5, 5);       //❻ 원형 파티클 그림
  }
}

void keyPressed() {
  if (key=='s') {
    saveFrame("image"+nf(count, 3)+".jpg");
    count+=1;
  }
}
```

먼저 변수 ballNum에 파티클의 개수를 나타내는 숫자 100을 정수 형태로 대입한다(❶). 파티클 100개의 위치를 개별적으로 지정하고 움직임을 제어하기 위해 100개의 위치 정보를 담을 수 있는 배열을 활용한다. 각각의 파티클에 대한 x, y 좌표값을 저장하기 위해 소수 유형의 배열 ballX와 ballY를 선언하고 배열의 크기는 변수 ballNum 값인 100으로 설정한다(❷). 그 다음 void setup() 함수 안에서 for() 반복문으로 카운터 변수 i가 0부터 99까지 1씩 증가하도록 한다. ballX[i]에는 현재 스케치창 가로 크기 범위 안에서 랜덤하게 정해진 소수 유형의 x 좌표 위치값을 차례대로 저장하고, ballY[i]에는 y 좌표 위치값을 차례대로 저장한다(❸).

다음으로 void draw() 함수 첫 부분에 background()를 입력해서 매 프레임마다 짙은 파란색을 덮어 스케치창을 깨끗하게 만든다(❹). for() 반복문으로 카운터 변수 i가 0에서 99까지 1씩 늘어나게 한다. 배열 ballX[i]와 ballY[i]에 저장된 100개의 x, y 좌표값을 새로운 값으로 갱신해주고 해당 위치에 노란색 원형 파티클 100개를 순서대로 그려준다. 이때 매 프레임마다 현재 변수 i에 해당하는 배열 ballX[i]와 ballY[i]의 x, y 좌표값에 -2 이상 2 미만의 범위 안에서 랜덤하게 정해진 숫자(소수)를 더하여 파티클이 사방으로 흩어지듯이 조금씩 움직이도록 한다(❺). 또한 변수 i에 해당하는 파티클의 위치에 반투명한 노란색 큰 원형(지름 10픽셀)과 흰색 작은 원형(지름 5픽셀) 2개를 동시에 그려줘 노란 반딧불을 입체감 있는 구 형태로 표현한다(❻).

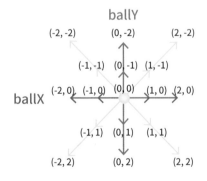

```
ballX[i] += random(-2.0, 2.0);
ballY[i] += random(-2.0, 2.0);
```

현재 변수 i에 해당하는 배열 ballX, ballY 값에 -2 이상 2 미만의 범위 안에서 랜덤하게 선택된 숫자(소수)를 더하거나 뺀다.

만약 ballX 값에 더해지는 값이 1이고 ballY 값에 더해지는 값이 -1이면 사선 방향 오른쪽 위로 원형 파티클이 이동한다.

결과 이미지

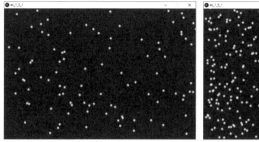

파티클 개수 100개 int ballNum = 100

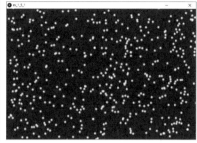

파티클 개수 500개 int ballNum = 500

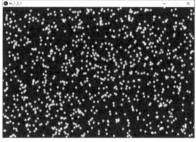

파티클 개수 1000개 int ballNum = 1000

파티클 개수 5000개 int ballNum = 5000

1.5.2 눈 내리듯이 하늘에서 떨어지는 파티클 만들기

예제 ex_1_5_1 스케치를 몇 군데 수정하여 원형 파티클이 하늘에서 눈처럼 떨어지는 모습을 연출해보자.

#실습예제 ex_1_5_2 코드 및 설명

프로세싱 예제 ex_1_5_2

```
int ballNum = 500;
float[] ballX = new float[ballNum];
float[] ballY = new float[ballNum];
int count=0;

void setup() {
  size(720, 480);
  noStroke();
```

```
    background(150, 150, 180);
    for (int i = 0; i < ballNum; i++) {
      ballX[i] = random(width);
      ballY[i] = random(-height);          //❶ 스케치창 상단 바깥쪽에 위치
    }
}

void draw() {
  background(150, 150, 180);
  for (int i = 0; i < ballNum; i++) {
    ballX[i] += random(-0.3, 0.3);
    ballY[i] += random(0.01, 1);           //❷ 아래 방향으로 원형 파티클 이동
    fill(255, 100);
    ellipse(ballX[i], ballY[i], 12, 12);
    fill(255);
    ellipse(ballX[i], ballY[i], 6, 6);
    if (ballY[i] > height+6) {             //❸ 원형 파티클이 스케치창을 벗어나면
      ballY[i] = random(-100, -10);        //상단 바깥쪽으로 위치 이동
    }
  }
}

void keyPressed() {
  if (key=='s') {
    saveFrame("image"+nf(count, 3)+".jpg");
    count+=1;
  }
}
```

ex_1_5_2에서는 원형 파티클의 총 개수를 500개로 늘렸다. 각 파티클의
x, y 좌표값을 저장하기 위해 소수 유형의 배열 ballX, ballY를 만들고 배
열의 크기는 변수 ballNum 값인 500으로 설정한다. void setup() 함수 안
에서 for() 반복문으로 카운터 변수 i가 0에서 499까지 1씩 늘어나도록 한
다. ballX[i]에는 현재 스케치창 가로 크기 범위 안에서 랜덤하게 정해진
500개의 소수를 위치값으로 차례대로 입력해준다. ballY[i]의 초깃값은 스
케치창 바깥쪽 상단에 현재 스케치창과 동일한 높이로 영역을 지정하고
(0~-height), 그 범위 안에서 랜덤하게 정해진 500개의 소수를 위치값으로
순서대로 저장하여 원형 파티클이 처음에는 스케치창에서 보이지 않는 바
깥쪽 상단에서 대기하도록 한다(❶). void draw() 함수에서 매 프레임마다
바탕색을 옅은 파란색으로 만들어 겨울 하늘 느낌을 주고 for() 반복문으
로 파티클 500개의 위치값을 새롭게 고쳐준다. 이때 현재 카운터 변수 i에

해당하는 배열 ballX[i]에는 -0.3 이상 0.3 미만의 범위 안에서 랜덤하게 정해진 숫자를 더하여 파티클이 좌우로 조금씩 흔들리게 만들고(음수가 더해지면 왼쪽으로, 양수가 더해지면 오른쪽으로 이동) ballY[i]에는 0.01 이상 1미만의 범위 안에서 랜덤하게 선택된 숫자(양수)를 더하여 파티클이 아래방향으로만 조금씩 이동하도록 한다(❷). 그리고 만약 현재 카운터 변수 i에 해당하는 ballY[i] 값이 스케치창 세로 높이에 6(원형 파티클의 반지름)을 더한 값보다 크면 ballY[i] 값을 스케치창 바깥쪽 상단 -100 이상 -10 미만의 범위 안에서 랜덤한 위치로 이동시켜 다시 아래로 떨어지도록 한다(❸). 앞의 예제와 마찬가지로 반투명한 흰색 큰 원형(지름 12픽셀)과 흰색 작은 원형(지름 6픽셀) 2개를 현재 카운터 변수 i에 해당하는 위치에 함께 그려줘입체감을 준다.

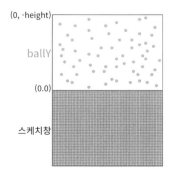
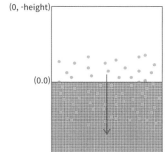
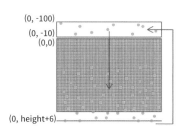

결과 이미지

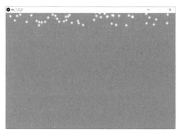
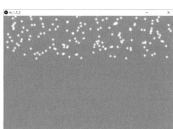
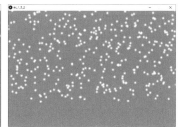

파티클 개수 500개 `int ballNum = 500`

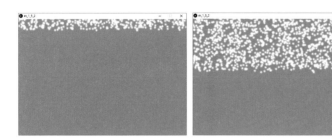

파티클 개수 3000개 int ballNum = 3000

1.5.3 솟아오르는 문자 파티클 만들기

☑️ **필요한 재료**

   내가 좋아하는 문자 6개(예: 해, 달, 별, 산, 강, 흙)

이번에는 원형 파티클 대신 수많은 문자가 일정한 속도로 스케치창 아래에
서 위쪽 방향으로 솟아오르도록 스케치해보자.

#실습예제 ex_1_5_3 코드 및 설명

프로세싱 예제 ex_1_5_3

```
int textNum = 500;
char[] myText={'해', '달', '별', '산', '강', '흙'};
PFont font;
char[] text = new char[textNum];
float[] textX = new float[textNum];
float[] textY = new float[textNum];
float[] textG = new float[textNum];          //❶ 배열 선언
int count=0;

void setup() {
  size(720, 480);
  background(255);
  noStroke();
  printArray(PFont.list());
  font=createFont("Batangche", 15);          //❷ 폰트 설정
  textFont(font);
  for (int i = 0; i < textNum; i ++) {        //❸ for()문으로 초깃값 설정
    text[i] = myText[int(random(6))];
    textX[i] = random(width);
```

```
    textY[i] = random(height+15, height*2);
    textG[i] = random(-2, -0.5);
  }
}

void draw() {
  fill(255, 20);
  rect(0, 0, width, height);              //❹ 잔상 효과 적용
  for (int i = 0; i < textNum; i++) {
    textX[i] += random(-0.3, 0.3);
    textY[i] += textG[i];                 //❺ 문자 파티클 위쪽으로 이동
    fill(0, 200);
    textSize(15);
    text(text[i], textX[i], textY[i]);
    if (textY[i] < -8) {                  //❻ 문자 파티클이 스케치창을 벗어나면
      textY[i] = random(height+15, height*2);  //하단 바깥쪽으로 위치 이동
    }
  }
}

void keyPressed() {
  if (key=='s') {
    saveFrame("image"+nf(count, 3)+".jpg");
    count+=1;
  }
}
```

먼저 문자 파티클의 총 개수는 500개로 정한다. 한 개의 문자를 나타내는 정보의 유형 문자(Character) 형태로 배열 myText를 선언하고 {}(중괄호) 안에 모든 요소(해, 달, 별, 산, 강, 흙)를 나열하는 방식으로 배열의 요소값 들을 한 번에 설정한다. 다음으로 500개의 문자를 개별적으로 저장하기 위한 문자 유형의 배열 text[ ]와 각 문자의 x, y 위치 좌표값을 저장하기 위한 소수 유형의 배열 textX[ ], textY[ ], 각 문자의 움직이는 속도를 일정하게 만들기 위한 소수 유형의 배열 textG[ ]를 만든다. 모든 배열의 크기는 변수 textNum 값인 500으로 설정한다(❶).

void setup() 함수에서 폰트를 바탕체로 설정한다(❷). (◯폰트 설정하 기는 47쪽 참조) for() 반복문으로 카운터 변수 i는 0에서 499까지 1씩 늘어 나도록 한다. myText[ ] 배열에 저장된 6개의 문자 중에서 랜덤하게 정해 진 한 문자를 배열 text[i]의 첫 번째 칸 text[0]에서부터 마지막 칸 text[499]까 지 차례대로 저장한다. 배열 textX[i]에는 현재 스케치창 가로 크기 범위 안

에서 랜덤하게 정해진 500개의 소수를 문자의 x 좌표 위치값으로 순서대로 입력한다. 배열 textY[i]의 초깃값은 스케치창 아래로 15픽셀 내려간 지점에서부터 스케치창 높이만큼 아래로 내려간 범위(height+15~height*2)를 설정하고, 그 범위 안에서 랜덤하게 정해진 500개의 소수를 문자의 y 좌표 위치값으로 차례대로 입력하여 문자 파티클이 처음에는 스케치창에서 보이지 않는 아래쪽 하단에서 대기하도록 한다. 그리고 각 문자의 이동 속도를 개별적으로 지정하기 위하여 배열 textG[i]에는 -2 이상 -0.5 미만 범위 안에서 매번 랜덤하게 정해진 숫자 500개를 순서대로 지정한다(❸).

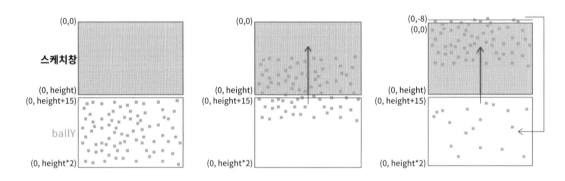

다음으로 void draw() 함수에서 매 프레임마다 흰색 반투명 사각형으로 잔상 효과를 적용해 문자가 솟아오르는 느낌을 표현하고(❹) for() 반복문으로 문자 500개의 위치값을 새롭게 고친다. 이때 현재 카운터 변수 i에 해당하는 배열 textX[i]에는 -0.3 이상 0.3 미만의 범위 안에서 랜덤하게 정해진 숫자를 더하여 문자가 좌우로 조금씩 흔들리게 만들고 textY[i]의 위치에는 배열 textG[i]에 저장된 랜덤한 숫자(음수, -2~-0.5)를 더하여 문자가 위쪽 방향으로만 조금씩 이동하도록 한다(❺). 앞서 다룬 두 예제에서는 이동할 때마다 매번 새로운 값을 랜덤으로 더해서 속도가 일정하지 않았지만 이번 예제에서는 void setup() 함수에서 미리 정해놓은 속도값을 y 좌표에 더해주기 때문에 각 문자의 이동 속도가 일정하다. 그리고 만약 현재 변수 i에 해당하는 textY[i] 값이 스케치창 상단 위쪽으로 벗어나 -8보다 작아지면, textY[i]에 (height+15~height*2) 범위 안에서 랜덤하게 정해진 값을 대입하여 스케치창에서 보이지 않는 아래쪽 하단 부분으로 이동시킨 다음 다시 위쪽으로 솟아오르도록 한다(❻).

결과 이미지

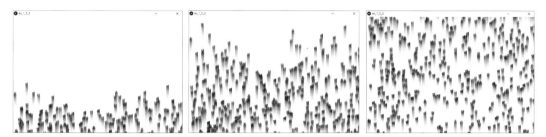

파티클 개수 500개 int ballNum = 500

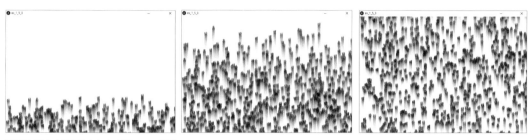

파티클 개수 1000개 int ballNum = 1000

1.5.4 마우스 클릭으로 스케치창에 새로운 이미지 추가하기

☑️ **필요한 재료**

배경 이미지 1장(파일명: bg.jpg), png 이미지 1장(예: 자동차, 열기구, 새, 민들레 홀씨 등, 파일명: img.png)

이번에는 관객이 마우스를 클릭한 위치에 바탕이 투명한 png 소스 이미지가 계속 추가되어 나타나는 스케치를 해보자.

#실습예제 ex_1_5_4 코드 및 설명

> `프로세싱` 예제 ex_1_5_4

```
PImage img, bg;                          //❶ 변수 선언
float[] imgX = new float[1];
float[] imgY = new float[1];             //❷ 배열 선언
int count=0;
```

```
void setup() {
  size(720, 480);
  noStroke();
  imgX[0] = width/2;
  imgY[0] = height/2;                    //❸ 배열의 요소값 설정
  img=loadImage("img.png");
  bg=loadImage("bg.jpg");                //❹ 이미지 불러옴
}

void draw() {
  background(bg);                        //❺ 배경 이미지로 스케치창 갱신
  for (int i = 0; i < imgX.length; i++) {
    imgX[i] += random(-0.03, 0.03);
    imgY[i] += random(-1.5, -0.5);       //❻ 소스 이미지를 위쪽으로 이동
    imageMode(CENTER);
    image(img, imgX[i], imgY[i], 100, 100); //❼ 배열의 크기만큼 이미지 출력
    if (imgY[i] < -30) {
      imgY[i] = -100;                    //❽ 스케치창 벗어난 이미지 위치 고정
    }
  }
  fill(0, 200);
  textSize(15);
  textAlign(RIGHT);
  text(imgX.length, 60, 20);             //❾ 추가된 이미지 개수 출력
}

void mousePressed() {
  imgX = (float[])append(imgX, mouseX);
  imgY = (float[])append(imgY, mouseY);  //❿ 마우스 x, y 좌표값을 각 배열에 추가
}

void keyPressed() {
  if (key=='s') {
    saveFrame("image"+nf(count, 3)+".jpg");
    count+=1;
  }
}
```

먼저 배경 이미지와 마우스를 클릭한 위치에 추가될 소스 이미지를 불러오기 위해 PImage(프로세싱 이미지) 유형의 변수 img와 bg를 전역변수로 선언한다(❶). 관객이 마우스를 클릭한 위치의 x, y 좌표값을 저장하기 위해 소수 유형의 배열 imgX와 imgY를 만들고 배열의 크기는 1로 설정한다(❷). void setup() 함수 안에서 각 배열의 첫 번째 칸 imgX[0], imgY[0]에 저장된 x, y 좌표값을 스케치창 가운데 중심으로(width/2, height/2) 지정하여, 스

케치를 실행시키면 첫 번째 열기구 이미지가 스케치창 중앙에서 시작하도록 한다(❸). loadImage()로 [data] 폴더에 저장된 열기구 소스 이미지와 배경 이미지를 변수 img와 bg에 각각 불러와 저장한다(❹).

다음으로 void draw() 함수에서 매 프레임마다 스케치창을 배경 이미지로 덮어주고(❺) for() 반복문으로 배열에 추가된 소스 이미지의 x, y 좌표값을 새롭게 갱신한다. 이때 for() 반복문에서 배열 imgX의 전체 크기를 알 수 있는 변수 imgX.length(대상 배열 이름.length)를 사용하여 카운터 변수 i가 0에서부터 배열 imgX의 전체 크기만큼 1씩 증가하면서 열기구 소스 이미지를 스케치창에 출력하도록 한다(❼). 이때 현재 카운터 변수 i에 해당하는 배열 imgX[i]에는 -0.03 이상 0.03 미만의 범위 안에서 랜덤하게 정해진 숫자를 더하여 열기구 이미지가 좌우로 조금씩 흔들리게 만들고, imgY[i]의 위치에는 -1.5 이상 -0.5 미만의 범위 안에서 랜덤하게 정해진 숫자(음수)를 더하여 열기구가 위쪽 방향으로만 조금씩 이동하도록 한다(❻). 만약 현재 카운터 변수 i에 해당하는 imgY[i] 값이 -30보다 작아져서 스케치창 위쪽으로 벗어나면 imgY[i] 값에 -100을 대입하여 더 이상 움직이지 않고 스케치창 위 바깥쪽에서 멈춰 있도록 한다(❽).

추가적으로 text()를 이용해서 imgX 배열의 전체 크기를 스케치창 왼쪽 상단에 숫자로 표시하여 지금까지 몇 개의 열기구 이미지가 만들어졌는지 보여준다(❾). 그리고 mousePressed() 이벤트 함수 안에서 명령어 append()로 관객이 마우스를 클릭한 순간의 마우스 x, y 좌표값을 배열 imgX와 imgY에 각각 추가한다(❿). append()는 특정값을 배열의 마지막 위치에 추가하고 싶을 때 사용하는데, 명령어의 첫 번째 설정값은 추가하기 원하는 배열의 이름이고 두 번째는 추가하고 싶은 정보값이다. 이때 append() 앞에 괄호를 넣어 배열의 정보 유형을 정확하게 표시하도록 한다.

TIP! 이번 예제에서는 열기구 이미지가 스케치창 위쪽 방향으로 벗어나면 스케치창 바깥쪽에서 멈춰있도록 스케치했지만 예제 ex_1_5_3처럼 스케치창을 벗어난 열기구 이미지들을 스케치창 아래쪽 방향으로 옮긴 다음 다시 위로 올라오도록 스케치할 수도 있다. 이처럼 사용할 소스 이미지에 따라 움직임의 형태와 속도는 얼마든지 바꿀 수 있다.

결과 이미지

좀 더 붙잡기~ 도전!

1. 예제 ex_1_5_2에서 떨어지는 눈을 원형이 아닌 이미지로 바꾸어보자. 원형을 출력하는 대신 PImage 유형의 변수 img에 바탕이 투명한 소스 이미지를 로딩시키고 명령어 ellipse() 대신 image()를 사용한다. 그 다음 떨어지는 이미지의 크기를 랜덤하게 바꾸고 개별적으로 다른 색깔을 입혀보자. 출력되는 이미지의 크기와 색깔을 개별적으로 설정하기 위한 배열을 각각 선언하고 void setup() 함수에서 for() 반복문으로 크기와 색깔을 지정해 주면 된다.

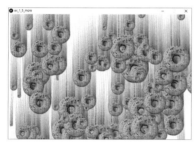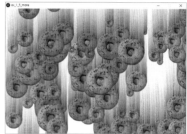

2. 예제 ex_1_5_2에서 떨어지는 눈의 개수를 정하는 for() 반복문의 조건테스트 최댓값을 배열의 전체 크기 대신 초깃값이 0인 변수로 지정해준 다음 마우스를 클릭할 때마다 변수를 1씩 증가시켜 떨어지는 눈의 개수가 점점 증가하도록 한다. 이때 변수의 최대 크기는 눈의 x, y 좌표 위치를 위해 만든 배열의 전체 크기를 넘지 않도록 한다.

3. 예제 ex_1_5_4에서 배열에 추가되어 나타나는 이미지가 랜덤하게 선택되어 나타나도록 해보자. 이미지 배열을 선언하고 다양한 종류의 이미지를 저장한 다음 마우스를 클릭할 때마다 랜덤하게 선택된 이미지가 출력되도록 한다.

#다다익선

2018년 2월 과천 현대미술관에 설치되어 있는 백남준의 작품 '다다익선'이 더 이상 재가동이 불가능한 상태가 되어 대책을 논의 중이라는 기사를 접했다. '다다익선'은 개천절(10월 3일)을 상징하는 1003개의 크고 작은 TV 브라운관들로 만들어진 6층 탑 모양으로, 수많은 대중매체(미디어)에 노출된 현대인의 모습을 상징적으로 보여주는 미디어아트 작품이다. 높이 18.5m로 현존하는 백남준 작품 중에 가장 큰 작품이기도 하다. 1988년 서울올림픽 개최를 기념하기 위해 만든 '다다익선'은 2018년에 설치 30주년을 맞았다. 그동안 브라운관(CRT) 모니터가 노후해 잦은 수리와 부품 교체로 수명을 연장해 오다가 부품들도 하나둘 단종되어 구하기 힘든 상황이 되었고, 정기적으로 진행되는 안전점검 결과 '다다익선을 계속 가동할 경우 화재나 폭발 위험이 있는 누전상태'란 판정이 나와 가동이 전면 중단되었다고 한다.

대안으로 모니터 교체, 보존, 철거, 오마주 작품 제작 등 다양한 의견이 제시되었다. 백남준 선생님도 이런 일이 생길 것을 예상하셨는지 생전에 "영상 이미지만 온전하게 내보낼 수 있다면 새로운 기술을 써도 좋다.", "요즘 쓰는 납작한 걸로 붙이면 되지, 앞으로 다 그렇게 바뀔 텐데 그렇게 바꾸면 된다."라고 여러 번 말씀하셨다고 한다. 하지만 현대미술관은 2019년 9월 작가의 의도와 국내외 전문가 대다수 의견과는 달리 현재 브라운관 모니터와 동일 기종 중고품을 구하거나 수리하고, CRT 재생기술 연구를 통해 20세기 대표 매체인 CRT 모니터를 최대한 복원하고, 작품의 시대적 의미와 원본성 유지에 노력할 것이라고 발표했다. 그리고 2022년 전시 재개를 목표로 필요하면 일부분은 LED 모니터 등 첨단 기술을 부분적으로 도입하겠다고 하였다. 그럼 다시 몇 년이 지나 수리한 CRT 모니터가 수명이 다하면 어떻게 할 것인가? '다다익선'은 CRT 모니터로 만든 '조각' 작품이 아닌 강렬한 이미지를 쏟아내는 영상들로 이루어진 '미디어아트' 작품이다. 현재 영상을 온전하게 보여주지 못하고 있는 CRT 모니터를 3년 동안 수십 억을 들여 계속 유지하겠다는 결정은 액자를 보존하기 위해 그림을 가리겠다는 말처럼 들린다. 이런 결정은 아쉬움이 남는다.

이번 일은 최신 기술과 장비를 사용하는 미디어아트에서는 피할 수 없는 운명인 것 같다. 개인적으로는 TV 브라운관으로 만든 아날로그 '다다익선'은 백남준 아트센터로 옮겨 그대로 보존하고 '다다익선'이 있던 자리에는 아날로그 '다다익선'과 같은 개수의 LED 모니터로 전체 크기와 형태가 똑같은 새로운 디지털 '다다익선'을 만들어 설치하면 어떨까 하는 생각이다. 그리고 평상시에는 작가의 작품이 디지털 패널을 통해 나오다가 1월 29일 고인의 기일에는 인터넷을 통해 전 세계인이 만든 백남준을 추모하는 영상이 디지털 '다다익선'을 통해 생중계된다면 더욱 의미 있는 작업이 되겠다. 실험적이고 도전적인 모습, 어쩌면 백남준이 '다다익선'을 통해 우리에게 이야기하고 싶었던 메시지가 아닐까 생각해본다.

　다시 세월이 지나 두 번째 디지털 '다다익선'이 운명을 다하면 백남준 아트센터에 있는 아날로그 '다다익선' 옆으로 옮기고 그 시대의 새로운 기술로 세 번째 '다다익선'을 만들어 백남준의 비디오가 그 자리에서 많은 관객들에게 끊임없이 사랑받는 작품으로 남길 바라본다.

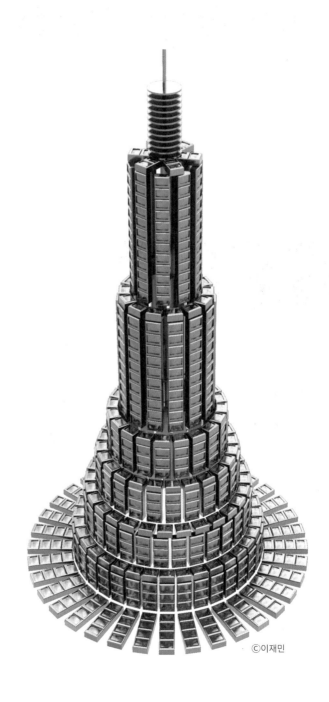

ⓒ이재민

1.6
이미지 픽셀 변형시키기

이미지를 구성하는 최소 단위인 픽셀을 앞서 다루어본 다양한 형태의 도형, 문자, 이미지로 바꾼 다음 가로세로 행렬에 맞추어 규칙적으로 배열해서 새로운 픽셀 형태의 이미지를 스케치해보자.

1.6.1
이미지 픽셀 크기와
개수 조절하기

1.6.2
사각형 픽셀로
이미지 그리기

1.6.3
원형 픽셀로
이미지 그리기

1.6.4
삼각형 픽셀로
이미지 그리기

1.6.5
문자 픽셀로
이미지 그리기

1.6.6
이미지 픽셀로
이미지 그리기

1.6.7
이미지 픽셀의
밝기값에 따라
픽셀 색깔 변경하기

1.6.1 이미지 픽셀 크기와 개수 조절하기

컴퓨터 모니터를 통해 보는 디지털 이미지들은 반복적으로 배열된 무수히 많은 픽셀pixel, 작은 사각형 점로 이루어져 있다. 포토샵에서 이미지를 열고 돋보기 도구로 최대한 확대하면 픽셀들을 볼 수 있다. 픽셀은 이미지를 구성하는 최소 단위로, 고유의 색상 정보를 가지고 있다. 이러한 디지털 픽셀의 개념을 확장시켜보면 미디어의 종류에 따라 픽셀의 형태와 크기는 얼마든지 달라질 수 있다. 옛날 오락실 게임기 속 영상은 픽셀이 눈에 띌 정도로 크게 보였던 반면 최근 레티나 디스플레이Retina Display는 픽셀의 존재를 의심할 정도로 눈에 띄지 않는다. 또한 카메라로 사진을 찍을 때 ISO 값필름 감도에 따라 사진 속 망점들의 크기가 달라지고, 그림을 그릴 때 한 번의 붓터치는 붓의 모양과 물감의 종류에 따라 다양한 모습으로 나타난다. 이처럼 픽셀의 크기와 형태를 변형하면 기존 이미지와는 또 다른 표현이 가능해진다. 이번 예제에서는 프로세싱으로 특정 이미지 또는 사진 속 픽셀들을 내가 원하는 형태와 크기로 변형시키는 다양한 방법을 살펴본다. 첫 단계로 예제 ex_1_6_1에서는 사각형 픽셀의 크기를 조절할 수 있는 격자무늬 바둑판 패턴을 스케치해보자. (◐《안녕! 미디어아트》 340쪽 1. 바둑판 패턴 그리기 참조)

그랑드자트섬의 일요일 오후 | 조르주 피에르 쇠라 | 캔버스에 유채 | The Art Institute of Chicago | 1884

격자무늬 바둑판 패턴은 행렬을 통해 만들 수 있다. 각 픽셀의 크기를 조절하면 가로 줄(행, row)과 세로 줄(열, column)에 포함되는 픽셀의 개수가 변하게 된다. 크기가 720×480인 이미지의 전체 픽셀의 개수는

345,600(720×480)개이다. 이때 이미지의 픽셀 크기는 1픽셀이다. 이 이미지의 픽셀 크기를 6픽셀로 변형시킨다면, 가로 픽셀 개수는 720÷6＝120개가 되고 세로 픽셀의 개수는 480÷6＝80개가 되며 전체 사각형 픽셀의 개수는 9,600(120×80)개가 된다.

#실습예제 ex_1_6_1 코드 및 설명

프로세싱 예제 ex_1_6_1

```
PFont font;                                //❶ 폰트 설정 변수 선언
int pSize=60;                              //❷ 픽셀 크기 변수 선언
int pNum=0;                                //❸ 픽셀 순번 변수 선언
int count=0;

void setup() {
  size(720, 480);
  background(0);
  printArray(PFont.list());
  font=createFont("AriaTextG1", 360);      //❶ 폰트 설정
  textFont(font);
}

void draw() {
  for (int y=0; y<height; y+=pSize) {
    for (int x=0; x<width; x+=pSize) {
      fill(0);
      stroke(255);
      rect(x, y, pSize, pSize);            //❹ 사각형 픽셀의 바둑판 패턴 만듦
      fill(255);
      textAlign(LEFT, TOP);
      textSize(pSize/2);
      text(pNum, x, y);                    //❺ 순번 출력
      pNum++;                              //❻ 순번 값에 1 더함
    }
  }
  println(pSize);
  noLoop();                                //❼ 반복 실행 멈춤
}

void keyPressed() {
  if (key=='s') {
    saveFrame("image"+nf(count, 3)+".jpg");
    count+=1;
  }
}
```

바둑판 패턴은 스케치창 가장 위쪽 첫 번째 가로 줄(행)에서부터 아래로 몇 번째 줄에 해당하는지를 나타내는 (y 좌표값을 증가시키는) for() 문 안에 가장 왼쪽 첫 번째 세로 줄(열)에서부터 오른쪽으로 몇 번째 칸에 해당하는지를 나타내는 (x 좌표값을 증가시키는) for() 문을 넣어 만든다. 2개의 반복문 안에서 증가하는 x, y 값을 바둑판 패턴을 구성하는 사각형의 기준점 x, y 좌표로 사용하여 아래 그림처럼 사각형이 왼쪽 위에서부터 차례대로 그려지는 이미지를 만들 수 있다.

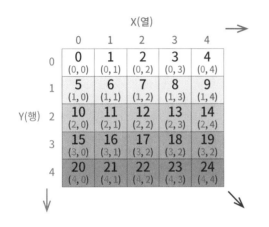

행렬을 통한 사각형 픽셀의 위치
(y 행, x 열)

행은 y 좌표값을 통해 위에서부터 몇 번째 줄에 해당하는지 알 수 있고 열은 x 좌표값을 통해 왼쪽에서부터 몇 번째 칸에 해당하는지 알 수 있다. y 좌표값(행)을 증가시키는 for() 반복문 안에 x 좌표값(열)을 증가시키는 for() 반복문을 삽입하여 왼쪽 위 첫 번째 사각형(0, 0)에서부터 순서대로 그려지도록 한다. 각 칸의 숫자는 해당 사각형이 그려지는 순번이다.

먼저 내가 원하는 숫자 폰트를 설정한다. PFont 유형의 변수 font를 전역변수로 선언하고 void setup() 함수에서 AriaTextG1 폰트를 스케치에서 사용할 수 있도록 설정한다(❶). (❂ 폰트 설정하기는 47쪽 참조) 바둑판 패턴을 구성하는 사각형 픽셀의 사이즈를 다양한 크기로 테스트해보기 위해 정수 유형의 변수 pSize를 전역변수로 선언하고 초깃값은 60을 대입한다(❷). 그다음 for() 반복문이 실행될 때마다 그려지는 사각형 픽셀의 순번을 표시하기 위해 변수 pNum도 만들고 초깃값으로 0을 지정해준다(❸).

이번 예제에서는 스케치창에 바둑판 패턴 이미지가 한 번만 그려지도록 void draw() 구문 마지막에 noLoop()를 입력하여 반복 실행을 멈춘다(❼). for() 문이 진행되는 과정을 살펴보면 먼저 y 좌표값(행)을 증가시키는 바깥쪽 for() 문에서 y의 초깃값은 0이므로 스케치창 세로 크기 480(height) 보다 작기 때문에 조건을 만족해서(참) 밑으로 내려간다. x 좌표값(열)을 증가시키는 안쪽 for() 문에서 x의 초깃값도 0이므로 역시 스케치창 가로 크기 720(width)보다 작기 때문에(참) 안쪽 for() 문 안에 있는 명령문을 실행시킨다. for() 문 안에서 명령어 rect()의 설정값은 x 좌표값 0(x), y 좌표값 0(y), 가로 크기 60(pSize), 세로 크기 60(pSize)이 되어 스케치창 왼쪽 위에 첫 번째 사각형을 그린다(❹). 그 다음 도형의 순번을 표시하기 위해 명령어 text()로 도형의 왼쪽 위에 변수 pNum의 초깃값인 0을 출력한다(❺). 변수 pNum는 for() 문 안의 명령문들이 실행될 때마다 매번 1씩 증가하도록 한다(❻). x는 안쪽 for() 문의 갱신 방법에 따라 픽셀의 크기값 60이 더해진다. 60은 화면 가로 크기인 720보다 여전히 작기 때문에 명령문들을 한번 더 실행한다. 두 번째 사각형의 x 좌표값은 60이고 y 좌표값은 그대로 0이다. 이처럼 y 좌표값은 0으로 고정되어 있기 때문에 행은 바뀌지 않고, 안쪽 for() 문에 의해 x 좌표값이 720이 될 때까지 첫 번째 행에 정사각형 12개를 그린다. x가 720이 되는 순간 조건테스트 720보다 작지 않기 때문에(거짓) 안쪽 for() 문을 벗어난다. 이번에는 바깥쪽 for() 문에 따라 y에 60을 더한다. 60은 480보다 작기 때문에(참) 다시 밑으로 내려간다. 첫 번째 행과 마찬가지로 안쪽 for() 문에 따라 x는 0에서부터 화면 가로 크기인 720이 될 때까지 60씩 증가하며, y가 60인 두 번째 행에 사각형 12개를 그린다. 이처럼 각 행마다 사각형 12개를 그리다가 y가 480이 되어 화면 세로 크기인 480보다 작지 않은 경우(거짓)가 되면 바깥쪽 for() 문도 벗어난다. 그러면 안쪽 for() 문에서 12번, 바깥쪽 for() 문에서 8번 반복 실행되기 때문에 총 96(12×8)개의 사각형으로 바둑판 패턴이 그려진다.

결과 이미지

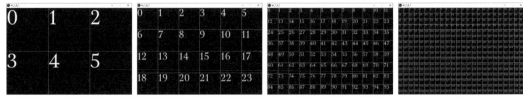

int pSize = 240   int pSize = 120   int pSize = 60   int pSize = 30

TIP! for() 반복문 안에서 명령문들이 실행될 때마다 1씩 증가하는 변수 pNum 값을 사각형 픽셀의 안쪽 면과 순번의 색깔 값으로 지정하여 픽셀 색깔이 서서히 변하도록 해보자.

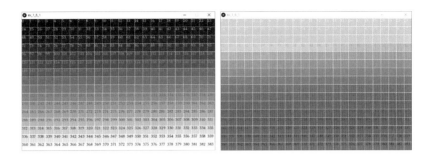

1.6.2 사각형 픽셀로 이미지 그리기

☑️ **필요한 재료**
이미지 1장(파일명: seurat.jpg, 이미지 크기: 720 × 480픽셀)

예제 ex_1_6_1에서 만든 바둑판 패턴 각각의 사각형 픽셀 안쪽 면 색깔을 동일한 위치에 있는 소스 이미지의 색깔로 채워 사각형 픽셀로 이미지를 그려보자. 또한 관객이 특정키를 누르면 사각형 픽셀의 크기가 실시간으로 커지거나 작아지도록 스케치해보자.

#실습예제 ex_1_6_2 코드 및 설명

프로세싱 예제 ex_1_6_2

```
PImage img;                              //❶ 이미지 변수 선언
int pSize=5;                             //❷ 픽셀 크기 변수 선언
int count=0;

void setup() {
  size(720, 480);
  background(0);
  img = loadImage("seurat.jpg");         //❶ 이미지 불러옴
}

void draw() {
```

```
    for (int y=0; y<height; y+=pSize) {
      for (int x=0; x<width; x+=pSize) {
        color c = img.get(x, y);                    //❸ 소스 이미지 색깔 정보 가져옴
        fill(c);
        stroke(0);
        rect(x, y, pSize, pSize);
      }
    }
    println(pSize);
}

void keyPressed() {
  if (key=='i') {                                   //❹ 사각형 픽셀 크기 조절
    background(0);
    pSize+=1;
  }
  if (key=='d') {
    background(0);
    pSize-=1;
    if (pSize<=0) {
      pSize=1;
    }
  }
  if (key=='s') {
    saveFrame("image"+nf(count, 3)+".jpg");
    count+=1;
  }
}
```

먼저 **PImge** 유형의 변수 img를 전역변수로 만들고 **void setup()** 구문에서
[data] 폴더에 저장된 소스 이미지를 변수 img에 불러와 저장한다(❶). 패턴
이미지를 구성할 사각형 픽셀의 크기를 저장하기 위해 변수 pSize를 선언하
고 초깃값은 5로 지정해준다(❷). 키보드 입력값에 따라 사각형 픽셀의 크기
가 실시간으로 변하도록 **void draw()** 함수에서 **for()** 문으로 바둑판 패턴 이
미지가 그려지도록 한다. **for()** 문이 진행되는 동안 사각형이 그려지는 기준
점 x, y 위치와 동일한 위치에 있는 소스 이미지 픽셀의 색깔 정보를 명령어
img.get(x, y)으로 가져와 색깔 유형의 변수 c에 저장하고, 그 색깔을 해당
사각형의 안쪽 면 색깔로 사용한다(❸). 예제 ex_1_3_7에서 점묘법 이미지
를 그릴 때와 같은 방법이다. (❍ 가져오기 get( )은 98쪽 참조)

　　void keyPressed() 키보드 이벤트 함수로 키보드의 [i] 키를 누르면 사각형
픽셀 크기가 1씩 증가하고 [d] 키를 누르면 크기가 1씩 감소하도록 설정한다

(❹). 이때 if() 구문으로 사각형 크기가 1보다 작아지지 않도록 하고 명령어 background()로 사각형 픽셀의 크기가 변할 때마다 바탕색으로 스케치창을 덮는다. 다양한 결과 이미지를 위해 스케치창 바탕색을 흰색(255) 또는 검은색(0)으로 바꾸어 보고 사각형 외곽선의 색깔도 흰색, 검은색 또는 명령어 stroke(c)를 사용하여 안쪽 면 색깔과 같은 색깔로 외곽선을 그려보자.

결과 이미지

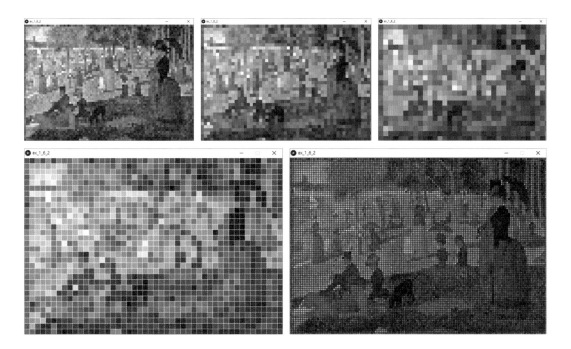

1.6.3 원형 픽셀로 이미지 그리기

☑️ 새롭게 배우는 명령어
ellipseMode( )

☑️ 필요한 재료
이미지 1장(파일명: seurat.jpg, 이미지 크기: 720 × 480px)

이번에는 예제 ex_1_6_2에서 for() 반복문 안의 사각형을 원형으로 바꾸어 원형 픽셀로 이미지가 그려지도록 스케치해보자.

#실습예제 ex_1_6_3 코드 및 설명

프로세싱 예제 ex_1_6_3

```
PImage img;
int pSize=5;
int count=0;

void setup() {
  size(720, 480);
  background(0);
  img = loadImage("seurat.jpg");
}

void draw() {
  for (int y=0; y<height; y+=pSize) {
    for (int x=0; x<width; x+=pSize) {
      color c = img.get(x, y);
      fill(c);
      stroke(0);
      ellipseMode(CORNER);
      ellipse(x, y, pSize, pSize);          //❶ 원형 픽셀 출력
    }
  }
  println(pSize);
}

void keyPressed() {
  if (key=='i') {
    background(0);
    pSize+=1;
  }
  if (key=='d') {
    background(0);
    pSize-=1;
    if (pSize<=0) {
      pSize=1;
    }
  }
  if (key=='s') {
    saveFrame("image"+nf(count, 3)+".jpg");
    count+=1;
  }
}
```

for() 문 안에서 ellipse()로 해당 x, y 위치에 원형을 그리는데, 이때 원형의 기준점 위치를 도형의 가운데 중심이 아닌 픽셀의 기준점 위치인 왼쪽 위 모서리로 이동시키기 위해 ellipseMode(CORNER)로 설정한다(❶).

원형의 기준점 위치를 바꾸는 ellipseMode()는 입력하는 설정값에 따라 원을 그리는 방식이 바뀐다.

	기준점 위치	ellipse()에 입력되는 설정값
ellipseMode(CENTER)	타원형 중앙	(중앙 기준점의 x 좌표, y 좌표, 가로 지름, 세로 지름)
ellipseMode(RADIUS)	타원형 중앙	(중앙 기준점의 x 좌표, y 좌표, 가로 반지름, 세로 반지름)
ellipseMode(CORNER)	타원형의 왼쪽 위	(왼쪽 위 기준점의 x 좌표, y 좌표, 가로 지름, 세로 지름)
ellipseMode(CORNERS)	타원형의 왼쪽 위	(왼쪽 위 기준점의 x 좌표, y 좌표, 기준점 반대편 오른쪽 밑의 x 좌표, y 좌표) 두 점으로 만들어진 사각형 안에 원형이 그려진다.

결과 이미지

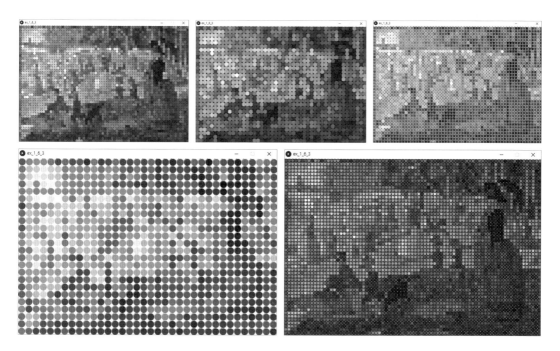

1.6.4 삼각형 픽셀로 이미지 그리기

☑️ **새롭게 배우는 명령어**

   triangle( )

☑️ **필요한 재료**

   이미지 1장(파일명: seurat.jpg, 이미지 크기: 720 × 480px)

이번에는 예제 ex_1_6_3에서 for( ) 반복문 안의 원형을 삼각형으로 바꾸어 삼각형 픽셀로 이미지가 그려지도록 스케치해보자.

#실습예제 ex_1_6_4 코드 및 설명

프로세싱 예제 ex_1_6_4

```
PImage img;
int pSize=5;                                //❶ 픽셀 크기 변수 선언
color c;                                    //❷ 색깔 유형 변수 선언
int count=0;

void setup() {
  size(720, 480);
  background(0);
  img = loadImage("seurat.jpg");
}

void draw() {
  for (int y=0; y<height; y+=pSize*2) {
    for (int x=0; x<width+pSize; x+=pSize) {    //❸ for() 반복문 설정
      if(x<width){
      c = img.get(x, y);
      } else {
      c = img.get(x-pSize+1, y);                //❹ 색깔 정보 가져옴
      }
      fill(c);
      stroke(0);
      if (x % (pSize*2)==0) {
        triangle(x-pSize, y, x, y+pSize*2, x+pSize, y);
      } else {
        triangle(x-pSize, y+pSize*2, x, y, x+pSize, y+pSize*2); //❺ 삼각형 그림
      }
    }
  }
```

```
    println(pSize);
}

void keyPressed() {
  if (key=='i') {
    background(0);
    pSize+=1;
  }
  if (key=='d') {
    background(0);
    pSize-=1;
    if (pSize<=0) {
      pSize=1;
    }
  }
  if (key=='s') {
    saveFrame("image"+nf(count, 3)+".jpg");
    count+=1;
  }
}
```

삼각형 그리기 명령어 triangle(첫 번째 점의 x 위치, y 위치, 두 번째 점의 x 위치, y 위치, 세 번째 점의 x 위치, y 위치)는 6개의 설정값으로 세 점의 좌표를 지정하고, 그 점들을 선으로 연결하여 삼각형을 그린다. 예제 ex_1_6_4를 살펴보면 먼저 삼각형의 크기와 그려지는 위치값을 저장하기 위해 변수 pSize를 만들고 초깃값은 5를 대입한다(❶). 색깔 정보를 저장할 수 있는 정보의 유형 color로 변수 c를 전역변수로 선언한다(❷). 삼각형 픽셀은 삼각형 두 변의 길이와 높이가 같은 이등변 삼각형으로, 두 변의 길이는 삼각형 크기를 정하는 변수 pSize(초깃값 5)의 두 배 값인 10(pSize 초깃값 5×2)이 되도록 한다.

그 다음 void draw() 함수에서 y 좌표값을 증가시키는 바깥쪽 for() 반복문의 갱신 방법을 삼각형 한 변의 길이인 10(pSize 초깃값 5×2)으로 정하여 삼각형의 높이만큼 y 좌표값이 증가되도록 한다. 그 다음 안쪽 for() 문에서 프로세싱 산술 연산자 중 하나인 나머지 연산자 %(모듈로)를 이용하여 삼각형의 방향이 아래위로 번갈아가면서 그려지도록 한다. 이때 갱신 방법으로는 pSize(5) 값이 더해지도록 설정하고, 조건테스트는 스케치창 가로 크기 마지막 부분에서도 삼각형 절반이 그려질 수 있도록 width+pSize로 범위를 설정한다(❸). for() 반복문이 진행되는 동안 삼각형이 그려지는 기준점 x, y 위치와 동일한 위치에 있는 소스 이미지 픽셀의 색깔 데이터를 가져와 색깔 유형의 변수 c에 저장하고, 그 색깔을 해당 삼각형의 안쪽 면 색깔로 사용한다. 이때 if() 조건문으로 기준점 x의 위치가 스케치창 가로 크기(width)보다 작으면 img.get(x, y)로 가져오고 스케치창 가로 크기를 벗어나면 img.get(x-pSize+1, y)로 스케치창 가로 크기 범위 안에 위치한 소스 이미지의 색깔 값을 가져오도록 한다(❹).

for() 문 안에서 삼각형을 그릴 때 if() 조건문으로 x % (pSize*2)==0을 테스트하여 참이면 꼭짓점 방향이 아래로 그려지고 거짓이면 위로 그려지도록 한다. (❂ %(모듈로)는 120쪽 참조) 이번 스케치에서는 안쪽 for() 문 안의 삼각형 기준점 x 위치를 삼각형의 한 변의 길이인 10(pSize 초깃값 5×2)으로 나눈 값의 나머지 값을 if() 문으로 확인한다. 만약 x 값이 0이거나 짝수면 나머지는 0이 되고 if() 문의 조건을 만족하므로(참) 꼭짓점이 아래로 향하도록 그린다. x 값이 홀수면 나머지 값이 0이 아닌 값이 나오기 때문에 if() 문의 else인 경우에 해당하여, 꼭짓점이 위로 향하도록 그린다. 첫 번째 줄에 삼각형이 그려지는 과정을 보면 변수 x의 초깃값은 0이므로 첫 번째 삼각형은 아래로 향하도록 그려진다. 그 다음 초깃값에 변수 pSize 값을 더한 5는 나누는 값 10보다 작기 때문에 나머지 값은 5가 되고 if() 문의 조건을 만족시키지 못하기 때문에(거짓) 위로 향하는 삼각형을 그린다. 세 번째 x 값은 10이 되고 10%10=0이므로 꼭짓점이 아래를 향하고, 네 번째 x 값 15는 15%10=5이므로 다시 꼭짓점이 위로 향한다(❺).

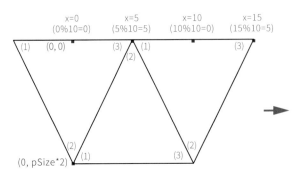

if(x%(pSize*2)==0) 조건 참   triangle (x-pSize, y, x, y+pSize*2, x+pSize, y);
                                        (1)   (2)   (3)

if(x%(pSize*2)==0) 조건 거짓   triangle (x-pSize, y+pSize*2, x, y, x+pSize, y+pSize*2);
                                        (1)   (2)   (3)

결과 이미지

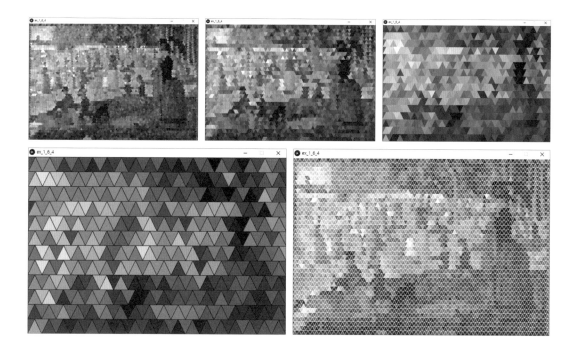

1.6.5 문자 픽셀로 이미지 그리기

☑️ **필요한 재료**
이미지 1장(파일명: seurat.jpg, 이미지 크기: 720 × 480px)

이번에는 예제 ex_1_6_3에서 for() 반복문 안의 원형을 문자로 바꾸어 문자 픽셀로 이미지가 그려지도록 스케치해보자.

#실습예제 ex_1_6_5 코드 및 설명

프로세싱 예제 ex_1_6_5

```
PImage img;
PFont font;
int pSize = 5;
int count=0;
```

```
void setup() {
  size(720, 480);
  background(0);
  img = loadImage("seurat.jpg");
  printArray(PFont.list());
  font = createFont("SpoqaHanSans-Regular", 720);        //❶ 폰트 설정
  textFont(font);
}

void draw() {
  for (int y=0; y<height; y+=pSize) {
    for (int x=0; x<width; x+=pSize) {
      color c = img.get(x, y);
      fill(c);
      textSize(pSize);
      textAlign(LEFT, TOP);
      text("점", x, y);                                  //❷ 문자 출력
    }
  }
  println(pSize);
}

void keyPressed() {
  if (key=='i') {
    background(0);
    pSize+=1;
  }
  if (key=='d') {
    background(0);
    pSize-=1;
    if (pSize<=0) {
      pSize=1;
    }
  }
  if (key=='s') {
    saveFrame("image"+nf(count, 3)+".jpg");
    count+=1;
  }
}
```

먼저 사용할 폰트를 로딩하기 위해 PFont 유형의 변수 font를 만들고 명령어
createFont()로 컴퓨터에 설치된 폰트들 중에서 사용할 폰트를 프로세싱 메모
리에 불러와 저장한다. 예제 ex_1_6_5에서는 스포카 한 산스 폰트를 사용했
다. textFont()로 실제 text() 명령어에서 사용할 폰트를 설정한다(❶). for()
반복문 안에서 문자 픽셀을 출력하기 위해 text()로 해당하는 x, y 위치에 문

자('점')를 표시하고, 기준점 위치를 픽셀의 기준점 위치인 왼쪽 위로 이동시키기 위해 textAlign(LEFT, TOP)을 넣어준다. 문자 픽셀의 크기는 픽셀의 크기를 조절하기 위해 만든 변수 pSize로 설정하여 관객의 키보드 입력에 따라 실시간으로 문자 크기가 바뀌도록 한다(❷).

결과 이미지

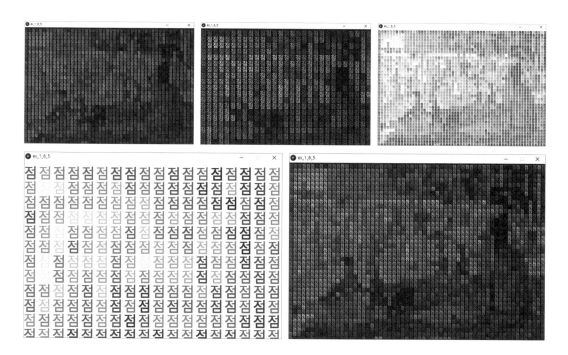

1.6.6 이미지 픽셀로 이미지 그리기

☑️ **필요한 재료**
이미지 1장(파일명: seurat.jpg, 이미지 크기: 720 × 480px)

이번에는 소스 이미지 안에서 랜덤한 위치의 한 부분을 사각형 형태로 잘라내고, 이 이미지 조각을 픽셀 형태로 반복하여 이미지 픽셀로 이미지를 그리는 스케치를 해보자.

#실습예제 ex_1_6_6 코드 및 설명

프로세싱 예제 ex_1_6_6

```
PImage img, pImg;                        //❶ 이미지 변수 선언
int pNum = 20;                           //❷ 이미지 개수 변수 선언
int imgW, imgH;                          //❸ 이미지 픽셀 크기 변수 선언
int count=0;

void setup() {
  size(720, 480);
  background(255);
  imgW=int(width/pNum);
  imgH=int(height/pNum);                 //❹ 이미지 픽셀 초깃값 설정
  img = loadImage("seurat.jpg");
  pImg = img.get(int(random(width-imgW)), int(random(height-imgH)),
imgW, imgH);                             //❺ 이미지 픽셀 만듦
  noStroke();
}

void draw() {
  for (int y=0; y<height; y+=imgH) {
    for (int x=0; x<width; x+=imgW) {
      color c = img.get(x, y);
      tint(c);
      image(pImg, x, y, imgW, imgH);      //❻ 이미지 픽셀 출력
    }
  }
  println(pNum);
}

void keyPressed() {
  if (key=='i') {
    background(255);
    pNum+=1;
    imgW=int(width/pNum);
    imgH=int(height/pNum);
    pImg = img.get(int(random(width-imgW)), int(random(height-imgH)), imgW, imgH);
  }
  if (key=='d') {
    background(255);
    pNum-=1;
    if (pNum<=0) {
      pNum=1;
    }
    imgW=int(width/pNum);
    imgH=int(height/pNum);
```

```
    pImg = img.get(int(random(width-imgW)), int(random(height-imgH)), imgW, imgH);
  }                                            //❼ 이미지 픽셀 갱신

  if (key=='s') {
    saveFrame("image"+nf(count, 3)+".jpg");
    count+=1;
  }
}
```

예제 ex_1_6_6을 살펴보면 먼저 PImage 유형으로 소스 이미지를 저장할 변수 img와 이미지 픽셀로 사용할 부분 이미지를 저장하기 위한 변수 pImg를 만든다(❶). 가로 또는 세로 한 줄 안에 들어갈 이미지 픽셀의 개수를 정할 변수 pNum를 만들고 초깃값은 20으로 설정한다(❷). 그 다음 이미지 픽셀 한 장의 가로세로 크기 값을 저장하기 위해 변수 imgW와 imgH를 전역변수로 만든다(❸). void setup() 함수에서 스케치창 가로세로 크기를 한 줄 안에 들어갈 이미지 픽셀의 개수(pNum)로 나눈 값을 변수 imgW와 imgH의 초깃값으로 각각 설정해준다(❹). 이미지 픽셀 하나의 가로 크기는 스케치창 너비 720을 이미지 픽셀의 개수 20으로 나눈 36이 되고 세로 크기는 스케치창 높이 480을 20으로 나눈 24가 된다. 이렇게 이미지 픽셀은 전체 이미지와 가로세로 비율이 같은 종횡비 1.5:1이 된다.

이미지 픽셀을 만들기 위해 명령어 img.get()의 설정값으로 random()을 사용하여 소스 이미지의 랜덤한 x, y 위치에서 가로 36, 세로 24 크기로 잘라낸 이미지 픽셀을 변수 pImg에 저장한다(❺). 이때 이미지 픽셀이 스케치창 밖으로 나가지 않도록 범위를 스케치창 가로세로 크기에서 imgW와 imgH 값을 뺀 만큼으로 정해준다.

void draw() 함수에서 for() 반복문으로 pImg에 저장된 이미지 픽셀이 반복되는 바둑판 패턴 이미지가 그려지도록 한다. 이때 for() 문이 진행되는 동안 이미지 픽셀이 배열되는 기준점 x, y 위치와 동일한 위치에 있는 소스 이미지 픽셀의 색깔 데이터를 명령어 img.get()으로 가져와 색깔 유형의 변수 c에 저장하고 tint()로 해당 이미지 픽셀에 색깔을 입힌다(❻). void keyPressed() 키보드 이벤트 함수로 키보드의 [i] 키를 누르면 이미지 픽셀의 개수가 1씩 증가하도록 하고, 이에 맞춰 이미지 픽셀 하나의 가로세로 크기도 다시 계산한다. 계산값에 따라 소스 이미지에서 이미지 픽셀을 새로 잘라내어 변수 pImg에 저장한다. [d] 키를 누르면 이미지 픽셀의 개수가

1씩 감소하고, 같은 방법으로 새로운 이미지 픽셀을 pImg에 저장한다. 이때 if() 문으로 이미지 픽셀 개수가 1보다 작아지지 않도록 한다. 이미지 픽셀이 새로운 이미지로 갱신될 때마다 background(255)로 스케치창을 한 번씩 새로 고쳐준다(❼).

결과 이미지

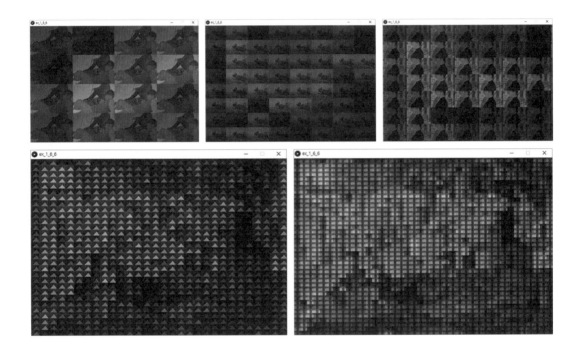

1.6.7 이미지 픽셀의 밝기값에 따라 픽셀 색깔 변경하기

☑ **새롭게 배우는 명령어**
   brightness( )

☑ **필요한 재료**
   이미지 1장(파일명: seurat.jpg, 이미지 크기: 720 × 480px)

이번에는 예제 ex_1_6_3에서 for() 반복문으로 그린 원형 픽셀의 안쪽 면 색깔을 동일한 위치에 있는 소스 이미지 픽셀의 밝기값에 따라 지정된 색깔로 변경하는 스케치를 해보자.

#실습예제 ex_1_6_7 코드 및 설명

프로세싱 예제 ex_1_6_7

```
PImage img;
int pSize=1;                                          //❶ 원형 픽셀의 크기를 1로 설정
int count=0;

void setup() {
  size(720, 480);
  background(0);
  noStroke();
  img=loadImage("seurat.jpg");
}

void draw() {
  for (int y=0; y<height; y+=pSize) {
    for (int x=0; x<width; x+=pSize) {
      float bright=brightness(img.get(x, y)); //❷ 밝기값 추출
      if (bright<=50) {                        //❸ 밝기값에 따라 원형 픽셀 색깔 지정
        fill(0, 0, 50);
      } else if (bright<=100) {
        fill(0, 20, 200);
      } else if (bright<=150) {
        fill(50, 255, 150);
      } else if (bright<=200) {
        fill(255, 0, 100);
      } else {
        fill(255, 255, 200);
      }
      ellipseMode(CORNER);
      ellipse(x, y, pSize, pSize);                     //❹ 원형 그림
    }
  }
  println(pSize);
}

void keyPressed() {
  if (key=='i') {
    background(0);
    pSize+=1;
  }
  if (key=='d') {
```

```
    background(0);
    pSize-=1;
    if (pSize<=0) {
      pSize=1;
    }
  }
  if (key=='s') {
    saveFrame("image"+nf(count, 3)+".jpg");
    count+=1;
  }
}
```

예제 ex_1_6_7을 보면 먼저 원형 픽셀의 크기를 조절하기 위해 변수 pSize
를 만들고 초깃값으로 1을 대입하여 원형 픽셀의 크기가 1픽셀로 시작하도
록 한다(❶). brightness()는 특정 색깔의 밝고 어두운 정도를 0(가장 어두
움)~255(가장 밝음) 단계의 밝기값으로 표시한다. for() 반복문이 진행되
는 동안 원형 픽셀이 그려지는 기준점 x, y 위치와 동일한 위치에 있는 소스
이미지 픽셀의 색깔 정보를 img.get(x, y)로 가져온다. 그 색깔의 밝기값을
brightness(img.get())으로 추출하여 소수 유형의 변수 bright에 저장한다
(❷). if() 조건문으로 해당 픽셀의 bright 값에 따라 원형 픽셀의 안쪽 면 색
깔을 설정해준다(❸). 값에 따라 지정한 색은 다음과 같다.

bright 값	색깔
50 이하	fill(0, 0, 50)(짙은 파란색)
51 이상 100 이하	fill(0, 20, 200)(파란색)
101 이상 150 이하	fill(50, 255, 150)(녹색)
151 이상 200 이하	fill(255, 0, 100)(빨간색)
200 초과	fill(255, 255, 200)(노란색)

원형 픽셀의 안쪽 면 색깔이 정해졌으면 ellipse()로 해당하는 x, y 위치에
원형을 그린다. 이때 원형의 기준점 위치를 도형의 가운데가 아닌 픽셀의
기준점 위치인 왼쪽 상단으로 옮기기 위해 ellipseMode(CORNER)로 설정한
다(❹).

다양한 결과 이미지를 위해 if() 구문에서 조건테스트의 개수와 명령어
fill()의 설정값을 변경하여 원형 픽셀의 색깔을 바꾸어 보자.

결과 이미지

좀 더 붙잡기~ 도전!

예제 ex_1_6_6에서 소스 이미지 전체를 하나의 이미지 픽셀로 사용하여 이미지를 만들어 보자. 이때 이미지 한 줄에 들어가는 이미지 픽셀의 개수(pNum)를 바꾸면 해상도를 조절할 수 있다. void setup() 함수에서 소스 이미지 전체를 가져와 변수 pImg에 저장한다.

pImg=img.get()

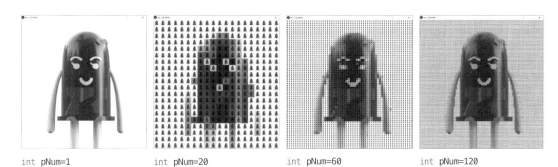

int pNum=1   int pNum=20   int pNum=60   int pNum=120

#나무 거울

인터랙티브 작가 다니엘 로진Daniel Rozin의 작품 '나무 거울'Wooden Mirror, 1999은 830개의 나무 조각들과 서보모터, 전자회로, 비디오카메라, 컴퓨터로 만든 작품이다. 작품의 표면은 작은 나무 조각들로 이루어져 있는데 각 나무 조각 뒤에는 일정한 각도(0~180°) 안에서 속도와 위치를 제어할 수 있는 서보모터가 연결되어 있다. 작품의 중심에는 조그마한 카메라가 설치되어 있어 작품 앞의 모습을 실시간으로 컴퓨터에 전송한다. 컴퓨터는 카메라의 영상을 픽셀 단위로 나누어 분석한 다음 각 픽셀의 밝기값에 해당하는 특정 각도로 서보모터를 제어하여 나무 조각을 위아래로 움직인다. 관람자가 움직일 때마다 나무 조각들은 경쾌한 소리를 내면서 거울 앞의 모습을 역동적으로 표현한다.

 '나무 거울'은 디지털 이미지의 최소 단위인 픽셀에서 느껴지는 차가운 느낌을 자연 소재인 따뜻한 느낌의 나무 조각을 통해 재현했다는 점에서 더욱 정감이 간다. 작가의 홈페이지를 방문해보면 나무 조각 이외에도 쇠구슬, 유리조각, 솜털, 펭귄 인형 등으로 디지털 픽셀을 표현한 다양한 인터랙티브 거울을 만나볼 수 있다.

작가 홈페이지 http://smoothware.com/danny/

나무 거울 | 다니엘 로진 | 전자회로, 카메라, 서보모터, 나무 조각 | 가변설치 | 1999
© Daniel Rozin

#혼미한 프로젝트

이재민, 박준상(그룹명: 2hour 30minute)

* 혼미: 혼자서 즐기는 미디어아트존

'혼미한 프로젝트'는 사람들이 많이 모이는 장소를 찾아가 진행되는 미디어아트 전시로, 관객은 스크린 앞에 배치된 의자에 앉아 원하는 작품을 선택하여 감상할 수 있다. 일상 속에서 우연히 예술 작품을 감상할 수 있는, 낯설지만 새로운 경험을 제공한다.

혼미한 프로젝트 | 폴리곤 스크린, 빔 프로젝터, 컴퓨터, 의자, 알루미늄 프레임 | 가변설치 | 다대포, 해운대, 광안리 해수욕장 | 2017

2 프로세싱으로 프로젝션 매핑하기

이번 장에서는 빔 프로젝터를 사용하여
프로세싱으로 스케치한 그림을 주위 사물
또는 일상 공간에 매핑해보자. 프로젝션
매핑은 이미지와 동영상을 모니터 화면의
틀에서 벗어나 자유로운 형태로 어디든지
나타나게 할 수 있으며 그 공간에 새로운
의미를 부여한다. 프로젝션 매핑에
사용되는 마스크 기능과 키스톤 보정
기술에 대한 기본 개념 및 라이브러리
활용 방법, 그리고 프로세싱에서
동영상을 제어하는 다양한 명령어들을
살펴보자.

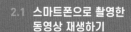

2.1
스마트폰으로 촬영한 동영상 재생하기

스마트폰으로 녹화한 동영상을 프로젝션 매핑에 사용할 수 있도록 먼저 프로세싱으로 소스 동영상을 재생시켜 보자. 프로세싱에서 녹화된 동영상을 재생하기 위해서는 비디오 라이브러리가 필요하다. 이번 예제에서는 라이브러리 설치 방법과 비디오 라이브러리에서 제공하는 다양한 명령어를 알아볼 것이다. 추가적으로 관객의 마우스 입력을 통해 동영상을 제어해보도록 하자.

2.1.1 동영상 반복 재생하기

2.1.2 마우스 클릭하는 동안만 동영상 재생하기

2.1.3 마우스 클릭으로 동영상 한 번만 재생시키기

2.1.1 동영상 반복 재생하기

☑️ **새롭게 배우는 명령어**
  import, processing.video, Movie, movie.loop ( ), movie.available ( ),
  movie.read ( )

☑️ **필요한 재료**
  동영상 파일 1개(파일명: seoul.mp4, 화면 크기: 1280 × 720px)

프로세싱에서 동영상을 재생하기 위해서는 비디오 라이브러리를 설치해야
한다. 스마트폰 또는 비디오 카메라로 촬영한 동영상을 프로세싱으로 불러
와 스케치창에서 반복 재생되도록 스케치해보자.

#Library: 프로세싱 도서관에서 책 빌려오기

라이브러리Library는 미리 작성해 놓은 코드이다. 프로세싱에서 동영상, 사
운드, 키스톤, 컴퓨터 비전, 네트워크 통신 등 확장된 기능들을 수행하고 싶
을 때 해당 라이브러리를 스케치에 추가하면 새로운 기능의 명령어들을 사
용할 수 있다. 프로세싱에서 사용할 수 있는 라이브러리는 크게 두 종류로
나뉜다. 프로세싱 재단에서 공식적으로 관리하는 기본 라이브러리와 프로
세싱을 사용하는 개별 프로그래머들이 직접 만들어 제공하는 외부 라이브
러리다. 각각의 라이브러리들이 어떤 기능을 제공하는지는 프로세싱 라이
브러리 페이지를 참조하자.

🔗 https://processing.org/reference/libraries/

동영상 재생을 위해 우선 프로세싱에 비디오 라이브러리를 설치해보자.

01 메뉴바에서 [스케치]-[내부 라이브러리...]-[라이브러리 추가하기...]를
    클릭하면 라이브러리 관리창이 뜬다. [Libraries] 탭에서 검색 단어로
    'video'를 입력하면 프로세싱 재단에서 관리하는 공식 비디오 라이브
    러리(Video | GStreamer-based video library for Processing)가 검색된

다. 클릭하여 선택한 다음 오른쪽 아래의 [install] 버튼을 클릭한다. 이
때 컴퓨터가 인터넷에 연결되어 있어야 다운로드할 수 있다. 다운로드
가 완료되면 자동으로 설치가 시작된다.

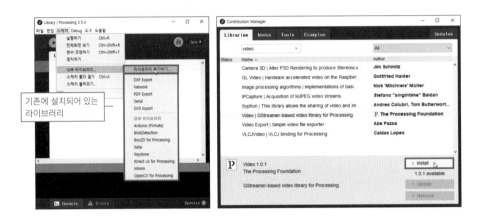

02 설치가 끝나면 관리창을 닫고 프로세싱을 종료한 다음 다시 실행한다.
라이브러리 관리창에 들어가서 비디오 라이브러리가 제대로 설치되었
는지 확인한다. 제대로 설치되었다면 메뉴바에서 [파일]-[예제…]를 클
릭하여 예제 모음창을 연다. 모음창 안에서 [Libraries]-[Video] 폴더를
클릭하면 웹캠과 같은 카메라 장비로부터 입력되는 실시간 비디오를
제어하는 Capture 예제들과 녹화된 비디오를 재생하는 Movie 예제들
을 볼 수 있다.

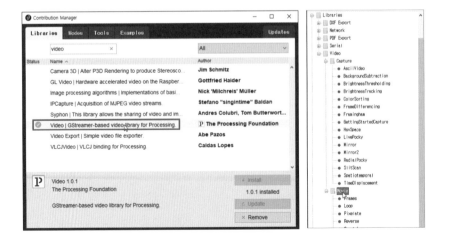

03 메뉴바에서 [스케치]-[내부 라이브러리...]-[Video]를 클릭하여 현재 작성중인 스케치 창에 비디오 라이브러리를 추가시킨다.

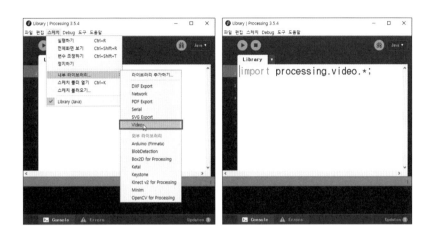

TIP! 프로세싱 비디오 라이브러리는 일반적으로 많이 사용하는 동영상 포맷인 .mov, .mp4, .avi 파일을 재생시킬 수 있다. 동영상을 편집할 경우 압축 코덱으로는 H.264를 추천한다(물론 다른 코덱도 사용 가능하다). 스케치에 불러올 동영상 파일명을 입력할 때 오타가 생겨 에러가 나는 경우가 많으므로 동영상의 파일명은 내용을 예측할 수 있는 짧은 영문 이름으로 지어주는 것이 좋다. 프로세싱 스케치창에서 동영상이 재생될 때는 컴퓨터 성능에 따라서 조금 기다려야 하는 경우도 있으니 참을성을 가지고 기다려보자. 동영상이 너무 느리게 재생된다면 메뉴바에서 [파일]-[환경 설정]으로 들어가 프로세싱의 사용 메모리 설정을 1,024MB(1GB)로 늘려준다.

먼저 사용할 동영상을 스케치 파일이 저장된 폴더 안의 [data] 폴더에 저장시켜 놓아야 한다. 메뉴바에서 [스케치]-[스케치 불러오기...]를 클릭하고 재생시킬 동영상 파일을 선택하거나 동영상 파일을 드래그 앤 드롭으로 복사하면 된다. 저장한 동영상 파일을 보고 싶을 때에는 메뉴바에서 [스케치]-[스케치 폴더 열기] 또는 단축키 [Ctrl+K]를 누르면 [data] 폴더에 추가된 동영상을 확인할 수 있다.

TIP! 사용할 동영상을 추가할 때에는 확장자명까지 적어야 한다. 확장자명이 보이지 않는다면 윈도우 탐색창 상단 메뉴바에서 [보기]를 클릭하고 [표시/숨기기]에 있는 '파일 확장명' 앞의 체크 박스를 체크하여 확장자명(mov, mp4, avi)이 보이도록 한다. 소스 동영상 파일 이름이나 스케치 파일이 저장된 위치까지의 경로상에 한글이나 특수문자가 포함되지 않도록 주의한다. 한글이나 특수문자가 포함되면 비디오 라이브러리가 소스 동영상 위치를 찾지 못해 에러가 발생할 수도 있다.

#실습예제 ex_2_1_1 코드 및 설명

프로세싱 예제 ex_2_1_1

```
import processing.video.*;              //❶ 비디오 라이브러리 추가
Movie movie;                            //❷ Movie 변수 선언

void setup() {
  size(1280, 720);
  background(0);
  movie = new Movie(this, "seoul.mp4"); //❸ 소스 동영상 불러옴
  movie.loop();                         //❹ 동영상을 반복 재생
}

void draw() {
  if (movie.available()==true) {        //❺ 새로운 프레임 읽어옴
    movie.read();
  }
  image(movie, 0, 0, width, height);    //❻ 새로운 프레임 스케치창에 출력
}
```

예제 ex_2_1_1을 살펴보면 먼저 메뉴바에서 [스케치]-[내부 라이브러리...]-[Video]를 클릭하여 비디오 라이브러리를 스케치에 추가한다(❶).

TIP! 비디오 라이브러리는 객체지향 프로그래밍으로 만들어졌다. 객체(Object)는 정보 형태와 행동 절차를 하나로 묶은 대상을 의미하며 객체를 만들 수 있는 설계도 또는 틀이 클래스(class)다. 클래스는 새로운 정보의 유형을 만들 수 있는데 프로세싱에서 기본적으로 제공하는 정보의 유형(int, float, char, color 등)은 소문자로 시작하는 반면 클래스로 만들어서 제어하는 정보의 유형(String, PImage, PFont 등)은 대문자로 시작한다. 객체지향 프로그래밍에 대한 자세한 내용은 프로세싱 튜토리얼 페이지를 참조하자.

🔗 https://processing.org/tutorials/objects/

비디오 라이브러리에서 Movie는 새로운 정보의 유형을 나타내는 클래스의 이름이고 movie는 객체 또는 객체 변수의 이름이다. 다시 말해 동영상을 재생하기 위해 먼저 Movie 유형의 변수 movie를 전역변수로 만들어준 다음(❷) void setup() 함수에서 [data] 폴더에 저장되어 있는 소스 동영상(seoul.mp4)을 현재 스케치에서 선언한 변수 movie에 불러온다(❸). 이때 불러올 소스 동영상의 파일명은 대소문자 구별하여 확장자명까지 정확하게 입력하도록 한다. 오타를 줄이기 위해 소스 동영상 파일명과 확장자명 전체를 복사([Ctrl+C])한 다음 붙여넣기([Ctrl+V])하면 실수를 줄일 수 있다. 재생할 동영상의 가로세로 크기와 같은 크기로 스케치창 크기를 설정하고 바탕색은 검은색으로 지정한다. 동영상이 계속 반복하여 재생되도록 movie.loop()를 입력한다(❹). void draw() 함수에서 새로운 프레임이 준비되었는지 확인하고, 준비되었다면(참) 읽어 들인(❺) 다음 명령어 image()로 새로운 프레임을 스케치창에 출력한다(❻). 이처럼 동영상은 연속된 프레임의 이미지를 명령어 image()로 스케치창에 빠른 속도로 출력하는 방식이기 때문에 재생되는 동영상에도 이미지 예제 ex_1_3_2처럼 명령어 tint()와 filter() 효과를 적용할 수 있다.

동영상이 끝나면 첫 프레임으로 돌아가 계속 반복 재생된다.

2.1.2 마우스 클릭하는 동안만 동영상 재생하기

☑ **새롭게 배우는 명령**

movieEvent( ), movie.pause( )

☑ **필요한 재료**

스마트폰으로 촬영한 동영상 파일 1개(파일명: seoul.mp4, 화면 크기: 1280 × 720px)

이번 예제에서는 관객이 마우스를 클릭하는 동안에만 동영상이 현재 마우스 위치를 따라다니며 재생되도록 스케치해보자.

#실습예제 ex_2_1_2 코드 및 설명

프로세싱 예제 ex_2_1_2

```
import processing.video.*;
Movie movie;

void setup() {
  size(1280, 720);
  background(0);
  movie = new Movie(this, "seoul.mp4");
}

void movieEvent(Movie movie) {          //❶ 이벤트 함수로 새 프레임 읽어 들임
  movie.read();
}

void draw() {
//  if (movie.available()==true) {      //❷ if() 조건문 비활성화
//    movie.read();
//  }
  if (mousePressed==true) {             //❸ 마우스를 클릭하면 반복 재생
    movie.loop();
  } else {                             //❹ 아닐 경우에는 일시 정지
    movie.pause();
  }
  imageMode(CENTER);
  image(movie, mouseX, mouseY, width/2, height/2); //❺ 현재 마우스 위치에 동영상 재생
}
```

예제 ex_2_1_2를 살펴보면 먼저 비디오 라이브러리를 추가하고 Movie 유형의 변수 movie를 선언한 다음 void setup() 함수에서 소스 동영상을 변수 movie에 불러온다. 이번 예제에서는 void draw() 함수에서 if() 조건문 대신 비디오 라이브러리에서 제공하는 이벤트 함수 movieEvent()로 새로운 프레임을 읽어 들이는 방식을 사용해 보자. 이벤트 함수는 현재 실행 중인 스케치에 불러온 모든 소스 동영상에서 읽어 들일 새로운 프레임이 준비될 때마다 해당 프레임을 가져온다(❶). 이벤트 함수를 사용할 경우 void draw() 함수에 if() 조건문을 비활성화시킨다(❷). 마우스 또는 키보드로 비활성화시킬 구문 전체를 선택한 다음 메뉴바에서 [편집]-[주석 처리/해제]를 클릭하거나 단축키([Ctrl+/])를 누른다. 사용할 동영상이 1개일 때는 if() 조건문으로 출력할 동영상의 새 프레임을 가져오면 되지만 소스 동영상이 2개 이상일 때는 if() 조건문보다는 이벤트 함수 movieEvent()를 사용하여 모든 소스 동영상에서 가져올 새 프레임이 있는지 체크하고 필요할 때마다 한번에 읽어오는 것이 효율적이다.

void draw() 함수에서 if() 조건문으로 만약 관객이 마우스를 클릭하면 (참) movie.loop()로 동영상을 반복 재생시키고(❸), 관객이 마우스에서 손을 떼면 movie.pause()로 동영상을 일시 정지시킨다(❹). 현재 마우스 위치를 중심으로 동영상이 재생되도록 imageMode(CENTER)로 이미지의 기준점을 왼쪽 위에서 중앙으로 이동시킨 다음 image()로 현재 마우스 위치에 실제 크기보다 50% 축소된 크기로 동영상을 재생시킨다(❺). void draw() 함수에서 background()를 빼면 관객이 마우스를 움직일 때마다 현재 프레임 이미지가 계속 따라 움직이며 이전 프레임 이미지는 스케치창에 잔상으로 계속 남는다.

TIP! 이번 스케치의 조건인 마우스 클릭 대신 좀 더 힘겨운 노력(?)을 해야만 동영상을 감상할 수 있도록 코드를 업데이트해보자.

#1개의 소스 동영상에서 새로운 프레임 읽어오기

if( ) 조건문	movieEvent( ) 이벤트 함수

```
import processing.video.*;
Movie movie;

void setup() {
  size(1280, 720);
  background(0);
  movie = new Movie(this, "seoul.mp4");
  movie.loop();
}

void draw() {
  if (movie.available()==true) {
    movie.read();
  }
  image(movie, 0, 0, width, height);
}
```

```
import processing.video.*;
Movie movie;

void setup() {
  size(1280, 720);
  background(0);
  movie = new Movie(this, "seoul.mp4");
  movie.loop();
}

void movieEvent(Movie movie) {
  movie.read();
}

void draw() {
  image(movie, 0, 0, width, height);
}
```

#2개의 소스 동영상(seoul.mp4, hanRiver.mp4)에서 새로운 프레임 읽어오기

if() 조건문	movieEvent() 이벤트 함수

```
import processing.video.*;
Movie movie1, movie2;

void setup() {
  size(1280, 720);
  background(0);
  movie1 = new Movie(this, "seoul.mp4");
  movie2 = new Movie(this, "hanRiver.mp4");
  movie1.loop();
  movie2.loop();
}

void draw() {
  if (movie1.available()==true &&
    movie2.available()==true) {
    movie1.read();
    movie2.read();
  }
  image(movie1, 0, 180, width/2, height/2);
  image(movie2, width/2, 180, width/2, height/2);
}
```

```
import processing.video.*;
Movie movie1, movie2;

void setup() {
  size(1280, 720);
  background(0);
  movie1 = new Movie(this, "seoul.mp4");
  movie2 = new Movie(this, "hanRiver.mp4");
  movie1.loop();
  movie2.loop();
}

void movieEvent(Movie movie) {
  movie.read();
}

void draw() {
  image(movie1, 0, 180, width/2, height/2);
  image(movie2, width/2, 180, width/2, height/2);
}
```

결과 이미지

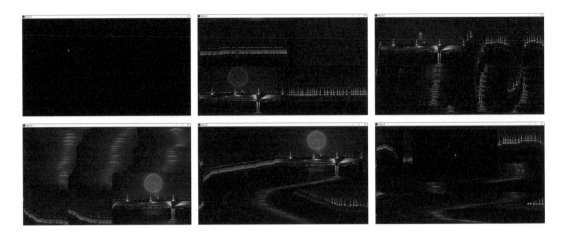

2.1.3 마우스 클릭으로 동영상 한 번만 재생시키기

☑️ **새롭게 배우는 명령어**
　movie.time( ), movie.duration( ), movie.play( ), movie.jump( )

☑️ **필요한 재료**
　스마트폰으로 촬영한 동영상 파일 1개(파일명: seoul.mp4, 화면 크기: 1280 × 720px)

지금까지 동영상을 스케치창에 반복 재생하는 예제들을 살펴보았다. 이번에는 관객이 마우스를 클릭하면 동영상이 한 번만 재생되는 스케치를 해보자.

#실습예제 ex_2_1_3 코드 및 설명

`프로세싱` 예제 ex_2_1_3
- -
```
import processing.video.*;
Movie movie;

void setup() {
  size(1280, 720);
  background(0);
  movie = new Movie(this, "seoul.mp4");
}
```

```
void draw() {
  if (movie.available()==true) {
    movie.read();
  }
  image(movie, 0, 0, width, height);           //❶ 동영상 재생
  println(movie.time()+":"+movie.duration());  //❷ 재생된 시간과 전체 길이 출력
}

void mousePressed() {
  movie.play();                                //❸ 마우스를 클릭하면 한 번만 재생
  if (movie.time() >= 17.0) {                   //❹ 동영상이 끝나면 첫 프레임으로 이동
    movie.jump(0);
  }
}
```

예제 ex_2_1_3을 살펴보자. 먼저 비디오 라이브러리를 추가하고 Movie 유형의 변수 movie를 선언한 다음 void setup() 함수에서 소스 동영상(seoul. mp4)을 변수 movie에 불러온다. 이번 예제에서는 void draw() 함수에서 if() 조건문으로 새로운 프레임을 읽어 들이고 image()로 스케치창에 출력하여 동영상을 재생시킨다(❶). 매 프레임마다 println()으로 동영상이 지금까지 재생된 시간 movie.time()과 전체 길이 movie.duration()을 콘솔에 출력한다(❷). movie.time()은 동영상이 재생된 시간을 초 단위로 나타내어 동영상의 현재 위치를 알 수 있게 해준다. 동영상이 시작하고 현재 5초가 지났다면 movie.time()의 값은 5.0이 된다. movie.duration()은 동영상의 전체 길이를 초 단위로 출력해준다. 만약 동영상 전체 길이가 1분 30초라면 movie. duration()의 값은 1분(60초)+30초로 90.0이 된다. movie.duration()은 동영상을 반복 재생시키는 movie.loop() 또는 한 번만 재생시키는 movie.play()를 먼저 실행시킨 다음에 입력해야 결괏값이 출력된다.

그 다음 마우스 이벤트 함수에는 관객이 마우스를 클릭하면 명령어 movie. play()로 동영상을 한 번만 재생하도록 설정한다(❸). movie.play()로 동영상이 재생되고 있을 때에는 마우스를 다시 클릭해도 끝까지 한 번만 재생하고 멈춘다. 동영상이 한 번 재생되고 끝났을 때 관객이 마우스를 클릭하면 if() 조건문 안에 명령어 movie.jump(0)으로 동영상을 첫 프레임으로 이동시킨 다음 처음부터 한번 더 재생되도록 한다(❹). movie.jump()는 동영상 안에서 원하는 위치로 이동할 수 있는데 만약 전체 길이가 16.4초인 동영

상에서 movie.jump()의 설정값으로 8.2를 입력하게 되면 동영상 중간 지점으로 이동하게 된다. 현재 동영상이 끝났는지를 체크하는 조건문으로 지금까지 재생된 시간 movie.time()이 전체 길이 17초보다 같거나 큰지 체크한다. 만약 movie.time()이 전체 길이 17초보다 크면 동영상이 종료된 시점에서 조건을 만족시켜(참) 다시 동영상을 처음부터 한 번 재생시키고 현재 시간이 전체 길이보다 작으면 조건을 만족시키지 못해(거짓) 현재 재생되고 있는 동영상을 그대로 보여준다. 이때 조건테스트로 사용한 전체 길이 값(17)은 실제 길이(17.066668)에서 소수점 뒷자리를 뺀 값을 넣어주는 것이 좋다. 동영상 포맷, 압축 코덱의 종류 또는 컴퓨터 사양의 문제로 프로세싱에서 동영상을 재생하는 데 시간이 걸려 지연되면 동영상이 종료되었더라도 movie.time()이 전체 길이 값보다 작게 나오는 경우도 있기 때문이다. 따라서 if() 문의 조건테스트로 입력하는 전체 길이 값은 movie.duration() 값에서 소수점 뒷자리를 뺀 값으로 입력해준다. 만약 동영상의 전체 길이인 movie.duration()이 30.655557이면 조건문은 if(movie.time() >= 30)으로 동영상이 종료되었는지 테스트한다.

결과 이미지

마우스를 클릭한다.		
동영상 현재 위치: 3초		

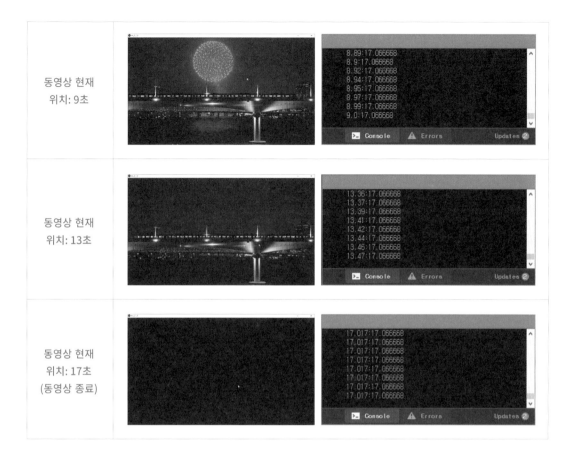

동영상 현재 위치: 9초		
동영상 현재 위치: 13초		
동영상 현재 위치: 17초 (동영상 종료)		

좀 더 붙잡기~ 도전!

1. 프로세싱으로 재생되는 동영상을 액자 프레임 안에 프로젝션 매핑해보자. (◑ 프로젝션 매핑은 195쪽 참조)

2. 소스 동영상 한 개를 다른 위치 두 곳에서 동시에 재생시키고 명령어 tint()와 filter()로 각각 다른 색을 입혀보자.

#프로젝션 매핑

평창 동계올림픽 개막식이 열린 경기장 바닥은 하나의 캔버스로 메밀꽃밭이 되었다가 태극 문양으로 바뀌고 어느덧 아름다운 수묵화를 그려냈다. 매년 겨울 도심 속 번화가 대형 건축물들은 화려한 영상으로 색다른 분위기를 연출하며 시선을 끌기도 한다. 최근 미디어아트 작업에 많이 사용되고 있는 프로젝션 매핑은 빔 프로젝터와 같은 장비로 사물 또는 공간을 이루는 표면에 영상을 투사하여 시각적 변화를 줌으로써 그 대상에 새로운 의미를 부여하는 기법이다.

스크린에 영상 화면을 맞추기 위해 프로젝터를 들고 앞뒤로 이동하며 때로는 책으로 받쳐가며 기울기를 맞춰본 경험이 있는 독자라면 어느 정도 프로젝션 매핑을 위한 준비사항을 짐작할 수 있을 것이다. 프로젝션 매핑은 대상물에 투사할 영상과 그 영상을 재생시키기 위한 컴퓨터 프로그램, 영상을 투사하기 위한 빔 프로젝터와 HDMI 케이블, 그리고 영상을 투사할 대상물이 필요하다. 투사할 영상은 주로 어떤 대상물에 영상을 매핑할 것인지에 따라 정해지는데 대상과 공간을 어떻게 변화시킬지에 대한 본인의 생각과 느낌, 또는 어떤 의도를 담는다. 처음부터 전문적인 영상 편집 프로그램을 사용하지 않더라도 스마트폰에 다양한 렌즈를 달아 일상의 풍경을 촬영한 동영상들을 주위 공간에 매핑하면서 시작해 보자.

최근 프로젝션 매핑 기술의 활용이 활발해진 것은 빔 프로젝터의 가격이 굉장히 낮아진 이유가 크다. 예전에는 몇백만 원대였던 장비들이 지금은 거의 절반 가격으로 떨어졌고 크기도 손바닥만 하고 값싼 미니 빔 프로젝터들이 보급되어 캠핑이나 가정용으로 많이 팔리고 있다. 포털 사이트에서 미니 빔 프로젝터를 검색해보면 '대륙의 실수', '가성비 끝판왕'이라는 문구와 함께 10만 원대 저가형 미니 빔도 나오는데, 졸업전시 작품을 위해 학생들이 많이 구입하고 있다. 특히 미니 빔 프로젝터는 한 번 충전하면 보통 2시간 이상 따로 전원을 연결하지 않아도 자유롭게 이동하면서 매핑할 수 있다.

영상을 투사할 대상물은 작은 크기의 종이상자, 머그잔, 시계, 책, 액자, 옷, 수납장부터 계단, 벽면, 보도블록, 조형물, 건물, 나무, 산까지 거의 모든 사물과 공간을 활용할 수 있다. 프로젝션 매핑 작업은 실내 전시보다는 야외 또는 공공장소인 경우가 많다. 이럴 경우 영상을 투사할 대상물이 위치한 장소에 맞는 프로젝터의 밝기가 중요하다. 프로젝터 투사의 밝기를 나타내는 단위는 안시 루멘(ANSI Lumen)으로 1안시 루멘은 촛불 1개 정도의 밝기와 비슷하다. 실내 작업은 보통 3,000안시 정도면 되지만 규모가 큰 야외 자연물이나 건축물 전면을 매핑할 경우에는 10,000안시 이상인 프로젝터를 여러 대 사용해야 할 때도 있다.

최근 건축물 외벽에 LED 조명을 설치하고 벽면을 디스플레이 공간으로 활용해서 영상 작품을 상영하는 미디어 파사드 작업도 활발하게 진행되고 있다. 미디어 파사드는 건물 전체를 하나의 예술 작품으로 만들어 도심 속 새로운 랜드마크 역할을 담당하는데, 우리나라에서는 압구정동 갤러리아 백화점과 서울역 맞은편 서울스퀘어가 대표적인 사례이다. 미디어 파사드는 대상물에 LED 조명을 설치하는 것과 같이 물리적인 변화를 줘야 하는 반면 프로젝션 매핑은 대상물에 어떠한 물리적 변화 없이도 빛으로 이루어진 영상을 투사하여 많은 변화를 줄 수 있다는 점 때문에 주로 올림픽 개막식과 같은 축제, 이벤트, 광고, 전시, 문화 행사, 마케팅, 공연, 무대 연출, 가상현실(Virtual Reality), 증강현실(Augmented Reality) 등에 많이 활용되고 있다.

프로젝션 매핑 기술을 활용한 미디어아트 작업은 도시 재생 프로젝트에도 사용되고 있다. 프랑스 컬처스페이스Culturespaces사에서 선보인 아미엑스AMIEX, Art & Music Immersive Experience는 산업 발전에 따라 그 기능이 도태된 폐공장, 폐역사, 폐교 등에 프로젝션 매핑 기술과 음향을 활용하여 고흐, 고갱, 클림트의 작품을 색다른 방식으로 경험할 수 있는 예술 공간으로 변화시킨 미디어아트 프로젝트이다. 이 프로젝트를 1953년 문을 닫은 프랑스 레보 드 프로방스 지역의 채석장에 도입하여 '빛의 채석장'으로 새롭게 바꾼 후 2012년 오픈했고, 현재는 한해 약 56만 명이 방문하는 관광도시로 되살아났다고 한다.

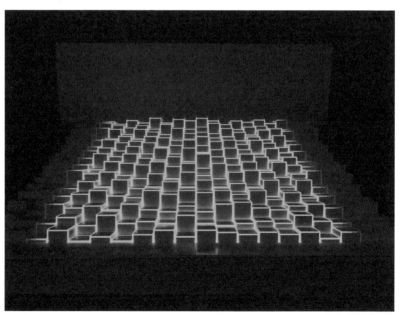

21 세기 사랑의 예술, 자서전 | 위르겐 클로스 (Jürgen Claus) |
ZKM 독일 칼스루에 미디어아트 센터 | 2013

2.2
마스크 기능 활용하기

프로젝션 매핑에서 필요한 영역에만 영상이 나오도록 일부를 잘라 내거나 숨기기 위해 많이 사용하는 마스크 기능에 대해 알아보자. 프로세싱에서 직접 그린 도형으로 불필요한 부분을 가리는 방법과 포토샵에서 레이어 마스크 기능으로 만든 투명 이미지를 적용하는 두 가지 방법을 빔 프로젝터로 실습해보자.

2.2.1
검은 사각형을
마스크로 활용하기

2.2.2
둥근 원형에
매핑하기

2.2.1 검은 사각형을 마스크로 활용하기

☑️ **필요한 재료**
빔 프로젝터, 컴퓨터,
동영상 파일 1개(파일명: hanRiver.mp4, 화면 크기: 1280 × 720px)

포토샵에서 이미지를 합성할 때 많이 사용하는 마스크 기능을 프로젝션 매핑에 적용해 보자. 마스크 기능은 특정 영역에서만 영상이 출력되도록 하고, 나머지 부분은 잘라내거나 숨겨서 영상이 나타나지 않도록 하는 방법이다. 이번 예제에서는 허공에 매달려 있는 평면 스크린 3개에 반복 재생되는 동영상을 프로젝션 매핑해보자. 스크린이 떨어져 있는 간격 부분에 맞추어 검은 사각형을 수직으로 길게 그려서 그 부분에서는 영상이 보이지 않도록 한다.

#실습예제 ex_2_2_1 코드 및 설명

프로세싱 예제 ex_2_2_1

```
import processing.video.*;
Movie movie;

void setup() {
  size(1280, 720);
  background(0);
  noStroke();
  movie = new Movie(this, "hanRiver.mp4");
  movie.loop();
}

void draw() {
  if (movie.available()==true) {
    movie.read();
  }
  image(movie, 0, 0, width, height);        //❶ 동영상 반복 재생
  fill(0);
  rect(width/3-20, 0, 40, height);          //❷ 첫 번째 검은 사각형 그림
  fill(0);
  rect(width/3*2-20, 0, 40, height);        //❸ 두 번째 검은 사각형 그림
}
```

예제 ex_2_2_1을 살펴보자. 먼저 비디오 라이브러리를 추가하고 Movie 유형의 변수 movie를 선언한 다음 void setup() 함수에서 [data] 폴더에 저장되어 있는 소스 동영상을 변수 movie에 불러온다. movie.loop()로 동영상이 반복 재생되도록 한 다음 void draw() 함수에서 if() 조건문으로 새로운 프레임을 읽어 들이고, 명령어 image()로 스케치창에 출력하여 동영상을 재생시킨다(❶). 마스크 기능으로 사용할 사각형의 기준점 위치는 왼쪽 위이다. 스케치창 가로 크기 width(1280)를 3으로 나눈 지점을 검은 사각형의 중앙으로 맞추기 위해 검은 사각형의 가로 크기 40의 절반 크기인 20을 뺀 위치에 첫 번째 검은 사각형(가로 40, 세로 height(720))을 그린다. 이렇게 하면 왼쪽 스크린과 가운데 스크린의 간격 부분에는 영상이 검은 사각형에 가려져 나타나지 않는다(❷). 두 번째 사각형도 마찬가지 방법으로 그린다(❸). 이처럼 프로세싱에서 직접 도형이나 이미지를 그려서 마스크 기능으로 활용할 수 있다.

결과 이미지

2.2.2 둥근 원형에 매핑하기

☑️ **필요한 재료**

빔 프로젝터, 컴퓨터,
동영상 파일 1개(파일명: hanRiver.mp4, 화면 크기: 1280 × 720px),
가운데 투명한 원형으로 된 마스크 이미지(파일명: ellipse.png, 이미지 크기: 1280 × 720px)

이번 예제에서는 프로세싱으로 반복 재생되는 동영상을 허공에 매달려 있는 원형 스크린에 프로젝션 매핑해보자. 가운데 원형 부분만 투명하고 바탕은 검은색인 마스크 이미지를 반복 재생되는 동영상 위로 출력하여 가운데 투명한 원형 부분에서만 영상이 출력되고 그 이외의 부분은 검은색 마스크로 덮여 나타나지 않도록 할 것이다.

#실습예제 ex_2_2_2 코드 및 설명

프로세싱 예제 ex_2_2_2

```
import processing.video.*;
Movie movie;
PImage img;                                    //❶ 이미지 변수 선언

void setup() {
  size(1280, 720);
  background(0);
  noStroke();
  movie = new Movie(this, "hanRiver.mp4");
  movie.loop();
  img = loadImage("ellipse.png");              //❷ 이미지 불러옴
}

void draw() {
  if (movie.available()==true) {
    movie.read();
  }
  image(movie, 0, 0, width, height);           //❸ 동영상 반복 재생
  image(img, 0, 0, width, height);             //❹ 투명 이미지 마스크 씌움
}
```

예제 ex_2_2_2를 살펴보자. 먼저 마스크 이미지를 사용하기 위해 PImage

유형의 변수 img를 선언하고(❶) void setup() 함수에서 [data] 폴더에 저장된 마스크 이미지를 불러와 변수 img에 저장한다. 동영상을 반복 재생시키기 위해 비디오 라이브러리를 추가시키고 Movie 유형의 변수 movie를 선언한 다음 void setup() 함수에서 [data] 폴더에 저장되어 있는 소스 동영상을 변수 movie로 불러온다. 명령어 movie.loop()로 동영상이 반복 재생되도록 한다(❷). void draw() 함수에서 if() 조건문으로 새로운 프레임을 읽어들이고, 명령어 image()로 스케치창에 출력하여 동영상을 재생시킨다(❸). 동영상을 재생시키기 위한 image() 다음에 다시 image()로 마스크 이미지를 매 프레임마다 씌워서 가운데 투명한 원형 부분에서만 동영상이 나타나도록 한다(❹). 이처럼 마스크 기능을 활용하면 평면 사각형뿐만 아니라 타원형 또는 불규칙한 형태의 대상물에도 얼마든지 매핑이 가능하다.

결과 이미지

#포토샵으로 가운데가 투명한 원형 마스크 이미지 만들기

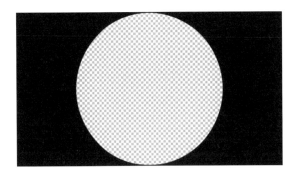

01 포토샵 상단 메뉴바에서 [file]-[New]를 선택하면 [New] 창이 나타난다.
[Width]는 '1280', [Height]는 '720'으로 입력하고 [Background Contents]
는 'Transparent(투명)'를 선택한 다음 [OK]를 클릭한다. 흰색과 회색의
격자무늬 부분이 투명한 영역을 나타낸다.

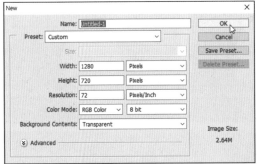
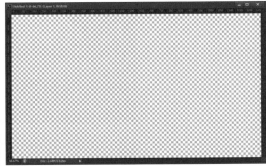

02 왼쪽 도구박스에서 페인트통 도구
()를 클릭하고 색상은 검은색을
선택한 다음 마우스로 페이지를 클
릭하여 색을 채운다.

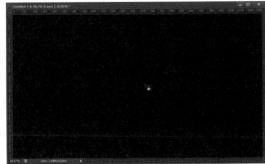

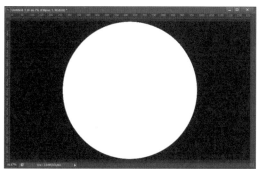

03 왼쪽 도구박스에서 타원도구(⬭)를 클릭하고 안쪽 면 색상은 흰색으로 선택한 다음 페이지 가운데 위치에 원형을 그린다. 시프트Shift키를 누른 상태에서 마우스를 드래그하면 가로세로 지름이 같은 정원을 그릴 수 있다.

04 오른쪽 아래의 [Layers] 패널에서 방금 그린 원형 레이어를 선택하고 단축키 [Ctrl+E]를 눌러 아래 검은색 배경 레이어와 병합한다.

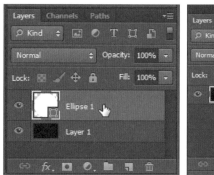

05 왼쪽 도구박스에서 자동선택도구(⬚)를 선택하고 검은색 배경 영역을 마우스로 클릭하여 선택한다.

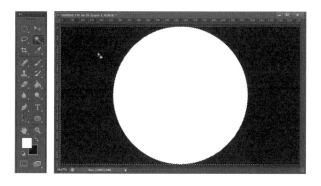

06 [Layers] 패널에서 레이어 마스크 아이콘(🔲)을 클릭한다. 그러면 선택
되지 않은 가운데 흰색 원형 부분이 지워지면서 투명하게 된다.

07 상단 메뉴바에서 [file]-[Save as…] 또는 단축키 [Shift+Ctrl+S]를 눌러 원
하는 위치에 png 포맷으로 저장한다.

좀 더 붙잡기~ 도전!

1. 마스크 기능을 활용하여 입체 형태의 조형물에 프로젝션 매핑해보자.

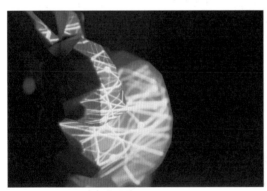 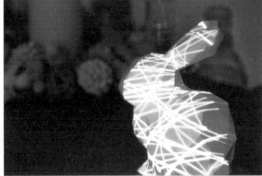

#후면투사

일반적으로 빔 프로젝터는 스크린 정면을 바라보는 전면투사 방식으로 설치한다. 하지만 전면 투사 방식은 관객의 등 뒤에 프로젝터가 위치해, 관객이 스크린 앞으로 다가가면 스크린에 관객의 그림자가 생기면서 몰입감을 떨어뜨리는 단점이 있다. 이를 방지하기 위해 프로젝터를 천장에 설치하면 조금은 도움이 되지만 완전한 해결책은 아니다. 스크린 바로 앞에서도 큰 화면을 만들어 내는 단초점(렌즈) 프로젝터를 사용하는 방법도 있는데 가격이 비싸 부담스럽다. 관객이 스크린에 다가가더라도 그림자가 생기지 않게 하는 가장 좋은 방법은 프로젝터를 스크린 뒤에서 투사하는 후면투사 방식이다.

밤거리를 걸어가다 보면 매장 쇼윈도 유리 표면에서 광고 영상이 나오는 걸 볼 수 있다. 이것이 빔 프로젝터가 매장 안쪽에 위치한 후면투사 방식이다. 이때 유리 표면 뒤편에서 투사된 프로젝터 빛이 반대편에서도 보이도록 반투명 재질의 스크린을 사용해야 되는데 후면투사 방식이 가능한 스크린을 리어 스크린rear screen이라고 하고 후면투사 방식을 다른 말로 리어 스크린 방식이라고 부른다. 리어 스크린을 위한 전용 필름은 가격대가 20~30만원으로 비싼 편이다. 대안으로 전용 필름 대신 화선지나 트레이싱지(기름종이)를 사용할 수 있다. 신기할 정도로 효과도 좋다. 미디어아트는 이래저래 돈이 많이 든다. 예산을 지원 받기 전까지는 어떻게든 아껴 쓰자!

후면투사(리어 스크린) 방식

2.3
키스톤 라이브러리 활용하기

빔 프로젝터에서 화면을 보정할 때 사용하는 키스톤 기능을 프로세싱에서 활용해보자. 빔 프로젝터와 스크린 중앙이 직선상에 위치해 있을 때에는 비교적 정확한 사각형 비율로 영상이 투사되지만 공간의 특성상 프로젝터를 상하 좌우로 이동하게 되면 영상이 일그러진 마름모꼴 형태로 투사된다. 이때 투사되는 영상의 네 모서리 꼭짓점을 영상이 투사되는 스크린의 네 모서리 꼭짓점 위치로 이동시켜 원래의 사각형 비율에 가깝도록 조정하는 기능이 키스톤 보정이다. 이번에는 프로세싱에서 키스톤 보정 기능을 사용할 수 있도록 해주는 키스톤 라이브러리를 설치하고, 키스톤 화면에서 마우스를 따라다니는 원형과 동영상을 재생시켜 보자.

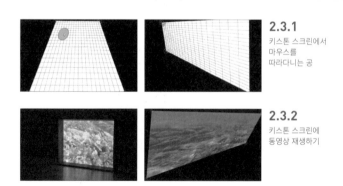

2.3.1
키스톤 스크린에서
마우스를
따라다니는 공

2.3.2
키스톤 스크린에
동영상 재생하기

2.3.1 키스톤 스크린에서 마우스를 따라다니는 공

☑️ **새롭게 배우는 명령어**
deadpixel.keystone, Keystone, CornerPinSurface, PGraphics, PVector, beginDraw( ), endDraw( ), switch( ), case, break

☑️ **필요한 재료**
빔 프로젝터, 컴퓨터, 프로세싱 키스톤 라이브러리

마스크와 함께 프로젝션 매핑에 꼭 필요한 키스톤 보정 기능을 사용하기 위해 프로세싱에 키스톤 라이브러리를 설치하고 활용해보자. 키스톤 라이브러리로 투사되는 영상의 네 모서리 꼭짓점을 실제 대상 표면의 꼭짓점에 맞춘 다음 스케치창에서는 마우스를 따라다니는 원형을 스케치해보자.

#키스톤 라이브러리 설치하기: 각 나온다

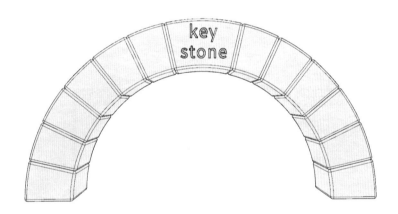

키스톤Keystone은 석조나 벽돌로 둥근 아치형태의 구조물을 만들 때 가장 꼭대기에 올려놓는 쐐기 형태의 돌을 일컫는 말로, 이 돌을 제거하면 아치형태가 무너지기 때문에 키 플레이어Key Player, 주요 선수처럼 중요한 돌이라는 의미이다. 빔 프로젝터를 스크린 가운데 중심을 기준으로 상하 좌우 방향으로 이동하면 시점이 바뀌어 영상 화면이 키스톤 형태와 같이 마름모꼴로 투사되는데 이때 투사되는 영상 화면의 네 모서리 꼭짓점을 이동시켜 스크린의 네 모서리 꼭짓점에 맞추는 작업을 키스톤 보정 기능이라고 한다. 투사되는

영상은 보정된 마름모꼴 형태에 맞춰 변형된다. 최근 판매되는 빔 프로젝터에는 기본적으로 전체 화면을 보정할 수 있는 키스톤 기능이 내장되어 있다.

프로젝션 매핑을 할 때 키스톤 보정 기능으로 투사되는 영상을 대상물의 매핑 영역에 맞추는 작업이 필요한데 프로세싱에서는 키스톤 라이브러리를 설치하면 키스톤 기능을 사용할 수 있다. 라이브러리 관리창에서 'keystone'으로 검색하면 나오는 키스톤 라이브러리를 설치한다.(◐라이브러리 추가하기는 179쪽 참조). 설치가 끝나면 프로세싱을 다시 실행시키고 라이브러리 관리창에 들어가서 키스톤 라이브러리가 제대로 설치되었다는 녹색 체크 표시가 되어있는지 확인한다. 설치가 제대로 되었으면 메뉴바에서 [파일]-[예제...]를 클릭하여 예제 모음창을 연다. [Contributed Libraries]-[Keystone] 폴더에서 키스톤 기능을 사용할 수 있는 CornerPin 예제를 볼 수 있다. 키스톤 라이브러리 홈페이지를 방문하면 정보 유형 및 명령어들에 대한 자세한 레퍼런스를 찾아볼 수 있다.

🔗 http://www.deadpixel.ca/keystone/

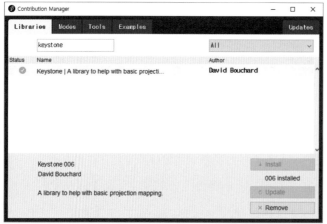

#실습예제 ex_2_3_1 코드 및 설명

예제 ex_2_3_1

```
import deadpixel.keystone.*;              //❶ 키스톤 라이브러리 추가
Keystone ks;
CornerPinSurface surface;                 //❷ 키스톤 화면 변수 선언
PGraphics offscreen;                      //❸ 가상의 캔버스 변수 선언

void setup() {
  size(800, 600, P3D);                    //❹ 3D 스케치창 만듦
  ks = new Keystone(this);
  surface = ks.createCornerPinSurface(400, 300, 20);
  offscreen = createGraphics(400, 300, P3D);    //❺ 키스톤 화면 크기 설정
}

void draw() {
  PVector surfaceMouse = surface.getTransformedMouse();   //❻ 마우스 위치 정보 저장
  offscreen.beginDraw();
  offscreen.background(255);
  offscreen.fill(0, 255, 0);
  offscreen.ellipse(surfaceMouse.x, surfaceMouse.y, 75, 75);
  offscreen.endDraw();                    //❼ 키스톤 화면에 출력할 이미지 그림
  background(0);                           //❽ 스케치창 바탕색을 검은색으로 지정
  surface.render(offscreen);              //❾ 키스톤 화면으로 이미지 출력
}

void keyPressed() {
  switch(key) {
  case 'c':
    ks.toggleCalibration();
    break;

  case 'l':
    ks.load();
    break;

  case 's':
    ks.save();
    break;                                //❿ 보정 모드와 키스톤 화면 저장 및 불러옴
  }
}
```

키스톤 라이브러리에서 제공하는 CornerPin 예제(ex_2_3_1)를 살펴보자. 먼저 메뉴바에서 [스케치]-[내부 라이브러리...]-[Keystone]을 선택하여 현재 작성 중인 스케치 창에 키스톤 라이브러리를 추가한다(❶). 키스톤 보정

작업을 위해 Keystone 유형의 변수 ks와 키스톤 보정 작업을 마친 화면을 프로세싱 스케치창에 출력하기 위한 CornerPinSurface 유형의 변수 surface를 만든다(❷). 다음으로 실제 프로세싱 스케치창이 아닌 컴퓨터 메모리에 가상의 캔버스를 만들어 그림을 그릴 수 있는 오프스크린 그래픽 버퍼off-screen graphics buffer를 위해 PGraphics 유형의 변수 offscreen을 선언해 준다 (❸). void setup() 함수에서 스케치창 크기는 800×600으로 지정하고, 렌더러는 P3D(프로세싱 3D)로 설정하여 3차원 공간의 스케치창을 만든다(❹). 스케치창에 출력되는 키스톤 화면 surface와 메모리상에 그려지는 가상의 캔버스 offscreen의 크기는 400×300으로 만든다(❺). offscreen은 P2D(프로세싱 2D) 또는 P3D(프로세싱 3D) 둘 다 가능하다.

void draw() 함수에서 현재 마우스 x, y 좌표 위치를 키스톤 화면 surface에 맞게 변환시키기 위해 크기와 방향을 나타내는 PVector 유형의 변수 surfaceMouse를 만들고, 현재 마우스 위치에 해당하는 surface 위치 정보를 저장한다(❻). PGraphics 유형의 offscreen은 beginDraw()와 함께 그리기를 시작해서 endDraw()로 마무리한다. offscreen의 바탕색은 흰색으로 지정하고 현재 마우스 x, y 위치에 해당하는 surfaceMouse.x, surfaceMouse.y에 녹색 원형을 그려준다(❼). 프로세싱 스케치창의 바탕색은 검은색으로 지정하여 매핑 영역 이외에는 영상이 투사되지 않도록 하고(❽) 매 프레임마다 가상의 캔버스 offscreen에 그린 이미지를 키스톤 화면 surface로 옮겨 실제 스케치창에서 보이도록 출력한다(❾).

다음으로 키보드 이벤트 함수 안에 switch() 구문을 이용하여 입력한 키에 따라 해당 case의 명령문들이 실행되도록 한다. [c] 키를 누르면 키스톤 화면 surface가 보정 모드로 바뀌고 다시 [c] 키를 누르면 출력 모드로 바뀐다. 보정 모드에서는 surface 화면에 격자 형태의 그리드 좌표가 생기며, 네 모서리 꼭짓점 부분의 녹색 원을 마우스로 클릭하고 드래그해서 꼭짓점의 위치를 이동시킬 수 있다. [s] 키를 누르면 현재 키스톤 화면 형태를 저장하고 [l] 키를 누르면 저장된 키스톤 화면을 불러온다(❿). switch() 구문과 case, break에 대한 자세한 설명은 예제 ex_3_1에서 살펴볼 것이다.

TIP! 만약 키보드 이벤트 함수가 실행되지 않는다면 컴퓨터 문자 입력 방식이 영문 소문자로 되어 있는지 확인한다.

결과 이미지

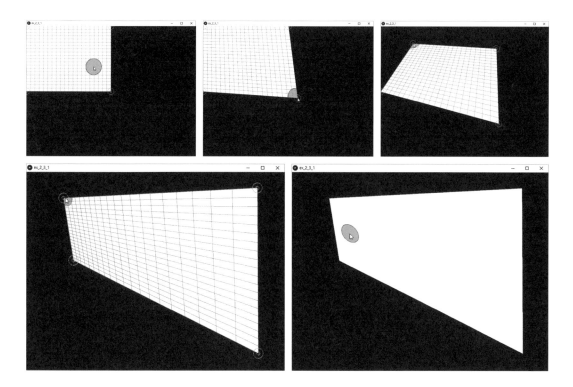

2.3.2 키스톤 스크린에 동영상 재생하기

✅ **필요한 재료**

빔 프로젝터, 컴퓨터, 프로세싱 키스톤과 비디오 라이브러리 설치,
동영상 파일 1개(파일명: fish.mp4, 화면 크기: 1280 × 720px)

이번 예제에서는 키스톤 스케치창에서 동영상 파일이 재생되는 스케치를 해보자.

#실습예제 ex_2_3_2 코드 및 설명

프로세싱 예제 ex_2_3_2

```
import deadpixel.keystone.*;
import processing.video.*;          //❶ 비디오 라이브러리 추가
Movie movie;                        //❷ Movie 변수 선언
Keystone ks;
CornerPinSurface surface;
PGraphics offscreen;

void setup() {
  size(1280, 720, P3D);
  ks = new Keystone(this);
  surface = ks.createCornerPinSurface(1280, 720, 20);
  offscreen = createGraphics(1280, 720, P3D);   //❸ 스케치창 크기 조절
  movie = new Movie(this, "fish.mp4");          //❹ 소스 동영상 불러옴
  movie.loop();                                 //❺ 동영상 반복 재생
}

void draw() {
  if (movie.available()==true) {                //❻ 새 프레임 읽어옴
    movie.read();
  }
  offscreen.beginDraw();
  offscreen.background(255);
  offscreen.image(movie, 0, 0, width, height);  //❼ 새 프레임 이미지 출력
  offscreen.endDraw();
  background(0);
  surface.render(offscreen);
}

void keyPressed() {
  switch(key) {
  case 'c':
    ks.toggleCalibration();
    break;

  case 'l':
    ks.load();
    break;

  case 's':
    ks.save();
    break;
  }
}
```

CornerPin 예제(ex_2_3_1)에 동영상 재생을 위한 명령어들을 추가해 보자. 먼저 메뉴바에서 [스케치]-[내부 라이브러리...]-[Video]을 클릭하여 비디오 라이브러리를 추가한다(❶). 동영상을 재생하기 위해 먼저 Movie 유형의 변수 movie를 전역변수로 선언한 다음(❷) void setup() 함수에서 [data] 폴더에 저장되어 있는 소스 동영상을 현재 스케치에서 선언한 변수 movie로 불러온다(❹). 재생되는 동영상의 화질이 나빠지지 않도록 프로세싱 스케치창 size(), 키스톤 화면 surface, 가상 캔버스 offscreen의 크기를 소스 동영상의 화면 크기(1280×720)와 동일하게 설정한다(❸). 동영상이 계속 반복 재생되도록 movie.loop()를 입력한다(❺).

void draw() 함수에서 새로운 프레임이 준비되었는지 확인하고 준비되었다면(참) 읽어 들인다(❻). image()로 가상 캔버스에 새로운 프레임 이미지를 그린 다음(❼) surface.render(offscreen)로 동영상이 키스톤 화면에 재생되도록 한다. [c] 키를 눌러 보정 모드로 바꾸고 키스톤 화면을 매핑할 영역에 맞춘다. 필요에 따라 [s] 키와 [l] 키로 현재 키스톤 화면 형태를 저장하고 불러온다.

결과 이미지

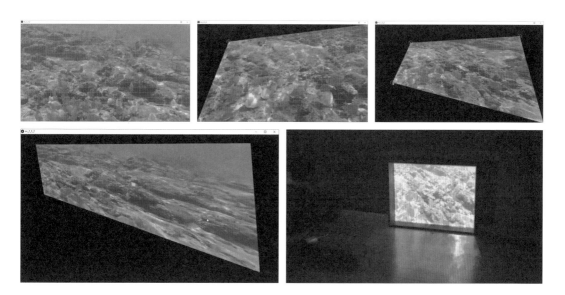

좀 더 붙잡기~ 도전!

키스톤 보정과 마스크 기능을 함께 활용하여 투명잔에 담긴 우유에 프로젝션 매핑해 보자.

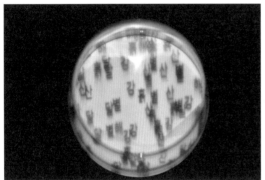 

#매핑의 묘미

프로젝션 매핑의 묘미는 내가 상상한 모습의 영상을 대상물에 투사하는 순간 대상물의 성격이 순식간에 바뀌어버린다는 점이다. 마치 마술을 부리는 것 같다. 흰색 스케치북에 원하는 그림을 마음껏 그리는 것처럼 내 주위에 있는 사물과 공간이 하나의 캔버스가 된다. 종이 상자 표면에 물고기 영상을 매핑하면 상자는 근사한 수족관으로 변한다. 불 꺼진 방 창문에 설치되어 있는 블라인드에 오로라 영상을 매핑하면 한겨울 북쪽 지방으로 여행을 떠나온 듯한 착각이 든다. 손님이 들어오면 매장 입구 쪽 벽면에서 캐릭터가 등장하여 매장에서 팔고 있는 상품을 소개하고 위치를 안내해주는 영상을 증강현실Augmented Reality로 매핑할 수도 있다. 물론 멋진 분위기를 연출하기 위해서는 사운드가 빠질 수 없다. 좋은 영화관은 좋은 음향 시스템을 갖추고 있는 것처럼 프로젝션 매핑의 절반은 사운드가 좌우한다.

　프로젝션 매핑으로 어떤 작업을 할 수 있을까... 프로젝션 매핑은 변수가 많아서 의외의 결과가 나올 수 있으니 다양한 경험이 필요하다. 우선 매핑할 영상을 어떤 색의 대상물에 비출 것인지 고려해야 한다. 대상물의 색상과 유사한 색, 또는 전혀 어울릴 것 같지 않은 색을 투사하는 것만으로도 많은 변화를 느낄 수 있다. 또 영상이 투사되는 프레임의 형태도 고려해야 한다. 대상물의 고유한 형태를 부각시킬 수 있도록 마스크와 키스톤 기능을 활용해서 매핑 영역에 맞게 크기와 형태를 다듬어야 한다. 또 옵아트에서 사용하는 기하학적인 형태를 패턴 이미지로 만들어 대상에 투사하면 반복되는 착시 효과로 대상물 표면의 질감을 극대화시킬 수도 있다. 이처럼 어떤 콘텐츠를 매핑하는지에 따라 대상 사물과 공간은 완전히 새로운 의미를 부여받게 된다. 일상 공간을 즐겁게 바꾸어줄 영상과 대상물을 정했다면 바로 매핑해 보자.

Hello? | 토니 오슬러(Tony Oursler) | 1996

2.4
다면 스크린 만들기

프로젝션 매핑 작업을 할 때 대상물의 형태를 고려해서 매핑할 영역을 세분화하고 개별적으로 다른 영상을 투사하면 훨씬 다채로운 연출이 가능하다. 이번 장에서는 앞에서 살펴본 키스톤 라이브러리에서 키스톤 화면을 추가하는 방법을 알아보자. 두 면의 키스톤 스크린에 각자 다른 그림이 그려지도록 해보고 하나의 동영상을 3등분하여 세 면의 키스톤 스크린에서 재생되도록 스케치해보자.

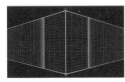

2.4.1
두 면의 키스톤
스크린 만들기

2.4.2
세 면의 키스톤
스크린 만들기

2.4.1 두 면의 키스톤 스크린 만들기

☑️ **필요한 재료**

빔 프로젝터, 컴퓨터, 프로세싱 키스톤 라이브러리

키스톤 라이브러리를 활용하여 2개의 키스톤 스크린을 만들어보자. 첫 번째 스크린은 짙은 파란색 수직선이 왼쪽 끝에서 오른쪽 끝으로 이동하고, 두 번째 스크린은 짙은 빨간색 수직선이 오른쪽 끝에서 왼쪽 끝으로 이동하도록 한다. 양쪽 끝에서 수직선이 이동해서 가운데 중심 모서리에서 만나면 강조 효과를 주는 영상을 스케치해보자.

#실습예제 ex_2_4_1 코드 및 설명

프로세싱 예제 ex_2_4_1

```
import deadpixel.keystone.*;
Keystone ks;
CornerPinSurface surface1, surface2;
PGraphics offscreen1, offscreen2;          //❶ 2개의 키스톤 화면 변수 선언
int x1=0;
int x2=0;                                   //❷ 2개의 수직선 x 좌표 변수 선언

void setup() {
  size(1280, 720, P3D);
  ks = new Keystone(this);
  surface1 = ks.createCornerPinSurface(600, 300, 20);
  surface2 = ks.createCornerPinSurface(600, 300, 20);
  offscreen1 = createGraphics(600, 300, P3D);
  offscreen2 = createGraphics(600, 300, P3D);    //❸ 키스톤 스케치창 크기 설정
}

void draw() {
  offscreen1.beginDraw();
  offscreen1.strokeWeight(5);
  offscreen1.fill(1, 1, 20, 30);
  offscreen1.rect(0, 0, 600, 300);
  offscreen1.stroke(100, 100, 255);
  offscreen1.line(x1, 0, x1, 300);
  offscreen1.strokeWeight(1);
  offscreen1.stroke(255);
  offscreen1.line(x1, 0, x1, 300);
```

```
    x1 += 2;
    if (x1>=600) {
      x1=0;
      offscreen1.background(255);
    }
    offscreen1.endDraw();                    //❹ 첫 번째 가상 캔버스에 그림

    offscreen2.beginDraw();
    offscreen2.strokeWeight(5);
    offscreen2.fill(20, 1, 1, 30);
    offscreen2.rect(0, 0, 600, 300);
    offscreen2.stroke(255, 100, 100);
    offscreen2.line(x2, 0, x2, 300);
    offscreen2.strokeWeight(1);
    offscreen2.stroke(255);
    offscreen2.line(x2, 0, x2, 300);
    x2 -= 2;
    if (x2<=0) {
      x2=600;
      offscreen2.background(255);
    }
    offscreen2.endDraw();                    //❺ 두 번째 가상 캔버스에 그림
    background(0);
    surface1.render(offscreen1);
    surface2.render(offscreen2);             //❻ 2개의 키스톤 화면을 스케치창에 출력
}

void keyPressed() {
  switch(key) {
  case 'c':
    ks.toggleCalibration();
    break;

  case 'l':
    ks.load();
    break;

  case 's':
    ks.save();
    break;
  }
}
```

CornerPin 예제(ex_2_3_1)에 매핑할 영역을 하나 더 추가하기 위해 키스톤 화면을 만드는 CornerPinSurface 유형의 변수를 2개(surface1, surface2) 만들고 가상의 캔버스를 만드는 PGraphics 유형의 변수도 2개(offscreen1, offscreen2) 선언한다(❶). 양쪽 끝에서 중심 모서리로 키스톤 화면을 스캔하듯 이동하도록 수직선의 x 좌표 위치를 변화시키기 위해 정수 형태의 변수 x1, x2를 전역변수로 선언한다. x1은 첫 번째 스크린에서 수직선이 왼쪽 끝에서 오른쪽으로 이동하도록 초깃값 0을 대입하고, x2는 두 번째 스크린에서 수직선이 오른쪽 끝에서 왼쪽으로 이동하도록 초깃값 600을 대입한다(❷). void setup() 함수에서 키스톤 화면과 가상의 캔버스 크기는 전체 스케치창의 절반 크기로 각각 설정해 준다(❸).

void draw() 함수에서 첫 번째 키스톤 스크린 surface1에 출력될 이미지를 가상 캔버스 offscreen1에 그려준다. 5픽셀 두께의 짙은 파란색의 반투명 사각형을 매 프레임마다 그려줘 잔상 효과를 주고, line()으로 5픽셀 선의 첫 번째 점은 스크린 상단(x1, 0)에, 두 번째 점은 하단 밑부분(x1, 300)에 위치하도록 하여 수직선을 그린다. 다시 line()으로 첫 번째 수직선과 같은 위치에 1픽셀 두께의 흰색 수직선을 그려서 라인에 입체감을 더한다. 파란색 수직선의 x 좌표 위치를 나타내는 변수 x1은 매 프레임마다 2씩 증가하도록 하여 왼쪽에서 오른쪽 방향으로 이동하도록 한다. if() 조건문으로 만약 x1 값이 스크린 가로 크기 600보다 커져 수직선이 스크린을 벗어나면 x1에 0을 대입하여 다시 왼쪽 끝으로 보내어 반복적으로 이동하도록 한다(❹). 같은 방법으로 surface2에 출력될 빨간색 수직선 이미지를 가상 캔버스 offscreen2에 그려서 오른쪽 끝에서 왼쪽 방향으로 이동하도록 한다. 2개의 수직선이 양쪽 끝에서 이동하다 가운데 중심 모서리에서 부딪치는 순간(if 조건문을 만족할 때) background(255)로 스크린을 순간적으로 하얗게 만들어 준다(❺). 바탕색은 검은색으로 지정하여 매핑 영역 이외에는 영상이 투사되지 않도록 하고, 가상 캔버스 offscreen1과 offscreen2에 그려지는 이미지를 키스톤 화면 surface1과 surface2에 옮겨 그려 스케치창에 출력되도록 한다(❻).

결과 이미지

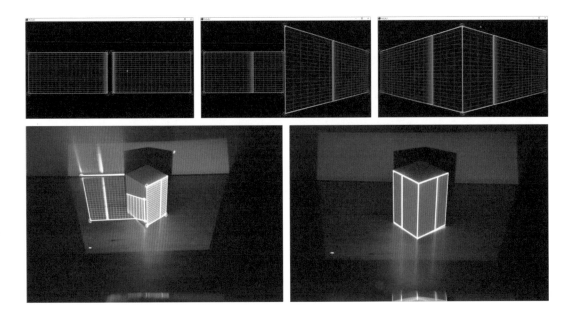

2.4.2 세 면의 키스톤 스크린 만들기

☑️ **필요한 재료**

빔 프로젝터, 컴퓨터, 프로세싱 키스톤과 비디오 라이브러리,
동영상 파일 1개(파일명: wave.mp4, 화면 크기: 1280 × 720px)

이번에는 키스톤 라이브러리를 활용하여 3개의 키스톤 스크린을 만들어보
자. 세 면의 키스톤 스크린에는 소스 동영상을 3등분한 화면이 개별적으로
재생되도록 할 것이다.

#실습예제 ex_2_4_2 코드 및 설명

프로세싱 예제 ex_2_4_2

```
import deadpixel.keystone.*;
import processing.video.*;          //❶ 비디오 라이브러리 추가
Movie movie;                        //❷ Movie 변수 선언
Keystone ks;
```

```
CornerPinSurface surface1, surface2, surface3;
PGraphics offscreen1, offscreen2, offscreen3;  //❸ 키스톤 화면 변수 선언

void setup() {
  size(1280, 720, P3D);
  ks = new Keystone(this);
  surface1 = ks.createCornerPinSurface(400, 300, 20);
  surface2 = ks.createCornerPinSurface(400, 300, 20);
  surface3 = ks.createCornerPinSurface(400, 300, 20);
  offscreen1 = createGraphics(400, 300, P3D);
  offscreen2 = createGraphics(400, 300, P3D);
  offscreen3 = createGraphics(400, 300, P3D);  //❹ 키스톤 화면과 캔버스 크기 설정
  movie = new Movie(this, "wave.mp4");         //❺ 소스 동영상 불러옴
  movie.loop();                                //❻ 동영상 반복재생
}

void draw() {
  if (movie.available()==true) {               //❼ 새로운 프레임 읽어옴
    movie.read();
  }
  offscreen1.beginDraw();
  offscreen1.background(255);
  offscreen1.image(movie.get(0, 200, 400, 300), 0, 0, 400, 300);
  offscreen1.endDraw();                        //❽ 첫 번째 가상 캔버스에 그림

  offscreen2.beginDraw();
  offscreen2.background(255);
  offscreen2.image(movie.get(400, 200, 400, 300), 0, 0, 400, 300);
  offscreen2.endDraw();                        //❾ 두 번째 가상 캔버스에 그림

  offscreen3.beginDraw();
  offscreen3.background(255);
  offscreen3.image(movie.get(800, 200, 400, 300), 0, 0, 400, 300);
  offscreen3.endDraw();                        //❿ 세 번째 가상 캔버스에 그림

  background(0);
  surface1.render(offscreen1);
  surface2.render(offscreen2);
  surface3.render(offscreen3);                 //⓫ 3개의 키스톤 화면으로 이미지 출력
}

void keyPressed() {
  switch(key) {
  case 'c':
    ks.toggleCalibration();
    break;
```

```
  case 'l':
    ks.load();
    break;

  case 's':
    ks.save();
    break;
  }
}
```

CornerPin 예제(ex_2_3_1)에 동영상을 재생시키기 위한 명령어들과 매핑할 영역을 2개 더 추가할 것이다. 먼저 비디오 라이브러리를 추가한다(❶). Movie 유형의 변수 movie를 전역변수로 선언한 다음(❷) void setup() 함수에서 소스 동영상을 변수 movie로 불러온다(❺). 이번 예제에서는 동영상이 계속 반복 재생되도록 movie.loop()를 입력한다(❻). 매핑할 영역을 2개 더 추가하기 위해 키스톤 화면을 만드는 CornerPinSurface 유형의 변수를 3개(surface1, surface2, surface3) 만들고 가상의 캔버스를 만드는 PGraphics 유형의 변수도 3개(offscreen1, offscreen2, offscreen3) 선언한다 (❸). 키스톤 화면과 가상의 캔버스 크기는 전체 스케치창을 3등분한 크기 (400×300)로 각각 설정해 준다(❹).

void draw() 함수에서 새로운 프레임이 준비되었는지 확인하고 준비되었다면(참) 읽어 들인 다음(❼) 동영상을 3등분으로 나눠서 해당 캔버스에 그려준다. 스케치창의 세로 크기는 720으로 가상 캔버스에서 소스 동영상의 가운데 부분이 출력될 수 있도록 부분 이미지의 세로 방향 기준점은 200으로 하고 세로 크기는 300을 입력한다. 첫 번째 가상 캔버스 offscreen1에서 image()의 설정 값으로 movie.get(0, 200, 400, 300)을 입력하여 읽어 들인 새 프레임 이미지의 x, y 기준점 (0, 200)에서 가로 400, 세로 300 크기로 잘라낸 왼쪽 영역의 이미지를 가상 캔버스 offscreen1에 그려놓는다(❽). 두 번째 가상 캔버스 offscreen2에는 새 프레임 이미지 x, y 기준점 (400, 200)에서 가로 400, 세로 300으로 잘라낸 가운데 영역의 이미지를 가상 캔버스 offscreen2에 그리고(❾) 세 번째 offscreen3에는 x, y기준점 (800, 200)에서 가로 400, 세로 300으로 오른쪽 영역의 이미지를 그린다(❿). 끝으로 스케치창 바탕색은 검은색으로 지정하여 매핑 영역 이외에는 영상이 투사되지 않도록 하고 가상 캔버스 offscreen1, 2, 3에 그려지는 이미지를 키스톤 화면 surface1, 2, 3에 옮겨 그려 스케치창에 출력되도록 한다(⓫). 키보드의 [c] 키를 눌러 보정 모드로 바꾸고, 키스톤 화면을 매핑할 영역에 맞춘다.

결과 이미지

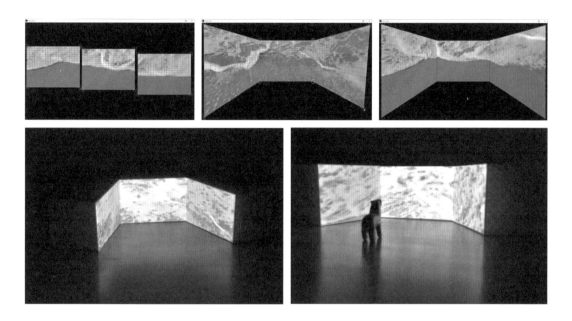

좀 더 붙잡기~ 도전!

1. 정육면체 박스에 패턴 이미지를 매핑하여 선물상자를 만들어보자.

참고 이미지

2. 벽면에 다각형 조각들을 붙이고 추억의 사진들을 프로젝션 매핑하여 나만의 사진
   게시판을 만들어보자.

#프로젝션 매핑을 위한 상용 프로그램들

여기에서 소개하는 프로그램들은 최근 실전 매핑 작업에서 많이 사용되는 상용 프로그램으로, 용도 및 추가 기능에 따라 다르지만 전반적으로 40~80만원 선에서 구입할 수 있다. 수십에서 수백 개의 매핑 영역을 추가할 수 있으며 매핑 영역의 형태도 자유롭게 바꿀 수 있다. 무엇보다 인터페이스가 직관적이어서 간편하게 사용할 수 있다.

* 가격은 대략적인 금액으로, 구입 전에 반드시 개별 프로그램 홈페이지를 방문하여 가격을 확인하는 것이 좋다.

1. Mad Mapper

🔗 https://madmapper.com

맥과 윈도우 모두 지원하며 45만 원대의 합리적인 가격으로 고급기능까지 추가 비용 없이 사용할 수 있다. 교육용은 훨씬 더 저렴하다. miniMAD라는 손바닥 크기만 한 장비를 사용하면 DMX 무대조명과 멀티스크린 프로젝트를 진행할 때 많은 도움을 받을 수 있다. 무료 동영상 강의가 주제별로 잘 정리되어 있다.

2. Millumin

🔗 http://www.millumin.com

현재는 맥에서만 실행이 가능하다. 상용 프로그램은 대략 90만 원대, 교육용은 54만 원에 구입할 수 있다. Touch OSC, 아두이노, 키넥트 센서와 연결할 수 있으며 시네마 4D 플러그인으로 3D 작업이 가능하다.

3. Touch Designer

https://www.derivative.ca

맥과 윈도우 모두 지원하며 모든 기능을 사용할 수 있는 PRO 버전은 245만 원 정도, 상용 버전은 67만 원, 교육용은 33만 원에 구입할 수 있다. 프로젝션 매핑 기능뿐만 아니라 응용 프로그램 및 미디어 시스템 개발을 위한 자유로운 인터페이스 디자인 작업이 가능하다. 홈페이지를 방문해 보면 Touch Designer로 작업한 다양한 프로젝트들에 대한 자세한 정보를 제공하고 있다.

4. Resolume Avenue & Arena 6

https://resolume.com

맥과 윈도우 모두 지원하며 프로젝션 매핑과 DMX 무대 조명 작업을 위한 Resolume Arena 6의 상용 프로그램 가격은 100만 원 정도에, 교육용은 62만 원에 구입할 수 있다. 높은 해상도의 비디오 작업을 위해 DXV 전용 코덱을 제공하고 있다. 홈페이지에서 기본적인 사용 방법에 대한 동영상 강의를 제공하고 있다.

5. Lightform

https://www.lightform.com

맥과 윈도우 모두 지원하며 카메라가 보내는 대상물 분석 이미지에 매핑하고 싶은 영상을 마우스로 끌어다 놓으면 프로젝터가 실시간으로 영상을 대상물에 매핑해 준다. 카메라로 매핑할 영역을 컴퓨터에서 바로 볼 수 있도록 하여 누구나 쉽게 매핑 작업을 진행할 수 있다는 장점이 있다. 카메라와 소프트웨어 기본세트는 90만 원대이고 기본세트에 프로젝터를 포함하면 190만원대에 구입할 수 있다.

#자연물에 매핑하기

이재민, 박준상 (그룹명: 2hour 30minute)

숲속으로 미니 빔을 들고 가보자. 일정하게 반복되는 패턴 영상을 불규칙적인 형태인 나무, 식물, 돌에 투사해보면 예상치 못한 빛의 움직임을 만날 수 있다. 자연물을 캔버스 삼아 프로세싱으로 스케치한 영상들을 매핑해보자.

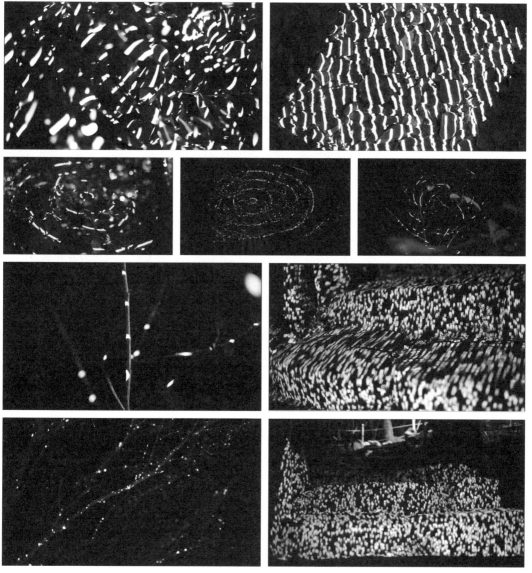

무제 | 빔 프로젝터, USB, 소스 동영상 | 가변설치 | 2018

3 아두이노
센서 정보
활용하기

이번 장에서는 환경의 변화를 감지하는
여러 종류의 센서를 간편하게 연결할
수 있는 작은 컴퓨터 아두이노를
활용해보자. 아두이노로 입력되는 정보를
프로세싱에서 사용해볼 것이다. 인체
감지, 조도 감지, 사운드 감지, 초음파
거리 감지 센서들을 아두이노에 연결한
다음, 주위 환경의 변화에 따라 달라지는
센서 값을 프로세싱으로 확인하고 다양한
인터랙티브 작업에 활용해보자.

3.0
아두이노 설치하기

3.0.1 아두이노 보드

아두이노는 이탈리아 북부 이브레아Ivrea라는 작은 도시에 있는 전문 대학원인 인터랙션 디자인 전문학교IDII, Interaction Design Institute Ivrea에 재직 중이던 마시모 반지Massimo Banzi 교수가 학생들을 위해 쉽고 저렴한 교육 도구를 만들어야겠다는 생각에서 시작한 프로젝트이다. 마시모 반지가 처음 아두이노를 만들기로 결심했을 때 큰 영감을 준 것이 바로 프로세싱이다. 당시 프로세싱을 개발한 케이시 리아스도 IDII 교수로 재직 중이었기 때문에 많은 도움을 받을 수 있었다. 아두이노는 종이에 스케치하듯이 그림 그리는 프로그래밍 언어인 프로세싱을 기반으로 만들어서 프로세싱과 마찬가지로 작성한 프로그램을 '스케치sketch'라고 부르며, 아두이노와 프로세싱 두 소프트웨어는 겉모습부터 프로그래밍하는 방식까지 매우 유사하다.

　아두이노는 전자부품을 연결할 수 있는 하드웨어 '아두이노 보드'와 보드가 작업할 내용을 프로그래밍할 수 있는 소프트웨어 '아두이노 IDEIntegerated Development Environment, 통합 개발 환경'로 구성되어 있다. 아두이노는 우리가 오감을 통해 세상을 인식하는 것처럼 컴퓨터가 주위 환경을 보고, 듣고, 느낄 수 있도록 해주는 작은 컴퓨터이다. 공간의 밝고 어두운 정도, 소리의 크고 작음, 사물의 무겁거나 가벼운 정도, 온도의 높고 낮음과 같은 정보들을 감지할 수 있는 센서를 아두이노 보드에 간편하게 연결하고 USB 케이블로 아두이노 소프트웨어가 설치되어 있는 컴퓨터와 연결하면, 실시간으로 변하는 센서 값들을 컴퓨터로 확인할 수 있다. 또한 아두이노는 컴퓨터에 설치한 프로세싱으로도 값을 전송해준다. 프로세싱에서는 입력 받은 센서 정보를 이미지와 동영상을 변형시키는 조건값으로 사용하여 다양한 인터랙티브 작업을 구현할 수 있다.

컴퓨터가 키보드와 마우스 이외에 아두이노에 연결된 센서와 출력 장치들을 활용하여 관객과 좀 더 친밀한 인터랙션을 가능하게 해주는 작업을 '피지컬 컴퓨팅physical computing'이라고 한다. 피지컬 컴퓨팅은 빛, 온도, 소리, 압력 등 다양한 형태의 물리적 에너지를 컴퓨터가 사용하는 전기 에너지 또는 전기 신호로 바꾸어 주는 에너지 변환 과정이다. 반대로 컴퓨터에서 출력되는 전기 에너지를 LED, 모터, 스피커와 같은 전자 부품을 이용해 빛, 움직임, 소리와 같은 형태로 바꾸어 주는 일도 포함한다. 일반적인 컴퓨터가 사용자의 마우스 움직임(어느 방향으로 움직이는지, 언제 버튼을 클릭하는지)을 지켜보고 있다면 피지컬 컴퓨팅을 활용한 컴퓨터는 관객이 입고 있는 옷이 무슨 색인지, 목소리의 높낮이는 어떤지, 마우스를 감싸고 있는 손의 온도는 얼마나 따뜻한지와 같은 감각적인 정보에 더욱 관심이 많다.

피지컬 컴퓨팅 작업에 최적화된 아두이노의 작업은 크게 입력, 처리, 출력 세 단계로 진행된다. 입력은 아두이노에 연결된 센서로 주변 환경의 변화를 감지하여 정보를 수집하는 단계이다. 처리는 수집된 정보를 확인하고 어떻게 활용할 것인지 설정하는 단계이며, 출력은 아두이노에 연결된 LED, 모터, 스피커 또는 프로세싱이 설치된 컴퓨터의 모니터, 빔 프로젝터와 같은 장비를 통해 처리된 결과를 보여주는 단계이다. 아두이노는 주위 환경의 변화를 감지할 때 어떤 상황을 디지털과 아날로그 중 하나의 형태로 구분하여 받아들인다. 디지털과 아날로그 중 어떤 형태로 값을 입력 받을지에 따라 센서를 연결할 아두이노 핀의 위치와 명령어가 달라진다. 출력 과정도 마찬가지로 디지털과 아날로그 형태 중에 선택하여 처리된 결과를 표현한다. (❯《안녕! 미디어아트》23쪽 '피지컬 컴퓨팅'이란 참조)

디지털 형태		어떤 상황을 '~인지 아닌지'와 같이 이분법적인 **두 가지 상태로만 나타내는 방식**(예: 사람이 들어 왔는지 아닌지, 버튼을 눌렀는지 아닌지, 문이 열렸는지 아닌지, 의자에 사람이 앉았는지 아닌지 등)
아날로그 형태		어떤 상황을 점점 '더 세게', '더 많이', '더 빨리'와 같이 **끊임없이 변화하는 여러 가지 상태로 나타내는 방식**(예: 방 안의 빛이 점점 더 밝아지거나 어두워진다. 기차가 점점 더 빨리 혹은 천천히 달린다. 주위 소리가 점점 더 커지거나 작아진다. 관객이 점점 더 가까이 다가오거나 멀어진다. 등)

#아두이노 보드의 종류

아두이노 보드는 사용 목적에 따라 크기와 기능이 다양하다. 다음은 일반적으로 많이 사용하는 보드들이다. 현재 판매되고 있는 모든 종류의 아두이노 보드는 홈페이지를 방문하면 확인할 수 있다.

🔗 https://www.arduino.cc/en/Main/Products

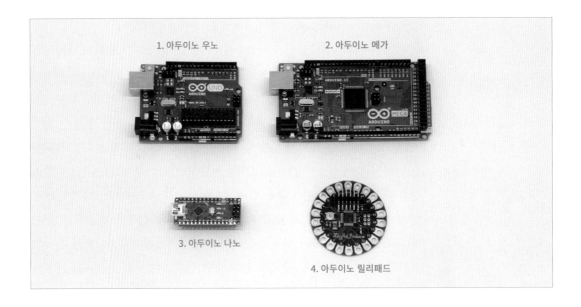

1. 아두이노 우노
2. 아두이노 메가
3. 아두이노 나노
4. 아두이노 릴리패드

1	**아두이노 우노**	디지털 입출력 핀 14개(PWM 6개), 아날로그 입력 핀 6개, 작동전압 5V. USB 케이블로 컴퓨터와 연결하거나 7~12V DC 어댑터 또는 9V 건전지로 작동한다. 기본적인 아두이노의 기능을 모두 갖추고 있는 보드로, 가장 많이 사용된다.
2	**아두이노 메가 2560**	디지털 입출력 핀 54개(PWM 15개), 아날로그 입력 핀 16개, 작동전압 5V. 입출력 핀의 개수가 많아 많은 부품들을 제어해야 하는 큰 규모의 프로젝트에 적합하다. 가격이 비싸다.

| 3 | 아두이노 나노 | 디지털 입출력 핀 22개(PWM 6개), 아날로그 입력 핀 8개, 작동전압 5V. USB 케이블의 한쪽은 A 타입이고 다른 쪽은 mini-B 타입 형태로 컴퓨터와 연결된다. 크기가 작고 가벼워 인터랙티브 사물 제작에 효과적이다. |
| 4 | 아두이노 릴리패드 | 디지털 입출력 핀 14개(PWM 6개), 아날로그 입력 핀 6개, 작동전압 2.7~5.5V. 3V 동전형 리튬 건전지로도 작동 할 수 있으며 전도성 실로 제작되는 웨어러블(착용할 수 있는) 작품에 많이 사용된다. |

#아두이노 우노 살펴보기

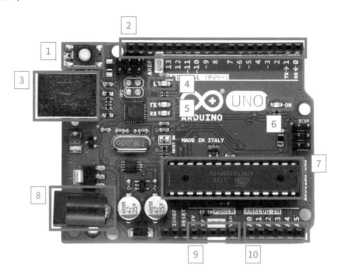

1	**리셋 버튼(RESET)**	아두이노를 한 번 끄고 켠다. 업로드한 스케치를 처음부터 다시 실행시키고 싶을 때 사용한다.
2	**디지털 입출력 핀 14개 (DIGITAL)**	각 핀들은 0V(LOW) 또는 5V(HIGH) 전압을 입력받거나 출력할 수 있다. 번호 앞에 ~부호가 있는 3, 5, 6, 9, 10, 11번 핀은 PWM(Pulse Width Modulation) 기능이 있어 아날로그 출력 핀으로도 사용할 수 있다. 0과 1번 핀은 시리얼 통신으로 다른 아두이노나 컨트롤 보드를 제어할 수 있다.
3	**USB 케이블 연결 포트 (USB)**	A/B 타입의 USB 케이블로 컴퓨터와 연결할 수 있다. 케이블을 통해 아두이노 소프트웨어로 작성한 스케치 파일을 보드에 업로드하거나 아두이노로 입력된 정보를 컴퓨터로 전송하는 역할을 한다. 또한 컴퓨터에서 제공하는 5V로 별다른 외부 전원 없이 아두이노 보드를 작동시킬 수 있다.
4	**디지털 13번 핀과 연결된 내장 LED(L)**	
5	**송신(TX, Transmit), 수신(RX, Receive)**	시리얼 통신을 통하여 아두이노로 신호가 들어올 때는 RX LED에 불이 켜지고 신호를 보낼 때는 TX LED에 불이 들어온다. 아두이노에 스케치를 업로드할 때 TX, RX LED가 깜빡이는 것을 확인할 수 있다.
6	**전원 LED(ON)**	아두이노에 전원이 연결되면 LED가 켜진다.
7	**마이크로컨트롤러 (ATmega328P)**	아두이노로 입력되는 값들을 계산하고 출력 방식을 제어하는 장치로, 인간의 두뇌 역할을 한다.

8	외부 전원 연결 잭	가운데가 +(양극)인 2.1mm 지름의 플러그를 통해 외부 전원을 공급 받을 수 있다. 9V 또는 12V의 직류(DC) 전압을 제공하는 어댑터를 아두이노에 연결하면 USB 케이블로 컴퓨터와 연결하지 않아도 사용할 수 있다.
9	파워 섹션(POWER)	· RESET(외부에 있는 리셋 버튼을 연결할 수 있는 핀) · 3.3V(3.3V 전압이 항상 출력되는 핀) · 5V(5V 전압이 항상 출력되는 핀) · GND(그라운드 핀) · Vin(9V 건전지와 같은 외부 전원 입력 핀)
10	아날로그 입력 핀 6개 (ANALOG IN)	각 핀은 아날로그 센서로부터 입력되는 0~5V의 전압을 1,024단계(0~1023) 숫자 값으로 받아들인다. 입력되는 값들은 아두이노 소프트웨어 툴바에 있는 시리얼 모니터를 통해 확인할 수 있다. 인간의 감각기관과 같은 역할을 한다.

3.0.2 아두이노 소프트웨어

아두이노 소프트웨어(IDE)는 프로세싱과 마찬가지로 오픈소스다. 홈페이지에서 무료로 다운 받아 사용할 수 있다.

01 아두이노 홈페이지 www.arduino.cc에 접속한 뒤 상단 메뉴에 있는 [Software]-[Downloads]를 클릭하여 다운로드 페이지로 이동한다.

02 다운로드 페이지에서 자신의 컴퓨터 운영 시스템에 맞는 설치 파일을 선택하여 다운 받는다. 윈도우 사용자는 아두이노 소프트웨어와 드라이버를 자동으로 설치해주는 설치버전(Windows Installer)을 클릭한다.

03 아두이노 소프트웨어에 기부 여부를 물어본다. 기부하고 다운 받으려면 [CONTRIBUTE & DOWNLOAD]를 클릭하고 기부 없이 그냥 다운 받으려면 [JUST DOWNLOAD] 버튼을 클릭한다.

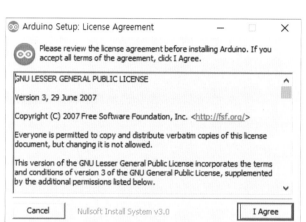

04 다운 받은 설치 파일을 더블클릭하여 실행시킨다. 첫 번째 단계에서는 기본적인 사용 규정들에 동의하는지 물어본다. 확인 후 [I Agree] 버튼을 클릭한다.

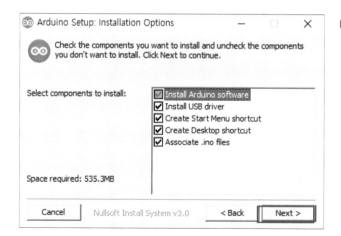

05 두 번째 단계에서는 설치할 목록을 선택한다.

1. 아두이노 소프트웨어를 설치한다.
2. 아두이노 보드를 컴퓨터가 인식할 수 있도록 USB 드라이버를 설치한다. 이 사항은 필수적으로 선택해야 한다.
3. 윈도우 시작메뉴에 바로가기 아이콘을 만든다.
4. 윈도우 바탕화면에 바로가기 아이콘을 만든다.
5. 확장자명이 .ino로 끝나는 아두이노 파일은 아두이노 소프트웨어로 실행시킨다. 원하는 항목을 체크하고 [Next] 버튼을 클릭한다.

06 아두이노 소프트웨어는 프로그램이 설치되는 기본 폴더 안에 설치된다. 만약 다른 위치에 설치하고 싶으면 [Browse…] 버튼을 클릭하여 경로를 바꿔준 다음 [Install] 버튼을 클릭한다. 설치 경로를 변경할 때는 경로 중간에 한글이 포함되지 않도록 한다.

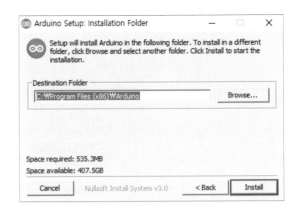

07 설치가 진행되고 완료되었다는 메시지가 나오면 [Close]를 클릭한다.

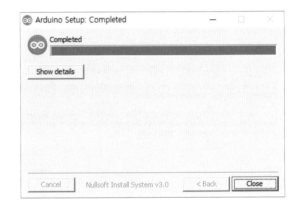

맥 컴퓨터를 사용하는 독자들은 다운로드 페이지에서 Mac OS X 버전을 다운 받아 압축을 푼 다음 아두이노 아이콘을 응용 프로그램Application 폴더 또는 데스크톱(바탕화면)으로 옮기고 더블클릭하여 실행한다. 맥 OS 버전이 낮은 경우에는 최신 버전(1.8.x)의 아두이노 소프트웨어가 실행되지 않을 수도 있으므로 OS를 업그레이드하거나 이전 버전(1.6.x)을 다운 받아 사용한다. 이전 버전은 다음 페이지에서 받을 수 있다.

🔗 https://www.arduino.cc/en/Main/OldSoftwareReleases#previous

#아두이노 소프트웨어 살펴보기

- 새 파일
- 열기...
- 최근 파일 열기
- 스케치북
- 예제
- 닫기
- 저장
- 다른 이름으로 저장
- 페이지 설정
- 인쇄
- 환경설정
- 종료

- 취소
- 다시 실행
- 잘라내기
- 복사
- 포럼용으로 복사
- HTML로 복사
- 붙여넣기
- 모두 선택
- Go to line...
- 주석추가/주석삭제
- 들여쓰기 추가
- 들여쓰기 줄이기
- 폰트 크기 늘리기
- 폰트 크기 줄이기
- 찾기...
- 다음 찾기
- 이전 찾기

- 확인/컴파일
- 업로드
- 프로그래머를 이용해 업로드
- 컴파일된 바이너리 내보내기
- 스케치 폴더 보이기
- 라이브러리 포함하기
- 파일 추가...

- 자동 포맷
- 스케치 보관하기
- 인코딩 수정 & 새로 고침
- 라이브러리 관리...
- 시리얼 모니터
- 시리얼 플로터
- WIFI101/Firmware Updater
- 보드
- 포트
- 보드 정보 얻기
- 프로그래머
- 부트로더 굽기

- 시작하기
- 환경
- 트러블슈팅
- 참조
- 참조에서 찾기
- 자주 묻는 질문
- Arduino.cc 방문하기
- 아두이노 정보

확인
작성한 스케치에 문제가 없는지 확인한다.

업로드
확인한 스케치를 아두이노 보드에 입력하기 위해 기계어로 바꾸는 컴파일 작업을 진행한 후 보드로 파일을 전송한다.

새 파일
새로운 스케치 에디터를 연다.

열기
저장된 파일, 최근 파일, 예제 파일을 연다.

저장
현재 작성 중인 스케치를 저장한다.

시리얼 모니터
시리얼 통신으로 아두이노에 입출력되는 값을 확인할 수 있다.

탭
새로운 탭을 추가하거나 탭 이름을 수정할 수 있다. 스케치가 너무 길어질 때 새로운 탭에 나누어 저장하면 편리하다.

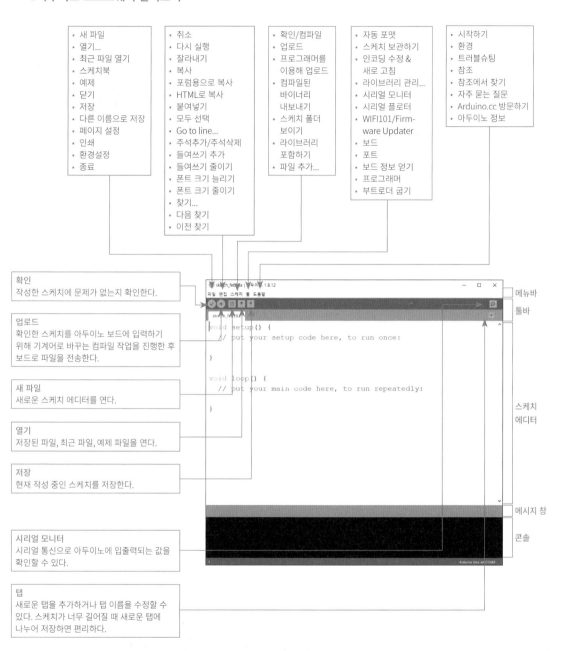

메뉴바

툴바

스케치 에디터

메시지 창

콘솔

3.0.3 아두이노 실행하기

01 아두이노 소프트웨어 설치를 마무리했다면 바탕화면에 만들어진 아두이노 바로가기 아이콘(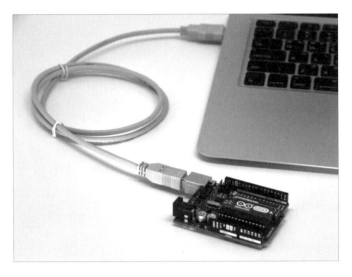)을 더블클릭하여 아두이노 소프트웨어를 실행한다. 그 다음 USB 케이블로 아두이노 보드를 컴퓨터에 연결한다. 케이블 끝이 사각형 모양인 B 타입은 아두이노 보드에 꽂고 납작한 A 타입은 컴퓨터의 USB 포트에 꽂는다.

02 메뉴바에서 [파일]-[예제]-[01.Basics]-[Blink]를 선택한다. Blink 예제는 디지털 13번 핀에 연결된 LED를 1초 동안 켰다 끄는 과정을 반복하는 스케치다.

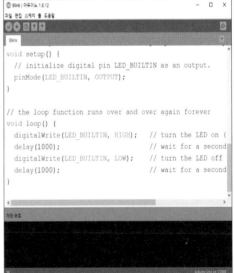

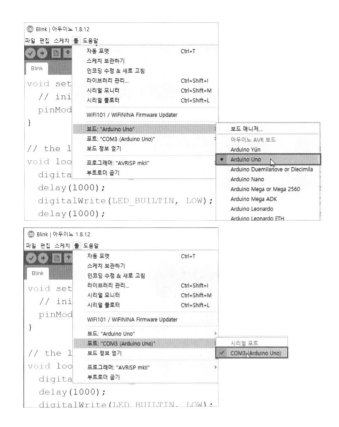

03 메뉴바에서 [툴]을 클릭하고 목록에서 USB 케이블로 컴퓨터에 연결한 아두이노 보드의 종류(여기서는 Arduino Uno)를 선택한다. 그 다음 [포트]에서 아두이노 보드가 연결된 시리얼 포트 번호 (여기서는 COM3 (Arduino Uno))을 클릭하여 설정해준다. COM 뒤에 숫자 3은 컴퓨터마다 다르게 나타나며 언제나 변경될 수 있다. 자동으로 보드와 포트가 잡혀 있다면 확인만 해준다.

맥 OS에서도 [툴]-[보드]를 클릭하고 USB 케이블로 컴퓨터에 연결한 아두이노 보드의 종류를 선택한 다음 시리얼 포트에서 /dev/tty.usbmodem, /dev/cu.usbmodem 또는 /dev/tty.usbserial를 선택한다.

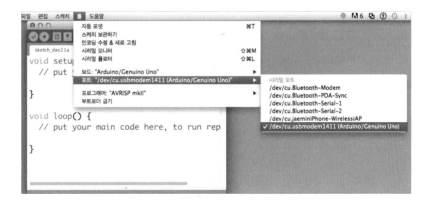

04 메뉴바 밑에 있는 빠른 실행 아이콘 중에서 두 번째 업로드 버튼을 클릭하여 Blink 예제를 아두이노 보드에 업로드한다. 스케치가 업로드 중일 때에는 보드에 있는 TX/RX LED가 빠른 속도로 깜빡이는 것을 확인할 수 있다.

업로드가 완료되면 디지털 13번 핀과 연결된 보드 내장 LED(LED_BUILTIN)가 1초 동안 켜졌다 1초 동안 꺼지는 것을 확인할 수 있다. 아두이노 연결 성공!

#실습예제 Blink 코드 및 설명

예제 Blink

```
void setup() {                       // ❶ 함수 안에 명령문들이 한 번만 실행
  pinMode(LED_BUILTIN, OUTPUT); // ❸ 내장 LED(13번 핀)를 디지털 출력으로 설정
}

void loop() {                        // ❷ 함수 안에 명령문들이 계속해서 반복 실행
  digitalWrite(LED_BUILTIN, HIGH); // ❹ 내장 LED를 켬
  delay(1000);                       // ❺ 1초 동안 켜진 상태를 유지
  digitalWrite(LED_BUILTIN, LOW);  // ❻ 내장 LED를 끔
  delay(1000);                       // ❼ 1초 동안 꺼진 상태를 유지
}
```

예제 Blink를 살펴보면 크게 void setup()과 void loop() 함수로 이루어져 있다. 프로세싱과 마찬가지로 void setup() 함수에 있는 명령문들은 아두이노 보드에서 스케치가 실행될 때 처음 한 번만 실행되고(❶) void loop() 함수는 프로세싱 void draw() 함수처럼 아두이노 보드가 켜져 있는 동안에는 함수 안에 명령문들이 계속해서 반복 실행된다(❷). void setup() 함수 안에서 명령어 pinMode(LED_BUILTIN, OUTPUT)로 내장 LED를 디지털 출력으로 설정해준다(❸). 명령어 pinMode(디지털 핀의 번호, 핀의 용도)는 디지털 핀의 용도를 입력(INPUT)과 출력(OUTPUT) 중에 어떤 용도로 사용할 것인지 설정해준다. LED_BUILTIN은 아두이노에서 미리 선언해 놓은 시스템 변수로, 디지털 13번 핀과 연결되어 있는 내장 LED를 말한다. 디지털 13번 핀에 LED를 별도로 연결하지 않아도 보드에 장착되어 있는 내장 LED로 디지털 13번 핀의 상태를 확인할 수 있기 때문에 스케치가 정상적으로 작동되고 있는지 테스트할 때 많이 사용한다. 아두이노 우노를 포함한 대부분의 보드들은 내장 LED가 디지털 13번 핀과 연결되어 있다.

void loop() 함수에서 명령어 digitalWrite(LED_BUILTIN, HIGH)로 내장 LED를 켠다(❹). 명령어 digitalWrite(디지털 핀의 번호, 핀의 상태)의 첫 번째 설정값은 디지털 핀의 번호를 지정하고, 두 번째 설정값은 핀의 상태를 HIGH(5V가 출력되는 상태)와 LOW(0V, 전류가 흐르지 않는 상태) 중에 선택하여 지정한다. 내장 LED를 켠 다음 명령어 delay(1000)로 1초 동안 켜진 상태를 유지한다(❺). 명령어 delay(시간 값)는 지정한 시간 동안 프로그램

을 잠시 정지시키는 명령어로, 설정값은 밀리세컨드(1,000분의 1초) 단위로 입력한다. delay(1000)은 1초이며 delay(10)은 0.01초 동안 멈춘다. 같은 방법으로 명령어 digitalWrite(LED_BUILTIN, LOW)로 내장 LED를 끄고(❻), 명령어 delay(1000)으로 1초 동안 꺼진 상태를 유지(❼)하는 스케치를 반복해서 실행한다. 이처럼 명령어 delay()는 시간을 제어하는 명령어로, 내가 원하는 출력의 형태를 얼마동안 유지시킬 것인지를 설정할 수 있다. 내장 LED가 켜져 있는 시간을 설정할 수 있는 첫 번째 delay()의 설정값을 100으로 입력하고, 꺼진 시간을 설정할 수 있는 두 번째 delay()의 설정값으로 2000을 입력하면 다른 느낌의 LED 빛을 연출할 수 있다.

TIP! 맥 OS 버전에 따라 간혹 아두이노를 인식하지 못할 때도 있는데 이럴 경우 FTDI(Future Technology Devices International) 드라이버를 수동으로 설치해줘야 한다. http://www.ftdichip.com/Drivers/VCP.htm에서 각자의 맥 OS 버전(32bit 또는 64bit)에 해당하는 .dmg 파일을 다운 받은 다음 더블클릭하여 안내에 따라 설치하면 된다.

3.0.4 아두이노 사용 전 필독!

#필수 함수 void setup ( )과 void loop ( )

아두이노 소프트웨어 툴바에서 새 파일 버튼을 클릭해보면 void setup()과 void loop() 함수에 명령문들을 입력할 수 있도록 미리 세팅되어 있다. void setup()에는 초기 설정을 담당하며 처음 한 번만 실행되는 명령문들을 입력해주고, void loop()에는 구체적인 작업 내용들로 계속해서 반복 실행시킬 명령문들을 입력해준다. void setup()과 void loop()는 필수 함수로, 입력할 명령문이 없더라도 반드시 선언해줘야 하며 {}(중괄호)로 열고 닫아야 한다.

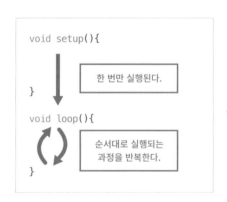

#아두이노 주요 명령어들

아두이노에 연결된 입력 센서와 출력 부품을 제어할 때 많이 사용하는 명령어들을 살펴보자.

---

pinMode(디지털 핀의 번호, 핀의 용도)　　　　//디지털 핀의 용도 설정

void setup() 함수 안에서 디지털 핀을 입력 용도로 사용할지 출력 용도로 사용할지 설정하는 명령어. 디지털 7번 핀에 입력 센서를 연결했다면 pinMode(7, INPUT)으로 입력하고 디지털 9번 핀에 출력을 위한 모터를 연결했다면 pinMode(9, OUTPUT)을 입력해준다.

digitalRead(디지털 핀의 번호)　　　　//디지털 형태로 값을 읽어 들임

디지털 핀(0~13)으로 입력되는 5V(HIGH, 1) 또는 0V(LOW, 0) 값을 읽어 들이는 명령어. 입력 값은 변수에 넣어주고 if() 조건문의 조건테스트로 사용한다. 사용하려는 디지털 핀은 반드시 pinMode()를 이용해 입력 모드로 설정해야 한다.

digitalWrite(디지털 핀의 번호, 핀의 상태)　　//디지털 형태로 출력

첫 번째 설정값에 해당하는 핀에서 디지털 형태(0V 또는 5V)로 출력하는 명령어. 두 번째 설정값으로 LOW를 입력하면 해당 핀은 0V가 되어 전기가 흐르지 않으며 HIGH를 입력하면 5V가 출력된다. 사용하려는 디지털 핀은 반드시 pinMode()를 이용해 출력 모드로 설정해야 한다.

analogRead(아날로그 핀의 번호)　　　　//아날로그 형태로 값을 읽어 들임

입력한 아날로그 핀(A0~A5)으로 입력되는 전압 0V~5V를 0~1023 사이의 숫자 값으로 표시해주는 명령어. 숫자 값이 커질수록 높은 전압이다. 주위 환경의 밝기, 온도, 소리 등을 인식한다. 아날로그 입출력 핀은 디지털 핀처럼 따로 핀 모드를 설정해주지 않아도 된다.

analogWrite(아날로그 핀의 번호, 출력값)　　//아날로그 형태로 출력

첫 번째 설정값에 해당하는 핀에서 아날로그 형태(0V~5V)로 출력하는 명령어. 우노에서 아날로그 핀으로 사용할 수 있는 핀은 디지털 핀(3, 5, 6, 9, 10, 11번)으로, 번호 앞에 물결표(~)가 있는 핀들이다. 이 핀들은 PWM_{Pulse Width Moduration, 펄스 폭 변조} 기능을 사용할 수 있어 두 번째 설정값에 전압 0V~5V를 256 단계(출력값 0~255)로 나누어 전압을 출력할 수 있다. 출력값 0은 0V, 255는 5V가 출력되고 127을 넣어주면 대략 2.5V의 전압이 출력된다.

#아두이노와 컴퓨터 대화하기

아두이노 보드는 시리얼 통신을 이용하여 컴퓨터와 정보를 주고받을 수 있다. 시리얼 통신은 한 번에 한 비트(0 또는 1)씩 데이터를 전송하는 방법으로 아두이노 보드에 연결된 센서 값을 컴퓨터로 전송하거나 컴퓨터에서 아두이노 보드로 값을 보낼 때 사용한다.

Serial.begin(보드 레이트)	//시리얼 통신을 시작

void setup() 함수 안에 입력하여 시리얼 통신을 시작하겠다고 선언하는 명령어. 설정값은 보드 레이트로 통신 속도를 나타낸다. 아두이노 보드와 컴퓨터 양쪽에서 보드 레이트를 9600으로 동일하게 설정해 준다.

Serial.println(출력 정보)	//아두이노 시리얼 모니터 창에 정보 출력

아두이노 보드에서 컴퓨터로 정보를 보내는 명령어. 아두이노 보드에 연결된 센서 값을 아두이노 시리얼 모니터 창을 통해 확인하고 싶을 때 사용한다. 출력 정보는 숫자와 문자 모두 가능하다.

Serial.read()	//시리얼 포트로 입력되는 정보를 읽어 들임

시리얼 통신을 위해 지정한 포트에서 입력되는 정보를 읽어 들이는 명령어. 입력되는 정보를 한 바이트씩 잘라내 읽는다.

Serial.write(전송 정보)	//컴퓨터로 정보 전송

아두이노 보드에서 컴퓨터로 정보를 바이트$_{byte}$ 형태로 전송하는 명령어. 주로 아두이노 센서 값을 프로세싱으로 전송할 때 사용한다. 정보의 형태는 숫자 또는 문자 모두 가능하다.

#아두이노 보드에서 컴퓨터로 정보 보내기

아래 예제를 아두이노 소프트웨어 스케치 에디터에 입력하고 아두이노 보드에 업로드해보자.

`아두이노` 예제 Serial_println

```
void setup() {
  Serial.begin(9600);           // 시리얼 통신을 시작
}

void loop() {
  Serial.println("I'm Arduino"); // 시리얼 모니터 창에 "I'm Arduino" 문자 출력
  delay(1000);                  // 1초 동안 멈춘다.
}
```

업로드가 완료되면 툴바 오른쪽 끝에 위치한 버튼을 클릭하여 시리얼 모니터 창을 열어준다.

1초에 한 번씩 문자가 출력되는 것을 확인할 수 있다. 이때 Serial.println()
은 줄을 바꿔가며 정보를 출력하는 반면 Serial.print()는 줄을 바꾸지 않고
한 줄에 정보를 출력한다.

Serial.println()

Serial.print()

#컴퓨터에서 아두이노 보드로 정보 보내기

다음 예제를 아두이노 소프트웨어 스케치 에디터에 입력하고 아두이노 보
드에 업로드해보자 void loop() 함수 안에서 시리얼 포트로 입력되는 정보
를 한 바이트씩 잘라내 char(문자 하나) 유형의 변수 val에 저장한다. if()
조건문에서 시리얼 통신으로 컴퓨터에서 아두이노 보드로 'w'를 보내 변수
val에 'w'가 저장되면 시리얼 모니터 창에 "I'm Arduino" 문자를 출력한다.

아두이노 예제 Serial_read_write

```
void setup() {
  Serial.begin(9600);            // 시리얼 통신을 시작
}

void loop() {
  char val = Serial.read();      // 시리얼 포트로 입력되는 정보를 변수 val에 저장
  if (val == 'w') {              // 만약 변수 val 값에 'w'가 저장되면
  Serial.println("I'm Arduino"); // 시리얼 모니터 창에 "I'm Arduino" 문자 출력
  }
  delay(1000);                   // 1초 동안 멈춘다.
}
```

아두이노 보드에 예제 업로드를 완료하고 시리얼 모니터 창을 연다. 메시지 입력창에 "who are you?"를 입력하고 엔터 키를 누르거나 [전송] 버튼을 누른다. who are you?에서 첫 글자 'w'가 아두이노 보드로 입력되면 아두이노 보드는 "I'm Arduino"라는 메시지를 컴퓨터로 보내고 시리얼 모니터 창에 출력한다. 이처럼 컴퓨터에서 특정 문자를 아두이노 보드로 전송하여 출력 부품들을 제어할 수 있으며, 문자 이외에도 보드에 연결된 센서 정보를 숫자 값 형태로 입력 받아 시리얼 모니터 창을 통해 확인할 수 있다.

#아두이노 주의사항!

아두이노와 프로세싱으로 작업할 때 흔히 하는 실수들을 모아 보았다. 아두이노는 프로세싱과 비슷해서 코딩할 때 기본적인 규칙은 거의 동일하다. (◐실수를 통해 배운다! 35쪽 참조)

1. 아두이노 스케치가 보드에 업로드가 잘 안 될 때에는 메뉴바에서 [툴]-[보드]를 클릭하고 USB 케이블로 컴퓨터에 연결한 아두이노 보드의 종류 (Arduino Uno)를 제대로 선택했는지, [포트]에서 아두이노 보드가 연결된 시리얼 포트 번호 COM* (Arduino Uno)를 제대로 선택했는지 체크한다. 그래도 안 될 때에는 보드와 연결된 USB 케이블을 제거한 뒤 아두이노 소프트웨어를 끄고 다시 USB 케이블로 아두이노 보드와 컴퓨터를 연결한다. 컴퓨터에서 자동으로 드라이버를 설치하도록 잠시 기다린 다음 아두이노 소프트웨어를 열고 다시 한번 정확하게 아두이노 'COM*' 포트를 선택해주고 업로드한다. USB 케이블이 아두이노에 제대로 연결되었

는지 연결 상태를 확인하고 드문 경우지만 USB 케이블이 불량으로 연결이 안 될 수도 있기 때문에 다른 케이블로 바꿔 본다. 또 다른 방법으로는 온라인으로 코드를 업로드할 수 있는 새로운 서비스인 아두이노 웹 에디터Arduino Web Editor를 사용해보자. 웹 에디터에서 작성한 코드는 클라우드에 항상 저장되며 아두이노 계정만 있으면 모든 장치에서 작업을 바로 시작할 수 있어 편리하다.

2. 아두이노 우노의 디지털 0(RX), 1(TX)번은 다른 보드와 통신하기 위한 하드웨어 시리얼 통신 핀으로, 가급적 디지털 입출력핀으로 사용하지 않는 것이 좋다. 디지털 2~13번까지를 디지털 입출력 핀으로 사용하고, 부족할 경우 아날로그 핀(A0~A5)을 디지털 핀(D14~19)으로 설정하여 사용할 수 있다.

3. 아두이노 보드에 점퍼선으로 입력 센서와 출력 부품을 연결할 때에는 컴퓨터와 연결된 USB를 제거하고 아두이노 보드의 전원을 끈 다음 부품 연결 작업을 진행해야 한다.

4. 전기를 다룰 때 절대 하지 말아야 할 일 중에 하나가 양극과 음극을 아무런 저항 없이 전선 또는 전도성 물체로 바로 접촉시키는 합선short circuit이다. 아두이노 파워 영역에 있는 5V를 점퍼선으로 그라운드GND에 바로 연결하면 합선으로 아두이노 보드가 점점 뜨거워지다 시간이 지나면 망가질 수도 있다. 만약 보드가 USB 케이블로 컴퓨터와 연결되어 있다면 컴퓨터에 충격을 주게 되므로 주의해야 한다. 아두이노 보드와 센서에서 탄 냄새가 나거나 컴퓨터가 아두이노 보드를 갑자기 인식하지 못하면 아두이노 보드를 끄고 합선된 곳이 없는지 체크해 보자.

5. 아두이노 스케치에서 if()문 조건테스트로 A가 B와 같을 때를 표현할 때는 A=B(B 값을 A에 대입하라)가 아닌 A==B(A와 B는 같다)로 입력해야 한다.

```
if(digitalRead(7) == HIGH) ← ○ 바른 표현
if(digitalRead(7) = HIGH) ← ✕ 에러
```

if() 문에서 비교연산자로 조건테스트를 만들 때 'A는 B보다 크거나 같다'는 A => B가 아닌 A >= B로 입력해야 한다. 'A는 B보다 작거나 같다'는 A =< B가 아닌 A <= B로 입력해야 한다.

```
if(x >= 50), if(x <= 50) ← ○ 바른 표현
if(x => 50), if(x =< 50) ← ✕ 에러
```

6. 시리얼 라이브러리를 사용하는 프로세싱이 실행 중일 때 아두이노 보드에 스케치를 업로드하면 에러 메시지가 뜨면서 업로드가 안 된다. 아두이노 보드에 새로운 스케치를 업로드할 때에는 반드시 프로세싱을 중지시켜 실행 중인 스케치창을 닫고 아두이노를 업로드한 뒤 다시 프로세싱을 실행시킨다.

7. 아두이노에 연결된 센서 값을 시리얼 모니터 창으로 확인하고 싶을 때에는 Serial.println()을 사용하여 확인하고, 센서 값을 프로세싱으로 전송하고 싶을 때에는 Serial.println()을 주석 처리하여 비활성화한 다음 명령어 Serial.write()를 써준다. Serial.println()은 7비트를 사용하여 문자 또는 숫자를 128(0~127) 종류로 표현하는 아스키 코드(ASCII)로 정보를 보내는 반면 Serial.write()는 8비트를 사용하여 문자 또는 숫자를 256(0~255) 종류로 표현하는 바이트byte 단위로 정보를 보낸다. 아두이노와 프로세싱 간에 정보를 주고받을 때에는 문자와 숫자를 읽을 수 있는 형태로 바로 확인 가능한 바이트 형태를 사용하면 편리하다.

USB 케이블 1개

점퍼선(핀/소켓) 3개

아두이노 우노 1개

인체 감지 센서 1개

3.1
수족관 시계

☑ **새롭게 배우는 아두이노 명령어**
pinMode( ), Serial.begin( ), Serial.write( ),
digitalRead( ), digitalWrite( ), delay( )

☑ **새롭게 배우는 프로세싱 명령어**
available( ), read( ), switch( ), case, break

☑ **필요한 재료**
아두이노 보드 1개, USB 케이블 1개,
점퍼선(핀/소켓) 3개, 인체 감지 센서 모듈 1개,
프로세싱 비디오 라이브러리 설치,
동영상 파일 1개(파일명: fish.mp4,
화면 크기: 1280 × 720px)

평소에는 현재 시간이 나오는 시계였다
가 관객이 작품에 다가오면 물고기가
헤엄치는 영상이 재생되는 수족관 시계
를 스케치해보자. 이번 내용은 1.4.1 '매
초 색깔이 바뀌고 크기가 커지는 시계
만들기'와 2.1.3 '마우스 클릭으로 동영
상 한 번만 재생시키기'를 응용했다. 두
예제를 다시 한번 훑어보면 많은 도움
이 될 것이다.

#수족관 시계 스케치 실행 과정

🎬 평상시

인체 감지 센서에 사람이 감지되지 않으면 숫자 0을 프로세싱으로 보낸다. 프로세싱에서는 첫 번째 장면에 해당하는 case 1이 실행되어 현재 시간이 스케치창에 출력된다.

🎬 관객 참여 시

관객이 작품에 다가와 인체 감지 센서에 감지되면 아두이노에서 숫자 1을 프로세싱으로 보낸다. 프로세싱에서는 case 1 안에 if() 조건문을 사용해서, 만약 아두이노에서 숫자 1이 입력되면 case 2로 이동하고 물고기가 헤엄치는 영상을 한 번만 재생시키고 다시 case 1로 돌아간다.

#아두이노 보드와 인체 감지 센서 연결 방법

앞면

뒷면

인체 감지 센서(모델명: HC-SR501)

사람과 동물 몸에서 방출되는 적외선을 감지하는 방식으로, 센서 주변에 사람이 감지되면 신호핀으로 5V(HIGH, 1)를 대략 3초 정도 보내고 사람이 없으면 0V(LOW, 0)를 보내는 디지털 방식의 입력 센서이다. 아파트 복도 또는 현관문 천장에 달려있는 센서 등에 주로 사용된다. 센서에 부착된 포텐시오미터로 5V를 보내는 지속시간은 3초~200초까지 조절할 수 있고 감지거리는 3m~7m까지 조절 가능하다. 반구 형태의 센서 주위를 종이나 테이프로 감싸 감지하고 싶은 방향과 범위를 좁혀서 사용하면 좋다. 가격은 1,500원 내외.

TIP! 네이버나 다음, 구글과 같은 포털 사이트에서 센서 모델명을 검색하면 다양한 판매처를 찾을 수 있다.

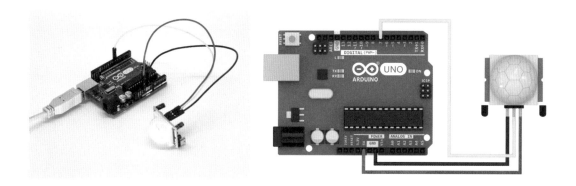

점퍼선 핀/소켓 타입으로 센서의 VCC는 아두이노 파워 영역에 있는 5V에, 센서의 가운데 핀
Out은 아두이노 디지털 7번 핀에, 센서의 GND는 아두이노 GND(파워 영역 또는 디지털 13번
핀 옆)에 각각 연결해준다.

#switch ( ), case, break: 시나리오 3총사

케이스는 void draw() 또는 loop() 함수에 미리 짜놓은 여러 가지 장면들 중
에서 관객의 참여에 따라 특정 장면만 스케치창에서 실행되도록 해준다. 관
객들의 다양한 참여 형태에 맞춰 미리 짜놓은 시나리오대로 장면들을 연출
하고 싶을 때 매우 유용하다. 각 장면들은 switch() 문 안에서 case와 break
로 구분해 만든다. case 뒤에 해당 케이스를 표시하는 숫자 또는 문자 값
을 적어주고 값 뒤에 :(콜론)을 입력해준 다음 해당 장면에서 실행시키고
싶은 명령문들을 넣어주고 case를 끝내는 break;로 마무리한다. 제어 방법
은 switch()의 설정값으로 숫자 또는 문자를 입력하면 입력한 값과 동일한
case를 찾고, switch()의 설정값이 바뀌기 전까지 해당 case 안에 있는 명령
문들만 반복 실행된다. 이때 switch()의 설정값으로 정수 유형의 변수를 넣
어주면 편리하다. 특정 조건에 따라 변수값을 바꿔주면 실행시키고 싶은 장
면의 'case'로 바로 이동하여 스케치창에 실행하도록 할 수 있다.

```
int scene=1; // 정수 유형의 변수 및 초깃값 설정
void setup(){
}

void draw(){
  switch(scene){ // 변수값이 1로 case 1로 이동
```

```
    case 1:
    명령문들 1       // 명령문들 1이 실행됨
    break;
    case 2:
    명령문들 2       // 명령문들 2는 실행되지 않음
    break;
    case 3:
    명령문들 3       // 명령문들 3은 실행되지 않음
    break;
  }
}
```

case 1 안에 if() 조건문을 넣어 만약 어떤 조건을 만족시키면 변수 scene
값을 다른 case 값으로 바꿔 장면을 이동시킬 수 있다.

```
case 1:
  명령문들 1
  if(val == 1){
    scene=3;
  }
break;
```

case 1이 실행 중에 만약 val 값이 1이 되면 다음 프레임부터는 case 3 안에
있는 명령문들이 실행되고 나머지 case 안의 명령문들은 실행되지 않는다.

#실습예제 arduino_ex_3_1 아두이노 코드 및 설명

`아두이노` 예제 arduino_ex_3_1
- -
```
void setup() {
  pinMode(7, INPUT);    // ❶ 7번 핀을 디지털 입력 핀으로 사용
  pinMode(13, OUTPUT);  // ❶ 13번 핀을 디지털 출력 핀으로 사용
  Serial.begin(9600);   // ❷ 시리얼 통신을 시작
}

void loop() {
  if (digitalRead(7) == HIGH){ // ❸ 만약 7번 핀으로 5V(HIGH)가 입력되면
    Serial.write(1);           // ❸ 프로세싱에 1을 보냄
    // Serial.println(1);      // 센서 값 확인용
    digitalWrite(13, HIGH);    // ❸ 디지털 13번 LED 켬
  } else {                     // ❹ 아닐 경우에는
    Serial.write(0);           // ❹ 프로세싱에 0을 보냄
    // Serial.println(0);      // 센서 값 확인용
    digitalWrite(13, LOW);     // ❹ 디지털 13번 LED 끔
  }
```

```
    delay(100);                     // ❺ 0.1초 동안 멈춤
}
```

ex_3_1 아두이노 스케치를 살펴보자. void setup() 함수에서 pinMode()로 디지털 영역에 있는 7번 핀은 입력(INPUT) 핀으로, 13번 핀은 출력(OUTPUT) 핀으로 설정한다(❶). Serial.begin(9600)으로 컴퓨터와 시리얼 통신을 시작한다(❷). void loop() 함수에서 if() 조건문을 사용해서, 센서 주변에 사람이 감지되어 디지털 7번 핀으로 5V(HIGH, 1)가 입력되면 Serial.write(1)로 프로세싱에 1을 보내고 디지털 13번 LED를 켠다(❸). 아닐 경우에는 프로세싱으로 0을 보내고 LED를 끈다(❹). 아두이노 보드에서 너무 빠른 속도로 정보를 보내 프로세싱이 값을 처리할 때 지연되지 않도록 매 프레임마다 delay(100)으로 0.1초 정도 늦춰준다(❺). 아두이노 스케치를 보드에 업로드한 다음 사람이 센서에 다가가도 디지털 13번 LED가 켜지지 않는다면, Serial.write()를 비활성화하고 Serial.println()을 활성화시켜 시리얼 모니터 창으로 센서 값이 잘 들어오는지 체크해보자.

#실습예제 processing_ex_3_1 프로세싱 코드 및 설명

프로세싱 예제 processing_ex_3_1

```
// 아두이노 포트가 저장된 배열의 순번으로 Serial.list()[ ] 배열 안의 숫자를 수정해준다.
import processing.serial.*; // ❶ 시리얼 라이브러리 추가
import processing.video.*;  // ❶ 비디오 라이브러리 추가
Movie movie;                // ❷ Movie 유형의 변수 선언
Serial port;                // ❸ Serial 유형의 변수 선언
int val;                    // ❹ 정수 유형의 변수 선언
PFont font;                 // ❹ PFont 유형의 변수 선언
int scene=1;                // ❹ 정수 유형의 변수 선언 및 초깃값 설정

void setup() {
  size(1280, 720);
  noStroke();
  printArray(Serial.list());          // ❸ 컴퓨터에 연결된 시리얼 포트 정보 출력
  String portName = Serial.list()[0]; // ❸ 아두이노 포트 이름을 문자열 변수에 저장
  port = new Serial(this, portName, 9600); // ❸ 변수 port로 시리얼 통신을 시작
  movie = new Movie(this, "fish.mp4");     // ❷ 소스 동영상 불러 옴
  font=createFont("DS-Digital", 160);
  textFont(font);                          // ❺ 디지털 숫자 폰트 설정
}
```

```
void movieEvent(Movie m) {     // ❻ 이벤트 함수로 새 프레임 읽어 들임
  m.read();
}

void draw() {
  if (port.available() > 0) { // ❼ 만약 시리얼 포트로 값이 들어오면
    val = port.read();         // ❼ 시리얼 값을 변수 val에 저장
  }
  background(0);
  switch(scene) { // ❽ 변수 scene 값에 해당하는 case로 이동
  case 1:
    int s = second();
    int m = minute();
    int h = hour()%12;
    String time = nf(h, 2)+":"+nf(m, 2)+":"+nf(s, 2);
    fill(200, 245, 255);
    textSize(160);
    textAlign(LEFT, CENTER);
    text(time, width/2-240, height/2); // ❾ 현재 시간을 스케치창에 출력
    if (val==1) {                       // ❿ 만약 시리얼 값이 1이면
      scene=2;                          // ❿ case 2로 이동
    }
    break;

  case 2:
    movie.play();                       // ⓫ 소스 동영상을 한 번만 재생
    if (movie.time() >= 25.0) {         // ⓫ 만약 동영상이 끝나면
      movie.stop();
      movie.jump(0);                    // ⓫ 동영상을 멈추고 첫 프레임으로 이동
      scene=1;                          // ⓬ case 1로 이동
    }
    image(movie, 0, 0, width, height); // ⓫ 동영상을 스케치창에 출력
    break;
  }
  println(val);                         // ⓭ 콘솔에 시리얼 값 출력
}
```

예제 ex_3_1 프로세싱 스케치를 살펴보자. 먼저 아두이노 보드와 시리얼
통신을 시작하기 위해 시리얼 라이브러리와 비디오 라이브러리를 추가해
준다(❶). 시리얼 라이브러리는 기본적으로 설치되어 있어 별도로 설치하
지 않아도 된다.(➡라이브러리 추가하기는 179쪽 참조) Movie 유형의 변수
movie를 전역변수로 선언한 다음 [data] 폴더에 저장되어 있는 소스 동영상
(fish.mp4)을 변수 movie에 불러온다(❷). Serial 유형의 변수 port를 전역변
수로 선언하고 아두이노 보드와 시리얼 통신을 할 포트를 지정해준다. 먼저

void setup() 함수에서 명령어 printArray(Serial.list())로 컴퓨터에 연결된 모든 시리얼 포트 번호와 이름이 콘솔에 출력되도록 한다. Serial.list()는 현재 컴퓨터와 통신이 가능한 시리얼 포트 정보들을 배열 [] 안에 순서대로 저장해준다. 아두이노 보드가 연결된 포트 이름은 아두이노 메뉴바 [툴]-[포트]에서 확인할 수 있다. 그 다음 String portName = Serial.list()[0]으로 문자열 유형의 변수 portName에 아두이노 보드의 포트 이름을 저장한다.

TIP! 이때 COM 뒤에 붙은 숫자가 아니라 배열의 순번을 나타내는 숫자를 [] (대괄호) 안에 넣어줘야 한다. 만약 아두이노 보드가 COM1, COM3, COM17 중에서 세 번째 COM17에 연결되어 있다면 COM 뒤의 숫자 17이 아니라 배열의 세 번째 칸에 해당하는 순번 2를 대괄호 안에 넣어 Serial.list()[2]를 변수 portName에 저장해 준다. 맥 컴퓨터에서도 마찬가지로 아두이노 포트가 저장된 배열의 순번으로 Serial.list()[] 배열 안의 숫자를 수정해준다.

이제 변수 port에 아두이노 보드가 연결된 포트 이름을 지정해주고 통신 속도는 9600으로 현재 프로세싱 스케치와 통신하겠다는 명령어 port = new Serial(this, portName, 9600)를 입력한 다음 아두이노 보드와 시리얼 통신을 시작하기 위한 준비를 마무리한다(❸).

다음으로 아두이노 보드로부터 입력되는 값을 저장하기 위해 변수 val을 선언하고 현재 시간을 표시하기 위해 PFont 유형의 변수 font도 전역변수로 선언한다. 실행시킬 case를 지정하기 위해 switch()의 설정값으로 사용할 변수 scene을 선언하고, 초깃값으로 1을 대입하여 첫 프레임에서는 case 1 안의 명령문들이 실행되도록 한다(❹). createFont()로 DS-Digital 폰트를 변수 font에 저장하고 실제 스케치에서 사용할 폰트를 설정한다(❺). 비디오 라이브러리에서 제공하는 이벤트 함수 movieEvent()로 새로운 프레임이 준비될 때마다 해당 프레임을 가져온다(❻).

void draw() 함수에서 먼저 if() 문의 조건테스트 port.available() > 0으로 아두이노 보드로부터 시리얼 값이 입력되었는지 체크하고, 만약 값이 들어오면 그 값을 port.read()로 읽어 들여 변수 val에 저장한다(❼). switch()의 설정값 scene의 초깃값 1에 해당하는 case 1로 이동하고 명령문들을 반복 실행한다(❽). 컴퓨터에서 초, 분, 시 정보를 가져와 문자열 변수 time에 저장하고 스케치창 가운데 중앙 위치에 출력한다(❾). (⬦현재 시간 출력하기는 118쪽 참조) case 1이 실행되는 동안 센서에 사람이 감지되면 1을 프로세싱으로 보낸다. case 1에서 if() 조건문을 사용해서, 만약 시리얼 값이 저장되는 변수 val 값이 1이 되면 switch()의 설정값 scene 값을 2로 바꿔 다음 프레임부터는 case 2로 이동한다(❿).

case 2에서는 소스 동영상을 명령어 movie.play()로 한 번만 재생시키고 동영상이 종료되면 다시 첫 프레임으로 이동한다(⓫). (⬦동영상 한 번만 재생시키기는 188쪽 참조) 동영상이 끝나면 변수 scene 값을 1로 바로 바꿔서 다음 프레임부터는 case 1로 이동하여 현재 시간을 출력한다(⓬). 끝으로 println(val)으로 아두이노 보드로부터 입력되는 시리얼 값을 콘솔에 출력하여 확인할 수 있도록 한다(⓭). 프로세싱 스케치를 실행시킨 다음 센서 주위로 사람이 다가와도 동영상이 재생되지 않는다면, 콘솔에 출력되는 시리얼 값이 0에서 1로 변하는지 먼저 확인해 보자. 시리얼 값이 변하지 않는다면 센서 값이 프로세싱으로 올바르게 전송되지 않고 있다는 의미이다. 보드와 센서를 연결하는 점퍼선들이 제대로 꽂혀있는지 체크하고 아두이노 포트가 저장된 배열의 순번에 맞게 Serial.list()[ ] 배열 안의 숫자를 잘 입력했는지 확인한다.

결과 이미지

평상시 모습

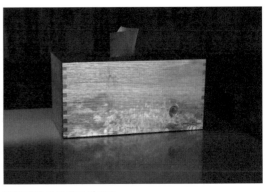
인체 감지 센서 작동 시 모습

좀 더 붙잡기~ 도전!

1. 인체 감지 센서는 신체에서 방출되는 적외선을 감지하는 방식이기 때문에 사람뿐만 아니라 동물의 움직임도 감지한다. 특정 영역 안으로 개, 고양이가 들어와서 센서에 감지되면 개나 고양이가 좋아할 만한(?) 동영상이 재생되도록 해보자.

2. 출입문 쪽에 인체 감지 센서를 설치하여 평소에는 현재 시간이 나타나다가 문을 열고 누군가 집에 들어오면 가족 여행 사진 또는 동영상이 재생되도록 해보자.

3. 예제 ex_3_1과 반대로 동영상이 재생되다가 사람이 감지되면 현재 시간이 출력되도록 스케치를 수정해 보자.

4. 디지털 방식의 다른 센서들도 연결해보자. 손가락이나 신체가 닿았는지 접촉 여부를 감지할 수 있는 터치 센서, 자석을 센서 근처에 위치시키면 자력을 감지해 스위치가 작동되는 리드 스위치 센서, 특정 각도 이상 기울어지면 스위치가 작동되는 기울기 스위치 센서, 물체가 마이크로 스위치(리미트 스위치)에 닿으면 스위치가 작동되는 충돌 감지 센서 등 디지털 형태로 값을 출력해주는 다양한 센서들을 예제 ex_3_1과 함께 활용해보자.

TIP! 점퍼선 종류

점퍼선은 아두이노 보드와 브레드보드에 각종 센서 또는 출력 부품들을 연결하여 간편하게 테스트 회로를 만드는 데 사용되는 전선이다. 전선 양쪽 끝부분의 형태에 따라 소켓/소켓, 핀/소켓, 핀/핀 타입으로 나누어진다. 전선 길이가 긴 점퍼선이 필요할 때는 소켓/소켓+핀/핀 타입 두 점퍼선을 연결하여 사용할 수도 있다. 점퍼선 색깔에 따른 기능의 차이는 없지만 주로 양극(+)에는 빨간색 점퍼선 음극(-)에는 검은색 점퍼선을 사용한다.

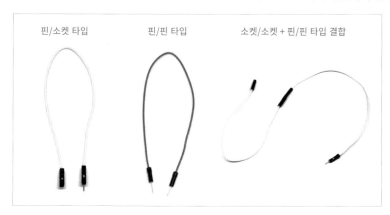

핀/소켓 타입   핀/핀 타입   소켓/소켓 + 핀/핀 타입 결합

#사물인터넷

버스 정류소에서 몇 번 버스가 몇 분 뒤에 도착한다는 정보를 제공하는 버스 도착시간 알림판은 무작정 기다려야 했던 불편함의 시간을 여유로운 기다림의 시간으로 만들어 줬다. 최근에는 도착하는 버스에 사람이 얼마나 많이 타고 있는지 혼잡도와 남은 좌석수까지 알려준다. 이런 서비스도 조금은 덩치가 큰 사물인 버스를 인터넷과 연결했기 때문에 가능하다. 요즈음 4차 산업혁명 기술로 많이 언급되는 사물인터넷IoT, Internet of Things 기술이 우리 일상에 적지 않은 변화를 일으키고 있다.

스마트 TV와 냉장고, 현금자동인출기(ATM), 휴대용 신용카드 단말기, 교통카드 시스템, 택배 배송 추적 시스템, 자동차 내비게이션, 가정용 보안 카메라, 인공지능 스피커, 그리고 무엇보다 스마트폰과 시계 등 일상 속 사물들이 인터넷에 연결되어 사람과 사람, 사람과 사물, 그리고 사물과 사물 간에 서로 정보를 주고받으며 우리의 삶을 바꿔나가고 있다. 아직 인터넷에 연결되지 않은 사물들을 생각해보면 그 변화의 크기와 가능성은 예측하기 힘들다.

우리는 실습예제 ex_3_1을 통해 다양한 센서들을 간편하게 연결할 수 있는 작은 컴퓨터인 아두이노와 비주얼 프로그래밍을 위한 프로세싱이 설치되어 있는 컴퓨터를 USB 케이블로 연결해보았다. 사물인터넷의 시작은 컴퓨터와 컴퓨터의 연결이지만 연결된 두 컴퓨터가 서로 어떤 정보를 주고받을 것인지는 생각해 봐야 한다. 우리가 항상 궁금해 하는 정보, 지금 당장 필요한 정보, 저장하고 분석해야 할 정보, 공유해야 할 정보, 깨달음을 주는 정보, 감동을 주는 정보, 아름다운 정보 등 다양한 형태의 정보들이 있을 것이다. 필요 이상의 과도한 정보를 제공하는 시스템은 오히려 피로감만 준다. 앞으로는 사물인터넷 기술로 우리가 접하게 될 예상치 못했던 새로운 정보들이 우리의 일상을 어떻게 바꿔 놓을지 질문에 질문을 연결해볼 시간이다.

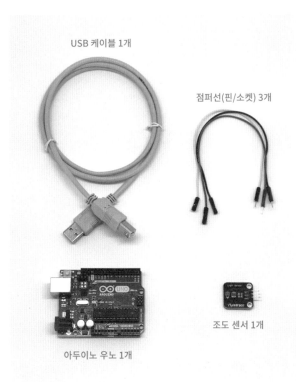

USB 케이블 1개

점퍼선(핀/소켓) 3개

조도 센서 1개

아두이노 우노 1개

☑ **새롭게 배우는 아두이노 명령어**
analogRead ( )

☑ **필요한 재료**
아두이노 보드 1개, USB 케이블 1개,
점퍼선(핀/소켓) 3개, 조도 센서 모듈 1개,
프로세싱 비디오 라이브러리,
촛불이 꺼져 있는 동영상 1개(파일명:
before.mp4, 화면 크기: 1280 × 720px),
촛불이 켜져 있는 동영상 1개(파일명:
after.mp4, 화면 크기: 1280 × 720px)

평소에는 촛불이 꺼져 있는 동영상이
재생되다가 공간이 어두워지면 촛불이
켜진 동영상이 재생되는 촛불 무드등을
스케치해보자. 2.1.2 '마우스 클릭하는
동안만 동영상 재생하기'를 2개의 동영
상에 적용하고 주변의 밝고 어두운 정
도를 감지하는 조도 센서를 아두이노
보드에 연결하여 끊임없이 변화하는 아
날로그 센서 값을 어떻게 활용하는지
알아보자.

#촛불 무드등 스케치 실행 과정

🎬 **평상시**

아두이노에 연결된 조도 센서는 주변이 밝으면 값이 커지고 어두워지면 값이 작아진다. 주변이 밝아 센서 값이 100보다 크면 숫자 0을 프로세싱으로 보낸다. 프로세싱에서는 첫 번째 장면에 해당하는 case 1이 실행되어 촛불이 꺼져 있는 소스 동영상이 스케치창에서 반복 재생된다.

🎬 **관객 참여 시**

관객이 불을 꺼 공간이 어두워지면 조도 센서 값이 100보다 작아져 아두이노에서 숫자 1을 프로세싱으로 보낸다. 프로세싱에서는 1이 입력되면 case 1에서 case 2로 이동하고 촛불이 꺼져 있는 소스 동영상을 반복 재생한다. case 2 실행 중에 주변이 밝아지면 다시 case 1로 돌아간다.

#아두이노 보드와 조도 센서 연결 방법

조도 센서(모델명: SEN030101, 제조사: ywrobot)

주변의 밝고 어두운 정도에 따라 저항값이 변하는 전자부품인 포토셀 (Photocell)을 아두이노 보드에 쉽게 연결하여 사용할 수 있도록 모듈 형 태로 만든, 아날로그 방식의 입력 센서이다. 밤이 되면 불이 켜지는 가로  등, 방에 불이 꺼지면 소리가 줄어드는 라디오, 주위 환경에 따라 밝기가 변하는 스마트폰 액정화면 등에 사용된다. 이번 예제에 사용한 조도 센서는 주변이 밝으면 아 두이노에 입력되는 센서 값이 커지고 어두워지면 센서 값이 작아진다. 가격은 1,500원 내외.

　　점퍼선 핀/소켓 타입으로 센서의 가운데 핀 VCC는 아두이노 파워 영역에 있는 5V에, 센서의 OUT은 아두이노 아날로그 A0번 핀에, 센서의 GND는 아두이노 GND(파워 영역 또는 디지털 13번 핀 옆)에 각각 연결해준다.

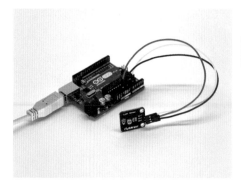
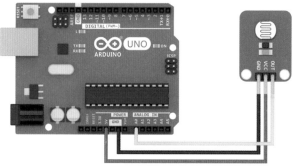

#analogRead(): 그때그때 달라요

아날로그 센서가 아두이노 보드로 전송하는 값은 주위 환경의 변화에 따라 끊임없이 바뀐다. 빛의 밝고 어두움, 온도의 높고 낮음, 소리의 크고 작음 등을 감지하는 아날로그 센서들은 입력되는 값의 최솟값과 최댓값의 범위와 변하는 형태가 모두 제각각 다르다. 같은 조도 센서라도 모델명과 제조사에 따라 입력되는 값의 형태는 천차만별이다. 따라서 아날로그 센서를 사용할 때는 작품을 설치할 실제 장소에서 보드에 직접 연결해보고, 평상시 센서 값은 어느 정도인지. 그 값이 어떻게 변하는지 미리 확인해야 한다. 다음은 아날로그 센서 값을 실시간으로 시리얼 모니터 창에 출력하는 스케치이다.

```
void setup() {
  Serial.begin(9600);              //시리얼 통신 시작
}

void loop() {
  int val = analogRead(A0)/4;      //아날로그 입력값을 변수 val에 저장
  Serial.println(val);             //시리얼 모니터 창에 변수 val 값을 출력
  delay(100);
}
```

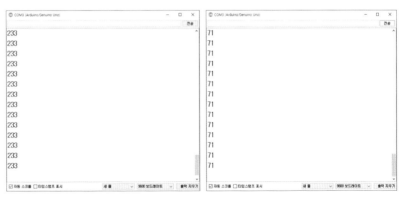

평상시 밝을 때의 센서 값　　　　　　불이 꺼져 어두울 때의 센서 값

void setup() 함수에서 Serial.begin(9600)으로 컴퓨터와 시리얼 통신을 시작할 준비를 한다. void loop() 함수에서 analogRead(A0)로 아날로그 A0번 핀에 연결된 조도 센서 값을 읽어 들이고 그 값을 4로 나눈 뒤 정수 유형의 변수 val에 저장한다. 아두이노는 아날로그 입력값을 0(0V)~1023(5V) 사이의

숫자로 표시하는데, 이 값을 프로세싱으로 보내기 위한 바이트 단위 0~255
로 바꿔 주기 위해 입력값을 4로 나누어 준다. 그 다음 Serial.println(val)
로 변수 val 값을 시리얼 모니터 창에 출력하여 센서 값을 확인한다. 평상시
공간이 밝을 때에는 최댓값 255에 거의 근접한 값이 나오다가 불을 꺼서 공
간이 어두워지면 값이 71로 줄어드는 것을 확인할 수 있다. 이처럼 아두이노
에서 아날로그 센서를 사용할 때는 평상시 값과 환경이 바뀌었을 때의 값이
어떻게 다른지 미리 체크하고, 어떤 형태로 if() 문의 조건테스트를 만들 것
인지와 어떤 값을 프로세싱으로 보낼지를 정해야 한다.

#실습예제 arduino_ex_3_2 아두이노 코드 및 설명

아두이노 예제 arduino_ex_3_2
- -
```
int val;                         //❶ 정수 유형의 변수 선언

void setup() {
  pinMode(13, OUTPUT);           //❷ 13번 핀을 디지털 출력 핀으로 사용
  Serial.begin(9600);            //❷ 시리얼 통신을 시작
}

void loop() {
  val = analogRead(A0)/4;        //❶ 아날로그 입력값을 변수 val에 저장
  if(val<=100){                  //❸ 만약 변수 val 값이 100 이하이면
    Serial.write(1);             //❸ 프로세싱에 1을 보냄
    //Serial.println(1);         // 센서 값 확인용
    digitalWrite(13, HIGH);      //❸ 디지털 13번 LED 켬
  } else {                       //❹ 아닐 경우에는
    Serial.write(0);             //❹ 프로세싱에 0을 보냄
    //Serial.println(0);         // 센서 값 확인용
    digitalWrite(13, LOW);       //❹ 디지털 13번 LED 끔
  }
  delay(100);                    // 0.1초 동안 멈춤
}
```

예제 ex_3_2 아두이노 스케치를 살펴보자. 먼저 조도 센서 값을 저장하기
위해 정수 유형의 변수 val을 전역변수로 선언하고, void loop() 함수에서
analogRead(A0)로 매 프레임마다 센서 값을 읽어 들인 다음 바이트 단위로
만들기 위해 4로 나눠서 변수 val에 저장한다(❶). void setup() 함수에서 디
지털 13번 핀은 if() 조건문이 올바르게 작동하고 있는지 확인 용도로 사용

하기 위해 디지털 출력(OUTPUT) 핀으로 설정해주고, Serial.begin(9600)으로 프로세싱과 시리얼 통신을 시작할 준비를 한다(❷). 아두이노 보드에서 아날로그 입력 핀 A0~A5는 핀의 위치가 따로 구별되어 있기 때문에 별도로 핀 모드를 지정하지 않아도 된다. void loop()에서 if() 문을 활용해서, 주변 환경이 어두워져 변수 val에 저장된 조도 센서 값이 100 이하이면 Serial.write(1)으로 프로세싱으로 숫자 값 1을 보내고 디지털 13번 LED를 컨다 (❸). 센서 값 val이 100 이하가 아닐 경우, 즉 주변이 밝은 상태로 평상시 모습일 때는 프로세싱으로 0을 보내고 LED를 끈다(❹). 아두이노 스케치를 보드에 업로드한 다음 센서 주변을 손으로 가려 어둡게 만들어 본다. 이때 디지털 13번 핀과 연결된 내장 LED가 켜지지 않으면 앞서 다룬 아날로그 센서 값 읽기 예제로 다시 한번 센서 값을 시리얼 모니터 창으로 확인해 보고, 필요하면 if() 문의 숫자 값 100을 변경해준다.

#실습예제 processing_ex_3_2 프로세싱 코드 및 설명

프로세싱 예제 processing_ex_3_2

```
//아두이노 포트가 저장된 배열의 순번으로 Serial.list()[ ] 배열 안의 숫자를 수정해준다.
import processing.serial.*;          //시리얼 라이브러리 추가
import processing.video.*;           //비디오 라이브러리 추가
Movie movie1, movie2;                //❶ Movie 유형의 변수 2개 선언
Serial port;                         //Serial 유형의 변수 선언
int val;                             //정수 유형의 변수 선언
int scene=1;                         //정수 유형의 변수 선언 및 초깃값 설정

void setup() {
  size(1280, 720);
  noStroke();
  printArray(Serial.list());         //컴퓨터에 연결된 시리얼 포트 정보 출력
  String portName = Serial.list()[0];    //아두이노 포트 이름을 문자열 변수에 저장
  port = new Serial(this, portName, 9600); //변수 port로 시리얼 통신을 시작
  movie1 = new Movie(this, "before.mp4");  //❶ 소스 동영상1 불러 옴
  movie2 = new Movie(this, "after.mp4");   //❶ 소스 동영상2 불러 옴
}

void movieEvent(Movie m) {                 //이벤트 함수로 새 프레임 읽어 들임
  m.read();
}
```

```
void draw() {
  if (port.available() > 0) {        //만약 시리얼 포트로 값이 들어오면
    val = port.read();               //시리얼 값을 변수 val에 저장
  }
  background(0);
  switch(scene) {                    //변수 scene 값에 해당하는 case로 이동
  case 1:
    movie1.loop();
    image(movie1, 0, 0, width, height);  //❷ 소스 동영상 1 반복 재생
    if (val==1) {                    //❸ 만약 시리얼 값이 1이면
      movie1.pause();                //❸ 소스 동영상 1 일시 정지
      scene=2;                       //❸ case 2로 이동
    }
    break;

  case 2:
    movie2.loop();
    image(movie2, 0, 0, width, height);  //❹ 소스 동영상 2 반복 재생
    if (val==0) {                    //❺ 만약 시리얼 값이 0이면
      movie2.pause();                //❺ 소스 동영상 2 일시 정지
      scene=1;                       //❺ case 1로 이동
    }
    break;
  }
  println(val);                      //콘솔에 시리얼 값 출력
}
```

예제 ex_3_2 프로세싱 스케치를 살펴보자. 먼저 시리얼 라이브러리와 비디오 라이브러리를 추가해준다. 소스 동영상 2개를 불러오기 위한 Movie 유형의 변수 movie1, movie2를 선언해주고 [data] 폴더에 저장되어 있는 촛불이 꺼져 있는 소스 동영상 1을 movie1에, 촛불이 켜져 있는 소스 동영상 2를 movie2에 불러와 각각 저장한다(❶). Serial 유형의 변수 port를 전역변수로 선언하고, void setup() 함수에서 아두이노 포트가 저장된 배열의 순번으로 Serial.list()[ ] 배열 안의 숫자를 수정해서 아두이노 보드와 시리얼 통신을 시작할 준비를 한다. 아두이노 보드로부터 입력되는 값을 읽어들이기 위해 정수 유형의 변수 val을 전역변수로 선언하고 void draw() 함수 안에서 port.read()로 매 프레임마다 시리얼 값을 변수 val에 저장한다. 정수 유형의 변수 scene을 전역변수로 선언하고 초깃값은 1로 지정해준 다음 void draw() 함수에서 변수 scene 값을 switch()의 설정값으로 사용하여 case 위치를 정해준다.

void draw() 함수 안에서 변수 scene의 초깃값이 1이기 때문에 case 1로 이동하여 movie.loop()로 촛불이 꺼져 있는 소스 동영상 1을 반복 재생한다 (❷). case 1이 실행 중에 주변이 어두워져 아두이노 보드로부터 시리얼 값 1이 입력되면 변수 scene에 2를 대입하여 case 2로 이동한다. 이동하기 전에 소스 동영상 1은 명령어 movie1.pause()로 일시 정지해서 다시 재생될 때 일시 정지된 시점부터 재생되도록 한다(❸). case 2에서는 촛불이 꺼져 있는 소스 동영상 2를 반복 재생시키고(❹) 실행 중에 다시 주변이 밝아져 아두이노 보드로부터 시리얼 값 0이 입력되면, 소스 동영상 2를 일시 정지시키고 변수 scene에 1를 대입하여 case 1로 이동한다(❺). 프로세싱 스케치를 실행시킨 다음 주위가 어두워져도 동영상이 바뀌지 않을 때는 프로세싱 콘솔의 시리얼 값의 변화를 먼저 살펴본다. 시리얼 값이 변하지 않으면 아두이노 보드에 연결된 조도 센서 값이 프로세싱으로 올바르게 전송되지 않고 있다는 의미이다. 먼저 조도 센서가 아두이노 보드에 잘 연결되었는지 체크하고 아두이노 포트가 저장된 배열의 순번으로 Serial.list()[ ] 배열 안의 숫자를 제대로 입력했는지 확인한다. 그래도 시리얼 값이 변하지 않으면 아날로그 센서 값 읽기 스케치로 아두이노에서 다시 한번 조도 센서 값의 변화를 시리얼 모니터 창으로 확인해 보고, 필요하다면 if() 조건문의 숫자를 바꿔본다. 촛불이 켜져 있는 소스 동영상을 만들 때 촛불 개수를 늘리거나 놓여 있는 형태를 재미있게 만들어 나만의 무드등을 연출해보자.

결과 이미지

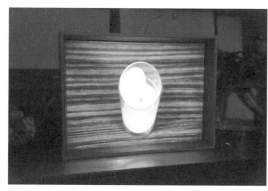

평상시 방 안

불 꺼진 어두운 방 안

좀 더 붙잡기~ 도전!

1. 조도 센서를 잘만 활용하면 어려울 것 같은 인터랙션도 의외로 간단하게 해결할 수 있다. 의자에 사람이 앉았을 때 특정 영상이 재생되도록 하고 싶다면 의자 앉는 부분 옆에 조도 센서를 붙여준다. 의자에 사람이 앉지 않았을 때는 센서 주변이 밝아 높은 값이 들어오다가 사람이 의자에 앉으면 센서 주변이 어두워져 낮은 값이 들어오도록 한다. 이때 의자에 조명을 비춰주면 더욱 효과적이다. 센서 값의 변화를 활용하여 case 2에서 원하는 영상을 출력할 수 있다.

2. 발표할 때 많이 사용하는 레이저 포인터 빔의 빨간 점을 조도 센서의 포토셀 머리 부분에 정확히 맞추어 놓으면 아주 높은 값이 입력된다. 이때 손이나 몸으로 가려 빔이 끊어지면 조도 센서 값이 갑자기 낮아진다. 이런 센서 값의 변화를 활용하여 림보 게임을 만들어보자. 다만 레이저 포인터는 사람이나 동물을 향해 쏘지 않도록 주의~!

3. 아날로그 방식의 다른 센서들도 연결해보자. 주위 온도의 변화를 감지하는 온도감지센서, 앞뒤 좌우 기울기를 감지하는 3축 가속도 센서, 물 높이를 감지하는 수위 감지 센서, 직선상에 놓여있는 물체의 위치와 움직임을 감지할 수 있는 슬라이드 스위치 센서 등 아날로그 형태로 센서 값을 출력해주는 다양한 아날로그 센서들을 예제 ex_3_2와 함께 작업에 활용해보자.

작업노트

#아두이노 관련 추천 사이트

아두이노의 가장 큰 장점은 오픈소스라서 누구나 아두이노를 사용하여 자신의 프로젝트를 다른 사람들과 공유할 수 있다는 점이다. 관심과 노력을 조금만 기울인다면 아두이노는 우리가 상상한 프로젝트를 현실로 만들어줄 것이다. 아래 사이트들은 한번 방문해 보는 것만으로도 많은 도움이 된다. 프로젝트 공유 사이트에서는 'arduino'로 검색해서 아두이노 관련 프로젝트들만 모아서 볼 수 있다.

아두이노 명령어 참조 사이트

🔗 https://www.arduino.cc/reference/en/

아두이노 백과사전. 모든 명령어에 대한 설명과 예시가 잘 정리되어 있다. 특별한 기능을 제공하는 다양한 라이브러리들도 살펴보면 좋다.

Arduino Project Hub

🔗 https://create.arduino.cc/projecthub

아두이노 공식 사이트에서 운영하는 프로젝트 공유 블로그

Makezine

🔗 https://makezine.com

전 세계 메이커들의 축제인 메이커 페어를 주최하는
<Make:> 매거진에서 운영하는 프로젝트 공유 블로그

Instructables

🔗 https://www.instructables.com

아두이노 이외에도 다양한 방법으로 만들어진 메이크
프로젝트들을 공유하고 있다. 여러 분야에서 활동하고
있는 맥가이버들을 만날 수 있다.

Sparkfun Tutorials

🔗 https://learn.sparkfun.com/tutorials

미국 전자부품 온라인 쇼핑몰인 Sparkfun에서 운영하
는 프로젝트 공유 사이트. 홈페이지에서 판매하는 신기
한 부품들을 만나볼 수 있다.

Adafruit learning system

🔗 https://learn.adafruit.com/

MIT 출신 해커들과 엔지니어들이 시작한 미국 전자부품 온라인 쇼핑몰이자 교육 사이트인 에이다프루트. 회사에서 개발한 부품들로 만든 재미있는 프로젝트들이 많다.

bildr

🔗 http://bildr.org/

아두이노 영문 튜토리얼 블로그. 2013년 업데이트가 마지막이지만 조금 난이도가 있는 중급 예제들까지 회로도와 소스 코드가 잘 정리되어 있다.

아두이노 스토리

🔗 https://cafe.naver.com/arduinostory/

국내 최대 아두이노 커뮤니티. 초급부터 고급까지 난이도별로 다양한 예제들과 강좌들이 잘 정리되어 있다. Q&A를 통해 많은 도움을 받을 수도 있다.

가치창조기술 위키 아두이노 강좌

http://wiki.vctec.co.kr/opensource

아두이노 초급 강좌가 깔끔하게 정리되어 있어 처음 시작하는 메이커라면 기초를 다지는 데 많은 도움이 될 것이다.

DIY 메카솔루션 오픈랩

https://blog.naver.com/roboholic84

국내 전자부품 온라인 쇼핑몰 메카솔루션에서 운영하는 커뮤니티 카페. 다양한 교재 및 블로그를 통해 아두이노 강좌 이외에도 배경 이론 및 교육 관련 정보들을 공유하고 있다.

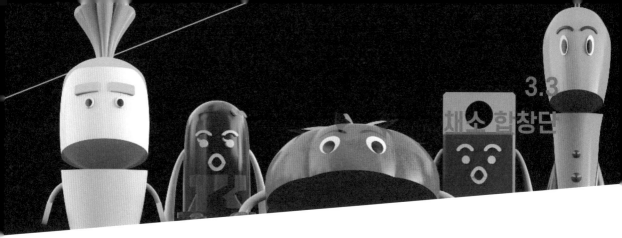

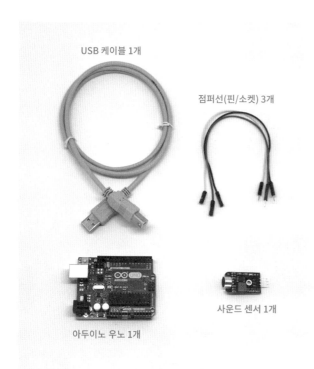

USB 케이블 1개

점퍼선(핀/소켓) 3개

사운드 센서 1개

아두이노 우노 1개

☑️ **필요한 재료**

아두이노 보드 1개, USB 케이블 1개,
점퍼선(핀/소켓) 3개, 사운드 센서 모듈 1개,
채소들이 점차 입을 벌리는 소스 이미지 4장
(파일명: voice00.png~voice03.png,
이미지 크기: 1280 × 720px)

예제 ex_3_2에서는 아날로그 형태의 조도 센서 값을 if() 조건문을 사용해서 0 또는 1 두 가지 상태로만 프로세싱에 전송하였다. 이번에는 아날로그 방식의 사운드 센서에서 전송된 값을 if() 조건문으로 소리 크기의 범위를 나눈 다음 프로세싱으로 해당 범위를 나타내는 0, 1, 2, 3 네 가지 숫자 값을 전송한다. 소리 크기를 나타내는 네 가지 숫자 값에 따라 프로세싱에서는 소리가 작을 때는 채소들이 입을 작게 벌리고 소리가 크면 입을 크게 벌리는 소스 이미지를 출력하여 채소들이 노래를 부르는 듯한 채소 합창단을 스케치해보자. 1.1.3 '특정 숫자의 출력 확률 조절하기'에서 다룬 if() 조건문 사용법과 1.4.4 '연속된 이미지로 셀 애니메이션 만들기'를 다시 한번 훑어보고 두 예제가 어떻게 활용되는지 살펴보자.

3.3

채소 합창단

#채소 합창단 스케치 실행 과정

평상시

사운드 센서를 사용하여 주변 소리를 감지한다. 사운드 센서 값이 0~5로 작은 소리가 감지되면 프로세싱으로 숫자 0을 보내고, 센서 값이 6~25이면 1, 26~50이면 2, 51 이상이면 3이라는 숫자 값을 보낸다.

관객 참여 시

소리가 작아 아두이노에서 0이라는 값이 입력되면 채소들이 입을 다물고 있는 소스 이미지를 스케치창에 출력하고, 소리가 커져 입력값이 1이면 입을 조금 벌린 이미지, 2면 조금 더 크게 입을 벌린 이미지, 3이면 제일 크게 입을 벌린 이미지가 실시간으로 스케치창에 출력되도록 한다.

#아두이노 보드와 사운드 센서 연결 방법

사운드 센서(모델명: SEN030300, 제조사: ywrobot)

센서 근처의 소리 크기에 따라 저항값이 변하는 아날로그 방식의 입력 센서다. 관객의 목소리 또는 스마트폰에서 재생되는 음악 소리 등을 감지할 수 있다. 보드에 부착

된 파란색 포텐시오미터로 센서가 주변 소리 크기에 얼마나 민감하게 반응할 것인지를 조절할 수 있다. 드라이버로 포텐시오미터를 시계 방향으로 돌리면 민감도가 낮아지고 시계 반대 방향으로 끝까지 돌리면 작은 소리에도 민감하게 반응한다. 가격은 5,000원 내외.

핀/소켓 타입의 점퍼선으로 센서의 가운데 핀 VCC는 아두이노 파워 영역에 있는 5V에, 센서의 OUT은 아두이노 아날로그 A0번 핀에, 센서의 GND는 아두이노 GND(파워 영역 또는 디지털 13번 핀 옆)에 각각 연결해준다.

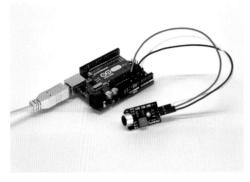

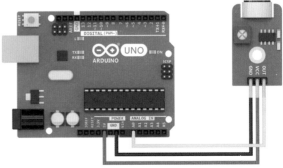

#실습예제 arduino_ex_3_3 아두이노 코드 및 설명

아두이노 예제 arduino_ex_3_3

```
int val;

void setup() {
  Serial.begin(9600);
}
void loop() {
  val = analogRead(A0)/4;
  if(val<=5){                       //❶ 변수 val 값이 5 이하이면
    Serial.write(0);                //❶ 프로세싱에 0을 보냄
    //Serial.println(0);            // 센서 값 확인용
  } else if(val<=25){               //❷ 변수 val 값이 6 이상 25 이하이면
    Serial.write(1);                //❷ 프로세싱에 1을 보냄
    //Serial.println(1);            // 센서 값 확인용
  } else if(val<=50){               //❸ 변수 val 값이 26 이상 50 이하이면
    Serial.write(2);                //❸ 프로세싱에 2를 보냄
    //Serial.println(2);            // 센서 값 확인용
  } else {                          //❹ 그 외의 경우에는
    Serial.write(3);                //❹ 프로세싱에 3을 보냄
    //Serial.println(3);            // 센서 값 확인용
  }
  delay(100);
}
```

예제 ex_3_3 아두이노 스케치를 살펴보자. 사운드 센서 값을 저장하기 위해 정수 유형의 변수 val을 전역변수로 선언한다. void loop() 함수에서 analogRead(A0)/4로 매 프레임마다 센서 값을 읽어 들이고, 센서 값을 바이트 단위(0~255)로 만들기 위해 4로 나눈 다음 변수 val에 저장한다. void setup() 함수에서 Serial.begin(9600)으로 프로세싱과 시리얼 통신을 시작할 준비를 한다. void loop()에서 if() 조건문을 사용해서 센서 주변에서 소리가 거의 나지 않아 센서 값이 5 이하이면 Serial.write(0)으로 프로세싱에 숫자 0을 보내고(❶) 작은 소리가 감지되어 센서 값 val이 6 이상 25 이하이면 프로세싱에 숫자 1을 전송한다(❷). 조금 더 큰 소리가 감지되어 센서 값 val이 26 이상 50 이하이면 2를 보내고(❸), 모든 if() 문의 조건테스트에 해당되지 않는 51 이상의 센서 값이 입력되면 프로세싱에 3을 전송한다(❹). 아두이노 스케치를 보드에 업로드하고 프로세싱을 연다.

#실습예제 processing_ex_3_3 프로세싱 코드 및 설명

프로세싱 예제 processing_ex_3_3
- -

```
//아두이노 포트가 저장된 배열의 순번으로 Serial.list()[ ] 배열 안의 숫자를 수정해준다.
import processing.serial.*;
Serial port;
int val;
int numFrames = 4;                          //❶ 정수 유형의 변수 선언
int frame = 0;                              //❶ 정수 유형의 변수 선언
PImage[] img = new PImage[numFrames];       //❷ 이미지 유형의 배열 선언

void setup() {
  size(1280, 720);
  noStroke();
  printArray(Serial.list());
  String portName = Serial.list()[0];
  port = new Serial(this, portName, 9600);
  for (int i = 0; i < numFrames; i++) {  //❸ for() 반복문으로 배열에 이미지 저장
    String imageName = "voice" + nf(i, 2) + ".png";
    img[i] = loadImage(imageName);
  }
}

void draw() {
  if (port.available() > 0) {
    val = port.read();
  }
  background(0);                            //❹ 바탕색으로 스케치창 갱신
  fill(255,255,200,200);
  noStroke();
  ellipse(width/2,100,val*30,val*30);      //❺ 원형 출력
  strokeWeight(val);
  stroke(random(150, 255),random(150, 255),random(150, 255));
  line(width/2, 100, random(width), random(height)); //❻ 랜덤한 선 출력
  image(img[val],0,0,1280,720);            //❼ 해당 배열의 이미지 출력
  println(val);
}
```

예제 ex_3_3 프로세싱 스케치는 case 대신 배열을 사용하였다. 먼저 배열의 크기를 정하는 정수 유형의 변수 numFrames을 선언하고, 초깃값으로 4를 지정한 다음 배열의 위치에 해당하는 변수 frame을 전역변수로 만들고 초깃값은 0을 대입한다(❶). 프로세싱 이미지(PImage) 유형의 배열 img를 선언하고 배열의 크기는 변수 numFrames의 값인 4로 설정한다(❷). Serial

유형의 변수 port를 전역변수로 선언하고 void setup() 함수에서 아두이노가 연결된 포트 번호에 맞게 Serial.list()[0] 배열 안의 숫자를 수정해서 아두이노 보드와 시리얼 통신을 시작할 준비를 한다. 아두이노 보드로부터 입력되는 값을 읽어 들이기 위해 정수 유형의 변수 val을 전역변수로 선언하고 void draw() 함수에서 port.read()로 매 프레임마다 시리얼 값을 변수 val에 저장한다. void setup() 함수에서 for() 반복문으로 배열 img의 첫 번째 칸 img[0]에서부터 네 번째 칸 img[3]까지 loadImage()를 사용하여 [data] 폴더에 저장되어 있는 소스 이미지 4장을 차례대로 불러온다(❸).

그 다음 void draw() 함수에서 바탕색을 검은색으로 지정하여 매 프레임이 시작될 때마다 스케치창을 검은색으로 새롭게 갱신한다(❹). 스케치창 가운데 위쪽에는 시리얼 값인 변수 val의 크기에 따라 가로세로 크기가 변하는 조금 투명한 노란색 원을 출력한다. 원의 기본 크기는 지름 10 픽셀로 하고, 변수 val에 30을 곱해준 값을 더해줘 소리 크기에 따라 원의 크기가 실시간으로 변하도록 한다(❺). 원의 중심에서 랜덤한 방향으로 뻗어나가는 선을 그려주고 선의 굵기는 strokeWeight(val)을 사용해서 시리얼 값에 따라 굵기가 달라지도록 한다. 선의 색깔은 stroke()로 밝은 영역 (150~255) 안에서 랜덤한 색깔이 선택되도록 한다(❻). image()로 아두이노 보드로부터 입력되는 현재 시리얼 값에 해당하는 배열의 이미지를 출력하여, 소리 크기가 커지면 입을 크게 벌리는 소스 이미지가 스케치창에 출력되도록 한다(❼).

TIP! 프로세싱 스케치를 실행시킨 다음 센서로 소리를 입력해도 이미지가 변하지 않을 때는 프로세싱 콘솔의 시리얼 값을 먼저 살펴본다. 시리얼 값이 변하지 않으면 아두이노 보드에 연결된 사운드 센서 값이 프로세싱으로 올바르게 전송되지 않고 있다는 의미이다. 먼저 아두이노 포트가 저장된 배열의 순번으로 Serial.list()[ ] 배열 안의 숫자가 잘 입력되었는지 확인하고, 앞서 다룬 아날로그 센서 값 읽기 스케치로 아두이노에서 다시 한번 센서 값을 시리얼 모니터 창으로 확인해본 다음 필요하면 if() 조건문의 숫자들을 바꿔 범위를 변경해준다.

결과 이미지

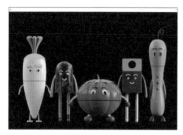  

좀 더 붙잡기~ 도전!

관객의 목소리 또는 스마트폰에서 흘러나오는 노래 소리 이외에도 박수 소리, 노크 소리, 문 닫히는 소리, 바람 소리, 파도 소리, 코 고는 소리, 각종 소음, 운동장의 응원소리, 콘서트장의 함성소리 등 여러 종류의 소리를 사운드 센서로 감지하여 센서 값이 어떻게 변하는지 확인하고 소리가 변화되는 모습을 재미있는 셀 애니메이션으로 만들어보자.

TIP! 소리를 좀 더 잘 감지하기 위해서 센서에 부착된 파란색 포텐시오미터를 시계 반대 방향으로 끝까지 돌려 민감도를 최대로 설정해준다. 또 센서 앞 둥근 부분에 종이로 깔때기 모양을 만들어 붙이면 좀 더 소리를 잘 모아서 감지할 수 있다.

#컴퓨터가 걸어간 길을 따라 걷고 있는 3D 프린터

작업 중에 다양한 형태의 부품들을 서로 연결하거나 고정하기 위해 종종 3D 프린터를 사용하고 있다. 예전에는 수천만 원 하던 3D 프린터가 최근에는 백만 원대로 가격이 낮아져 많이 보급되고 있으며, 영국을 비롯한 선진국에서는 3D 프린팅 기술이 초등학교 정규과목으로 지정될 만큼 관심이 높다. 하지만 보급형 3D 프린터로 뽑은 출력물은 강도가 약하고 출력시간이 오래 걸려 아직은 테스트 및 교육용으로 많이 활용되고 있다.

앞뒤 좌우로 열심히 왔다 갔다 하다가도 가끔은 혼자 허공에서 헛발질을 하고 있는 3D 프린터를 보고 있자니 초등학교 때 컴퓨터실에서 처음 접했던 옛날 컴퓨터가 떠오른다. 1980년대 당시 컴퓨터는 일반 가정집에서는 구입할 수 없는 엄청난 고가의 장비였다. 쇠창살로 삼엄하게 (?) 보안이 유지되던 컴퓨터실에서 한 시간 동안 열심히 GW-BASIC으로 프로그래밍을 해서 곱하기(*) 부호로 소나무 한 그루를 그렸다. 참 신기했지만 그때뿐이었다. 컴퓨터 수업시간 이외에는 컴퓨터를 접할 기회가 거의 없었다. 그러다 1997년쯤 동네마다 PC방이 생기기 시작하면서 상황이 조금씩 변하기 시작했다. 2002년쯤에 집집마다 인터넷 망이 깔리기 시작하면서 컴퓨터는 냉장고와 세탁기처럼 필수 가전제품이 되었다. 인터넷이 컴퓨터에 날개를 달아준 것이다.

전문가들은 언젠가는 3D 프린터도 컴퓨터처럼 집집마다 보급될 것이라고 전망한다. 그렇다면 3D 프린터에 날개를 달아줄 기술은 무엇일까? 사물 인터넷 기술과 메이커 문화도 3D 프린터 보급에 많은 기여를 하고 있지만 무엇보다 3D 프린터에서 사용할 수 있는 새로운 소재 개발이 시급해 보인다. 3D 프린터는 물리적인 입체 형태를 디지털화시켜 무한 복제와 공유가 가능하다는 점에서는 혁신적이지만, 현재 주로 사용하고 있는 플라스틱 재질의 필라멘트 소재로 인한 한계는 극복해야 할 과제이다. 컴퓨터도 초기에는 정보 저장 매체의 크기가 너무 크고 저장할 수 있는 정보의 양도 얼마 되지 않았다. 컴퓨터의 발전과 확산에 정보를 저장하고 처리할 수 있는 매체의 발전이 중요했던 것처럼, 3D 프린터에 최적화된 형태와 방식의 소재 개발이 우선 풀어야할 기술 과제이다.

왠지 닮은 듯...

컴퓨터 플로피 디스크와 CD   3D 프린터 PLA 필라멘트

3.4
바람 불어 그리기

☑ **필요한 재료**

아두이노 보드 1개, USB 케이블 1개,
점퍼선(핀/소켓) 3개, 사운드 센서 모듈 1개,
소스 이미지 1장(파일명: source.jpg, 이미지
크기: 1280 × 720px)

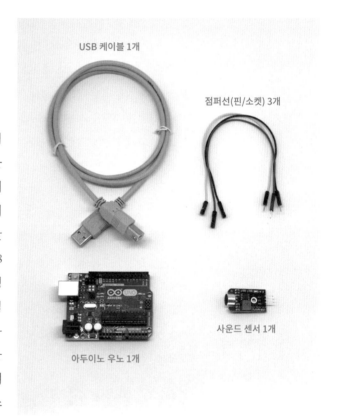

USB 케이블 1개

점퍼선(핀/소켓) 3개

사운드 센서 1개

아두이노 우노 1개

예제 ex_3_3에서 다루어 본 사운드 센서
를 사용하여 센서에 입을 대고 바람을 불
면 반투명했던 이미지가 선명하게 드러
나고 바람을 불지 않으면 그림이 다시 희
미하게 변하는 스케치를 만들어보자. 앞
서 다루어본 예제 ex_1_3_7과 ex_1_3_8
의 점묘법 이미지 그리기를 응용하여 평
상시에는 크기가 큰 반투명한 원으로 점
묘법 이미지가 그려지다가 아두이노와
연결된 사운드 센서에 입을 대고 바람을
불면 작은 원형 점들을 빠르게 출력하여
소스 이미지가 선명하게 드러나도록 스
케치해보자.

#바람 불어 그리기 스케치 실행 과정

┌─────────────────────────────┐   ┌──────────────────────────────┐
│ 🎬 **평상시**   │   │ 🎬 **관객 참여 시**   │
│   │   │   │
│ 바람이 불지 않을 때는 희미한 │   │ 관객이 사운드 센서에 입을 대고 바람을 불면 │
│ 점묘법의 이미지가 보인다.   │   │ 반투명했던 이미지가 선명하게 드러난다. │
│ if() 조건문을 사용해서 소리가 │   │ 센서가 소리를 감지해서 1이라는 값을 보내면 │
│ 감지되지 않으면 숫자 0을   │   │ for() 문을 사용해서 수많은 작은 원형을 그려 │
│ 보낸다.   │   │ 선명한 점묘법 이미지가 나타나도록 한다. │
└─────────────────────────────┘   └──────────────────────────────┘

TIP! 아두이노 보드와 사운드 센서 연결 방법은 270쪽 참조

#실습예제 arduino_ex_3_4 아두이노 코드 및 설명

아두이노 예제 arduino_ex_3_4

```
int val;

void setup() {
  pinMode(13, OUTPUT);
  Serial.begin(9600);
}
void loop() {
  val = analogRead(A0)/4;
  if(val>=5){                    //❶ 변수 val 값이 5 이상이면
    Serial.write(1);             //❶ 프로세싱에 1을 보냄
    //Serial.println(1);         // 센서 값 확인용
    digitalWrite(13, HIGH);      //❶ 디지털 13번 LED 켬
  } else {                       //❷ 아닐 경우에는
    Serial.write(0);             //❷ 프로세싱에 0을 보냄
    //Serial.println(0);         // 센서 값 확인용
    digitalWrite(13, LOW);       //❷ 디지털 13번 LED 끔
  }
  delay(100);
}
```

먼저 예제 ex_3_4 아두이노 스케치를 살펴보자. 사운드 센서 값을 저장하기 위해 정수 유형의 변수 val을 전역변수로 선언한다. void loop() 함수 안에서 analogRead(A0)/4로 매 프레임마다 센서 값을 읽어 들이고 바이트 단위로 만들기 위해 4로 나눈 다음 변수 val에 저장한다. void setup() 함수에

서 13번 핀은 if() 조건문이 올바르게 작동하고 있는지 확인하는 용도로 사용하기 위해 디지털 출력(OUTPUT) 핀으로 설정해주고, Serial.begin(9600)으로 프로세싱과 시리얼 통신을 시작할 준비를 한다. void loop()에서 if()문을 활용해서, 만약 사운드 센서에 관객이 입으로 분 바람 소리가 감지되어 센서 값이 5 이상이면 명령어 Serial.write(1)로 프로세싱에 숫자 1을 보내고 디지털 13번과 연결된 내장 LED를 켠다(❶). 아무런 소리가 감지되지 않을 때는 프로세싱에 숫자 0을 전송하고 내장 LED를 끈다(❷). 아두이노 스케치를 보드에 업로드하고 프로세싱을 연다.

#실습예제 processing_ex_3_4 프로세싱 코드 및 설명

프로세싱 예제 processing_ex_3_4

```
//아두이노 포트가 저장된 배열의 순번으로 Serial.list()[ ] 배열 안의 숫자를 수정해준다.
import processing.serial.*;
Serial port;
int val;
PImage img;                            //❶ 이미지 유형의 변수 선언
int x, y;                              //❷ 정수 유형의 변수 선언
int pSize;                             //❷ 정수 유형의 변수 선언

void setup() {
  size(1280, 720);
  background(255);
  img = loadImage("source.jpg");       //❸ 변수 img에 소스 이미지 저장
  printArray(Serial.list());
  String portName = Serial.list()[0];
  port = new Serial(this, portName, 9600);
}

void draw() {
  if (port.available() > 0) {
    val = port.read();
  }
  if (val==1) {                        //❹ 만약 val 값이 1이면
    for (int i=0; i<500; i++) {        //❺ 500번 반복 실행
      x=int(random(width));
      y=int(random(height));           //❻ 랜덤한 좌표 위치 구함
      color c2 = img.get(x, y);        //❼ 색깔 정보 가져옴
      fill(c2);                        //❽ 원형의 안쪽 면 색 채움
      pSize=int(random(1, 4));         //❾ 랜덤한 원형 크기 구함
      noStroke();                      //❿ 외곽선 제거
```

```
        ellipse(x, y, pSize, pSize);        //⓫ 랜덤한 위치에 원형 그림
    }
} else {
    x=int(random(width));
    y=int(random(height));
    color c1 = img.get(x, y);
    fill(c1, random(100));
    pSize=int(random(10, 70));
    stroke(c1, random(100));
    ellipse(x, y, pSize, pSize);        //⓬ 랜덤한 위치에 반투명한 원형 그림
    stroke(c1, random(50, 150));
    line(x, y, random(width), random(height)); //⓭ 랜덤한 선 그림
}
println(val);
}
```

ex_3_4 프로세싱 스케치는 case 대신 if() 조건문을 사용하였다. 먼저 이미지 유형의 변수 img를 선언하고(❶) 점묘법에 사용될 원형의 x, y 좌표 위치와 크기 값을 저장하기 위해 변수 x, y, pSize를 선언한다(❷). loadImage()를 사용하여 [data] 폴더에 있는 소스 이미지를 변수 img에 불러와 저장한다(❸). 아두이노 포트가 저장된 배열의 순번으로 Serial.list()[] 배열 안의 숫자를 수정해 아두이노 보드와 시리얼 통신을 시작할 준비를 한다. 정수 유형의 변수 val은 void draw() 함수에서 port.read()로 매 프레임마다 아두이노로부터 입력되는 시리얼 값을 저장한다.

void draw() 함수에서 if() 문을 활용해서, 만약 관객이 입으로 사운드 센서에 바람을 불면 아두이노에서 1이라는 값을 전송한다. if() 문의 조건 테스트인 변수 val 값이 1이 되면(❹) for() 반복문으로 카운터 변수 i가 0에서부터 500 미만이 될 때까지 1씩 증가하며 랜덤한 위치에 작은 크기의 원을 그리는 명령문들을 500번씩 반복 실행한다(❺). 스케치창의 가로 크기를 나타내는 시스템 변수 width를 random()의 설정값으로 사용하여 0에서부터 1280(스케치창 가로 크기) 미만 범위 안에서 무작위로 선택된 값을 변수 x에 저장하고 출력될 원형의 x 좌표 위치로 사용한다. 같은 방법으로 int(random(height))로 0부터 720(스케치창 세로 크기) 미만 범위 안에서 임의로 선택된 값을 변수 y에 저장하고 출력될 원형의 y 좌표 위치로 사용한다(❻). 다음으로 프로세싱에서 색깔 정보를 저장할 수 있는 정보의 유형 color로 변수 c2를 만든 다음 원형이 그려지는 x, y 위치와 동일한 좌표 위

치에 있는 소스 이미지 픽셀의 색깔 데이터를 img.get(x, y)로 가져와 변수 c2에 저장한다(❼). 변수 c2에 저장된 색깔 정보를 fill()의 설정값으로 사용하여 출력될 원형의 안쪽 면 색깔로 사용한다(❽). 다음으로 원형의 크기를 정하기 위해 1 이상 4 미만의 범위에서 랜덤하게 선택된 값을 정수로 바꾸고 변수 pSize에 저장한다(❾). noStroke()로 원형의 외곽선을 제거하여 선명한 원이 그려지도록 만들어주고(❿) ellipse()로 랜덤한 위치 x, y에 변수 pSize 크기만큼 작은 원형을 매 프레임마다 500개씩 그린다(⓫).

관객이 바람을 불지 않아 아두이노에서 0이 입력되면 변수 val 값도 0이 되고 if() 문의 조건테스트를 만족시키지 못할 경우(else)에 해당하는 명령문들이 실행된다. 아닐 경우에는 랜덤한 위치에 반투명한 원형이 매 프레임마다 1개씩 그려지도록 하는데, 이때 원의 안쪽 면 색에 랜덤한 투명도 값 random(100)을 주고 원의 크기도 10 이상 70 미만의 범위에서 랜덤하게 선택되도록 하여 반투명한 점묘법 이미지가 그려지도록 한다(⓬). 원과 함께 원의 중심에서 사방으로 랜덤하게 뻗어나가는 반투명한 선도 함께 그려준다(⓭). 프로세싱을 실행시켜 보면 반투명한 큰 원들이 랜덤한 위치에 그려지다가 사운드 센서에 바람을 불면 선명한 색깔의 작은 원들이 스케치창에 흩뿌려지며 소스 이미지가 조금씩 뚜렷하게 드러난다. 만약 사운드 센서에 바람을 불어도 스케치창에 아무런 변화가 없다면 콘솔에 출력되는 시리얼 값의 변화 여부를 확인해 본다.

TIP! 저가형 사운드 센서 중에는 간혹 아무리 바람을 세게 불어도 값이 조금밖에 변하지 않아 아날로그 형태의 입력 센서로 사용할 수 없는 경우도 있다. 싼 게 비지떡이라는 말처럼 돈을 아끼려다가 택배비만 더 나올 수도 있다.

결과 이미지

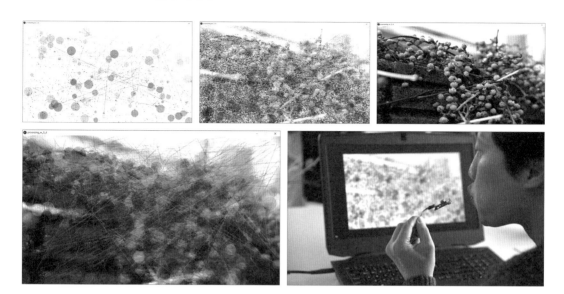

좀 더 붙잡기~ 도전!

사운드 센서에 바람을 불면 커튼이 휘날리거나 건물이 흔들리는 동영상이 재생되도록 해보자.

TIP! case로 녹화된 동영상을 제어하는 예제 ex_3_1을 참고하여 사운드 센서에 바람 소리가 감지되지 않는 평상시에는 case 1에서 평온한 모습의 이미지가 스케치창에 출력되고, 바람 소리가 감지되면 case 2로 이동하여 커튼이 휘날리거나 건물이 흔들리는 동영상이 재생되도록 한다.

#넛지 효과

넛지Nudge는 원래 '옆구리를 슬쩍 찌른다'는 뜻으로, 강요가 아닌 부드러운 개입으로 사람들이 더 좋은 선택을 할 수 있도록 유도하는 방법을 일컫는 말이다. 이 단어는 행동경제학자인 리처드 탈러Richard Thaler 시카고대 교수와 캐스 선스타인Cass Sunstein 하버드대 로스쿨 교수가 출판한 《넛지》(리더스북, 2018)를 통해 소개되었고, 2017년 리처드 탈러 교수가 노벨경제학상을 수상하면서 다시 주목받기 시작하였다.

일상에서 사람들이 무심코 겪는 작은 불편함, 또는 적절한 선택을 취할 가능성이 낮은 상황들이 바로 넛지가 필요한 순간이다. 넛지 효과는 자신의 선택이 훨씬 좋은 결과로 이어질 가능성이 높다는 점을 직관적, 감성적, 긍정적 피드백을 통해 전달함으로서 같은 상황에서 더 좋은 결정을 내릴 확률을 높여준다. 넛지 효과는 이처럼 자발적인 선택과 자연스러운 참여를 이끌어내는 방법으로 교통안전, 에너지 절약, 환경 보호, 공공질서, 광고 홍보 등 다양한 분야에 활용되고 있다.

넛지 효과와 인터랙티브 미디어아트의 공통점은 사람들의 자연스러운 참여와 공감을 이끌어낸다는 점이다. 계단을 밟으면 피아노 소리가 나고 계단을 이용하면 일정 금액이 기부된다고 안내해서 계단 이용을 유도하는 피아노 계단, 건널목에서 녹색 신호를 기다리는 동안 재미있는 동영상이 나와 기다리는 시간을 지루하지 않게 하여 무단 횡단률을 낮추는 신호등, 재활용품을 지정된 위치에 넣으면 즐거운 음악이 흘러나와 올바른 분리수거를 유도하는 분리수거함, 과속을 하면 사진을 찍어 벌금을 부과하기보다는 적정 속도를 잘 지키면 작은 보상을 통해 운전자가 스스로 속도를 줄이도록 하는 안내판 등 넛지 효과와 인터랙티브 미디어아트는 서로 도움이 되는 관계이다. 일상에 인터랙티브 미디어아트를 접목해서 넛지 효과를 유도한다면, 더 많은 사람들의 참여와 관심을 효과적으로 이끌어내고 일상이 더욱 즐거워질 것이다.

USB 케이블 1개

점퍼선(핀/소켓) 4개

거리 센서 1개

아두이노 우노 1개

☑ 새롭게 배우는 아두이노 명령어
long, delayMicroseconds ( ), pulseIn ( )

☑ 새롭게 배우는 프로세싱 명령어
PrintWriter, createWriter, flush ( ), close ( )

☑ 필요한 재료
아두이노 보드 1개, USB 케이블 1개,
점퍼선(핀/소켓) 4개, 거리 센서 모듈 1개

이번 예제에서는 초음파 방식의 거리
센서를 사용하여 관객의 키 정보를 막
대그래프로 표시하는 스케치를 해보자.
거리 센서는 센서 앞의 물체가 센서로
부터 얼마큼 멀리 떨어져 있는지 정확
한 거리를 측정해준다. 관객의 키가 몇
센티인지 알기 위해서는 먼저 거리 센
서를 천장에 부착한다. 천장과 바닥 사
이의 거리를 측정한 다음 그 사이에 관
객이 들어왔을 때의 값을 빼서 관객의

키를 측정하는 것이다. 이렇게 측정한 값을 막대그래프로 그려보자. 또한,
계산된 관객의 키 정보를 텍스트 파일로 저장하고 프린터로 출력하는 방법
도 살펴보자.

#관객의 키를 막대그래프로 그리는 스케치 실행 과정

🎬 평상시

천장에 아두이노와 연결한 거리 센서를 부착한다. 센서에서 바닥까지의 거리로 관객의 키를 계산한다. 사람이 없을 때의 최댓값은 230이다.

🎬 관객 참여 시

거리 센서와 바닥 사이로 관객이 지나가거나 섰을 때 입력되는 센서 값을 평상시 값에서 빼 관객의 키를 알아낸다. 센서로 얻은 관객의 키 정보를 막대그래프로 나타낸다.

#아두이노 보드와 거리 센서 연결 방법

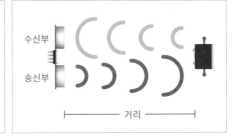

거리 센서 (모델명: HC-SR04)

초음파 거리 센서 HC-SR04는 사람의 귀로는 들리지 않는 영역대의 음파를 공기 중에 발생시키고 그 음파가 센서 앞 물체에 부딪쳐 다시 되돌아오는 데 걸리는 시간을 측정하여 물체까지의 거리를 계산해 알려주는, 아날로그 방식의 입력 센서이다. 이 모델은 최소 2cm에서 최대 4m 이내의 물체를 감지할 수 있다. 초음파는 직진성이 강해 멀리 떨어져 있는 물체도 감지할 있지만 대신 측정할 수 있는 각도(폭)가 15도로 좁다는 단점이 있다. 거리는 가깝고 측정 각도가 넓어야 하는 상황에서는 초음파 방식보다는 적외선 방식의 거리 센서가 효율적이다. HC-SR04 센서를 정면에서 바라보았을 때 왼쪽 원통은 초음파를 발생시키는 송신부Transmitter이고 오른쪽 원통은 발생된 음파를 감지하는 수신부Receiver 역할을 한다. 초음파 거리 센서는 물체에 부딪쳐 반사되는 음파를 감지하기 때문에, 음파를 반사할 반대쪽 면에는 음파를 흡수하는 스펀지 같은 재질이나 반사 각도가 좋지 않은 원통 형태의 물체는 피하는 것이 좋다. 일상에서 거리 센서는 자동차 후방감지기가 후진 시 뒤쪽 물체를 감지할 때, 로봇 청소기가 벽이나 물체를 인식할 때 사용된다. 가격은 1,000원 내외.

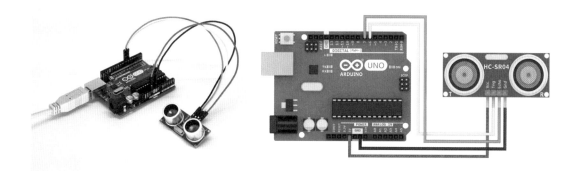

HC-SR04에는 총 4개의 핀이 있다. 점퍼선 핀/소켓 타입으로 센서를 정면에서 바라봤을 때 가장 왼쪽에 있는 핀 Vcc에는 아두이노 파워 영역에 있는 5V 전압을, Trig 핀은 초음파를 발생시키기 위한 신호 핀으로 아두이노 디지털 6번 핀과 연결한다. Echo 핀은 초음파가 물체에 부딪쳐 돌아왔음을 알려주는 신호 핀으로 아두이노 디지털 7번 핀과 연결하고, Gnd는 파워 영역 또는 디지털 13번 핀 옆에 있는 Gnd(그라운드)와 각각 연결해준다. (◯ 핀이 3개인 초음파 거리 센서 사용 방법은《안녕! 미디어아트》예제 3-5(379쪽) 좀 더 가까이 참조)

실습예제 arduino_ex_3_5 아두이노 코드 및 설명

아두이노 예제 arduino_ex_3_5

```
int trigPin = 6;                          //❶ 정수 유형의 변수 선언 및 초깃값 설정
int echoPin = 7;                          //❶ 정수 유형의 변수 선언 및 초깃값 설정
long duration, cm;                        //❶ 큰 값의 정수 유형의 변수 2개 선언

void setup(){
  Serial.begin(9600);                     // 시리얼 통신을 시작
  pinMode(trigPin, OUTPUT);               //❷ trigPin 6번을 디지털 출력 핀으로 사용
  pinMode(echoPin, INPUT);                //❷ echoPin 7번을 디지털 입력 핀으로 사용
}

void loop(){
  digitalWrite(trigPin, LOW);             //❸ trigPin을 0V로 만듦
  delayMicroseconds(2);                   //❸ 0.000002초 동안 멈춤
  digitalWrite(trigPin, HIGH);            //❹ trigPin을 5V로 만듦
  delayMicroseconds(10);                  //❹ 0.00001초 동안 멈춤
  digitalWrite(trigPin, LOW);             //❹ trigPin을 0V로 만듦
  duration = pulseIn(echoPin, HIGH);      //❺ echoPin이 HIGH 상태를 유지한 시간 저장
  cm = duration / 29 / 2;                 //❻ 센서와 물체 사이의 거리 계산
  if (cm >= 2 && cm < 230){               //❼ 만약 변수 cm 값이 2 이상 230 미만이면
```

```
      Serial.write(cm);              //❼ 프로세싱으로 cm 값을 보냄
      //Serial.println(cm);          // 센서 값 확인용
    }
    if (cm >= 230){                  //❽ 만약 변수 cm 값이 230 이상이면
      Serial.write(230);             //❽ 프로세싱으로 230을 보냄
      //Serial.println(230);         // 센서 값 확인용
  }
  delay(100);
}
```

예제 ex_3_5 아두이노 스케치를 살펴보자. 먼저 Trig와 Echo 핀을 아두이노 보드 몇 번 핀에 연결했는지 알려주기 위해 정수 유형의 변수를 2개 만들고 trigPin은 6, echoPin은 7이라는 숫자 값을 대입한다. 그 다음 초음파가 물체에 부딪쳐 되돌아오는 데 걸린 시간을 저장하기 위해 큰 값의 정수를 나타내는 정보의 유형 long을 활용해서 변수 duration과 이 값으로 계산된 실제 센서와 물체 간의 거리를 저장할 변수 cm를 전역변수로 선언한다(❶).

void setup() 함수에서 거리 센서 값을 프로세싱으로 전송하기 위해 Serial.begin(9600)으로 시리얼 통신을 시작할 준비를 한다. pinMode()로 디지털 6번 핀에 연결된 Trig 핀을 출력(OUTPUT) 핀으로, 7번 핀에 연결된 Echo 핀을 입력(INPUT) 핀으로 설정해준다(❷).

TIP! 일반적인 정수의 유형을 나타내는 int는 아두이노 우노에서 표현할 수 있는 숫자 값의 범위가 –32,768~32,767(2byte)인 반면 long은 –2,147,483,648~2,147,483,647(4byte)으로 훨씬 넓은 범위의 정숫값을 표시할 수 있다.

void loop() 함수에서 매 프레임마다 거리 센서가 제대로 작동하도록 하려면 trigPin을 초기화해야 한다. digitalWrite(trigPin, LOW)와 delayMicro seconds(2)로 trigPin을 2μs(100만분의 1초) 동안 0V(LOW) 상태를 만들어준다(❸) 다음 digitalWrite(trigPin, HIGH)와 delayMicroseconds(10)로 trigPin에서 10μs 동안 5V를 출력하여 초음파를 발생시키고 다시 0V 상태를 만든다(❹). delayMicroseconds()는 delay()와 마찬가지로 시간의 단위로 숫자 값을 입력하면 그 시간 동안 프로그램을 정지시키는 명령어다. delay()는 ms(밀리세컨드, 1,000분의 1초) 단위인 반면 delayMicroseconds()는 μs(마

이크로세컨드, 100만 분의 1초) 단위로, 아주 짧은 시간을 입력할 수 있다. trigPin에서 초음파가 발생하면 echoPin은 5V(HIGH) 상태가 되고, trigPin에서 발생한 초음파가 물체에 부딪쳐 돌아와 echoPin이 감지하는 순간 0V(LOW) 상태가 된다. 여기서 pulseIn(입력 핀 번호, 신호 상태)으로 echoPin이 HIGH 상태를 유지한 시간, 즉 초음파가 발생하여 물체를 만나 다시 돌아올 때까지의 왕복 시간을 μs 단위로 측정할 수 있다. 이 값을 변수 duration에 저장한다 (❺). 이제 duration 값을 알아보기 쉬운 cm 단위로 바꿔보자. 초음파는 1cm 를 가는 데 $29\mu s$가 소요되므로 duration 값을 29로 나누고 센서에서 물체까지 거리만 측정하기 위해 전체 시간을 2로 나눈 다음 변수 cm에 저장한다 (❻). 바닥을 바라보고 있는 거리 센서 밑에 관객이 서면 센서에서 관객 머리 위까지의 거리 값이 실시간으로 입력된다. if() 조건문으로 거리 값이 측정할 범위에 해당하는 2cm 이상 230cm 미만이면 그 값을 그대로 프로세싱으로 보내고(❼) 만약 230cm 이상이면 센서와 바닥 간의 거리인 숫자 230을 보낸다(❽). 작성한 아두이노 스케치를 보드에 업로드하고 프로세싱을 실행시킨다.

#실습예제 processing_ex_3_5 프로세싱 코드 및 설명

프로세싱 예제 processing_ex_3_5

```
//아두이노 포트가 저장된 배열의 순번으로 Serial.list()[] 배열 안의 숫자를 수정해준다.
import processing.serial.*;
Serial port;
int cm, tall;                          //❶ 정수 유형의 변수 2개 선언
int[] rects = new int[64];             //❷ 정수 유형의 배열 선언
color[] fills = new color[64];         //❷ 색깔 유형의 배열 선언
PrintWriter tallData;                  //❸ 텍스트 파일 유형의 변수 선언

void setup() {
  size(1280, 720);
  printArray(Serial.list());
  String portName = Serial.list()[0];
  port = new Serial(this, portName, 9600);
  for(int i=0; i<rects.length; i++){    //❹ 두 배열의 요소값 설정
    rects[i]=0;
    fills[i]=color(0);
  }
  tallData = createWriter("tallData.txt");  //❺ 저장할 텍스트 파일 이름 지정
```

```
}

void draw() {
  background(0, 0, 20);
  if (port.available() > 0) {                    // 시리얼 포트로 값이 들어오면
    cm = port.read();                            // 시리얼 값을 변수 cm에 저장
  }
  tall=230-cm;                                   //❻ 관객의 키 정보 저장
  for(int i=0; i < rects.length-1; i++){         //❼ 두 배열의 요소값 재설정
    rects[i]=rects[i+1];
    fills[i]=fills[i+1];
  }
  rects[rects.length-1] = tall;                  //❽ 새로운 관객 키 정보 업데이트
  fills[fills.length-1] = color(255-tall, 255, tall); //❽ 새로운 색깔 정보 업데이트
  for(int i=0; i < rects.length; i++){           //❾ 막대그래프 그리기
    fill(fills[fills.length-1-i]);
    stroke(0);
    rect(20*i, height, 20, -rects[rects.length-1-i]*3);
    tallData.print(tall+",");                    //❿ 텍스트 파일에 키 값 저장
  }
  textSize(20);
  text(tall, 50, 50);                            //⓫ 스케치창에 관객 키 출력
  println(cm);                                   //⓫ 콘솔에 변수 cm 값 출력
  tallData.println("\n");                        //⓬ 텍스트 파일에서 줄 바꿈
}

void keyPressed(){
  if(key=='p'){                                  //⓭ 키보드의 [p] 키를 누르면
    tallData.flush();                            //⓭ 임시 저장한 정보를 텍스트 파일에 저장
    tallData.close();                            //⓭ 텍스트 파일에 저장을 끝냄
  }
}
```

예제 ex_3_5 프로세싱 스케치에는 case 대신 실시간으로 변하는 관객의 키
정보를 64개의 막대그래프로 표현하기 위해 배열과 for() 반복문을 사용하
였다. 먼저 Serial 유형의 변수 port를 전역변수로 선언하고, void setup()
함수에서 아두이노가 연결된 포트 번호에 맞게 Serial.list()[] 배열 안의
숫자를 수정해서 아두이노 보드와 시리얼 통신을 시작할 준비를 한다. 정
수 유형의 변수 cm과 tall을 전역변수로 선언한다. 변수 cm에는 아두이노
로부터 입력되는 센서 값을 저장하고 변수 tall에는 관객의 키 정보를 저장
한다(❶). 막대그래프를 구성하는 64개 사각형의 세로 길이와 각 사각형의
색깔 정보를 저장하기 위해 정수 유형과 색깔 유형의 배열 2개를 선언하고,

두 배열의 전체 크기 또는 길이(length)는 64로 설정한다(❷). 막대그래프를 구성하는 각 사각형의 가로 폭은 스케치창 가로 크기 1280픽셀을 64로 나눈 20픽셀이 된다. 다음으로 실제 종이에 프린트할 수 있도록 원하는 정보를 텍스트 파일로 만들어주는 PrintWriter(텍스트 파일) 유형의 변수 tallData를 선언하고(❸) 관객의 키 정보를 수집하여 텍스트 파일로 만든다.

void setup() 함수에서 두 배열의 요소들을 설정하기 위해 for() 반복문을 사용한다. for() 문에서 배열의 순번을 나타내는 카운터 변수 i는 초깃값 0에서부터 배열의 전체 크기 64 미만까지 1씩 증가하며 두 배열의 첫 번째 칸 [0]에서부터 마지막 칸 [63]까지 모든 요소들의 초깃값을 0으로 설정해준다 (❹). 배열은 첫 번째 칸 [0]의 순번이 0으로 시작하기 때문에 마지막 칸의 순번은 배열의 전체 길이 64에서 1을 뺀 63(rects.length-1)이 된다. 다음으로 createWriter("텍스트 파일 이름")으로 수집된 정보가 텍스트 파일로 컴퓨터에 저장될 때 사용할 파일 이름을 자유롭게 지어준다. 텍스트 파일은 지정한 이름대로 현재 스케치 파일이 저장된 위치와 같은 폴더 안에 저장된다(❺).

아두이노에서 void draw() 함수로 값이 들어오기 시작하면 명령어 port .read()로 읽어 들여 매 프레임마다 변수 cm에 저장한다. 천장에 부착된 거리 센서에서 바닥까지의 거리에 해당하는 230에서 현재 입력되는 값을 빼 관객의 키 정보를 알아낸 다음 변수 tall에 저장한다(❻). 현재 아두이노 보드에서 입력되는 시리얼 값이 230이면 센서 밑에 아무도 없는 상황이고 만약 입력값이 70이면 센서 밑에 선 관객의 키는 230에서 70을 뺀 160cm가 된다.

이제 관객의 키 정보를 가로 폭이 20픽셀인 64개의 사각형 막대그래프로 표현해 보자. 새롭게 알아낸 관객의 키 정보(tall)는 항상 스케치창 가장 왼쪽 첫 번째 사각형 막대로 표시되도록 하고 다음 프레임에서는 현재 사각형을 오른쪽으로 한 칸 이동시킨다. 우선 막대그래프를 구성하는 64개 사각형 각각의 세로 길이를 저장하는 배열 rects[ ]의 마지막 칸 [63]에는 항상 현재 프레임에서 알아낸 관객의 키 정보가 저장되도록 한다. for() 반복문으로 사각형 막대 64개를 그릴 때 x 좌표가 0인 가장 왼쪽 첫 번째 사각형의 세로 길이는 배열 rects[ ]의 마지막 칸 [63]의 요소값으로 그린다. x 좌표가 20인 두 번째 사각형은 배열의 끝에서 두 번째 칸 [62]의 요소값으로 세

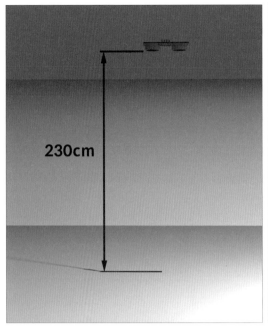
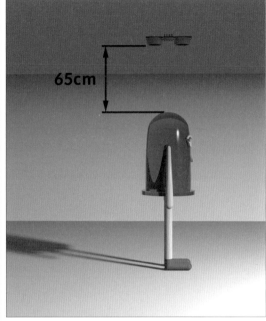

230 - 230 = 0
(평상시 값) (입력값)

230 - 65 = 165cm
(평상시 값) (입력값) (관객의 키)

로 길이를 표시하며, 마지막 64번째 사각형은 x 좌표가 1260에 세로 길이는
배열의 첫 번째 칸 [0]의 요소값으로 그린다. 이를 위해 매 프레임마다 for()
반복문으로 64개의 사각형 막대를 그리기 전에 배열 rects[ ]의 모든 요소값
들을 한 자리씩 순번의 앞쪽 칸으로 옮기고 마지막 칸 [63]에는 항상 새로운
관객의 키 정보가 업데이트되도록 한다.

　for() 반복문을 활용해서 두 배열의 요소값을 앞쪽으로 한 칸씩 이동시
킬 때 배열의 순번을 나타내는 카운터 변수 i는 초깃값 0에서부터 배열 끝에
서 두 번째 칸(i < rects.length - 1)까지 1씩 증가하며 두 배열의 각 요소값 [i]
를 한 칸 뒤에 있는 요소값 [i + 1]로 재설정해준다(❼). 이때 배열의 마지막
칸 [63]은 한 칸 뒤의 요소값이 존재하지 않기 때문에, for() 문은 배열 끝에
서 두 번째 칸까지만 진행되도록 한다. 평상시 값 230에서 현재 프레임에서
입력된 거리 센서 값 cm을 뺀 관객의 키 정보를 배열 rects[ ]의 마지막 칸
rects[rects.length - 1]에 저장하고, 관객의 키가 크면 파란색 비율이 높아지
고 키가 작으면 빨간색 비율이 높아지는 새로운 색깔 정보를 배열 fills[ ]의

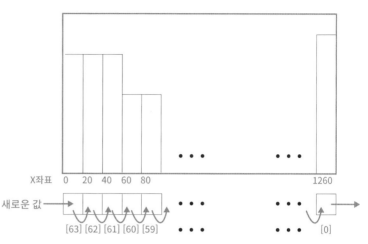

배열의 전체 크기에 해당하는 마지막 64번째 칸 [63]에는 새로운 값을 저장한다. 새로운 값이 들어오면 64번째 칸 [63]의 요소값은 [62]로 이동하고 [62]의 요소값은 [61]로 이동한다. 첫 번째 칸 [0]의 요소값은 두 번째 칸 [1]의 요소값으로 덮어쓰기한다.

마지막 칸 fills[fills.length-1]에 저장한다(❽).

　다음은 for() 반복문으로 스케치창에 막대그래프를 그린다. for() 문에서 배열의 순번을 나타내는 카운터 변수 i는 초깃값 0에서부터 배열의 전체 크기 64 미만(i < rects.length)까지 1씩 증가하며 두 배열의 요소값으로 64개의 사각형 막대를 그린다. 첫 번째 사각형의 기준점은 x 좌표 0, y 좌표 height(720)이며 가로 크기는 20픽셀, 세로 크기는 막대의 방향이 밑에서 위로 향하도록 현재 프레임에서 관객의 키 정보를 나타내는 배열 rects[ ]의 마지막 칸 요소값에 −(마이너스)를 붙여준다. 첫 번째 사각형의 색깔도 배열 fills[ ]의 마지막 칸 요소값으로 채워준다. 두 번째 사각형은 y 좌표는 그대로 유지하고 x 좌표만 20이 되어 오른쪽으로 이동하고 두 배열의 끝에서 두 번째 요소값으로 그려준다. 같은 방법으로 총 64개의 사각형 막대를 매 프레임마다 그려준다(❾). for() 문이 매번 실행될 때마다 tallData.print(tall+",")로 각 사각형 막대가 나타내는 관객의 키 정보 64개를 텍스트 파일에 순서대로 저장한다(❿).

　for() 문이 끝나면 text()로 현재 프레임에서 알아낸 관객의 키 정보를 스케치창 왼쪽 위에 출력하고 아두이노 보드에서 입력되는 거리 센서 값을 저장하고 있는 변수 cm을 콘솔에 출력한다(⓫). tallData.println("\n")로

64개의 정보가 텍스트 파일에 저장될 때 매 프레임마다 줄바꿈해준다(⓬). 관객의 키 정보가 텍스트 파일에 저장되는 기능을 멈추고 싶을 때를 위해 키보드 이벤트 함수로 키보드에서 영문 소문자 [p] 키를 누르면 키 정보가 더 이상 텍스트 파일에 저장되지 않도록 설정한다. tallData.flush()는 텍스트 파일로 저장하기 전에 임시 저장해 놓은 키 정보들을 텍스트 파일로 옮겨 저장해 주고, tallData.close()는 텍스트 파일 저장 기능을 종료한다(⓭). 예제 ex_3_5는 사람들이 많이 드나드는 출입문 위쪽에 거리 센서를 설치하고 테스트해보면 좋다.

결과 이미지

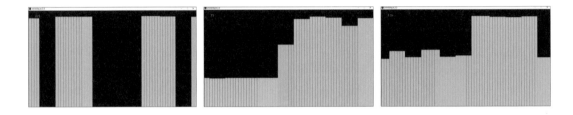

스케치를 실행시키고 어느 정도 시간이 지난 다음 키보드의 [p] 키를 눌러 텍스트 파일에 정보 저장하기를 정지시키면 관객의 키 정보를 담은 텍스트 파일(tallData.txt)이 스케치 파일이 저장되어 있는 같은 폴더 안에 저장된다. 매번 스케치를 실행했다가 정지하면 최신 정보의 텍스트로 덮어쓰기 때문에 보관하고 싶은 텍스트 파일은 파일 이름을 바꿔 놓아야 한다.

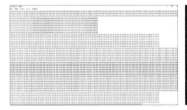

좀 더 붙잡기~ 도전!

1. 거리 센서를 무빙워크 또는 에스컬레이터 시작 부분 천장에 부착하고 아래를 바라보도록 한다. 무빙워크에 사람이 들어오면 옆쪽 벽면에 자신의 실제 키를 나타내는 이미지가 자신의 눈높이에서 함께 이동하도록 설치해본다.

2. 관객의 키 정보로 대략적인 나이대를 예측하고 나이대에 따라 각각 다른 영상들이 키 높이에 맞춘 위치에서 출력되도록 스케치해본다. 키가 작으면 아래쪽에서 영상이 나오게 하고 키가 크면 위쪽에서 영상을 재생시킨다.

3. 이번 3장에서는 아두이노 보드에 연결된 센서에서 값을 입력 받아 프로세싱에서 실시간으로 이미지와 영상이 변하는 예제들을 살펴보았다. 반대로 프로세싱에서 아두이노로 값을 전송하여 아두이노 보드에 연결된 LED, 모터, 스피커 등 다양한 출력 부품들을 제어하는 예제들도 실습해보자. (◑《안녕! 미디어아트》363쪽 참조)

#베란다 창업

스티브 잡스가 부모님의 집 차고에서 처음 애플 컴퓨터를 만들고 창업했다는 일화는 유명하다. 애플뿐만 아니라 마이크로소프트의 빌 게이츠, 구글의 세르게이 브린과 래리 페이지, 아마존의 제프 베조스 등 미국을 대표하는 세계적인 기업들이 일명 '차고 창업'으로 시작했다. 별도로 독립된 공간에서 동료들과 밤샘하며 프로젝트를 진행하기에 차고는 더없이 좋은 공간이다. 그렇다면 우리는 어디서 이런 '차고' 공간을 찾을 수 있을까?

우리나라는 아파트 공화국이라는 말이 나올 정도로 아파트 거주비율이 높다. 이런 우리네 아파트에는 독특한 공간이 있다. 바로 '베란다'이다. 다른 나라 아파트의 베란다 또는 발코니와는 다르게 우리나라 아파트의 베란다는 실외도 실내도 아닌 그 경계에 위치하고 있다. 베란다를 작업 공간 겸 창업 공간으로 활용해 보면 어떨까? '베란다 창업'은 기본적으로 제공되는 것들도 많다. 우선 매달 나가는 월세 걱정이 없고 계약기간에 쫓겨 수시로 이사 다니지 않아도 된다. 전기료, 수도세, 인터넷 사용료를 따로 낼 필요도 없다. 정리만 잘 하면 의외로 넓은 공간에 나만의 아지트가 생긴다.

베란다에 앉아 좀 더 즐거운 상상을 해본다. 가까운 미래에는 드론으로 물품을 운반하는 드론 배송 시대가 열린다고 한다. 이미 도서 산간 지역에는 드론을 활용하여 실제 우편, 택배 물품을 배송하는 서비스가 시작되었으며 점차 도심지역으로 확대될 예정이라고 한다. 아파트에서 드론이 배송하는 물품을 받기 가장 좋은 곳은 베란다일 것이다. 아파트 각 호수 베란다에 드론이 배송하는 물건을 놓고 갈 수 있는 공간이 마련된다면 훨씬 빠르고 효율적인 드론 배송 시스템을 구축할 수 있지 않을까? 우리나라가 인터넷 보급률이 세계에서 가장 빠르게 증가한 데에는 아파트 중심의 주거 형태에 따른 높은 인구 밀집도가 주요 요인으로 꼽히는데 아파트 주거 형태와 베란다는 드론 수송 규모 증가 비율에도 크게 한몫할 것 같다. 베란다에 나만의 드론 주차장을 만들어 보면 어떨까? 내가 만든 물건을 베란다에 주차되어 있는 드론에 실어 사용자에게 바로 보낼 수 있는 날이 가까워지고 있다.

그리고 아파트는 기본적으로 햇볕이 잘 드는 방향으로 짓기 때문에 베란다는 태양광 패널을 달아 자가 발전 시스템을 구축해 보기에도 좋은 공간이다. 물론 현재 많이 사용하고 있는 미니 태양광 패널은 밋밋한 형태로 효율이 낮은 단점이 있지만 점점 기술이 발전하여 성능 좋은 태양광 패널이 개발되면 분명 베란다는 최적의 설치 공간이 될 것이다. 또한 대부분의 베란다에는 수도꼭지와 배수시설이 되어 있어 최근 도시농업으로 떠오르고 있는 수경재배를 시작하기에도 더없이 좋은 공간이다. 또 어떤 일들을 할 수 있을까?

우선 베란다에 책상과 의자를 갖다 놓고 재밌게 놀아보자.

#한강을 타고 남산을 돌아본다

이재민

<한강을 타고 남산을 돌아본다>는 서울 한강체와 남산체로 적은 서울의 동 이름들을 통해 내가 살고 있는 곳에서 일어나고 있는 사회적, 물리적 변화를 되돌아보는 미디어아트 전시이다. 첫 번째 작품 '한강을 타고'는 이발소 간판에 적힌 무수히 많은 동 이름들이 물결을 이루며 떠내려간다. 시간의 흐름 속에서 잊혀 가고 있는 우리 동네 이름들을 끊임없이 흘러가는 한강의 모습으로 표현하였다. 두 번째 작품 '남산을 돌아본다'는 지속적인 알림과 보도를 통해 사람들을 세뇌시키는 사회적 시스템의 속성과, 일상 속에서 멀어져 가는 우리 주변의 소중한 것들에 대한 이야기이다.

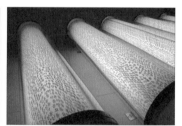

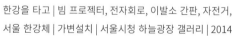
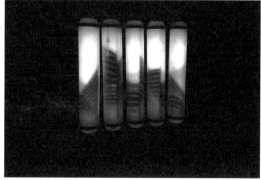

한강을 타고 | 빔 프로젝터, 전자회로, 이발소 간판, 자전거,
서울 한강체 | 가변설치 | 서울시청 하늘광장 갤러리 | 2014

남산을 돌아본다 | 이발소 간판, 서울 남산체 | 가변설치 |
서울시청 하늘광장 갤러리 | 2014

4 웹캠으로
입력되는
실시간 비디오
활용하기

지금까지 마우스와 키보드 그리고
아두이노에 연결된 센서들을 통해
입력되는 정보들을 활용한 인터랙티브
작업들을 살펴보았다. 이번 장에서는
USB 케이블로 컴퓨터와 연결된
웹캠Webcam 카메라를 통해 입력되는
실시간 비디오 정보를 활용한 예제들을
살펴보고 카메라 앞에 서있는 관객의
움직임에 따라 이미지가 실시간으로
변하는 인터랙티브 영상을 만들어보자.

4.1
웹캠으로 바라보기

웹캠을 통해 입력되는 실시간 비디오를 프로세싱 스케치창에 출력하는 방법을 알아보자. 프로세싱 스케치창에 출력되는 실시간 비디오를 마우스로 움직여보고 특정 이미지에 실시간 비디오를 매핑하거나 녹화된 동영상과 실시간 비디오를 합성하는 다양한 예제들을 스케치해보자.

4.1.1
실시간 비디오
캡처하기

4.1.2
마우스로 실시간
비디오 움직이기

4.1.3
이미지와 실시간
비디오 합성하기

4.1.4
녹화된 동영상과
실시간 비디오
합성하기

4.1.1 실시간 비디오 캡처하기

☑ 새롭게 배우는 명령어
  Capture, Capture.list( ), cam.start( ), cam.available( ), cam.read( )

☑ 필요한 재료
  비디오 라이브러리 설치, 컴퓨터에 웹캠 연결(사용한 웹캠 모델명: 로지텍 HD웹캠 C615)

2장에서 녹화된 동영상을 재생하기 위해 비디오 라이브러리를 설치하고 이를 프로젝션 매핑 작업에 활용해 보았다. 이번에는 비디오 라이브러리를 사용하여 컴퓨터에 연결한 웹캠에서 입력되는 실시간 비디오를 인터랙티브 작업에 활용해 보려 한다. 먼저 웹캠으로 캡처한 이미지를 프로세싱 스케치 창에 출력하는 법을 알아보자.

#웹캠 연결: 컴퓨터에 눈 달기

컴퓨터와 웹캠을 연결한 모습

웹캠Webcam은 USB 케이블 또는 와이파이로 컴퓨터와 연결해서 주위 모습을 이미지 형태로 컴퓨터에 실시간으로 전달해주는 비디오 카메라이다. 웹캠 또는 카메라로 촬영한 이미지를 컴퓨터로 불러와 저장하는 작업을 캡처Capture라고 한다. 2~3만 원대의 저가형 모델부터 HD 해상도High Definition, 1920×1080픽셀와 4K UHD해상도4k Ultra High Definition, 3840×2160픽셀를 지원하는 10만 원대 고급형까지 다양하다. 간혹 맥 컴퓨터에는 연결되지 않는 웹캠도 있으니 구입 전에 먼저 확인해 보자.

원활한 인터랙티브 작업을 위해 몇 가지 설정을 바꿔주면 좋다. 먼저 가지고 있는 웹캠을 컴퓨터와 연결한 다음 제조사에서 제공하는 전용 소프트웨어를 다운 받아 컴퓨터에 설치한다. 웹캠 소프트웨어에서 [웹캠 컨트롤러]를 클릭한 다음 [고급설정]을 선택한다. [이미지 방향]에서 '좌우 반전'을 선택하고, [화이트 밸런스]는 '자동' 기능 체크 박스를 클릭하여 체크 표시를 제거한다. [이미지 방향]이 '일반'이면 좌우 반전된 모습으로 프로세싱 스케치창에 출력되기 때문에 이미지를 '좌우 반전'으로 설정한다. 그리고 [화이트 밸런스]의 자동 상태에서는 카메라 앞의 밝고 어두운 정도에 따라 전체 이미지 색감이 계속 변하기 때문에 프로세싱으로 색상 정보를 가져오기 힘들다. 모든 설정이 완료되면 [저장] 버튼을 눌러준다.

  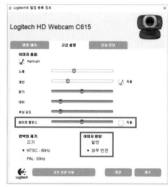

로지텍 HD 웹캠 카메라 설정 화면

만약 웹캠을 따로 준비하지 못했다면 노트북에 내장된 기본 카메라로 시작해보자.

#실습예제 ex_4_1_1 코드 및 설명

프로세싱 예제 ex_4_1_1

```
import processing.video.*;              //❶ 비디오 라이브러리 추가
Capture cam;                            //❷ Capture 변수 선언
//int count=0;                          //❾ 타임 랩스를 위한 코드

void setup() {
  size(1280, 720);
  background(255);
  String[] cameras = Capture.list();    //❸ 카메라 설정 목록 배열 만듦
  printArray(cameras);                  //❹ 콘솔에 설정 목록 출력
  cam = new Capture(this, cameras[52]); //❺ 사용할 카메라 지정
  cam.start();                          //❻ 실시간 비디오 캡처 작업 시작
}
```

```
//void captureEvent(Capture cam){          // 이벤트 함수로 새 프레임 읽어 들임
//  cam.read();
//}

void draw() {
  if (cam.available() == true) {            //❼ 새로운 프레임 읽어 들임
    cam.read();
  }
  image(cam, 0, 0, width, height);          //❽ 새로운 프레임 스케치창에 출력
  //if(second()%30==0){                     //❾ 타임 랩스를 위한 코드
  // cam.stop();
  // saveFrame("timeLapse"+nf(count, 4)+".jpg");
  // delay(1000);
  // count++;
  // cam.start();
  //}
}
```

예제 ex_4_1_1을 살펴보자. 먼저 메뉴바에서 [스케치]-[내부 라이브러리...]-[Video]를 클릭하여 비디오 라이브러리를 스케치에 추가한다(❶). 실시간 비디오를 프로세싱으로 불러오기 위해 Capture 유형의 변수 cam을 전역변수로 만들어준 다음(❷) void setup() 함수에서 사용할 카메라를 변수 cam에 지정해준다. Capture.list()는 현재 컴퓨터에 연결되어 프로세싱에서 사용할 수 있는 카메라들을 목록으로 만들어주는데 이때 한 대의 카메라에서도 지원 가능한 화면의 가로세로 크기$_{size}$와 프레임 속도$_{fps}$에 따라 구분해서 보여준다. 문자열 유형의 배열 cameras를 만들어 사용 가능한 카메라 설정 목록을 첫 번째 칸 cameras[0]부터 차례대로 저장한 다음(❸) printArray(cameras)로 콘솔에 한 줄씩 순서대로 출력되도록 한다(❹). cameras[0]에는 주로 해당 카메라의 기본 설정이 저장되기 때문에 가장 많이 사용된다.

그 다음 출력된 카메라 설정 목록 중에서 노트북에 내장된 카메라를 사용할 것인지 USB 케이블로 연결된 웹캠을 사용할 것인지 정하고 캡처할 이미지의 가로세로 크기와 프레임 속도를 결정한 다음 배열 cameras에 저장된 순번을 확인한다. Capture 유형의 변수 cam에 현재 스케치에서 사용할 카메라 설정을 cameras[설정 카메라 배열 순번]으로 지정해 준다. 이번 예제에서는 스케치창과 같은 크기(1280×720)로 1초에 30장씩(fps=30) 이미

지를 캡처하는 [52]번으로 설정했다(❺). 만약 컴퓨터 사양이 낮다면 1초에 5장씩 이미지를 캡처하는 카메라 배열의 순번으로 설정해준다. 배열의 순번은 웹캠이 연결된 컴퓨터에 따라 달라지기 때문에 본인의 컴퓨터에서 카메라 설정 목록을 반드시 확인해야 한다. 녹화된 동영상과 마찬가지로 비디오 라이브러리로 실시간 비디오를 실행시킬 때에는 처음 스케치창에 영상이 나타날 때까지 인내심을 가지고 조금 기다려야 한다. 실행 속도가 너무 느리면 카메라 설정에서 화면 크기를 줄이거나 프레임 속도를 fps=10 또는 fps=5로 낮춰보자. cam. start()로 웹캠에 지정한 설정에 따라 카메라 앞의 모습을 이미지 형태로 캡처하여 실시간으로 전달하도록 한다(❻). 캡처 작업을 멈추고 싶을 때에는 cam.stop()을 입력한다.

캡처한 이미지를 프로세싱으로 불러오는 방법은 두 가지다. 첫 번째는 void draw() 함수에서 if() 조건문으로 새로운 프레임이 준비되었는지 (cam.available()==true) 테스트한 다음, 참이면 카메라에서 그 이미지를 읽어 들이는 cam.read() 방법이다. 두 번째는 이벤트 함수 captureEvent()를 사용하여 카메라에서 새로운 프레임이 준비될 때마다 읽어 들이는 방법이다. 이벤트 함수를 사용할 때에는 void draw() 함수에 있는 if() 조건문은 비활성화시킨다. 이번 예제에서는 if() 문으로 새로운 프레임이 준비되었는지 확인하고, 준비되었다면 카메라에서 이미지를 읽어 들인 다음(❼) 명령어 image()로 새로운 프레임을 스케치창에 출력한다(❽). 이때 image()에 사용 가능한 tint()와 filter() 효과를 실시간으로 입력되는 카메라 이미지에 적용시켜 다양한 변화를 줄 수 있다.

예제 ex_4_1_1을 활용해서 일정하게 정해진 간격에 따라 한 번에 한 프레임씩 이미지를 캡처한 후 정상속도로 재생시키면 긴 시간의 흐름을 짧은 영상으로 표현하는 타임 랩스Time lapse 기법을 구현할 수 있다.

타임 랩스를 위해 먼저 정수 형태로 변수 count를 선언하고 초깃값으로 0을 지정한다. void draw() 함수에서 if() 조건문을 이용해서 현재 시간 정보에서 초 시간을 나타내는 숫자 값을 30으로 나눈 나머지 값이 0이면 (참), saveFrame()으로 0초와 30초마다 현재 스케치가 저장된 폴더 안에 카메라 앞의 모습을 캡처해서 차례대로 저장한다. 스케치창 이미지를 저장하는 동안에는 cam.stop()으로 캡처 작업을 잠시 멈추고 저장되는 이미지를 1초 정도 확인할 수 있도록 한다. 저장되는 파일명의 순번(count)을 1씩 증가시킨 다음 cam.start()로 다시 캡처 작업을 시작한다(❾). 저장된 소스 이미지를 예제 ex_1_4_4 '연속된 이미지로 셀 애니메이션 만들기' 또는 예제 ex_4_1_4에서 다룰 프로세싱 Movie Maker를 이용해서 타임 랩스 동영상으로 만들 수 있다. 만약 이번 스케치처럼 30초마다 한 번씩 촬영하도록 하면 1시간 동안 대략 120장을 기록하고, 24프레임 타임 랩스 동영상으로 만들면 전체 길이는 5초가 된다. 24시간 하루를 2분으로 압축시켜 표현할 수 있다. 현재 스케치에서는 타임 랩스를 위한 코드 앞에 주석 기호 //가 입력되어 있어 해당 코드가 실행되지 않는다. 타임 랩스 촬영을 위해서는 활성화시킬 타임 랩스 코드를 선택한 후 메뉴바에서 [편집]-[주석 처리/해제]를 클릭하거나 단축키([Ctrl+/])를 누르면 된다.

결과 이미지

4.1.2 마우스로 실시간 비디오 움직이기

☑️ **필요한 재료**

비디오 라이브러리 설치, 컴퓨터에 웹캠 연결

이번에는 웹캠에서 입력되는 실시간 비디오 화면을 마우스 움직임에 따라 변형되어 나타나도록 스케치해보자.

#실습예제 ex_4_1_2 코드 및 설명

프로세싱 예제 ex_4_1_2

```
import processing.video.*;
Capture cam;

void setup() {
  size(1280, 720);
  background(255);
  String[] cameras = Capture.list();
  printArray(cameras);
  cam = new Capture(this, cameras[52]);
  cam.start();
}

void draw() {
  if (cam.available() == true) {          //❶ 실시간 비디오 새 프레임 읽어 들임
    cam.read();
  }
  noStroke();
  fill(255, 10);
  rect(0, 0, width, height);              //❷ 잔상 효과를 위한 사각형 그림
  imageMode(CENTER);
  image(cam, mouseX, mouseY, mouseX, mouseY); //❸ 현재 마우스 위치에 이미지 출력

  //translate(width/2, height/2);
  //scale(map(mouseY, 0, height, 0.2, 2.0));
  //rotate(map(mouseX, 0, width, 0, TWO_PI));
  //imageMode(CENTER);
  //tint(255, 100);
  //image(cam, 0, 0);                     //마우스 움직임에 따라 확대/축소/회전시킴
}
```

예제 ex_4_1_2를 살펴보자. 먼저 메뉴바에서 [스케치]-[내부 라이브러리...]-[Video]를 클릭하여 비디오 라이브러리를 스케치에 추가한다. 실시간 비디오를 프로세싱으로 불러오기 위해 Capture 유형의 변수 cam을 전역변수로 만들어준 다음 void setup() 함수에서 사용할 카메라를 변수 cam에 지정해 준다. void draw() 함수에서 if() 조건문을 활용해서 새로운 프레임이 준비되었는지 확인하고, 준비되었다면 카메라에서 이미지를 읽어 들인다(❶). 잔상 효과를 위해 noStroke()로 외곽선을 없앤 반투명 사각형을 매 프레임마다 스케치창 크기에 맞춰 그려준다(❷). 다음으로 새로운 이미지 프레임이 한가운데에 출력되도록 ImageMode()의 설정값으로 CENTER를 입력한다. image()의 두 번째, 세 번째 설정값인 이미지의 x, y 좌표 위치는 현재 마우스 x, y 위치로 설정하고 이미지의 가로, 세로 크기도 마우스 x, y 위치에 따라 변형되도록 한다(❸).

실시간 비디오 이미지를 마우스 움직임으로 변형시킬 때 예제 ex_1_3_5를 활용할 수도 있다. translate()로 좌표계의 원점을 스케치창 가운데로 이동시킨 다음 scale()로 마우스 Y 좌표값에 따라 실시간 비디오 이미지가 확대/축소되도록 하고 동시에 rotate()로 마우스 X 좌표값에 따라 회전시킨다. tint()로 출력되는 이미지의 투명도를 조절하여 출력되는 실시간 비디오 이미지가 부드럽게 변하도록 한다(❹). 앞에서 다룬 타임 랩스 코드와 마찬가지로 현재 스케치에서는 확대/축소/회전이 실행되지 않도록 코드 앞에 // 기호를 입력해서 주석 처리해 놓았다. 현재 마우스 위치에 따라 이미지 출력하기 코드를 주석 처리하고, 확대/축소/회전을 위한 코드는 주석 처리를 해제해서 실행시켜 보자.

결과 이미지

확대/축소/회전 코드 결과 이미지

4.1.3 이미지와 실시간 비디오 합성하기

☑️ **필요한 재료**
비디오 라이브러리 설치, 컴퓨터에 웹캠 연결, 이미지 1장(파일명: mirror.jpg 또는 mirror.png, 이미지 크기: 1280 × 720px)

이번에는 웹캠으로부터 입력되는 실시간 비디오 화면과 특정 이미지를 하나로 합치는 스케치를 해보자.

#이미지와 실시간 비디오 합성하는 두 가지 방법
프로세싱에서는 이미지와 마찬가지로 실시간 비디오 화면도 image()로 프로세싱 스케치창에 출력되기 때문에 출력되는 순서에 따라 두 가지 방법으로 합성할 수 있다.

첫 번째 방법은 합성할 소스 이미지를 먼저 스케치창에 출력하고 합성할 영역에 해당하는 실시간 비디오 화면의 영역을 get()으로 잘라낸 다음 합성할 소스 이미지의 해당 위치에 출력하는 방식이다. (🔵가져오기 get()은 98쪽 참조)

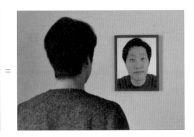

두 번째 방법은 예제 2.2.2 '둥근 원형에 매핑하기'에서 살펴본 마스크 이미지를 활용한다. 실시간 비디오 화면을 먼저 스케치창에 출력하고 합성할 영역을 투명하게 만들어둔 마스크 이미지를 매 프레임마다 씌워줘 투명한 영역에만 실시간 비디오 화면이 나타나도록 한다. (◐투명한 원형 마스크 이미지 만들기는 200쪽 참조)

 +  =

첫 번째 방법은 소스 이미지를 따로 수정할 필요 없이 바로 원하는 위치에 실시간 비디오 화면에서 필요한 부분을 가져와 합성할 수 있다는 장점이 있지만, 비디오의 이미지 형태가 사각형으로 제한되기 때문에 소스 이미지를 촬영할 때 미리 합성할 영역의 형태와 크기를 고려해야 한다. 두 번째 방법은 마스크 기능으로 소스 이미지의 일부 영역을 투명하게 수정해야 하는 번거로움이 있지만 합성 영역의 형태를 사각형, 원형 또는 불규칙한 형태로 만들 수 있다는 장점이 있다. 두 방법을 함께 사용하면 좀 더 다양한 결과물을 만들 수 있다.

#실습예제 ex_4_1_3 코드 및 설명

`프로세싱` 예제 ex_4_1_3

```
import processing.video.*;
Capture cam;
PImage img;                              //❶ 이미지 변수 선언

void setup() {
  size(1280, 720);
  background(255);
  String[] cameras = Capture.list();
  printArray(cameras);
  cam = new Capture(this, cameras[52]);
  cam.start();
```

```
  img=loadImage("mirror.jpg");               //❷ 첫 번째 방법 소스 이미지 불러옴
  //img=loadImage("mirror.png");             //❸ 두 번째 방법 소스 이미지 불러옴
}

void draw() {
  if (cam.available() == true) {
    cam.read();
  }
  image(img, 0, 0, width, height);
  image(cam.get(718, 177, 250, 313), 718, 177, 250, 313);  //❹ 첫 번째 방법으로 합성

  //image(cam, 0, 0, width, height);
  //image(img, 0, 0, width, height);         //❺ 두 번째 방법으로 합성
  println(mouseX +":"+ mouseY);              //❻ 현재 마우스 x, y 위치 확인
}
```

예제 ex_4_1_3을 살펴보자. 두 가지 방법을 제시해 놓았으니 하나를 선택해서 사용하면 된다. 비디오 라이브러리로 실시간 비디오 화면을 캡처할 수 있도록 준비하고 [data] 폴더에 위치한 합성할 소스 이미지를 불러오기 위해 PImage 유형의 변수 img를 전역변수로 선언한다(❶). void setup() 함수에서 첫 번째 방법으로 합성하려면 "mirror.jpg"를 변수 img에 저장하고 (❷) 두 번째 방법으로 합성하려면 "mirror.png" 이미지를 [data] 폴더에서 불러와 변수 img에 저장해준다(❸). void draw() 함수에서 첫 번째 방법으로 합성하기 위해서는 소스 이미지를 먼저 스케치창에 출력하고 소스 이미지(mirror.jpg) 가운데 액자 부분에 해당하는 실시간 비디오 화면을 get(잘라낼 사각형 기준점 x 좌표, y 좌표, 잘라낼 사각형의 가로 크기, 세로 크기)로 잘라낸 다음 현재 스케치창 해당 위치에 출력하여 합성한다(❹). 두 번째 방법으로 합성하기 위해서는 실시간 비디오 화면을 먼저 스케치창에 출력한 다음, 합성할 영역이 투명하게 만들어진 마스크 이미지를 씌워준다(❺). 합성할 영역의 x, y 좌표 위치를 찾기 위해 println()으로 현재 마우스 x, y 좌표를 콘솔에 출력한다(❻).

TIP! 소스 이미지에서 실시간 비디오가 합성될 영역을 여러 군데 만들어 볼 수도 있다.

 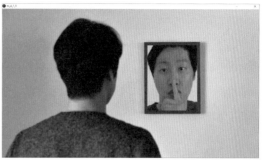

4.1.4 녹화된 동영상과 실시간 비디오 합성하기

☑️ **새롭게 배우는 명령어**
blend( )

☑️ **필요한 재료**
비디오 라이브러리 설치, 컴퓨터에 웹캠 연결, 동영상 파일 1개(파일명: sea.mp4, 화면 크기: 1280 × 720px)

지금까지 프로세싱 비디오 라이브러리에서 제공하는 실시간 비디오 화면을 출력하는 Capture 유형과 녹화된 동영상을 재생하는 Movie 유형 모두를 살펴보았다. 이번 예제에서는 blend( )를 사용하여 실시간 비디오 화면과 녹화된 동영상을 합성해보자.

#blend( ) : 쉐킷쉐킷~ 이미지 칵테일 만들기

blend( )는 포토샵과 일러스트에서 많이 사용하는 블렌드 모드Blend Mode와 같은 기능으로, 두 이미지를 합성할 때 많이 사용된다. 블렌드는 두 이미지 사이의 색깔 차이를 인식하여 원본 이미지의 손상 없이 다양한 방식으로 색상을 혼합하여 독특한 느낌의 이미지를 만들어 낸다. 프로세싱에서는 총 14가지 방식으로 색상을 섞어 새로운 이미지를 만들어 내는데 그중 많이 사용하는 모드를 이번 예제 결과 이미지로 확인해 보자. 각각의 혼합 방식에 대한 자세한 설명은 프로세싱 blend() 페이지를 참조하자.

🔗 https://processing.org/reference/blend_.html

TIP! 프로세싱에서 지원하는 14가지 혼합 모드는 BLEND, ADD, SUBTRACT, LIGHTEST, DARKEST, DIFFERENCE, EXCLUSION, MULTIPLY, SCREEN, OVERLAY, HARD_LIGHT, SOFT_LIGHT, DODGE, BURN이다.

blend(소스 이미지, 혼합할 소스 이미지 영역의 기준점 x 좌표, y 좌표, 가로 크기, 세로 크기, 적용시킬 대상 이미지 영역의 기준점 x 좌표, y 좌표, 가로 크기, 세로 크기, 혼합 모드)에서 소스 이미지로 녹화된 동영상 전체 화면을 지정하고, 적용시킬 대상 이미지로 실시간 비디오(웹캠을 통해 입력되는 실시간 영상) 전체 화면을 설정한다. 그 다음 두 이미지의 혼합 모드로 OVERLAY를 실행하기 위해 blend(movie, 0, 0, width, height, 0, 0, width, height, OVERLAY)를 입력한다. 혼합할 영역은 사각형 형태로 지정할 수 있으며 기준점의 위치는 왼쪽 위다.

 +  =

소스 이미지　　　　　　　　대상 이미지　　　　　　　　결과 이미지

블렌드는 image()로 출력 가능한 PImage 유형의 정보 형태라면 어느 것이든 적용할 수 있다. 두 이미지의 색상 차이가 얼마나 크냐, 어떤 혼합 모드로 섞느냐에 따라 결과는 천차만별이다. 처음에는 가능한 한 많은 이미지를 사용해서 혼합 모드를 테스트해보고 각 모드의 특성을 파악해보자. 그 다음 각 이미지에 어떤 모드를 사용하는 것이 좋을지 선택하는 것이 좋다. 예를 들어 하늘 이미지는 어떤 모드로 섞어주면 좋은지, 동물 이미지는 어떤 이미지와 혼합하면 좋은지 테스트해보자.

#실습예제 ex_4_1_4 코드 및 설명

```
import processing.video.*;
Capture cam;
Movie movie;

void setup() {
  size(1280, 720);
  background(255);
  String[] cameras = Capture.list();
  printArray(cameras);
  cam = new Capture(this, cameras[52]);
  cam.start();
  movie = new Movie(this, "sea.mp4");
  movie.loop();                           //❶ 실시간 비디오와 동영상 불러옴
}

//void captureEvent(Capture cam){
//  cam.read();
//}

//void movieEvent(Movie m) {              //❸ 이벤트 함수로 새 프레임 읽어 들임
//  m.read();
//}

void draw() {
  if (cam.available()==true && movie.available()==true) { //❷ 새로운 프레임 읽어옴
    cam.read();
    movie.read();
  }
  background(movie.get(0, 0, width, height));
  tint(255, 150);
  image(cam, 0, 0, width, height);
  blend(movie, 0, 0, width, height, 0, 0, width, height, OVERLAY); //❹ 두 이미지 혼합
}
```

우선 비디오 라이브러리로 실시간 비디오 화면을 캡처할 수 있도록 준비하고, [data] 폴더에 위치한 합성할 동영상 소스를 불러오기 위해 Movie 유형의 변수 movie를 전역변수로 선언해준다. void setup() 함수에서 "sea.mp4" 동영상을 [data] 폴더에서 불러와 변수 movie에 저장하고 동영상이 반복 재생되도록 movie.loop()를 입력해 준다(❶).

void draw() 함수에서 실시간 비디오와 녹화된 동영상 둘 다 새로운 프레

임이 준비되면 한번에 읽어 들이도록 if() 문의 조건테스트에 논리 연산자 &&(And)를 사용한다. A&&B는 'A 그리고 B (A and B)'인 경우로 A, B 두 조건을 모두 만족해야 하는 형태다. 실시간 비디오에 새로운 프레임이 준비되었는지를 체크하는 A 조건(cam.available()==true)과 녹화된 동영상에 새로운 프레임이 준비되었는지를 체크하는 B 조건(movie.available()==true) 모두를 만족하면 cam.read()로 새로운 실시간 비디오 이미지를 읽어오고 movie.read()로 새로운 녹화된 동영상 이미지를 읽어온다(❷). 새로운 프레임을 읽어올 때 각 유형에서 제공하는 이벤트 함수(captureEvent, movieEvent)를 사용하는 방법도 있는데 이때는 void draw() 함수에 있는 if() 조건문은 비활성화해야 한다(❸).

다음으로 새롭게 읽어 들인 녹화된 동영상 이미지와 실시간 비디오 이미지를 blend()로 합성하기 위해 먼저 스케치창 배경 이미지로 녹화된 동영상 이미지를 출력한다. background()의 설정값으로 동영상 이미지 전체를 get()으로 가져와 넣어주면 스케치창 배경 이미지로 사용할 수 있는데 이때 스케치창 크기와 출력할 동영상 이미지의 가로세로 크기가 반드시 일치해야 한다. image()로 실시간 비디오 이미지를 스케치창 가로세로 크기에 맞추어 출력하고 실시간 비디오 이미지는 tint()로 살짝 투명도를 주어 혼합될 두 이미지가 부드럽게 섞이도록 만들어 준다. 이제 모든 준비를 마쳤으면 blend()로 동영상 전체 화면을 소스 이미지로 지정하고 실시간 비디오 화면 전체에 OVERLAY 혼합 모드를 적용한다(❹).

결과 이미지

소스 이미지(movie: sea.mp4 녹화된 동영상 파일)

대상 이미지(cam: 실시간 비디오)

혼합 모드	결과 이미지

DIFFERENCE(차이)
혼합되는 두 색상 중 밝기값이 더 큰 색상에서 다른 색상을 뺀다. 흰색 영역은 보색으로 합성해서 네거티브 컬러 필름 같은 효과를 준다.

MULTIPLY(곱하기)
혼합되는 두 색상을 곱하는 방식으로 합성한다. 대상 색상에 검은색을 곱하면 더 검은색이 되고 흰색을 곱하면 색상에 영향을 주지 않아 결과 이미지는 항상 어둡게 나온다. 질감 표현에 많이 사용된다.

SCREEN(스크린)
곱하기 모드와 반대로 혼합되는 두 색상의 반전 색을 곱하는 방식으로 합성한다. 검은색을 스크린하면 색상에 영향을 주지 않고 흰색을 스크린하면 더 흰색이 되어 결과는 항상 밝게 나온다.

OVERLAY(오버레이)
곱하기 모드와 스크린 모드를 함께 사용하여 합성한다. 제일 어두운 부분과 밝은 부분은 유지하면서 명암 대비를 강하게 하여 풍경사진을 합성할 때 효과적이다.

DODGE(닷지)
밝은 부분은 더 밝게 만들고 어두운 부분에는 영향을 주지 않아 명암 대비를 증가시킨다. 포토샵과 일러스트의 'Color Dodge'와 같은 기능이다.

BURN(번)
닷지 모드와 반대로 어두운 부분은 더 어둡게 만들고 밝은 부분에는 영향을 주지 않아 명암 대비를 증가시킨다. 포토샵과 일러스트의 'Color Burn'과 같은 기능이다.

#프로세싱 Movie Maker로 동영상 파일 만들기

지금까지 키보드 이벤트 함수에 saveFrame(파일 이름)을 넣어서, [s] 키를 누르면 스케치 창을 캡처해서 이미지 파일로 저장하도록 했다. 이번에는 void draw() 함수에 saveFrame("image####.jpg")를 넣어서 매 프레임마다 실행 중인 스케치창을 이미지 파일로 저장하고, 이 이미지를 동영상을 만드는 소스 이미지로 사용해보자. 이때 파일 이름에 일련번호를 만들어 주는 #(해시 기호)를 자릿수만큼 넣어 이미지가 image0001.jpg, image0002.jpg, image0003.jpg와 같이 차례대로 저장되게 한다. 저장되는 이미지는 매우 빠른 속도로 증가하기 때문에 void setup() 함수에서 frameRate(30)로 프레임 속도를 1초에 30번 실행되도록 하고, # 개수를 여유 있게 입력해준다. 좋은 화질을 얻기 위해 소스 이미지의 확장자를 tif 또는 png 파일로 지정할 수도 있는데 이럴 경우 개별 이미지 파일 용량이 커지는 단점이 있다. saveFrame() 기능을 잠시 사용하고 싶지 않을 때에는 명령어 앞에 주석 처리 기호 //를 붙여 명령어를 비활성화 시키면 된다.

```
void setup(){
  명령문들;
  frameRate(30);
}
void draw(){
  명령문들;
  saveFrame("image####.jpg");
}
```

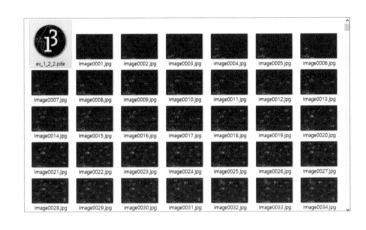

void draw() 함수 안에 saveFrame()이 입력된 스케치를 실행시키면 스케치 창으로 출력되는 이미지가 자동으로 스케치가 저장된 폴더 안에 지정한 형식의 파일로 저장된다. 이미지가 충분히 저장되었다면 실행을 멈춰 이미지 저장을 마친다. 이때 마지막 이미지가 완전하게 저장되지 않았다면 삭제해준다. 만약 특정 폴더 안에 이미지를 따로 저장하고 싶을 때에는 '원하는 폴더명/파일 이름'으로 입력해 주면 된다.

```
saveFrame("test/image####.jpg")
```

스케치가 실행되는 매 프레임마다 저장한 이미지든 예제 ex_4_1_1에서 나온 타임 랩스로 촬영한 이미지든 파일명에 일련번호가 차례대로 입력되어 있는 시퀀스 이미지(Sequence images)라면 얼마든지 동영상을 만드는 소스 이미지로 사용할 수 있다.

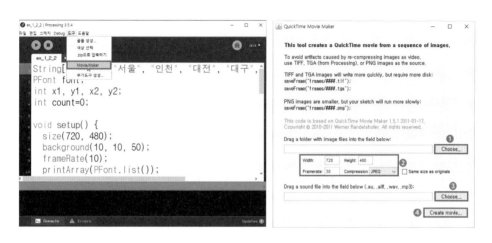

이제 소스 이미지가 준비되었으면 프로세싱 메뉴바에서 [도구]-[Movie Maker]를 클릭하여 Movie Maker 창을 연다. 가운데 [Choose…] 버튼을 클릭하여 소스 이미지가 저장된 폴더 위치를 지정해준(❶) 다음 동영상 화면 크기와 프레임 속도 압축 방식을 설정해준다(❷). 동영상 화면 크기는 저장한 소스 이미지 가로×세로 크기와 같게 하고 프레임 속도는 30으로 입력한다. 압축 방식은 준비한 소스 이미지 확장자에 맞춰 선택해준다. [Choose…] 버튼을 클릭해서 동영상의 배경음악으로 사용할 사운드 파일의 위치를 지정해준다. 음악은 꼭 선택하지 않아도 된다(❸). 끝으로 제일 밑에 위치한 [Create Movie…] 버튼을 클릭하면 동영상을 저장할 위치를 선택할 수 있다. 동영상이 저장될 위치와 파일명을 지정해주고 저장 버튼을 누르면 동영상 파일이 만들어진다(❹). 완성된 동영상을 컴퓨터에 설치된 동영상 플레이어 또는 프로세싱으로 재생시켜 보자.

좀 더 붙잡기~ 도전!

1. 예제 ex_4_1_1을 이용해서 집 주변 공사 현장이나 창문 밖 풍경을 매 시간 한 번씩 촬영한 이미지로 타임 랩스 동영상을 만들어 보자.

2. 아두이노에 인체 감지 센서를 연결하여 작품 앞 또는 집 앞에서 사람의 움직임이 감지될 때마다 한 번씩 촬영한 이미지로 타임 랩스 동영상을 만들어 보자.

3. 예제 ex_4_1_3으로 명화 속 거울 안에 자신의 모습이 나오도록 실시간 비디오 이미지를 합성하고, 매 프레임마다 이미지 파일로 저장한 뒤 프로세싱 Movie Maker로 동영상을 만들어보자.

4. 예제 ex_4_1_4를 이용해서 동영상 속 TV 모니터에 실시간 비디오 이미지를 합성해 보자.

5. 스케치창 가운데 중심을 기준으로 왼쪽 면에는 실시간 비디오 이미지를 출력하고 오른쪽 면에는 이전 프레임에서 캡처해 놓은 실시간 비디오 이미지를 출력하여 과거 나의 모습과 함께 특정 장면을 연출해보자.

#거울 효과

거울은 보는 사람의 모습을 그대로 반영한다. 어떻게 보면 너무나도 당연한 현상이다. 하지만 인간은 직접 자신의 얼굴을 볼 수 없고 거울과 같은 반사체를 통해야만 비로소 자신의 모습을 확인할 수 있다. 거울 속에서 자신을 바라보고 있는 사람은 누구도 거부할 수 없는 자신의 모습이다. 개인적으로는 거울을 볼 때면 항상 어색한 느낌이 든다. 내가 생각했던 나의 모습과 실제 거울 속 나의 모습이 달라서일까? 솔직히 잘 모르겠다.

거울은 오랜 세월동안 많은 이야기 속에 신비로운 물건으로 등장했다. 그림 속에 거울을 등장시켜 유명해진 명화들도 많다. 미디어아트에서는 카메라 앞의 모습을 모니터를 통해 그대로 보여주는 방식으로 거울과 같은 효과를 만든다. 백남준의 'TV 붓다'(1974)와 'TV 로댕'(1978)이 카메라와 모니터를 사용한 대표적인 작품이다. 작품 속 부처와 로댕의 생각하는 사람은 카메라를 통해 비친 자신의 모습을 보면서 무슨 생각을 하고 있을까? 아마도 자기 자신에 대한 혹은 인간의 존재에 대한 끊임없는 질문으로 깊은 명상에 잠겨있는 것 같다. 자신에 대한 의식을 다룬 또 다른 작품으로는 비디오, 퍼포먼스, 설치, 건축 등 여러 분야에서 다소 기이한 작업들을 선보인 비토 아콘치Vito Acconi의 'Theme Song'(1973)과 'Centers'(1971)가 있다. 'Theme Song'에서 아콘치는 바닥에 누워 카메라 가까이 얼굴을 대고 정면을 응시하며 혼잣말을 하거나 노래를 부르기도 한다. 마치 TV 화면 속에서 관람객을 향해 말을 거는 듯한 화면은 항상 감상하는 입장이었던 관람자를 작품 속으로 끌어들인다. 나아가 'Centers'에서 아콘치는 화면 속에서 관람자를 손가락으로 가리키며 작가와 관람자와의 관계를 모호하게 만든다. 내가 너를 지켜보고 있다고...

Centers | 비토 아콘치 | ZKM 독일 칼스루에 미디어아트 센터 | 1971

실시간 비디오 픽셀 정보 활용하기

이번에는 실시간 비디오 이미지를 구성하고 있는 수많은 픽셀들에 접근하는 방법을 알아보고 각각의 픽셀 정보를 활용한 다양한 인터랙티브 작업을 진행해보자. 이미지 속 픽셀들을 개별적으로 분석한 다음 픽셀들을 하나씩 수정하여 실루엣 이미지를 만들어 보고, 픽셀의 밝기값에 따라 어둠 속에서 그림이 나타나도록 해보자. 특정 위치의 색상 값을 추출하여 색깔 팔레트를 만들고 사각형과 문자를 픽셀처럼 활용하여 실시간 비디오 이미지를 변형하는 스케치도 해보자.

4.2.1
실루엣 이미지
만들기

4.2.2
스마트폰 플래시로
어둠 속 그림 밝히기

4.2.3
색깔 팔레트
만들기

4.2.4
사각형 픽셀로
실시간 비디오
재생하기

4.2.5
문자 픽셀로
실시간 비디오
재생하기

4.2.1 실루엣 이미지 만들기

☑️ **새롭게 배우는 명령어**
　loadPixels( ), brightness( ), pixels[ ], color( ), updatePixels( )

☑️ **필요한 재료**
　비디오 라이브러리 설치, 컴퓨터에 웹캠 연결

이번 예제에서는 먼저 이미지를 구성하고 있는 수많은 픽셀들에 접근하는 법을 알아볼 것이다. 웹캠을 통해 입력되는 실시간 비디오 이미지의 개별 픽셀의 밝기값을 하나씩 하나씩 분석한 다음 한계값Threshold을 경계로 픽셀의 밝기값이 한계값보다 작으면(어두우면) 검은색 픽셀로 수정되어 화면에 출력되고, 밝기값이 한계값보다 크면(밝으면) 흰색 픽셀로 출력되어 실시간 비디오 이미지의 픽셀들이 검은색과 흰색 픽셀로만 그려지는 스케치를 해보자.

#pixels[]: 줄을 서시오~!
디지털 이미지는 특정 위치에서 고유의 색깔 정보를 가지고 있는 무수히 많은 픽셀pixel, 작은 사각형 점들로 이루어져 있다. 각 픽셀은 x, y 축을 기준으로 하는 2차원 평면에 위치하고 각 위치에 해당하는 색깔 정보를 나타내며 이미지를 만든다. 프로세싱에서는 pixels[] 배열을 사용하여 각 픽셀에 접근할 수 있는데 왼쪽 위 첫 번째 픽셀을 pixels 배열 첫 번째 칸 pixels[0]에 담고 한 행의 오른쪽 끝까지 순차적으로 픽셀들을 저장한다. 이때 pixels[] 배열의 크기(길이)는 저장된 이미지의 총 픽셀수(가로 크기×세로 크기, width*height)와 같다. 2차원 평면에 위치한 이미지 픽셀들은 pixels[] 배열에 저장되어 색상 값을 가지고 있는 1차원 직선상의 배열이 되며 pixels[] 배열 안의 정보들을 수정하면 이미지가 변하게 된다. 마치 기차역 승강장에서 대기하고 있던 수많은 사람들이 기차가 도착하면 각자 자기 칸에 들어가 앉는 것처럼, 가로세로 크기가 5픽셀인 이미지의 픽셀들이 pixels[] 배열에 일렬로 저장된다.

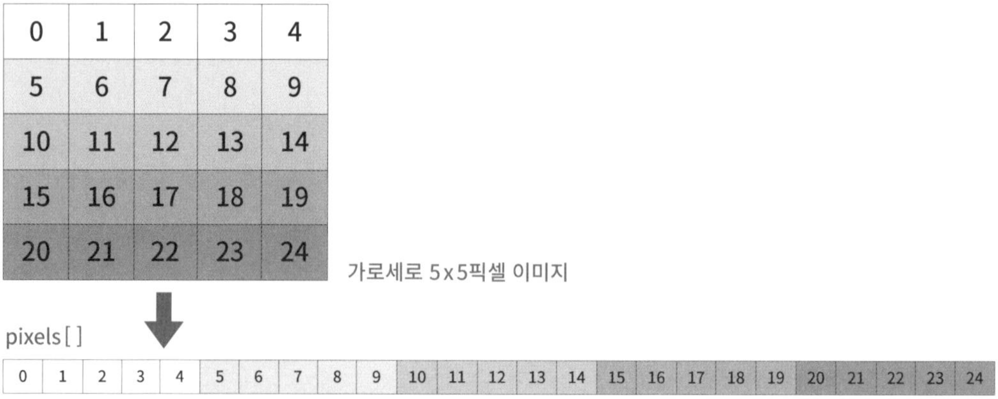

0 1 2 3 4
5 6 7 8 9
10 11 12 13 14
15 16 17 18 19
20 21 22 23 24
가로세로 5x5픽셀 이미지
pixels[ ]
0 1 2 3 4 5 6 7 8 9 10 11 12 13 14 15 16 17 18 19 20 21 22 23 24

그럼 `pixels[]` 배열에서 내가 알고 싶은 위치의 픽셀 정보는 배열의 몇 번째 칸(순번)에 저장되어 있는지 알 수 있을까?

가로, 세로 크기가 5픽셀인 이미지에서 가운데 중심에 위치한 12번 픽셀의 색깔 정보가 저장되어 있는 배열의 위치(순번)를 알아보자. 이미지 가로 크기는 5픽셀이고 y 값은 세로 크기 5에서 1을 뺀 다음 절반으로 나눈 2가 된다. 가로 크기 5에 y 값 2를 곱해준 값인 10에 가운데 위치에 해당하는 x 값(가로 크기-1을 반으로 나눈 값) 2를 더해주면 결괏값은 12로 픽셀의 배열 순번이 12임을 알 수 있다.

```
pixels[12]
```

픽셀의 위치 구하는 공식

이미지 가로 크기 * y + x = 픽셀의 배열 순번

X
0 1 2 3 4
Y
0 1 2 3 4
0 1 2 3 4
5 6 7 8 9
10 11 12 13 14
15 16 17 18 19
20 21 22 23 24

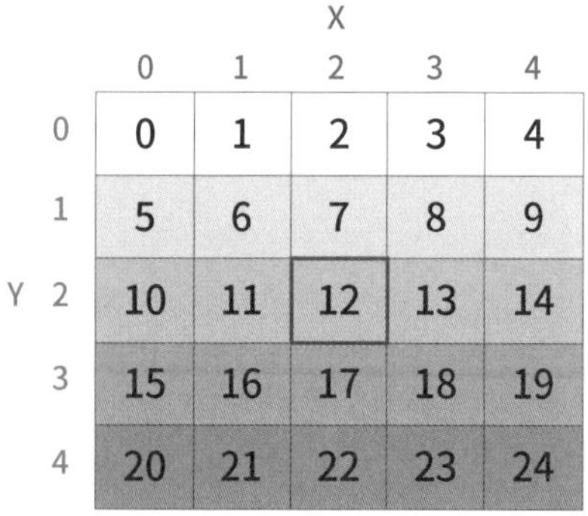

가로 1280픽셀×세로 720픽셀로 전체 픽셀수가 921,600인 이미지에서 가운데 중심에 가장 가까운 픽셀의 배열 순번을 계산해보자. 이미지 가로 크기는 1280픽셀이고 y 값은 세로 크기 720의 절반인 360에서 1을 뺀 359가 된다. 그 값에 가운데 위치에 해당하는 x 값 639(가로 크기의 절반 - 1)을 더해주면 배열 순번은 460,159이 된다.

1280(width) * 359 + 639(width/2-1) = 460,159 (pixels[460159])

웹캠 가운데 서 있는 관객의 옷 색깔을 알고 싶다면 color c = pixels [460159]을 입력하여 관객의 옷 색깔을 color 유형의 변수 c에 저장하고 원하는 도형, 문자, 이미지에 fill(c) 또는 tint(c)로 활용할 수 있다.

```
void setup(){
 size(300, 300);
 frameRate(1);        //❶ 스케치창 크기와 프레임 속도 설정
}

void draw(){
 loadPixels();        //❷ 스케치창 픽셀에 접근
 for(int i=0; i < pixels.length; i++){    //❸ pixels 배열값 설정
  pixels[i]=color(random(255), random(255), random(255));
 }
 updatePixels();       //❹ pixels 배열값 스케치창에 반영
}
```

결과 이미지

이번에는 for() 문을 활용해서 수많은 이미지 픽셀들을 한번에 pixels[] 배열에 저장하는 방법을 살펴보자. void setup()에서 스케치창의 가로×세로 크기를 각각 300픽셀로 지정하고 frameRate(1)로 1초에 한 번씩 실행되도록 한다(❶). void draw()에서 스케치창 픽셀들을 pixels[] 배열에 저장하기 전에 먼저 loadPixels()를 입력하여 스케치창 픽셀들을 접근 가능한 배열의 형태로 만들어준다(❷). for() 문을 활용해서 pixels[] 배열에 저장되는 위치를 나타내는 순번으로 카운터 변수 i를 선언하고 초깃값은 0을 지정해준다. 조건테스트로는 카운터 변수 i가 이미지 전체 픽셀수까지 1씩 증가하는 반복문이 실행되도록 pixels[] 배열의 전체 길이를 나타내는 pixels.length를 입력한다. 배열의 전체 길이는 이미지 가로×세로 크기(width*height)를

입력할 수도 있다. 반복문이 진행될 때마다 random(255)로 pixels[i] 배열에 저장되는 픽셀들의 색깔을 랜덤한 색깔로 설정해준다(❸). updatePixels()로 pixels[i] 배열의 픽셀들을 스케치창에 출력한다(❹).

이처럼 pixels[] 배열을 사용할 때는 스케치창 속 픽셀들에 접근하기 위해 loadPixels()를 먼저 입력해준다. pixels[] 배열값을 모두 설정하고 나면 저장된 픽셀 값을 스케치창에 다시 반영하기 위해 updatePixels()를 함께 입력해줘야 한다.

#실습예제 ex_4_2_1 코드 및 설명

프로세싱 예제 ex_4_2_1

```
import processing.video.*;
Capture cam;
int numPixels;                              //❶ 전체 픽셀수 변수 선언
int threshold = 120;                        //❷ 한계값 변수 선언

void setup() {
  size(1280, 720);
  background(255);
  String[] cameras = Capture.list();
  printArray(cameras);
  cam = new Capture(this, cameras[52]);
  cam.start();
  numPixels = width * height;               //❶ 전체 픽셀수 저장
}

void draw() {
  if (cam.available()==true) {
    cam.read();
    loadPixels();                           //❸ 스케치창 픽셀 접근
    cam.loadPixels();                       //❸ 캡처 이미지 픽셀 접근
    for (int i = 0; i < numPixels; i++) {
      if (brightness(cam.pixels[i]) < threshold) {
        pixels[i]=color(0);
      } else {
        pixels[i]=color(255);               //❹ pixels 배열값 변경
      }
    }
    updatePixels();                         //❺ pixels 배열값 스케치창에 반영
  }
}
```

예제 ex_4_2_1을 살펴보자. 먼저 비디오 라이브러리로 실시간 비디오 화면을 캡처할 수 있도록 준비하고 pixels[] 배열의 전체 길이를 for() 반복문의 조건테스트로 사용하기 위해 정수 유형의 변수 numPixels을 전역변수로 선언한다. 그 다음 void setup() 함수에서 스케치창 가로세로 크기를 곱한 이미지 전체 픽셀의 개수(크기)를 변수 numPixels에 저장해준다(❶). 한계값 설정을 위해 정수 유형의 변수 threshold를 만들고 초깃값으로 120을 지정해준다(❷). 지정한 한계값 120은 실시간 비디오 이미지의 픽셀이 흰색 또는 검은색 중에 어떤 색으로 출력될지 정하는 기준이 되는 경계값으로 사용한다. 만약 실시간 비디오 이미지의 픽셀 밝기(0~255. 0은 완전 검은색, 255는 완전 흰색)가 한계값 120보다 작으면 검은색 픽셀로 스케치창에 출력되고 한계값 120보다 크면 흰색 픽셀로 나타난다.

그 다음 void draw() 함수에서 스케치창 픽셀들을 pixels[] 배열에 담기 위한 loadPixels()와 실시간 비디오 이미지의 픽셀들을 cam.pixels[] 배열에 담기 위한 cam.loadPixels()를 입력한다(❸). for() 반복문을 활용해서, 카운터 변수 i는 0에서부터 스케치창 전체 픽셀의 개수만큼 1씩 증가하면서 반복문 안의 명령문들을 반복해서 실행한다. 스케치창과 실시간 비디오 이미지의 크기가 같기 때문에 pixels[] 배열에 저장되는 픽셀의 위치와 배열의 전체 길이는 동일하다. 반복문 안에서 if() 조건문을 사용해서 현재 실시간 비디오 이미지 픽셀의 정보를 담고 있는 배열 위치의 픽셀 밝기값 brightness(cam.pixels[i])가 한계값 120보다 작으면 같은 배열의 위치에 해당하는 스케치창 pixels[i] 배열의 픽셀 색깔을 완전 검은색(color(0))으로 바꾸고 아닐 경우(else)에는 완전 흰색(color(255))으로 변경해준다(❹). for() 문을 활용해서 pixels[] 배열의 모든 정보값들이 수정되었다면 updatePixels()로 스케치창에 반영하여 이미지를 그려낸다(❺).

결과 이미지

TIP! 예제 ex_4_2_1의 결과 이미지는 1.3.2 '랜덤한 순서로 출력되는 이미지에 다양한 필터 효과 주기'에서 살펴본 한계값 효과 필터(THRESHOLD)를 실시간 비디오 이미지에 적용한 스케치와 같은 결과를 얻을 수 있다.

```
void draw() {
  if (cam.available()==true) {
    cam.read();
    cam.filter(THRESHOLD, 0.5);
    image(cam, 0, 0, width, height);
  }
}
```

4.2.2 스마트폰 플래시로 어둠 속 그림 밝히기

☑️ **필요한 재료**

비디오 라이브러리 설치, 컴퓨터에 웹캠 연결, 이미지 1장(파일명: koguryo.jpg, 이미지 크기: 1280 × 720px)

이번 예제는 예제 ex_4_2_1에서 출력할 픽셀의 색깔을 흰색과 검은색으로 구분하는 데 사용한 한계값threshold을 크게 만들어서, 대부분의 영역은 검은색 픽셀로 출력되도록 하고 스마트폰 플래시 빛을 비춘 밝은 영역만 보여주고 싶은 이미지가 드러나도록 스케치해보자.

#실습예제 ex_4_2_2 코드 및 설명

예제 ex_4_2_2

```
import processing.video.*;
Capture cam;
PImage img;                                    //❶ 이미지 변수 선언
int numPixels;
int threshold = 240;                           //❷ 한계값의 초깃값 설정

void setup() {
  size(1280, 720);
  background(255);
  String[] cameras = Capture.list();
  printArray(cameras);
  cam = new Capture(this, cameras[52]);
  cam.start();
  numPixels = width * height;
  img = loadImage("koguryo.jpg");              //❶ 사용할 이미지 불러옴
}

void draw() {
  if (cam.available()==true) {
    cam.read();
    loadPixels();
    cam.loadPixels();
    img.loadPixels();                          //❸ 어둠 속 이미지 픽셀 접근
    for (int i = 0; i < numPixels; i++) {
      if (brightness(cam.pixels[i]) < threshold) {
        pixels[i]=color(0);
      } else {
        pixels[i]=color(img.pixels[i]);
      }
    }
    updatePixels();
  }
}
```

예제 ex_4_2_2를 살펴보자. 비디오 라이브러리로 실시간 비디오 화면을 캡처할 수 있도록 준비하고 pixels[], cam.pixels[], img.pixels[] 배열의 전체 길이를 for() 반복문의 조건테스트로 사용하기 위해 정수 유형의 변수 numPixels를 전역변수로 선언한다. void setup() 함수에서 스케치창 가로세로 크기를 곱한 이미지 전체 픽셀의 개수(크기)를 변수 numPixels에 저장해준다. 스케치창과 실시간 비디오 이미지, 어둠 속에서 보일 이미지는 모

두 가로세로 크기가 같기 때문에 pixels[] 배열의 크기도 동일하다. 스마트폰 플래시로 비춘 영역에 보여주고 싶은 이미지가 나타나도록 PImage 유형의 변수 img를 선언하고 void setup() 함수에서 [data] 폴더에 저장되어 있는 소스 이미지를 loadImage()로 불러와 변수 img에 저장한다(❶). 이번 예제에서는 한계값의 초깃값을 240으로 입력해서 대부분의 픽셀은 검은색으로 출력하고 스마트폰 플래시를 비춘 아주 밝은 영역만 이미지가 드러나게 할 것이다(❷).

다음으로 void draw() 함수에서 스케치창 픽셀들을 pixels[] 배열에 담기 위한 loadPixels()와 실시간 비디오 이미지의 픽셀들을 cam.pixels[] 배열에 담기 위한 cam.loadPixels(), 그리고 어둠 속에서 보일 이미지의 픽셀들을 img.pixels[] 배열에 담기 위한 img.loadPixels()를 입력한다(❸). 카운터 변수 i는 for() 반복문을 활용해서 0에서부터 스케치창 전체 픽셀의 개수만큼 1씩 증가하면서 반복문 안의 명령문들을 반복해서 실행한다. 반복문 안에서 if() 조건문을 사용해서 현재 실시간 비디오 이미지 픽셀의 정보를 담고 있는 배열 위치의 픽셀 밝기값 brightness(cam.pixels[i])가 한계값 240보다 작으면 같은 배열의 위치에 해당하는 스케치창 pixels[i] 배열의 픽셀 색깔을 완전 검은색 color(0)으로 바꾸고, 아닐 경우(else)에는 같은 배열 위치에 해당하는 소스 이미지의 픽셀 색깔을 명령어 color(img.pixel[i])로 변경해준다(❹). 주위를 어둡게 하고 스케치를 실행시켜 보면 스케치창에 실시간 비디오 이미지가 검은색 픽셀들로 바뀌어 검게 출력된다. 스마트폰 플래시를 켜고 웹캠을 향해 비추어 보면 빛을 비춘 영역에서만 고구려 고분 벽화 속 수렵도가 드러나 보인다.

결과 이미지

4.2.3 색깔 팔레트 만들기

☑️ **필요한 재료**

비디오 라이브러리 설치, 컴퓨터에 웹캠 연결

해질녘 문득 창문 밖을 바라보면 붉은 석양이 아름답게 펼쳐지는 날이 있다. 붉게 물든 저 하늘 색깔을 작업에 활용해 보면 어떨까? 이번 예제에서는 웹캠으로 입력되는 실시간 비디오 이미지에서 특정 위치 5군데의 색깔 정보를 활용하여 색깔 팔레트를 만드는 스케치를 해보자.

#실습예제 ex_4_2_3 코드 및 설명

프로세싱 예제 ex_4_2_3
```
import processing.video.*;
Capture cam;
int numPixels;
color[] var= new color[5];                          //❶ 색깔 유형의 배열 선언
int count=0;                                         //❷ 정수 유형의 변수 선언

void setup() {
  size(1280, 720);
  background(120);
  String[] cameras = Capture.list();
  printArray(cameras);
  cam = new Capture(this, cameras[52]);
  cam.start();
  numPixels = width * height;                        //❸ 전체 픽셀 수 저장
  textAlign(CENTER, CENTER);
  textSize(20);
  text("Press 's' key to save the color palette", width/2, height/2);  //❸ 설명문 출력
}

void draw() {
  image(cam, 0, 0, width, height);                   //❹ 실시간 비디오 이미지 출력
  for (int i=0; i<5; i++) {
    strokeWeight(5);
    stroke(255);
    fill(var[i]);
    rect(width/5*i, height-170, width/5, 170);  //❺ 5가지 색깔 팔레트 만듦
  }
```

```
    String time=(year()+":"+month()+":"+day()+":"+hour()+":"+minute()+":"+second());
    textAlign(LEFT);
    textSize(15);
    fill(255, 150, 5);
    text(time, 50, 50);                                  //❻ 날짜와 시간 정보 출력 접근
}

void keyPressed() {
  if (cam.available() == true) {
    cam.read();
    cam.loadPixels();                                   //❼ 실시간 비디오 이미지 픽셀
    for (int i = 0; i < numPixels; i++) {
      var[0]=color(cam.pixels[width*height/2+160]);
      var[1]=color(cam.pixels[width*height/2+320]);
      var[2]=color(cam.pixels[width*height/2+640]);
      var[3]=color(cam.pixels[width*height/2+960]);
      var[4]=color(cam.pixels[width*height/2+1120]); //❼ var[] 배열값 수정
    }
  }
  if (key=='s') {
    saveFrame("image"+nf(count, 3)+".jpg");            //❽ 이미지 파일로 저장
    count+=1;
  }
}
```

예제 ex_4_2_3을 살펴보자. 먼저 비디오 라이브러리로 실시간 비디오 화면을 캡처할 수 있도록 준비하고 pixels[] 배열의 전체 길이를 위해 정수 유형의 변수 numPixels를 전역변수로 선언한 다음 void setup() 함수에서 스케치창 가로세로 크기를 곱한 이미지 전체 픽셀의 개수(크기)를 변수 numPixels에 저장해준다. 색깔 유형(color)의 배열 var를 선언하고 배열의 크기는 5군데의 색깔 정보를 저장하기 위해 5를 입력한다(❶). 스케치창에 그려진 색깔 팔레트를 이미지 파일로 저장할 때 파일명에 번호가 순차적으로 매겨져 저장되도록 정수 유형의 변수 count를 만들고 초깃값으로 0을 대입한다(❷). void setup() 함수에서 스케치창 배경색은 회색으로 지정하고 첫 프레임에서 키보드의 [s] 키를 누르면 색깔 팔레트가 이미지 파일로 저장된다는 문구를 스케치창 가운데에 출력되도록 한다(❸).

void draw() 함수에서 image()로 실시간 비디오 이미지가 배경 이미지로 출력되도록 한다(❹). for() 반복문은 5번 실행되도록 하고 스케치창 아랫부분에 사각형 5개로 색깔 팔레트를 만든다. 반복문 안에서 사각형 외곽

선의 굵기는 5픽셀, 색깔은 흰색으로 지정하여 사각형들을 뚜렷하게 구별해준다. 카운터 변수 i가 0일 때는 왼쪽 첫 번째 사각형에 배열 첫 번째 칸 var[0]에 저장되어 있는 ① 위치의 픽셀 색상을 사각형 안쪽 면 색깔로 채우고 나머지도 같은 방식으로 진행된다. 마지막으로 다섯 번째 사각형에 ⑤ 위치의 픽셀 색상을 채우면 for() 반복문을 벗어난다. 각 사각형의 기준점 x 좌표 위치는 사각형의 가로 크기를 5등분한 값(width/5)에 변수 i 값(0~4)을 차례대로 곱해서 기준점의 x 좌표 위치로 사용하고, 기준점의 y 좌표는 스케치창 세로 크기에서 임의로 정한 사각형의 세로 크기 170을 뺀 값을 입력해준다(❺).

색깔 팔레트 픽셀 위치 5곳

① var[0]=color(cam.pixels[width*height/2+160])

② var[1]=color(cam.pixels[width*height/2+320])

③ var[2]=color(cam.pixels[width*height/2+640])

④ var[3]=color(cam.pixels[width*height/2+960])

⑤ var[4]=color(cam.pixels[width*height/2+1120])

저장되는 색깔 팔레트 이미지에 현재의 날짜와 시간이 기록되도록 컴퓨터에서 정보를 가져와 문자열 유형의 변수 time에 저장하고, text()로 왼쪽 윗부분에 15픽셀 크기의 주황색 문장으로 표시되도록 한다(❻).

그 다음 키보드 이벤트 함수를 사용해서 키보드의 키를 누르면 현재 실시간 비디오의 새로운 프레임을 읽어오고 cam.pixels[]로 픽셀 정보에 접근할 수 있도록 한다. for() 반복문을 활용해서 var[ ] 배열의 색깔 정보값 5개를 차례대로 설정해준다(❼). 키보드 이벤트 함수로 [s] 키를 누르면 현재 스케치창을 스케치 파일이 저장된 같은 폴더 안에 이미지 파일로 순서대로 저장되도록 한다(❽).

TIP! 예제 ex_1_6_7을 참조하면 실시간 비디오 이미지를 현재 실시간 비디오 이미지에서 추출한 5가지 색깔로만 스케치창에 출력되도록 코드를 업데이트할 수 있다.

결과 이미지

4.2.4 사각형 픽셀로 실시간 비디오 재생하기

☑ **필요한 재료**

비디오 라이브러리 설치, 컴퓨터에 웹캠 연결

웹캠을 통해 입력되는 실시간 비디오 화면을 사각형 픽셀로 이루어진 격자무늬 바둑판 패턴 이미지로 표현해보자. 바둑판 패턴은 1.6.6 '이미지 픽셀로 이미지 그리기'를 참고하면 된다. 사각형 픽셀이 그려지는 x, y 위치와 동일한 위치에 있는 실시간 비디오 이미지 픽셀의 색깔 정보를 가져온 다음 그 색깔을 해당 사각형 픽셀의 안쪽 면 색깔로 사용하고 사각형 픽셀들로 실시간 비디오가 재생되는 스케치를 해보자.

#실습예제 ex_4_2_4 코드 및 설명

프로세싱 예제 ex_4_2_4

```
import processing.video.*;
Capture cam;
int pSize = 10;                          //❶ 픽셀 크기 변수 선언
int cols, rows;                          //❷ 행과 열의 개수 변수 선언

void setup() {
  size(1280, 720);
  background(255);
  cols = width / pSize;
  rows = height / pSize;                  //❷ 행과 열의 픽셀 수 설정
  String[] cameras = Capture.list();
  printArray(cameras);
  cam = new Capture(this, cameras[52]);
```

```
      cam.start();
}

void draw() {
  if (cam.available()==true) {
    cam.read();
    background(255);
    cam.loadPixels();
    for (int j = 0; j < rows; j++) {
      for (int i = 0; i < cols; i++) {
        int x = i * pSize;
        int y = j * pSize;                          //❸ 스케치창 x, y 좌표 위치 계산
        color c = cam.pixels[width * y + x]; //❹ 실시간 비디오 픽셀 색깔 정보 가져옴
        fill(c);
        rect(x, y, pSize, pSize);                   //❺ 사각형 픽셀의 바둑판 패턴 만듦
      }
    }
  }
}
```

예제 ex_4_2_4를 살펴보자. 먼저 사각형 픽셀의 크기를 지정하기 위해 변수 pSize를 선언하고 초깃값으로 10을 대입한다(❶). 바둑판 패턴에서 가로 줄 행과 세로 줄 열에 배치되는 사각형 픽셀의 개수(칸의 수)를 저장하기 위해 변수 cols와 rows를 전역변수로 선언한다. void setup() 함수에서 가로 크기(width)를 픽셀 크기 10으로 나눈 값 128을 열에 해당하는 변수 cols에 저장하고, 세로 크기(height)를 픽셀 크기 10으로 나눈 값 72를 행에 해당하는 변수 rows에 저장한다(❷). 행의 위치를 증가시키는 for() 반복문 안에 열의 위치를 증가시키는 for() 반복문을 삽입하여 바둑판 패턴을 만든다. 바깥쪽 for() 반복문은 첫 번째 행 0에서부터 마지막 행 71까지 1씩 증가하며 72번, 안쪽 for() 반복문은 첫 번째 열 0에서부터 마지막 열 127까지 1씩 증가하며 총 128번 반복문 안의 명령문들을 실행시키며 총 9,216(128×72)개의 사각형 픽셀로 이루어진 격자 무늬 바둑판 패턴을 만든다. 이때 변수 cols와 rows는 사각형 픽셀이 몇 번째 행과 열에 해당하는지 알려주는 역할을 하며, 실제 스케치창에서 사각형 픽셀의 x, y 좌표 위치를 나타내는 건 아니다. 실제 스케치창에서 각각의 사각형 픽셀의 기준점 x 좌표값은 현재 열의 위치(0~127)에 픽셀 크기 10을 곱한 값이고, y 좌표값은 행의 위치(0~71)에 픽셀 크기 10을 곱한 값이다(❸). 현재 행과 열의 위치에 해당하는 사각형 픽셀의 기준점 x, y 좌표 위치와 동일한 실시간 비디오 이미지 픽셀의 색깔 정보

를 가져오기 위해 픽셀의 위치를 구하는 공식을 실시간 비디오 이미지의 픽셀들이 저장되어 있는 **cam.pixels[]** 배열에 넣고 해당 픽셀의 색깔 정보값을 색깔 유형의 변수 c에 저장한다(❹).((➡ 픽셀의 위치 구하는 공식은 320쪽 참조) rect()로 현재 x, y 좌표 위치에 가로, 세로 크기 10(픽셀 크기)으로 사각형을 그리고 변수 c에 저장된 색으로 안쪽면을 채워준다. 1.6 '이미지 픽셀 변형시키기'에서 살펴본 다양한 픽셀 변형 방법을 이번 예제에 적용해서 실시간 비디오 이미지의 픽셀 형태와 크기를 다양하게 바꿔보자.

결과 이미지

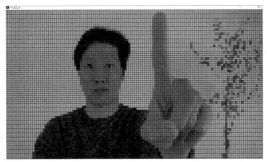 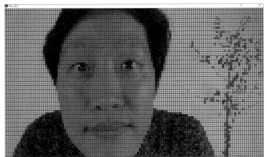

4.2.5 문자 픽셀로 실시간 비디오 재생하기

☑️ **새롭게 배우는 명령어**
　pushMatrix( ), popMatrix( ), constrain( ), charAt( )

☑️ **필요한 재료**
　비디오 라이브러리 설치, 컴퓨터에 웹캠 연결

앞서 다룬 예제 ex_4_2_4를 바탕으로 웹캠을 통해 입력되는 실시간 비디오 화면을 문자 픽셀로 이루어진 격자 무늬 바둑판 패턴 이미지로 표현해보자. 원하는 크기로 바둑판 패턴을 만든 다음 각 칸에 문자 픽셀을 넣는다. 문자 픽셀이 출력되는 x, y 위치와 동일한 위치에 있는 실시간 비디오 이미지 픽셀의 색깔 정보를 가져와 그 색깔을 해당 문자 픽셀의 색깔로 사용하고 동시에 색깔의 밝기값에 따라 문자 픽셀의 크기가 변형되도록 스케치해보자.

#pushMatrix ( ), popMatrix ( ) : 새 스케치는 새 도화지에

이번 예제에서는 문자 픽셀의 기준점 x, y 좌표에 바로 문자를 출력하는 대신 새로운 좌표계를 추가하는 pushMatrix()와 popMatrix()를 사용해보자. 사용 방법은 포토샵과 같은 이미지 편집 프로그램에서 새로운 레이어를 추가하고 수정하는 작업과 유사하다. pushMatrix()는 현재 좌표계 위에 새로운 좌표계를 포함한 투명창을 올리고, 그 위에 원하는 그림을 그릴 수 있도록 해준다. 그림 그리기를 마친 후에는 popMatrix()로 추가했던 좌표계를 걷어낸다. pushMatrix() 위에 그린 그림들은 한꺼번에 이동, 회전, 확대, 축소가 가능하며 기존 좌표계에는 아무런 영향을 미치지 않기 때문에 매우 유용하다. 두 명령어는 반드시 함께 써야 한다. pushMatrix()는 개수에 상관없이 얼마든지 추가할 수 있으며 이때 추가시킨 좌표계 개수만큼 popMatrix()을 입력해 짝을 맞춰야 한다. pushMatrix()는 기존 좌표계 위에 투명창이 올려져 한 장씩 한 장씩 위로 쌓여 나가기 때문에 마지막에 추가한 좌표계가 제일 위로 올라와 가장 먼저 출력되고, popMatrix()는 제일 위에 있는 좌표계부터 차례대로 빼낸다.

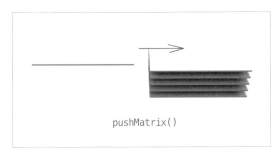

pushMatrix()

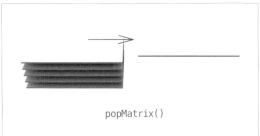

popMatrix()

#실습예제 ex_4_2_5 코드 및 설명

프로세싱 예제 ex_4_2_5

```
import processing.video.*;
Capture cam;
int pSize=12;
int cols, rows;
PFont font;                                    //❶ 폰트 변수 선언
String inputText="서시죽는날까지하늘을우러러한점부끄럼이없기를잎새에이는바람에도나는괴로와했
                  다.별을노래하는마음으로모든죽어가는것들을사랑해야지그리고나한테주어진길을
```

걸어가야겠다.오늘밤에도별이바람에스치운다."; //❷ 문자열 변수 선언

```
void setup() {
  size(1280, 720);
  background(0);
  cols=width/pSize;
  rows=height/pSize;
  String[] cameras=Capture.list();
  printArray(cameras);
  cam=new Capture(this, cameras[52]);
  cam.start();
  font=createFont("SpoqaHanSans-Regular", 20);
  textFont(font);                            //❶ 폰트 설정
}

void draw() {
  if (cam.available()==true) {
    cam.read();
    background(0);                            //❸ 바탕색 지정
    textAlign(LEFT, CENTER);                  //❹ 문자 정렬
    cam.loadPixels();
    int counter = 0;                          //❺ 문자 순번 변수 선언
    for (int j = 0; j < rows; j++) {
      for (int i = 0; i < cols; i++) {
        int x = i * pSize;
        int y = j * pSize;
        color c = cam.pixels[cam.width * y + x];
        pushMatrix();                          //❻ 새 좌표계 밀어 넣기
        translate(x, y);                       //❼ 좌표계 원점 이동
        fill(c);
        textSize(constrain(brightness(c)/14, 1, 20)); //❽ 문자색과 크기 설정
        char letter = inputText.charAt(counter);
        text(letter, 0, 0);                    //❾ 문자 픽셀 출력
        popMatrix();                           //❻ 추가한 좌표계 빼기
        counter++;
        if (counter > inputText.length()-1) {
          counter=0;                           //❿ 문자 순번 초기화
        }
      }
    }
  }
}
```

예제 ex_4_2_5를 살펴보자. 먼저 문자 픽셀의 크기는 12픽셀로 지정하고 바둑판 패턴에서 가로 줄 행과 세로 줄 열에 배치되는 문자 픽셀의 개수(칸의 수)를 변수 cols와 rows에 각각 저장해준다. 원하는 폰트를 설정하기 위

해 PFont 유형의 변수 font를 전역변수로 선언하고 void setup() 함수에서 createFont()로 사용할 폰트와 폰트 크기를 설정한 다음 변수 font에 로딩시키고 textFont()로 스케치에서 실제 사용할 폰트를 변수 font로 지정한다(❶).(➲ 폰트 설정하기는 47쪽 참조) 그 다음 String 문자열 유형의 변수 inputText에 '서시'를 입력해준다. 이때 바둑판 패턴 한 칸에 한 문자씩 배치되도록 띄어 쓰지 않고 모두 붙여쓴다(❷).

void draw() 함수에서 스케치창 바탕색은 검은색으로 지정하고(❸) 출력되는 문자는 바둑판 패턴 각 칸마다 왼쪽 가운데로 정렬시킨다(❹). 문자가 차례대로 출력되도록 순번을 정해주기 위해 정수 유형의 변수 counter를 지역변수로 선언하고 초깃값으로 0을 대입한다(❺). 행의 위치를 증가시키는 for() 반복문 안에 열의 위치를 증가시키는 for() 반복문을 삽입하여 바둑판 패턴을 만든다. 스케치창에서 문자 픽셀의 기준점 x, y 좌표 위치를 구한 다음 기준점 x, y 좌표 위치와 동일한 위치의 실시간 비디오 이미지 픽셀의 색깔 정보를 가져와 색깔 유형의 변수 c에 저장한다. pushMatrix()로 새로운 좌표계를 추가하고(❻) translate()로 좌표계 원점의 위치를 현재 행과 열의 위치(칸)에 해당하는 문자 픽셀 기준점 x, y 위치로 이동시킨다(❼). 변수 c에 저장된 색깔을 문자 픽셀의 안쪽 면 색깔로 지정하고 변수 c의 밝기값(brightness(c), 0~255)을 14로 나눈 결괏값을 문자 픽셀의 크기로 설정한다. 이때 constrain(제한하고 싶은 값, 최솟값, 최댓값)을 사용하여 문자 픽셀의 크기가 최솟값 1보다 작지 않고 최댓값 20보다 크지 않게 제한해준다(❽). 다음으로 출력할 문자를 선택하기 위해 charAt(순번)을 사용한다. inputText.charAt()은 변수 inputText에 저장된 문자열 정보를 한 개의 문자(character) 유형으로 나눈 뒤 개별 문자에 순번을 정해서 배열처럼 사용할 수 있도록 해준다. charAt(0)은 문자열에 저장된 첫 번째 문자(char)이고 charAt(총 문자 개수-1)은 문자열에 저장된 마지막 문자가 된다. charAt()으로 출력할 문자가 정해졌으면 문자 유형의 변수 letter에 저장하고, text()로 새로운 좌표계 원점(0, 0)에 출력한다(❾). 변수 counter 값은 반복문이 진행될 때마다 1씩 증가(counter++)해서 변수 inputText에 저장된 서시가 낱개의 문자로 순서대로 출력되도록 한다. 이때 변수 counter 값이 문자열의 마지막 순번을 나타내는 총 문자 개수 input.length()에서 1을 뺀 값보다 크면 다시 0을 대입하여 첫 글자부터 다시 출력되도록 한다(❿). 스케치를 실행시켜 보면 밝은 영역은 큰 글씨로, 어두운 영역은 작은 글씨로 나타나는 것을 확인할 수 있다.

결과 이미지

TIP! 문자열 정보를 영문 또는 다른 언어로 바꾸어 실행시켜보자.

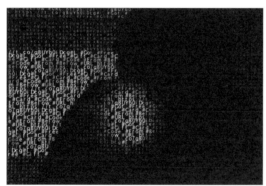

좀 더 붙잡기~ 도전!

1. 예제 ex_4_2_2에서 수렵도 대신 실시간 비디오 이미지를 소스 이미지로 사용하여 스마트폰 플래시를 비추는 자신의 모습이 어둠 속에서 드러나도록 해보자.

2. 예제 ex_4_2_3에서 내가 좋아하는 이미지 또는 영화 속 한 장면을 불러와 색깔 팔레트로 만들어 보자.

3. 예제 ex_4_2_4에서 사각형 픽셀 대신 원형이나 삼각형 픽셀로 바꾸어 보자.

4. 예제 ex_4_2_5에서 실시간 비디오 이미지 각 픽셀의 밝기값에 따라 문자 픽셀이 y 축을 기준으로 회전하고 z 축을 기준으로 앞뒤로 이동하도록 수정해 보자(● 예제 ex_1_2_5, 76쪽 참조).

5. 예제 ex_4_2_3과 예제 ex_4_2_5를 응용하여 실시간 비디오 이미지 각 픽셀의 밝기값을 5등분하고, 각 범위에서 픽셀의 색깔을 색깔 팔레트에 저장된 5가지 색깔 중 한 가지 색깔로 수정하여 실시간 비디오 이미지를 색깔 팔레트의 5가지 색깔로 표현해보자(● 예제 ex_1_6_7, 170쪽 참조).

#컴퓨터 비전

최근 인공 지능Artificial Intelligence 기술의 발전과 함께 카메라로 입력되는 영상을 분석하고 이를 바탕으로 정보를 생산하는 컴퓨터 비전Computer Vision 기술이 많은 관심을 받고 있다. 일상 속에서도 많은 변화를 느낄 수 있다. 주차장 입구에 설치된 카메라는 차량 번호를 자동으로 인식하고, 스마트폰은 얼굴을 인식하여 잠금 장치를 풀고 사물에 카메라를 갖다 대면 바로 정보를 알려준다. 이제는 인터넷 검색을 통해 정보를 찾기보다는 카메라를 통해 정보를 인식하는 세상으로 이동해가는 느낌이다.

컴퓨터는 사람의 눈과 같은 카메라를 통해 공간을 인식하고 사물을 파악한다. 아직은 컴퓨터의 인식 속도가 인간의 눈처럼 정확하고 빠르지 못하지만 그 대신 컴퓨터는 특수한 카메라를 통해 인간의 눈으로는 볼 수 없는 것들을 볼 수 있다. 인공위성에 탑재된 카메라는 멀리 떨어진 행성들의 모습을 보며, 미세한 크기의 카메라는 몸속 구석구석을 들여다볼 수 있다. 최근 미디어아트 분야에서는 드론에 카메라를 달아 하늘에서 내려다본 시점으로 촬영한 영상을 작업에 많이 활용하고 있다.

카메라를 통해 입력된 이미지를 컴퓨터로 어떻게 처리하느냐에 따라 다양한 예술적 표현이 가능하다. 이제껏 우리가 볼 수 없었던 형태와 색깔을 활용하여 독특한 패턴을 만들 수도 있고 일상 공간을 해체하거나 다른 공간과 합성할 수도 있을 것이다. 컴퓨터 비전 기술은 우리가 볼 수 없던 이미지를 만들어 주고 우리가 주위를 인식하는 방식과 다른 방법으로 세상을 볼 수 있도록 해준다는 점에서 새로운 표현 도구로서의 활용 가능성이 매우 커보인다.

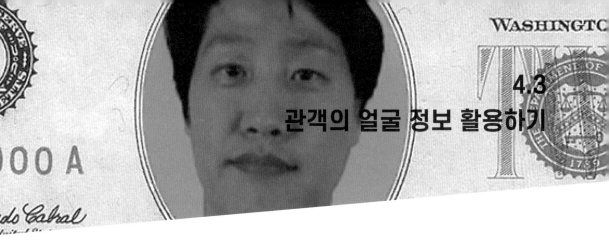

관객의 얼굴 정보 활용하기

컴퓨터 비전 분야에서 가장 많이 사용하고 있는 OpenCV 라이브러리를 프로세싱에 설치하고 관객의 얼굴 정보를 활용해보자. 첫 번째 예제에서는 웹캠으로 입력되는 실시간 비디오 이미지에서 관객의 얼굴 위치를 찾고 관객의 얼굴에 살바도르 달리의 콧수염 이미지를 합성해본다. 두 번째 예제에서는 특정 영역 안에서 관객의 얼굴이 인식되면 사진을 찍고 그 이미지가 행운의 2달러 지폐에 합성되어 출력되는 포토존을 만들어보자.

4.3.1
살바도르 달리의
콧수염

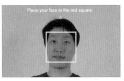

4.3.2
행운의 2달러
포토존

4.3.1 살바도르 달리의 콧수염

새롭게 배우는 명령어

OpenCV, loadCascade ( ) , detect ( )

필요한 재료

비디오 라이브러리 설치, OpenCV 라이브러리 설치, 컴퓨터에 웹캠 연결, 바탕이 투명한 살바도르 달리의 콧수염 png 이미지 1장(파일명: dali.png, 이미지 크기: 200 × 200px)

최근 카메라 속 자신의 얼굴에 재미있는 이미지들을 합성해주는 스마트폰 앱이 많이 등장했다. 프로세싱에서는 이런 합성 이미지들을 어떻게 만들 수 있을까? 비디오 라이브러리와 OpenCV 라이브러리를 함께 활용하면 쉽게 해결할 수 있다. 먼저 웹캠을 통해 입력되는 이미지에서 실시간으로 관객의 얼굴 위치를 찾아주는 OpenCV 라이브러리를 설치해보자. 관객의 얼굴 위치에 해당하는 x, y 좌표값을 구하고 그 위치에 살바도르 달리의 콧수염이 합성되도록 스케치해보자.

#OpenCV: 컴퓨터와 얼굴 마주하기

OpenCVOpen Source Computer Vision는 실시간 컴퓨터 비전을 위해 인텔이 개발한 오픈 소스 프로그래밍 라이브러리이다. 얼굴 인식, 사물 추적, 행동 인식 등 많은 이미지 분석 기능을 포함하고 있어 컴퓨터 비전 응용 프로그램 개발에 많이 활용되고 있다. 프로세싱에 OpenCV 라이브러리를 설치하려면 메뉴바에서 [스케치]-[내부 라이브러리...]-[라이브러리 추가하기...]를 클릭하여 라이브러리 관리창을 띄운다. 관리창에서 검색 단어로 'opencv'를 입력하면 라이브러리가 검색된다. 라이브러리를 선택하고 [install] 버튼을 클릭한다. 설치가 완료되면 메뉴바에서 [파일]-[예제...]를 클릭하여 예제 모음창을 연다. [Contributed Libraries]-[OpenCV for Processing] 폴더 안에 실시간 비디오 이미지에서 관객의 얼굴 위치를 찾아주는 예제 [LiveCamTest]를 실행시킨다.

#예제 LiveCamTest 코드 및 설명

예제 LiveCamTest

```
import gab.opencv.*;
import processing.video.*;
import java.awt.*;                              //❶ 라이브러리 추가

Capture video;
OpenCV opencv;                                  //❷ 변수 선언

void setup() {
  size(640, 480);
  video = new Capture(this, 640/2, 480/2);
  opencv = new OpenCV(this, 640/2, 480/2);    //❸ 화면 크기 설정
  opencv.loadCascade(OpenCV.CASCADE_FRONTALFACE); //❹ 얼굴 전면 인식
  video.start();                              //❺ 실시간 비디오 캡처 시작
}

void draw() {
  scale(2);                                   //❻ 이미지 크기 두 배로 확대
  opencv.loadImage(video);                    //❼ 새 프레임 openCV에 넣어줌
  image(video, 0, 0);                         //❽ 새로운 프레임 스케치창에 출력
  noFill();
  stroke(0, 255, 0);
  strokeWeight(3);
  Rectangle[] faces = opencv.detect();        //❾ 인식된 얼굴 배열에 추가
  println(faces.length);                      //❿ 인식된 얼굴 개수 출력

  for (int i = 0; i < faces.length; i++) { //⓫ 인식된 얼굴 위치 사각형으로 표시
    println(faces[i].x + "," + faces[i].y);
    rect(faces[i].x, faces[i].y, faces[i].width, faces[i].height);
  }
}
```

```
void captureEvent(Capture c) {                    //⓬ 새로운 프레임 읽어 들임
  c.read();
}
```

LiveCamTest 예제를 살펴보자. 먼저 실시간 비디오 이미지를 위한 video 라이브러리와 얼굴 인식을 위한 OpenCV 라이브러리를 추가해준다(❶). Capture 유형의 변수 video와 OpenCV 유형의 변수 opencv를 전역변수로 선언해주고(❷) void setup() 함수에서 이미지 처리 속도를 빠르게 하기 위해 화면 크기를 실제 스케치창 가로세로 크기의 절반 크기로 설정한다(❸). 그 다음 loadCascade()로 얼굴 전면, 눈, 코 중에서 어떤 부위를 인식할 건지 다음의 3가지 방법 중 하나를 선택해서 설정한다(❹).

```
opencv.loadCascade(OpenCV.CASCADE_FRONTALFACE);     // 얼굴 전면 인식
opencv.loadCascade(OpenCV.CASCADE_EYE);             // 눈 인식
opencv.loadCascade(OpenCV.CASCADE_NOSE);            // 코 인식
```

웹캠으로 캡처 작업을 시작하고(❺) void draw() 함수에서 if() 조건문 대신 captureEvent 함수로 새로운 프레임이 준비되었는지 확인한 다음 읽어 들인다(⓬). 새 프레임 이미지를 scale(2)로 두 배(200%) 확대해 스케치창 크기에 맞춰준다(❻). 새 프레임 이미지에서 얼굴 위치를 찾기 위해 opencv에 넣어준 다음(❼) image(video, 0, 0)로 실시간 비디오 이미지를 스케치창에 출력한다(❽). 인식된 얼굴 영역을 표시하는 사각형 안쪽 면은 비우고 외곽선의 색깔은 녹색, 굵기는 3픽셀로 설정한다. 실시간 비디오 이미지에서 얼굴이 인식되면 사각형 유형의 faces[] 배열에 차례대로 추가한다(❾). 첫 번째 인식된 얼굴 정보는 첫 번째 칸 faces[0]에 저장되고 또 다른 얼굴이 인식되면 두 번째 칸 faces[1]에 저장해서 새 프레임 이미지에서 인식된 얼굴 개수만큼 배열의 전체 길이가 정해지도록 한다. 인식된 얼굴 개수는 println (faces.length)로 콘솔에 표시된다(❿). 그 다음 for() 반복문으로 스케치창에 인식된 얼굴 위치와 영역에 사각형을 그려주는데 사각형 기준점 왼쪽 위 x, y 좌표 위치는 faces[i].x, faces[i].y가 되고 사각형의 가로세로 크기는 faces[i].width, faces[i].height로 입력해준다. 사각형의 기준점 x, y 위치도 콘솔을 통해 출력해준다(⓫).

결과 이미지

CASCADE_FRONTALFACE
(얼굴 전면 인식)

CASCADE_EYE
(눈 인식)

CASCADE_NOSE
(코 인식)

#실습예제 ex_4_3_1 코드 및 설명

프로세싱 예제 ex_4_3_1

```
import gab.opencv.*;
import processing.video.*;
import java.awt.*;
Capture cam;
OpenCV opencv;
PImage img;                                        //❶ 이미지 변수 선언
void setup() {
  size(640, 480);
  background(255);
  cam = new Capture(this, 640/2, 480/2);
  opencv = new OpenCV(this, 640/2, 480/2);
  opencv.loadCascade(OpenCV.CASCADE_FRONTALFACE);
  img=loadImage("dali.png");                       //❶ 소스 이미지 불러옴
  cam.start();
}

void draw() {
  if (cam.available()==true) {
    cam.read();
  }
  scale(2);
  opencv.loadImage(cam);
  image(cam, 0, 0);
  Rectangle[] faces = opencv.detect();
  println(faces.length);
  for (int i = 0; i < faces.length; i++) {
   println(faces[i].x + "," + faces[i].y);
    image(img, faces[i].x, faces[i].y, faces[i].width, faces[i].height); //❷ 콧수염 합성
  }
}
```

LiveCamTest 예제를 활용하여 관객의 얼굴에 달리의 콧수염이 합성되는 스케치 ex_4_3_1을 살펴보자. 먼저 소스 이미지를 불러오기 위해 이미지 유형의 변수 img를 만들고 void setup() 함수에서 명령어 loadImage("dali.png")로 [data] 폴더에 저장되어 있는 달리의 콧수염 이미지를 변수 img에 저장해준다(❶). 그 다음 for() 반복문 안에서 인식된 얼굴의 위치를 표시하기 위해 입력한 사각형 그리기 명령어 rect() 대신 명령어 image()로 변수 img에 저장된 달리의 콧수염 이미지를 인식된 얼굴의 기준점 x, y 좌표 위치에서부터 얼굴의 가로세로 크기만큼 합성해준다(❷).

　다른 png 이미지를 합성할 때 합성한 이미지의 위치를 오른쪽 방향으로 50픽셀, 아래로 25픽셀 이동시키고 싶을 때에는 이미지의 기준점 faces[i].x, faces[i].y에 각각 50, 25를 더해준다. 반대로 만약 이미지를 왼쪽 위로 이동시키고 싶을 때에는 각 기준점에서 이동거리만큼 값을 빼준다.

```
image(img, faces[i].x+50, faces[i].y+25, faces[i].width, faces[i].
height);
```
x축 오른쪽으로 50픽셀 이동, y축 아래로 25픽셀 이동

합성할 이미지에서 가로 크기는 60픽셀, 세로 크기는 30픽셀만큼 줄이고 싶을 때에는 가로세로 크기를 나타내는 faces[i].width, faces[i].height에 각각 60, 30을 빼준다. 반대로 만약 크기를 키우고 싶을 때에는 늘리고 싶은 픽셀 값을 더해준다.

```
image(img, faces[i].x+50, faces[i].y+25, faces[i].width-60, faces[i].
height-30);
```
이미지 가로 크기 60픽셀 축소, 이미지 세로 크기 30픽셀 축소

TIP! 합성할 이미지의 크기를 조절할 때 가로세로 크기에 같은 값을 곱해주거나 나누어주면 소스 이미지와 같은 종횡비로 확대/축소된다.

결과 이미지

4.3.2 행운의 2달러 포토존

☑ **새롭게 배우는 명령어**
delay ( ), millis ( )

☑ **필요한 재료**
비디오 라이브러리 설치, OpenCV 라이브러리 설치, 컴퓨터에 웹캠 연결,
가운데 원형이 투명한 2달러 지폐 png 이미지 1장(파일명: mask.png,
이미지 크기: 640x480) (▶) 투명한 원형 마스크 이미지 만들기는 200쪽 참조)

놀이공원이나 박물관에 가면 동그랗게 구멍이 뚫려있는 캐릭터 얼굴 부분
에 자신의 얼굴을 밀어 넣고 사진을 찍는 포토존을 쉽게 찾아볼 수 있다. 이
런 포토존을 프로세싱과 웹캠으로 어떻게 구현할 수 있을까? 이번 예제에
서는 관객의 얼굴이 특정 영역 안에 들어오면 인식해서 사진을 찍고, 그 이
미지에서 얼굴 부분만 잘라내 행운의 2달러 지폐 원형 안에 합성해서 이미
지 파일로 저장하는 디지털 포토존을 만들어보자.

예제를 진행하기 전에 이번 예제에 사용한 case가 어떻게 진행되는지 먼
저 살펴보자. case 위치를 정해주는 변수 scene의 초깃값으로 1을 지정하여
void draw() 함수에서 case 1이 먼저 실행되도록 한다. case 1이 실행될 때

에는 case 2 안에 있는 명령문들은 실행되지 않는다. (❯case 활용은 249쪽 참조)

case 1 OpenCV 라이브러리로 관객의 얼굴 전면 위치를 찾는다. 관객의 얼굴이 스케치창 가운데 빨간색 사각형 안에 맞춰지고 카운트다운 숫자가 0이 되면 현재 스케치창이 이미지 파일로 [data] 폴더에 저장된 다음 case 2로 이동한다.

case 2 [data] 폴더에 저장된 얼굴 이미지에서 합성할 부분만 잘라내 스케치창에 먼저 출력하고, 마스크 이미지로 사용할 행운의 2달러 지폐 이미지를 그 위에 출력하여 두 이미지를 합성한다. 3초가 지나면 합성된 모습을 이미지 파일로 저장하고 case 1로 이동한다.

#실습예제 ex_4_3_2 코드 및 설명

프로세싱 예제 ex_4_3_2

```
import gab.opencv.*;
import processing.video.*;
import java.awt.*;
Capture cam;
OpenCV opencv;
PImage img;                              //❶ 이미지 변수 선언
int scene = 1;                           //❷ case 위치 변수 선언
int lastTime=0;                          //❸ 시간 체크 변수 선언
int count=0;                             //❹ 파일명 순번 변수 선언

void setup() {
  size(640, 480);
  background(255);
  cam = new Capture(this, 640/2, 480/2);
  opencv = new OpenCV(this, 640/2, 480/2);
  opencv.loadCascade(OpenCV.CASCADE_FRONTALFACE);
  img=loadImage("mask.png");             //❶ 소스 이미지 불러옴
  cam.start();
}

void draw() {
  if (cam.available()==true) {
    cam.read();
  }
  switch(scene) {                        //❺ case 1로 이동
  case 1:
    scale(2);
```

```
    opencv.loadImage(cam);
    image(cam, 0, 0);
    Rectangle[] faces = opencv.detect();
    noFill();
    strokeWeight(3);
    textAlign(CENTER, CENTER);
    text("Place your face in the red square.", 330/2, 40/2); //❻ 설명 문구 출력
    for (int i = 0; i < faces.length; i++) {
      println(faces[0].x + "," + faces[0].y);
      if (faces[0].x>=220/2&&faces[0].x<=260/2&&faces[0].y>=140/2&&faces[0].y<=180/2)
{
        stroke(255, 255, 0);                    //❽ 외곽선을 노란색으로 변경
        text(9-second()%10, 320/2, 80/2);       //❿ 카운트다운 숫자 표시
        if (second()%10==0) {                   //⓫ 10초마다 사진 찍기
          noStroke();
          noFill();
          saveFrame("data/face.jpg");           //⓬ 이미지 파일로 저장
          delay(1000);                          //⓭ 1초 동안 정지
          lastTime=millis();                    //⓮ 변수값 수정
          background(255);
          scene=2;                              //⓯ case 2로 이동
        }
      } else {
        stroke(255, 10, 10, 200);               //❾ 외곽선을 빨간색으로 유지
      }
    }
    rect(240/2, 160/2, 160/2, 160/2);           //❼ 중심 사각형 그림
    break;

  case 2:
    PImage face=loadImage("face.jpg");
    image(face.get(180, 90, 280, 280), 180, 90, 280, 280);
    image(img, 0, 0, width, height);           //⓰ 두 이미지 합성
    if (millis()-lastTime>=3000) {
      saveFrame("myPhoto"+nf(count, 3)+".jpg"); //⓱ 합성한 이미지 저장
      count++;
      scene=1;                                  //⓲ case 1로 이동
    }
    break;
  }
  println(scene);
}
```

예제 ex_4_3_2를 살펴보자. 먼저 스케치에 필요한 라이브러리를 불러오고 변수들을 추가로 선언해준다. 마스크 이미지로 사용할 2달러 지폐 이미지를 불러오기 위해 이미지 유형의 변수 img를 만들고 void setup() 함수에서

[data] 폴더에 위치한 소스 이미지를 불러와 변수 img에 저장한다(❶). case 위치를 정하기 위해 정수 유형의 변수 scene을 만들고 초깃값으로 1을 대입한다(❷). case 2에서 이미지가 합성되고 3초가 지났는지를 체크하기 위해 변수 lastTime을 만들고 초깃값은 0을 대입한다(❸). 합성한 이미지를 순차적으로 저장하기 위해 파일명에 넣을 정수 유형의 변수 count를 만들고 초깃값은 0을 대입한다(❹).

void draw() 함수에서 새로운 프레임을 읽어 온 다음 변수 scene의 초깃값 1을 명령어 switch(scene)의 설정값으로 입력하여 case 1로 이동한다(❺). case 1의 명령문들이 실행되고 있을 때에는 case 2는 실행되지 않는다. case 1에서 관객의 얼굴 위치 정보를 가지고 오기 위해 준비할 때 가운데 중심 위쪽에 text()로 "빨간색 사각형 안에 얼굴을 맞춰 달라"는 설명 문구가 출력되도록 한다(❻). 이때 문장의 위치는 실제 스케치창 x, y 좌표값을 2로 나눈 값으로 입력한다. opencv와 캡처 이미지 크기(640/2, 480/2)가 실제 스케치창 크기(640, 480)의 절반 크기에서 작업한 뒤 scale(2)로 확대하여 스케치창에 출력하기 때문에 스케치창에 출력되는 모든 문자와 도형 들의 위치는 실제 스케치창 위치에서 2로 나눈 값을 입력해야 한다. 스케치창 가운데 중심에 rect(240/2, 160/2, 160/2, 160/2)로 중심 사각형을 그린(❼) 다음 for() 반복문 안에서 if() 조건문을 사용해서 첫 번째로 인식된 관객의 얼굴이 사진 촬영을 위한 중심 사각형 안으로 들어 왔는지 체크한다. 참이면 stroke(255, 255, 0)로 중심 사각형 외곽선을 노란색으로 바꿔 인식된 얼굴이 중심 사각형 안에 잘 맞춰졌음을 알려주고(❽) 아닐 경우에(else)는 stroke(255, 10, 10, 200)로 외곽선을 빨간색으로 유지한다(❾). 이번 예제는 for() 반복문에서 인식된 모든 관객의 얼굴 위치(faces[i])를 체크하는 대신 첫 번째로 인식된 관객의 얼굴 위치(faces[0])만 활용한다.

if() 문의 조건테스트는 opencv에서 인식된 첫 번째 얼굴의 x, y 위치 좌표값(faces[0].x, faces[0].y)이 사진 촬영을 위한 중심 사각형 기준점 x, y 위치 좌표값(240/2, 160/2)보다 상하좌우로 20픽셀씩 경계 범위를 넓게 정하여 인식된 얼굴이 중심 사각형 안에 여유 있게 들어 왔는지 체크한다. 관객 얼굴이 빨간색 사각형 안에 맞춰지면 text(9-second()%10, 320/2, 80/2)로 카운트다운을 시작한다. 컴퓨터에 저장된 현재 초 정보를 나타내는 second()를 나머지 연산자 %(모듈로)10으로 계산하면 결괏값은 0에서 9까지 1씩 증가하기 때문에, 9-second()%10의 결괏값은 9에서 0까지 1씩 줄어들며 카운트다운된다. 설명 문구 밑에 카운트다운 숫자를 표시하여 현재 위치를 계속 유지하도록 유도한다(❿). 그 다음 인식된 얼굴이 사각형 중심에 들어오면 참이 되는 if() 조건문 안에 10초가 지날 때마다 사진을 찍는 if() 조건문을 넣어 준다. 안쪽 if() 문의 조건테스트로 second()를 나머지 연산자 %10으로 계산하면 결괏값은 0~9 범위 안에서 계속 순환하기 때문에 매번 10초가 지날 때마다 결괏값은 0이 되고 조건테스트를 만족시켜 조건문 안의 명령문들을 차례대로 실행한다(⓫). 관객 얼굴 사진을 찍을 때는 noStroke()와 noFill()로 스케치창에서 사각형이 보이지 않도록 한 다음 saveFrame("data/face.jpg")으로 [data] 폴더 안에 파일명 face.jpg로 현재 스케치창이 이미지 파일로 저장되도록 한다(⓬). 이미지를 안정적으로 저장하기 위해 delay(1000)로 1초 동안 잠깐 실행을 멈춘다(⓭).

TIP! delay()는 실행 중인 스케치를 잠깐 정지시켜 용량이 큰 파일을 불러오거나 시리얼 통신을 할 때 안정적으로 프로세싱이 실행되도록 해준다. delay()의 설정값은 정수 유형으로 밀리세컨드(1,000분의 1초) 단위로 입력되기 때문에 입력값 1000은 1초를 나타내며 delay(3000)은 3초 동안 정지시키고 delay(500)은 0.5초 동안 멈춘다.

그 다음 case 2에서 3초가 지났는지를 체크하기 위해 현재 millis() 값을 변수 lastTime에 대입시킨다(⓮). millis()는 스케치가 시작되는 시점부터 경과된 시간을 밀리세컨드 단위의 숫자 값으로 알려준다. println(millis())를 void draw() 함수에 넣고 실행해 보면 콘솔을 통해 경과된 시간을 확인할 수 있다. 10000이라는 값이 지나가면 현재 스케치가 시작되고 10초가 지났다는 의미이다. 그 다음 카메라 플래시가 켜지며 사진이 찍힌 듯한 느낌을 주기 위해 명령어 background(255)로 스케치창 배경색을 잠깐 흰색으로 만들어주고, case 위치를 정하는 변수 scene에 2를 대입하여 case 2로 이동한다(⓯).

　case 2에서는 먼저 [data] 폴더에 저장되어 있는 case 1에서 촬영한 관객의 얼굴 이미지를 이미지 유형의 변수 face에 불러온 다음 face.get()으로 관객의 얼굴 이미지에서 합성할 영역만 잘라내어 스케치창에 출력한다. 출력된 관객의 얼굴 이미지 위로 행운의 2달러 마스크 이미지를 출력하여 두 이미지를 합성한다(❶). if() 조건문으로 case 2로 이동하고 3초가 지났는지를 테스트한 다음 참이면 합성한 이미지를 파일로 저장하고 case 1로 이동한다. if() 문에서 조건테스트를 살펴보면 case 1에서 2로 이동할 때 변수 lastTime에 millis() 값을 대입하였기 때문에 millis()-lastTime의 결괏값은 0이 되어 조건테스트를 만족시키지 못한다. 하지만 case 2로 이동한 지 3초가 지나면 millis()-lastTime 값은 3000 이상이 되어 조건테스트를 만족시키고 조건문 안의 명령문들을 실행한다. 이처럼 몇 초가 지났는지 시간의 흐름을 체크하고 싶을 때에는 이전 case에서 lastTime 값에 현재 millis() 값을 대입하여 미리 수정해줘야 한다. if() 조건문 안에서 saveFrame()을 사용해 합성한 이미지를 차례대로 저장한다(❷). 파일명 순번을 정해주는 변수 count를 1 증가시키고 다시 case 1로 이동한다(❸).

결과 이미지

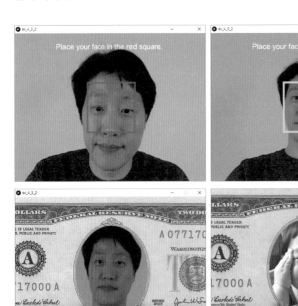

좀 더 붙잡기~ 도전!

1. 예제 ex_4_3_1에서 달리의 콧수염 대신 선글라스, 넥타이, 모자 등을 관객의 얼굴에 합성해보자.

2. 스케치창 가운데를 기준으로 관객의 얼굴 위치가 어느 쪽(오른쪽/왼쪽)에 있는지에 따라 tint()와 filter()로 이미지를 변형시켜 보자.

3. 예제 ex_4_3_2에서 합성된 관객의 얼굴 이미지에 다양한 필터 효과를 적용시켜보자.

4. 예제 ex_4_3_2에서 합성되는 마스크 이미지를 명화 속 인물, 동물, 유명 관광지 등으로 바꾸어보자. 또 인식되는 얼굴의 개수를 2명 또는 3명으로 늘려보자.

#스마트한 카메라, 키넥트 센서

지금까지 웹캠을 사용한 다양한 인터랙티브 영상 작업 예제들을 살펴보았다. 하지만 실제로 인터랙티브 영상 작업에 웹캠을 사용해보면 고려해야 할 사항들이 많다. 예를 들어 관객이 스마트폰 플래시를 비춘 밝은 영역에서만 소스 이미지가 드러나는 예제 ex_4_2_2를 실행한다고 치자. 관객 뒤편으로 밝은 조명이 있으면 그곳에서는 소스 이미지가 항상 드러날 테니 뒤편 조명을 가려줘야 한다. 또는 관객이 입고 있는 옷의 색깔 정보를 가져오고 싶을 때 배경에 관객의 옷 색깔과 비슷한 색깔이 있으면 정확한 색깔 정보를 가져오기 힘들다. 좀 더 재미있는 작업을 위해 움직이는 관객의 신체 외곽 형태를 파악한다거나 손의 위치를 알고 싶을 때에는 관객 뒤로 보이는 배경과 관객이 확실하게 구별되는 최적의 공간을 만들어야 한다. 특히 공간이 어둡거나 야외일 때는 더욱더 힘들어진다. 이런 문제들을 해결해주는 가성비 좋은 카메라가 키넥트 센서이다.

키넥트Kinect 센서는 마이크로소프트에서 개발한 Xbox 비디오 게임기에 장착되어 사용자의 동작과 음성을 인식하는 입력 장치이다. 키넥트 센서는 실시간 비디오 이미지를 구성하고 있는 개별 픽셀들의 RGB 색깔 정보뿐만 아니라 각 픽셀이 센서에서 얼마나 떨어져 있는지의 거리 정보와 사용자 신체의 관절 위치 정보도 함께 제공해준다. 이러한 정보들로 실시간 비디오에서 센서로부터 멀리 떨어진 배경을 간편하게 제거하여 관객의 신체 외곽 형태를 파악할 수 있고, 카메라로 인식되는 공간을 평면적인 2D 이미지가 아닌 입체적인 3D 공간으로 재현할 수 있다. 현재 많은 인터랙티브 작가들이 키넥트 센서를 웹캠처럼 컴퓨터에 연결하여 작업에 활용하고 있다.

프로세싱에서도 키넥트 센서를 활용할 수 있다. 먼저 장비를 구입할 때 키넥트 센서 Xbox OneKinect Sensor V2 카메라와 센서에 전원을 공급하고 USB 3.0 케이블로 센서와 컴퓨터를 연결해주는 어댑터를 함께 구입해야 한다. 키넥트 센서 카메라에는 어댑터가 포함되어 있지 않다. 그 다음 컴퓨터가 키넥트 센서를 인식할 수 있도록 마이크로소프트에서 제공하는 드라이버 Kinect for Windows SDK 2.0을 다운 받아 설치하고, 프로그램을 실행시켜 키넥트 센서가 컴퓨터에 잘 연결되었는지 테스트한다. 키넥트 센서를 위한 프로세싱 라이브러리 Kinect v2 Processing을 설치하고 예제들을 실행시켜보자(맥을 사용하는 독자들은 Open Kinect for Processing을 설치해준다).

Microsoft Kinect for Windows SDK 2.0

Kinect v2 Processing

#나비 발생기

틴틴 울리아

'나비 발생기The Butterfly Generator'는 틴틴 울리아Tintin Wulia가 독일 칼스루에에 위치한 세계적인 미디어아트센터인 ZKM의 레지던시에 참여하는 동안 처음 제작·발표하였다. 국내에서는 2014년 <끝없는 도전: 인피니트 챌린지> 전시를 통해 국립현대미술관 서울관과 과천관에 쌍둥이처럼 제작된 2개의 작품을 설치했다. 오랜 시간 동안 가족과 떨어져 해외에서 생활해온 작가는 '세계화' 시대에 '동시대성Contemporary'이 갖는 양면적 의미를 실시간 인터넷으로 연결된 인터랙티브 설치 작품으로 표현했다. 지리적으로 떨어진 두 장소에 동일한 형식의 작품을 설치해서, 서로 연결된 듯하지만 실제로는 거리감을 갖는 '동시대성'의 허상과 함께 지구 반대편에서 일어나는 작은 일이 나에게 영향을 주는 '나비효과'를 표현한 작품이다. '나비 발생기'는 이케아(IKEA)와 같은 대량 생산 제품으로 구성한 작품으로, 지구상 어느 장소에서나 제작될 수 있다. 각 장소에 설치된 웹캠은 카메라 앞에서 일어나는 변화를 반대편 장소의 스크린을 통해 보여줌으로서 두 장소를 연결하고 있다. 관람자가 작품 속 여러 가지 색깔의 버튼을 누르면 양쪽 작품에서는 버튼 색깔과 동일한 빛이 켜지고 바람을 일으키며 꽃잎이 흩날리는 반응이 일어난다.

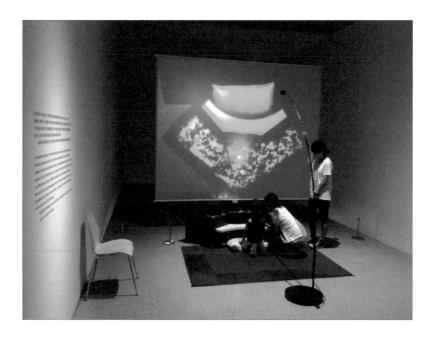

나비 발생기 | 틴틴 울리아 | 이케아 가구, 웹캠, 인터넷, 빔 프로젝터, 리어스크린, 컴퓨터, 전자회로 |
가변설치 | 국립현대미술관 서울관, 과천관 | 2014

5 실전
프로젝트

이번 장에서는 앞서 다루어 본 예제들을 서로
결합하여 실제 전시에 바로 응용 가능한 완성도
높은 예제들로 구성해 보았다. 5.1에서는
아두이노에 연결된 2개 이상의 센서 값을
프로세싱에서 한번에 입력받아 사용하는 방법을
알아보고, 5.4에서는 웹캠을 사용하여 실시간
비디오 이미지로 반복되는 랜덤한 패턴들을
만들어본다. 5.5에서는 웹캠을 센서로 활용하여
스케치창 위에서 떨어지는 작은 파티클을 관객이
몸을 움직여가며 인터랙션해볼 수 있는 스케치를
해본다. 5.6에서는 p5.js 라이브러리를 활용하여
프로세싱으로 작업한 나의 작품들을 인터넷을
통해 전 세계 어느 곳에서나 감상할 수 있도록 웹
미술관을 오픈해 보자.

5.1 감지된 만남

5.2 무지개 피아노

5.3 자동차 경주

5.4 비디오 신디사이저

5.5 떨어지는 파티클 가지고 놀기

5.6 웹 미술관 오픈하기

5.1
감지된 만남

예제 ex_5_1은 두 사람이 오프라인 공간에서 우연히 마주쳤을 때 느껴지는 순간의 감정을 영상으로 표현해 보는 작업으로, 빔 프로젝터로 영상을 스크린에 투사하는 방식의 설치 작업이다. 실제 전시 공간 왼쪽에서 관객이 다가와 스크린 왼쪽 위에 설치되어 있는 인체 감지 센서에 감지되면 소스 동영상 1이 재생되며 L양 캐릭터가 스크린 화면 왼쪽 끝에서 오른쪽 방향으로 이동한다. 같은 방법으로 스크린 오른쪽 위에 설치되어 있는 인체 감지 센서에 관객이 감지되면 소스 동영상 2가 재생되며 T군 캐릭터가 스크린 화면 오른쪽 끝에서 왼쪽 방향으로 이동한다. 만약 전시 공간 양쪽에서 관객이 감지되면 스크린 화면 속에서는 양쪽 방향의 동영상이 둘 다 재생되어 양쪽 방향 끝에서 캐릭터가 걸어온다. 두 영상이 서로 마주보며 이동하다가 스크린 화면 속 한 지점에서 만나 부딪치면 그 위치에서 두 캐릭터가 손을 잡고 함께 걸어가는 소스 동영상 3이 재생된다.

아두이노 보드에 인체 감지 센서 2개를 연결하고 센서 값 2개를 동시에 프로세싱으로 전송한다. 프로세싱에서는 센서 값을 통해 관객이 어느 방향에서 다가왔는지 파악하고 해당 소스 동영상을 재생한다. 아두이노 보드와 연결된 센서로 작업해보기 전에 먼저 프로세싱에서 키보드 입력만으로 간단하게 작동되는 스케치를 테스트해본 다음 아두이노와 프로세싱을 연결하자.

5.1.1
키 입력으로
인터랙션하기

5.1.2
아두이노에 인체
감지 센서를 2개
연결하여
인터랙션하기

5.1.1 키 입력으로 인터랙션하기

☑️ **필요한 재료**
소스 동영상 3개

소스 동영상 1	소스 동영상 2	소스 동영상 3
파일명: L.mp4 화면 크기: 280×500px 전체 길이: 4초	파일명: T.mp4 화면 크기: 280×500px 전체 길이: 4초	파일명: B.mp4 화면 크기: 500×500px 전체 길이: 5초

예제 ex_5_1_1은 프로세싱에서 키보드의 [a] 또는 [A] 키를 누르면 L양 캐릭터가 오른쪽 방향으로 걸어가는 소스 동영상 1이 재생되고, 키보드의 [d] 또는 [D] 키를 누르면 T군 캐릭터가 왼쪽 방향으로 걸어가는 소스 동영상 2가 재생된다. 키보드의 [a] 키를 눌러 L양 캐릭터를 왼쪽 끝에서 출발시키고 [d] 키를 누르지 않으면 L양 캐릭터는 오른쪽 방향으로 이동하다가 스케치창 오른쪽 밖으로 벗어난다. T군 캐릭터 영상도 마찬가지로 키보드의 [d] 키를 눌러 영상을 오른쪽 끝에서 왼쪽 방향으로 출발시키고 이동하는 동안 [a] 키를 누르지 않으면 T군 캐릭터는 왼쪽 방향으로 이동하다가 스케치창 왼쪽 밖으로 벗어난다. 만약 키보드의 [a]와 [d] 키를 동시에 누르거나 한쪽 영상이 이동하는 중간에 다른 쪽 영상을 출발시켜 두 영상이 스케치창 속 특정 지점에서 만나 부딪치면 해당 지점에서 L양과 T군이 손을 잡고 걸어가는 소스 동영상 3이 재생되도록 한다. 이번 예제는 랜덤한 위치에 선을 그리는 예제 ex_1_2_1, 녹화된 동영상을 반복 재생하는 예제 ex_2_1_1, 동영상을 한 번만 재생시키는 예제 ex_2_1_3, 아두이노를 설치하는 3.0, 인체 감지 센서와 case를 활용하는 예제 ex_3_1을 조합하여 만들었다. 활용한 예제들을 한번 더 훑어보면 많은 도움이 될 것이다.

#감지된 만남 스케치 실행 과정

평상시

평상시 모습에 해당하는 case 1에서는 L양을 나타내는 빨간색 선과 T군을 나타내는 파란색 선 2개가 랜덤한 길이와 위치에서 나타났다 사라진다. case 1이 실행되는 동안 키보드의 [a] 키 또는 [d] 키를 누르면 해당 영상을 재생하기 위해 case 2로 이동하도록 설정한다.

관객 참여 시

키보드의 [a] 키를 눌러 case 2로 이동하면 소스 동영상 1을 왼쪽 끝에서 오른쪽 방향으로 이동하며 재생시키고 키보드의 [d] 키를 눌러 case 2로 이동하면 소스 동영상 2를 오른쪽 끝에서 왼쪽 방향으로 이동하며 재생시킨다. case 2에서 영상이 재생되는 동안 반대쪽 키를 누르면 반대 방향의 영상이 재생되고 두 영상이 스케치창 가운데에서 만나 부딪치면 case 3으로 이동하여 소스 동영상 3을 한 번만 재생시키고 다시 case 1로 이동한다.

#실습예제 ex_5_1_1 프로세싱 코드 및 설명

프로세싱 예제 ex_5_1_1

```
import processing.video.*;          //❶ 비디오 라이브러리 추가
Movie movie1, movie2, movie3;       //❶ Movie 유형의 변수 선언
int scene=1;                        //❷ 정수 유형의 변수 선언 및 초깃값 설정
int x1, y1, x2, y2, fx1, fy1;       //❷ 정수 유형의 변수 선언

void setup() {
  size(1280, 720);
  background(255);
  noStroke();
  movie1=new Movie(this, "L.mp4");  //❶ 소스 동영상 불러 옴
  movie2=new Movie(this, "T.mp4");
  movie3=new Movie(this, "B.mp4");
  x1=-width*2;                      //❷ 초깃값 설정
  y1=100;
  x2=width*2;
  y2=100;
  fx1=-2000;
  fy1=100;
}

void movieEvent(Movie movie) {      //❸ 이벤트 함수로 새 프레임 읽어 들임
  movie.read();
}
```

```
void draw() {
  switch(scene) {                          //❹ 변수 scene 값에 해당하는 case로 이동
  case 1:
    noStroke();
    fill(255, 10);
    rect(0, 0, width, height);             //❺ 반투명한 사각형 그림
    float rx=random(width);
    float ry=random(height);               //❺ 랜덤 값 구함
    strokeWeight(random(3));
    stroke(0, 0, 255, random(255));
    line(rx, ry, random(width), random(height)); //❺ 랜덤한 위치에 파란선 그림
    stroke(255, 0, 100, random(255));
    line(rx, ry, random(width), random(height)); //❺ 랜덤한 위치에 빨간선 그림
    if((keyPressed==true)&&((key=='A')||(key=='a'))&&(x1==-width*2)){ //❻ [a] 키를 누르면
      x1=-280;
      y1=100;                              //❻ 변수값 재설정
      scene=2;                             //❻ case 2로 이동
    }
    if((keyPressed==true)&&((key=='D')||(key=='d'))&&(x2==width*2)){  //❼ [d] 키를 누르면
      x2=width;
      y2=100;                              //❼ 변수값 재설정
      scene=2;                             //❼ case 2로 이동
    }
    break;

  case 2:
    background(255);
    if((keyPressed==true)&&((key=='A')||(key=='a'))&&(x1==-width*2)){ //❽ [a] 키를 누르면
      x1=-280;
      y1=100;                              //❽ 변수값 재설정
    }
    if((keyPressed==true)&&((key=='D')||(key=='d'))&&(x2==width*2)){  //❾ [d] 키를 누르면
      x2=width;
      y2=100;                              //❾ 변수값 재설정
    }
    if (x1>=-280) {                        //❿ x1이 −280보다 크거나 같으면
      x1 += 5;                             //❿ x1에 5를 더하고
      movie1.loop();                       //❿ 소스 동영상 1을 반복 재생
      if (x1 >= width) {                   //❿ x1이 width보다 크거나 같으면
        x1=-width*2;                       //❿ x1에 −width*2를 대입
        movie1.stop();                     //❿ 소스 동영상 1을 정지
        scene=1;                           //❿ case 1로 이동
      }
    }
    if (x2<=width) {                       //⓫ 만약 x2가 width보다 작거나 같으면
      x2 -= 5;                             //⓫ x2에서 5를 빼고
      movie2.loop();                       //⓫ 소스 동영상 2를 반복 재생
      if (x2 <= -280) {                    //⓫ 만약 x2가 −280보다 작거나 같으면
```

```
        x2=width*2;                    //⓫ x2에 width*2를 대입
        movie2.stop();                 //⓫ 소스 동영상 2 정지
        scene=1;                       //⓫ case 1로 이동
      }
    }
    if (x1+230 >= x2) {                //⓬ 만약 x1+230이 x2보다 크거나 같으면
      movie1.stop();                   //⓬ 소스 동영상 1 정지
      movie2.stop();                   //⓬ 소스 동영상 2 정지
      fx1=x1;                          //⓬ fx1에 x1 값을 대입
      x1=-width*2;                     //⓬ x1에 -width*2를 대입
      x2=width*2;                      //⓬ x2에 width*2를 대입
      movie3.loop();                   //⓬ 소스 동영상 3 반복 재생
      scene = 3;                       //⓬ case 3으로 이동
    }
    image(movie1, x1, y1);             //⓭ 스케치창에 소스 동영상 1 출력
    image(movie2, x2, y2);             //⓭ 스케치창에 소스 동영상 2 출력
    break;

  case 3:
    image(movie3, fx1, fy1);           //⓮ 스케치창에 소스 동영상 3 출력
    if (movie3.time() >= 5.0) {        //⓮ 소스 동영상 3이 끝나면
      movie3.stop();                   //⓮ 소스 동영상 3 정지
      fx1=-2000;                       //⓮ fx1에 -2000을 대입
      background(255);                 //⓮ 바탕색을 흰색으로 만듦
      scene = 1;                       //⓮ case 1로 이동
    }
    break;
  }
  println(scene);                      //⓯ 콘솔에 현재 case 위치 출력
}
```

예제 ex_5_1_1을 살펴보자. 먼저 소스 동영상 3개를 사용하기 위해 비디오 라이브러리를 스케치에 추가하고 Movie 유형의 변수 3개를 선언한 다음 void setup() 함수에서 [data] 폴더에 저장되어 있는 소스 동영상 3개를 불러와 변수에 각각 저장한다(❶). 명령어 switch()의 설정값으로 사용할 정수 유형의 변수 scene을 선언하고 초깃값으로 1을 대입하여 첫 프레임에서는 case 1 안의 명령문들이 실행되도록 한다. 소스 동영상 1의 왼쪽 위 기준점 위치를 저장하기 위해 정수 유형의 변수 x1, y1, 소스 동영상 2의 기준점 위치를 저장하기 위해 x2, y2, 소스 동영상 3의 기준점 위치를 위해 fx1, fy1을 전역변수로 선언해준 다음 void setup() 함수에서 각 변수의 초깃값을 설정해준다. x1의 초깃값은 -width*2로 설정하여 소스 동영상 1이 스케치창 왼쪽 바깥 먼 위치에서 대기하도록 하고 x2의 초깃값은 width*2로 설정

하여 소스 동영상 2가 스케치창 오른쪽 바깥 먼 위치에서 대기하도록 한다. fx1의 초깃값도 -2000으로 설정하여 소스 동영상 3이 스케치창 왼쪽 바깥 먼 위치에서 대기하도록 한다. 대기 위치는 소스 동영상의 가로세로 크기에 따라 임의로 정해준다. 소스 동영상 3개의 세로 크기는 500픽셀로 모두 같기 때문에 스케치창 가운데 높이에서 영상이 재생되도록 모든 소스 동영상의 y 좌표 위치는 100으로 통일한다(❷). 비디오 라이브러리에서 제공하는 이벤트 함수 movieEvent()로 새로운 프레임이 준비될 때마다 해당 프레임을 가져온다(❸).

void draw() 함수에서 변수 scene의 초깃값 1에 해당하는 case 1로 이동하여 case 1 안의 명령문들을 차례대로 실행시킨다(❹). 잔상 효과를 주기 위해 스케치창 크기와 같은 반투명한 사각형을 매 프레임마다 그려준다. 소수 유형의 변수를 지역변수로 선언한 다음 스케치창 가로 크기와 세로 크기 안에서 랜덤한 값을 구하고 각각 변수 rx와 ry에 저장한다. 첫 번째 선은 최댓값 255 범위 안에서 랜덤한 투명도의 파란색 선을 변수 rx, ry 좌표 위치에서부터 스케치창 안 랜덤한 위치까지 그려준다. 두 번째 선도 랜덤한 투명도의 빨간색 선을 변수 rx, ry좌표 위치에서부터 스케치창 안 랜덤한 위치까지 그려서, 같은 한 지점을 공유하는 두 선이 랜덤한 방향으로 뻗어나가며 그려지도록 한다(❺). 그 다음 if() 조건문을 활용해서, 만약 키보드의 키가 눌렸는데 그 키가 영문 [A] 또는 [a] 키이고 소스 동영상 1의 x축 기준점을 나타내는 변수 x1이 대기 위치인 −width*2와 같으면, 변수 x1에 -280을 대입하여 스케치창 왼쪽 출발선으로 소스 동영상 1을 이동시키고 case 2로 이동한다. 소스 동영상 1의 가로 크기가 280픽셀이기 때문에 영상의 기준점 왼쪽 위 x 좌표 위치를 나타내는 변수 x1 값에 -280을 대입해서 영상이 스케치창 왼쪽 끝에서부터 오른쪽 방향으로 이동하는 순간 처음부터 바로 재생되도록 한다(❻). 두 번째 if() 조건문을 활용해서, 만약 키보드의 키가 눌렸는데 그 키가 영문 [D] 또는 [d] 키이고, 소스 동영상 2의 x축 기준점을 나타내는 변수 x2가 대기 위치인 width*2와 같으면, 변수 x2에 width(1280)를 대입하여 스케치창 오른쪽 출발선으로 소스 동영상 2를 이동시키고 case 2로 이동한다. 동영상의 기준점 위치는 왼쪽 위이기 때문에 기준점 x2에 스케치창 가로 크기 값을 바로 지정해서 영상이 스케치창 오른쪽 끝에서부터 왼쪽 방향으로 이동하는 순간 처음부터 바로 재생되도록 한다(❼).

　　case 2에서도 case 1에 사용한 if() 조건문 2개를 사용하여 소스 동영상 1과 2가 언제든지 스케치창 양쪽 출발 지점으로 이동할 수 있도록 한다(❽, ❾). 이때 case 1에서 [a] 키를 눌러 소스 동영상 1을 왼쪽 출발 지점으로 이동시키고 case 2로 왔다면 case 2에서는 [a] 키를 다시 누르더라도 첫 번째 if() 문의 조건테스트 x1==-width*2(대기 지점)을 만족시키지 못하여 다시 소스 동영상 1이 출발 지점으로 이동하지 않도록 한다. 다시 말해 case 1에서 [a] 키를 눌렀다면 case 2에서는 [d]만 작동하도록 설정한다. 마찬가지로 case 1에서 [d] 키를 눌러 case 2로 왔다면 case 2에서는 [a] 키만 작동하며 두 영상이 마주보며 이동하다 스케치창 속 한 지점에서 만나게 된다. 두 영상을 출발시키기 위한 용도로 if() 조건문 2개를 연달아 사용해준다. 소스 동영상 1을 재생하기 위한 if() 문에서는 소스 동영상 1의 기준점 x1이 출발 지점(-280)에 있거나 그보다 크다면, 오른쪽으로 이동하는 영상이 반복 재생된다. if() 문 안에 다시 if() 문을 넣어 소스 동영상 1이 스케치창을 벗어나면 영상을 대기 지점으로 이동시키고 정지한 다음 case 1로 이동한다(❿). 소스 동영상 2를 재생하기 위한 if() 문에서는 만약 소스 동영상 2의 기준점 x2가 출발 지점(width)에 있거나 그보다 작다면, 왼쪽으로 이동하는 영상이 반복 재생된다. if() 문 안에 다시 if() 문을 넣어 소스 동영상 2가 스케치창 왼쪽 끝을 지나치면 영상을 대기 지점으로 이동시키고 정지한 다음 case 1로 이동한다(⓫).

　　두 영상이 스케치창 한 지점에서 만나는 순간을 체크하기 위한 용도로 if() 조건문을 추가한다. 두 영상이 처음으로 겹치는 순간은 소스 동영상 1의 x축 기준점을 나타내는 변수 x1에 영상의 가로 크기인 280픽셀을 더한 값 x1 + 280이 왼쪽에서 오른쪽으로 이동하며 값이 증가하는 도중에 오른쪽에서 왼쪽으로 이동하며 x 좌표값이 감소하는 소스 동영상 2의 x축 기준점을 나타내는 변수 x2 값과 같거나 커지는 시점이다. 이번 예제에 사용한 소스 동영상 1과 2는 좌우 흰색 여백이 25픽셀 정도 여유가 있기 때문에 변수 x1 값에 영상의 가로 크기에서 50픽셀을 뺀 x1 + 230이 x2 값보다 크거나 같은 경우를 if() 문의 조건테스트로 사용하였다. 만약 두 영상이 스케치창 속 한 지점에서 부딪쳐 조건테스트를 만족시키면 두 영상을 정지시키고 부딪친 지점에서 소스 동영상 3이 재생되도록 한다. 소스 동영상 1과 2는 다시 대기 지점으로 이동시키고 소스 동영상 3을 반복 재생한 다음 case 3으로 이동한다(⑫). case 2 마지막 부분에서는 image()로 소스 동영상 1과 2가 현재 x1, y1, x2, y2에 해당하는 스케치창 위치에서 출력되도록 한다(⑬).

case 3에서는 소스 동영상 1과 2가 부딪친 지점(fx1, fy1)에서 image()로 소스 동영상 3이 반복 재생한다. if() 조건문을 활용해서 만약 소스 동영상 3의 현재 재생된 시간이 전체 길이보다 크거나 같으면, 소스 동영상 3을 정지시키고 다시 대기 지점으로 이동시킨 다음 바탕색을 흰색으로 한 번 갱신하고 case 1로 이동한다(⑭). 끝으로 println()으로 매 프레임마다 현재 몇 번 case가 실행되고 있는지 콘솔에 출력되도록 한다(⑮).

결과 이미지

스케치 결과를 확인할 때는 키보드 입력 방식이 영문으로 되어 있는지 확인하도록 한다.

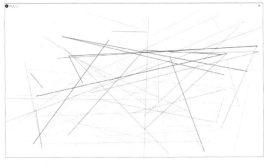

평상시 모습

키보드의 [a] 키를 눌렀을 때

키보드의 [d] 키를 눌렀을 때

한 지점에서 만났을 때

5.1.2 아두이노에 인체 감지 센서를 2개 연결하여 인터랙션하기

☑️ **새롭게 배우는 아두이노 명령어**
   void, while ( )

☑️ **새롭게 배우는 프로세싱 명령어**
   boolean, serialEvent ( ) , clear ( )

☑️ **필요한 재료**
   아두이노 보드 1개, USB 케이블 1개, 점퍼선(핀/소켓_6개, 핀/핀_2개) 8개,
   브레드보드 1개, 인체 감지 센서 모듈 2개(HC-SR501)

USB 케이블 1개

점퍼선 (핀/소켓 6개,
핀/핀 2개) 8개

브레드보드 1개

아두이노 우노 1개

인체 감지 센서 2개

예제 ex_5_1_2에서는 앞서 다룬 예제 ex_5_1_1에서 사용한 키 입력 방식 대
신 아두이노에 연결된 인체 감지 센서로 다가오는 관객을 감지하여 소스 동
영상들이 재생되도록 스케치해볼 것이다. 아두이노에 센서 2개를 연결하기
위해 브레드보드를 사용해보고, 프로세싱에서는 아두이노 센서 값 2개를 한
번에 입력 받는 방법을 알아보자. (➡️아두이노 설치하기는 232쪽 참조)

#아두이노 보드와 인체 감지 센서 2개 연결 방법

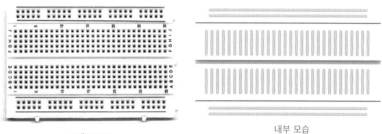

브레드보드   내부 모습

브레드보드는 빵판이라고도 부른다. 전자부품이나 점퍼선을 쉽게 꽂을 수 있는 작은 구멍들로 이루어져 있어 납땜 작업 없이 간편하고 빠르게 테스트 회로를 만들어 볼 수 있다. 위 그림처럼 브레드보드 안쪽에는 가로세로 방향으로 얇은 철심이 박혀있고 같은 철심 위에 있는 구멍들은 서로 연결된다. 가운데 움푹 들어간 홈을 기준으로 바깥쪽 위아래에 있는 두 줄은 가로 방향으로 모두 연결되어 있고 안쪽 위아래에 있는 줄들은 세로 방향으로 연결되어 있다. 안쪽 위아래 구멍들은 가운데 홈을 기준으로 서로 연결되어 있지 않다. 일반적으로 바깥쪽 두 줄 중 빨간색 줄에는 전원을 연결하고 파란색 줄에는 GND(그라운드)를 연결하여 센서에 전원을 공급하는 용도로 사용한다. 아두이노 보드 파워 영역에는 5V 출력 핀이 하나밖에 없기 때문에 5V 전원으로 작동되는 센서를 아두이노 보드에 여러 개 연결하고 싶을 때에는 5V 전원과 GND 핀이 추가로 더 필요하다. 이때 브레드보드 바깥쪽 빨간색 전원 레일에 아두이노 5V 출력 핀을 점퍼선 핀/핀 타입으로 연결하고, 바깥쪽 파란색 전원 레일에는 아두이노 GND 핀을 점퍼선 핀/핀 타입으로 연결하면 많은 센서에 5V 전원을 공급할 수 있다. 브레드보드는 크기가 다양하여 작업 규모에 맞게 선택해서 사용하면 된다. 위 브레드보드보다 가로 방향으로 더 긴 브레드보드는 전원 레일이 중간에 끊어져 있는 경우도 간혹 있으므로 주의해야 한다. (◑ 인체 감지 센서는 248쪽 참조)

아두이노 파워 영역에 있는 5V와 브레드보드 빨간색 전원 레일을 빨간색 점퍼선 핀/핀 타입으로 연결하여 빨간색 가로 라인을 모두 5V로 만들어준다. 같은 방법으로 아두이노 파워 영역에 있는 GND(그라운드)와 브레드보드 파란색 전원 레일 끝 쪽을 검은색 점퍼선 핀/핀 타입으로 연결하여 파란색 가로 라인을 모두 GND로 만들어 준다. 빨간색 점퍼선 핀/소켓 타입 2개로 인체 감지 센서 각각의 VCC를 브레드보드 빨간색 전원 레일에 연결해준다. 인체 감지 센서 각각의 GND를 검은색 점퍼선 핀/소켓 타입 2개로 브레드보드 파란색 전원 레일에 연결해준다.

노란색 점퍼선 핀/소켓 타입으로 스크린 왼쪽 방향에서 다가오는 사람을 감지할 인체 감지 센서 1의 가운데 핀 Out을 아두이노 디지털 7번 핀과 연결해주고, 녹색 점퍼선 핀/소켓 타입으로는 스크린 오른쪽 방향에서 다가오는 사람을 감지할 인체 감지 센서 2 가운데 핀 Out과 아두이노 디지털 8번 핀을 연결해준다.

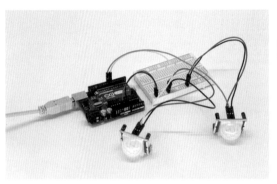
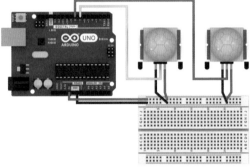

#사용자 정의 함수 void: 후렴구 만들기

음악에서 후렴구를 반복하듯 프로세싱에서도 자신이 반복해서 실행시키고 싶은 명령문들을 하나로 묶어 뒀다가 필요할 때마다 불러와 실행시킬 수 있는데 이를 사용자 정의 함수라고 한다. 함수가 특정 유형의 값이 아닌 기본적인 작업을 위한 명령문으로 이루어져 있을 경우에는 void 형태로 함수를 정의하고 호출할 수 있다. 함수를 정의하고 호출할 때 사용할 이름은 임의로 정해주면 되는데 기본 명령어들과 같은 이름은 피한다. 다음 예제에서는 함수의 이름을 randomLine으로 정하고, 현재 마우스 위치에서 이전 마우스 위치까지 랜덤한 색깔로 30픽셀 굵기의 선을 그리는 간단한 사용자 정의 함수를 사용하였다. 사용자 정의 함수는 별도로 호출하지 않으면 실행되지 않기 때문에 void setup() 또는 draw() 함수에서 필요할 때마다 함수 이름으로 호출하여 사용자 정의 함수 안의 명령문들이 실행되도록 한다.

함수 정의	
void 함수 이름(){ 　실행시키고 싶은 　명령문들; }	```void randomLine() {` ` strokeWeight(30);` ` stroke(random(255), random(255), random(255));` ` line(pmouseX, pmouseY, mouseX, mouseY);` `}```

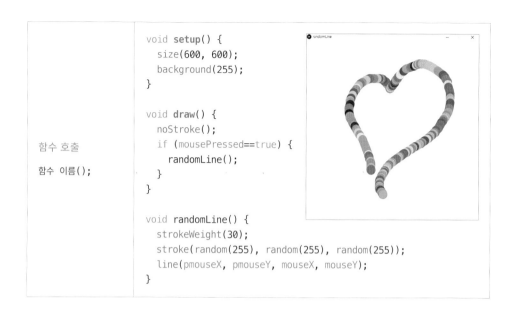

함수 호출	
함수 이름();	

```
void setup() {
  size(600, 600);
  background(255);
}

void draw() {
  noStroke();
  if (mousePressed==true) {
    randomLine();
  }
}

void randomLine() {
  strokeWeight(30);
  stroke(random(255), random(255), random(255));
  line(pmouseX, pmouseY, mouseX, mouseY);
}
```

#반복 실행 while( ) : 조건만 맞으면 무한 반복

while()은 현재 소괄호 안의 조건테스트가 만족하는지 먼저 확인하고, 참이면 안쪽 명령문들을 차례대로 실행시킨 다음 다시 조건테스트를 체크한다. 조건테스트를 만족한다면 while()문 안의 명령문들은 조건테스트가 만족하지 않을 때까지 계속 반복 실행한다. for() 반복문과 용도가 같지만 차이점이 있다면 for() 반복문은 안쪽 명령문들을 몇 번 실행시킬 것인지 횟수를 중요시하는 반면 while() 반복문은 조건테스트를 만족시키는지 아닌지 현재 상황을 중요시하는 면이 있다. 반복적으로 실행되는 작업을 하고 싶을 때에는 두 반복문 중에서 자신에게 익숙한 방법으로 선택하여 스케치하면 된다. 다음 예제는 숫자 1부터 100까지 1씩 증가하는 숫자를 콘솔에 출력하는 작업을 두 반복문으로 스케치한 예제로, 같은 결과를 얻을 수 있다.

for() 반복문	while() 반복문
```for(int i=1; i<=100; i++){ println(i); }```	```int i=1; while(i<=100){ println(i); i++; }```

#실습예제 arduino_ex_5_1_2 아두이노 코드 및 설명

`아두이노` 예제 arduino_ex_5_1_2

```
int val1, val2;                            //❶ 정수 유형의 변수 2개 선언
int val = 0;                               //❷ 정수 유형의 변수 선언 및 초깃값 설정

void setup() {
  pinMode(7, INPUT);                       //❸ 7번 핀을 디지털 입력 핀으로 사용
  pinMode(8, INPUT);                       //❸ 8번 핀을 디지털 입력 핀으로 사용
  Serial.begin(9600);                      //❹ 시리얼 통신을 시작
  firstContact();                          //❺ 사용자 정의 함수 호출
}

void loop() {
  if (Serial.available() > 0) {            //❻ 만약 시리얼 포트로 값이 들어오면
    val = Serial.read();                   //❻ 시리얼 값을 변수 val에 저장
    val1 = digitalRead(7);                 //❼ 디지털 7번 핀 값을 val1에 저장
    val2 = digitalRead(8);                 //❼ 디지털 8번 핀 값을 val2에 저장
    Serial.write(val1);                    //❽ 프로세싱에 val1 값을 보냄
    Serial.write(val2);                    //❽ 프로세싱에 val2 값을 보냄
  }
}

void firstContact() {                      //❾ 사용자 정의 함수 선언
  while (Serial.available() <= 0) {        //❿ 시리얼 값이 0보다 작거나 같으면
    Serial.write('A');                     //❿ 프로세싱으로 'A' 문자를 보냄
    delay(300);                            //⓫ 0.3초 동안 멈춤
  }
}
```

예제 ex_5_1_2 아두이노 스케치를 살펴보자. 먼저 디지털 7번과 8번에 연
결된 인체 감지 센서 값을 저장하기 위해 정수 유형의 변수 val1, val2를 전
역변수로 선언해준다(❶). 프로세싱에서 보내는 시리얼 포트 값을 저장하
기 위해 변수 val을 전역변수로 선언하고 초깃값으로 0을 대입한다(❷).
void setup() 함수에서 먼저 pinMode()로 디지털 영역에 있는 7번 핀과 8번
핀을 입력(INPUT) 핀으로 설정한다(❸). Serial.begin(9600)으로 컴퓨터와
시리얼 통신을 시작한다(❹). 다음으로 아두이노에서 전송한 2개 이상의 센
서 값을 프로세싱에서 사용할 수 있도록 해보자. 2개 이상의 센서 값을 아
두이노와 프로세싱이 서로 주고받을 때에는 묻고 답하는 방식으로 스케치
한다. 아두이노 센서 값 2개를 프로세싱에 차례대로 전송하기 전에 먼저 프

로세싱에게 다수의 센서 값을 지금 보내려고 하는데 받을 준비가 되었는지 물어보는 신호로 'A' 문자를 프로세싱에 보낸다. 프로세싱은 아두이노로부터 'A'라는 문자를 받으면 준비가 되었다는 응답 신호로 다시 'A' 문자를 아두이노에 보낸다. 아두이노는 프로세싱으로부터 'A'라는 시리얼 값이 입력되면 다수의 센서 값을 차례대로 보낸다. 프로세싱은 아두이노가 전송한 센서 값들을 차례대로 배열에 저장한 후 아두이노에게 센서 값 저장이 마무리되었다는 신호로 'A'라는 문자를 보내고 아두이노는 'A'라는 문자를 받으면 다시 센서 값들을 보내는 과정을 반복한다. 이렇게 묻고 답하는 방식으로 아두이노가 전송하는 다수의 센서 값들을 항상 프로세싱 배열의 같은 위치(순번)에 저장할 수 있다. 묻고 답하는 과정에서 사용한 문자 'A'는 임의로 정한 문자로, 얼마든지 다른 문자나 숫자를 사용할 수도 있다. firstContact()로 프로세싱에게 다수의 센서 값을 보내도 되는지 물어보기 위해 'A' 문자를 전송하는 사용자 정의 함수를 호출한다(❺). (▶2개 이상의 정보값을 프로세싱에서 아두이노로 전송하는 방법은《안녕! 미디어아트》실습 3-7 레이저 그래피티, 405쪽 참조)

void loop() 함수에서 if() 조건문을 사용해서, 만약 프로세싱이 응답하여 시리얼 값 'A' 문자를 보내면 그 값을 읽어 들여 변수 val에 저장한다(❻). 스크린 왼쪽 방향에서 다가오는 관객을 감지하기 위해 디지털 7번 핀에 연결한 인체 감지 센서 1의 값은 변수 val1에 저장하고 오른쪽 방향에서 다가오는 관객을 감지하기 위해 디지털 8번 핀에 연결한 인체 감지 센서 2의 값은 변수 val2에 저장한다. 인체 감지 센서 값은 평소에는 0이다가 사람이 감지되면 1로 바뀐다(❼). 그 다음 Serial.write()로 변수 val1, val2에 저장된 센서 값 2개를 차례대로 프로세싱에 보낸다(❽). 사용자 정의 함수 firstContact()를 선언한다(❾). 현재 시리얼 포트에서 어떤 값도 보내지 않은 초기 상태라면 다수의 센서 값을 보내도 되는지 물어보기 위해 프로세싱에 'A' 문자를 보낸 다음(❿) 0.3초 동안 스케치를 멈추고 응답을 기다린다(⓫). 아두이노 보드에 인체 감지 센서를 연결하고 스케치를 업로드한 다음 프로세싱으로 이동한다.

#실습예제 processing_ex_5_1_2 프로세싱 코드 및 설명

프로세싱 예제 processing_ex_5_1_2

```
//아두이노 포트가 저장된 배열의 순번으로 Serial.list()[] 배열 안의 숫자를 수정해준다.
import processing.serial.*;              //❶ 시리얼 라이브러리 추가
import processing.video.*;
Movie movie1, movie2, movie3;
Serial port;                            //❶ Serial 유형의 변수 선언
int[] values = new int[2];              //❷ 정수 유형의 배열 선언
int val1, val2;                         //❸ 정수 유형의 변수 선언
int count=0;                            //❸ 정수 유형의 변수 선언 및 초깃값 설정
boolean firstContact = false;           //❹ 불 유형의 변수 선언
int scene=1;
int x1, y1, x2, y2, fx1, fy1;

void setup() {
  size(1280, 720);
  background(255);
  noStroke();
  printArray(Serial.list());            //❺ 컴퓨터에 연결된 시리얼 포트 정보 출력
  String portName = Serial.list()[0];   //❺ 아두이노 포트 이름을 문자열 변수에 저장
  port = new Serial(this, portName, 9600); //❺ 변수 port로 시리얼 통신을 시작
  movie1=new Movie(this, "L.mp4");
  movie2=new Movie(this, "T.mp4");
  movie3=new Movie(this, "B.mp4");
  x1=-width*2;
  y1=100;
  x2=width*2;
  y2=100;
  fx1=-2000;
  fy1=100;
}

void movieEvent(Movie movie) {
  movie.read();
}

void draw() {
  switch(scene) {
  case 1:
    noStroke();
    fill(255, 10);
    rect(0, 0, width, height);
    float rx=random(width);
    float ry=random(height);
    strokeWeight(random(3));
```

```
  stroke(0, 0, 255, random(255));
  line(rx, ry, random(width), random(height));
  stroke(255, 0, 100, random(255));
  line(rx, ry, random(width), random(height));
  if (val1==1 && x1==-width*2) { //❻ val1 값이 1이고 x1 값이 -width*2라면
    x1=-280;
    y1=100;
    scene=2;
  }
  if (val2==1 && x2==width*2) { //❼ val2 값이 1이고 x2 값이 width*2라면
    x2=width;
    y2=100;
    scene=2;
  }
  break;

case 2:
  background(255);
  if (val1==1 && x1==-width*2) { //❻ val1 값이 1이고 x1 값이 -width*2라면
    x1=-280;
    y1=100;
  }
  if (val2==1 && x2==width*2) { //❼ val2 값이 1이고 x2 값이 width*2라면
    x2=width;
    y2=100;
  }
  if (x1>=-280) {
    x1 += 5;
    movie1.loop();
    if (x1 >= width) {
      x1=-width*2;
      movie1.stop();
      scene=1;
    }
  }
  if (x2<=width) {
    x2 -= 5;
    movie2.loop();
    if (x2 <= -280) {
      x2=width*2;
      movie2.stop();
      scene=1;
    }
  }
  if (x1+230 >= x2) {
    movie1.stop();
    movie2.stop();
    fx1=x1;
```

```
      x1=-width*2;
      x2=width*2;
      movie3.loop();
      scene = 3;
    }
    image(movie1, x1, y1);
    image(movie2, x2, y2);
    break;

  case 3:
    image(movie3, fx1, fy1);
    if (movie3.time() >= 5.0) {
      movie3.stop();
      fx1=-2000;
      background(255);
      scene = 1;
    }
    break;
  }
}

void serialEvent(Serial port) {          //❽ 시리얼 포트로 값이 들어오면
  int val = port.read();                 //❽ 시리얼 값을 변수 val에 저장
  if (firstContact == false) {           //❾ firstContact 값이 false면
    if (val == 'A') {                    //❿ val 값이 'A' 문자이면
      port.clear();                      //❿ 시리얼 포트에 임시 저장 중인 정보들 삭제
      firstContact = true;               //❿ firstContact 값을 true로 설정
      port.write('A');                   //❿ 아두이노에 'A' 문자 보냄
    }
  } else {
    values[count] = val;                 //⓫ 배열 values[]에 val 값 저장
    count++;                             //⓫ 변수 count에 1을 더함
    if (count > 1 ) {                    //⓬ count 값이 1보다 크면
      val1 = values[0];                  //⓬ val1에 배열 values[0] 값 저장
      val2 = values[1];                  //⓬ val2에 배열 values[1] 값 저장
      println(val1 + " : " + val2);      //⓭ val1, val2 값을 콘솔에 출력
      port.write('A');                   //⓭ 아두이노에 'A' 문자 보냄
      count = 0;                         //⓭ count 값을 0으로 초기화시킴
    }
  }
}
```

예제 ex_5_1_2 프로세싱 스케치는 앞서 다룬 예제 ex_5_1_1에서 키보드로
[a] 또는 [d] 키를 입력하는 대신 아두이노에 연결된 인체 감지 센서 값 2개
로 실행되도록 아두이노와 시리얼 통신을 위한 코드들이 추가되었다. 먼저
앞서 살펴본 예제 ex_3_1와 같이 아두이노와 시리얼 통신을 시작할 준비를

한다(❶, ❺). 아두이노에서 전송되는 센서 값 2개를 저장하기 위해 정수 유형의 배열 values[ ]를 선언하고, 배열의 전체 길이(크기)는 2로 설정해준다 (❷). 센서 값 2개를 개별적으로 확인하기 위해 정수 유형의 변수 val1, val2를 전역변수로 선언하고 센서 값 2개가 배열 values[ ]에 저장될 때 순번으로 사용할 정수 유형의 변수 count를 선언한 다음 초깃값은 0으로 설정한다 (❸). 아두이노와 묻고 답하기 방식으로 시리얼 통신을 하기 위해 불 유형의 변수 firstContact를 전역변수로 선언하고 초깃값은 false로 설정한다(❹). 정보의 유형 중 하나인 불boolean은 true와 false 두 가지 값만 가지는 변수로, 디지털 형태처럼 현재 상황을 두 가지 상태로만 판단하고 싶을 때 주로 사용한다. 추가로 프로세싱에서 다룰 정보값이 아두이노에서 전송되는 정보값과 같을 경우 변수 이름을 서로 같은 이름으로 맞춰주면 스케치할 때 많은 도움이 된다.

　　void draw() 함수의 case 1과 2에서 스크린 왼쪽 방향에서 관객이 다가와 변수 val1 값이 1이 되고 소스 동영상 1이 대기 지점(-width*2)에 위치해 있으면, L양 영상을 왼쪽 출발 지점(-280)으로 보내 영상이 왼쪽에서 오른쪽 방향으로 이동하며 재생되도록 한다(❻). 같은 방식으로 스크린 오른쪽 방향에서 관객이 다가와 변수 val2 값이 1이 되고 소스 동영상 2가 대기 지점(width*2)에 위치해 있으면, T군 영상을 오른쪽 출발 지점(width)으로 보내 영상이 오른쪽에서 왼쪽 방향으로 이동하며 재생되도록 한다(❼).

　　그 다음 시리얼 라이브러리에서 제공하는 이벤트 함수인 SerialEvent()로 아두이노와 묻고 답하는 방식으로 2개 이상의 센서 값을 배열 values[ ]에 차례대로 저장한다. SerialEvent() 함수는 소괄호 안에서 지정한 시리얼 포트에서 새로운 값이 들어올 때마다 매번 실행되는 함수이다. 아두이노 보드와 연결된 시리얼 포트인 port로부터 값이 입력되면 그 값을 읽어 들여 지역변수 val에 저장한다(❽). if() 조건문을 활용해서, 만약 firstContact 값이 false이면 아두이노와 지정한 신호('A')로 처음으로 값을 주고받기 위해 묻고 답하는 과정을 거친다. 성공하면 다음부터는 else 구문에 있는 명령문들을 실행시킨다. firstContact의 초깃값은 false로 설정했기 때문에 항상 첫 통신이 잘 되었는지 먼저 체크하고 센서 값들을 배열에 담는 else 구문으로 넘어가도록 한다(❾). 첫 통신을 위한 명령어들을 살펴보면 if() 조건문을 활용해서 만약 아두이노로부터 입력된 값이 약속된 'A' 문자이면 명령어 clear()로 현재 임시 저장 중인 시리얼 값들을 삭제하여 시리얼 포트를 깔끔하게 만들어 준다. 그 다음 firstContact 값을 true로 변경하고 아두이노에 'A' 문자로 응답하여 2개 이상의 센서 값을 받는다(❿). 첫 통신이 이루어지고 나면 다음 프레임부터는 아두이노에서 보내는 첫 번째 시리얼 값(인체 감지 센서 1 값)을 변수 val에 저장하고 else 구문에서 그 값을 배열 첫 번째 칸 values[0]에 저장한다. 배열의 순번을 나타내는 count는 초깃값이 0이므로 첫 번째 센서 값을 배열의 첫 번째 칸에 저장한 다음 두 번째 시리얼 값(인체 감지 센서 2 값)은 count에 1을 더해 배열 두 번째 칸 values[1]에 저장한다(⓫). if() 조건문을 활용해서, 만약 count가 2가 되어 1보다 크면(배열의 전체 크기가 2인 values[]에 모든 정보들이 저장되면) 배열의 첫 번째 칸에 저장되어 있는 값은 변수 val1에 저장하고, 두 번째 칸에 저장되어 있는 값은 변수 val2에 각각 저장해서 void draw() 함수에서 소스 동영상 1과 2를 출발시키는 신호로 사용한다(⓬). 마지막으로 println()으로 val1, val2 값을 콘솔에 출력하고 아두이노에 'A' 문자를 보내 새로운 센서 값을 다시 보내도록 한 다음 count 값을 0으로 초기화시켜 다시 배열의 첫 번째 칸에 인체 감지 센서 1 값이 저장되도록 한다(⓭).

TIP! 천장에 빔 프로젝터가 설치되어 있는 빈 강의실을 찾아 한번 테스트해보자.

결과 이미지

TIP! 실제 설치를 위해서는 스크린 크기에 맞춰 아두이노 보드와 인체 감지 센서를 연결하는 점퍼선을 연장해준다.

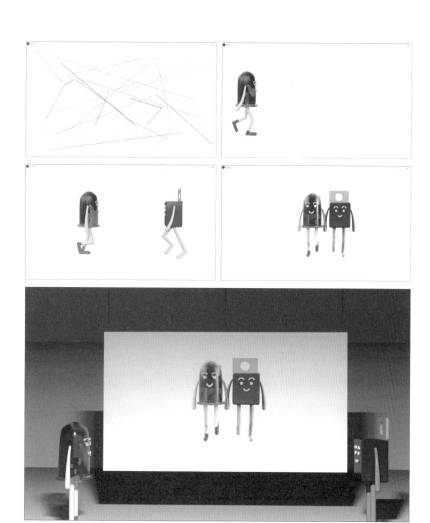

좀 더 붙잡기~ 도전!

1. 소스 동영상들을 직접 만든 영상으로 변경하여 실행시켜 보자. 바닷속 풍경을 배경으로 좋아하는 물고기들이 양쪽에서 출발하거나 도시 풍경을 배경으로 좋아하는 배우들이 양쪽에서 출발하는 등 다양한 영상을 연출해보자. 두 영상이 만나 부딪쳤을 때 뜻밖의 영상이 재생되는 것도 재미를 더해 준다.

2. 이번 예제가 설치되면 좋을 것 같은 장소를 일상 공간에서 찾아보자. 스크린 양쪽 방향에서 사람들이 자주 왕래하는 공간에 설치하면 더욱 효과적이다.

#시대를 앞서가는 인터랙티브 미디어 아티스트 10

1. Art + Com

http://www.artcom.de

빗방울이 떨어지는 것처럼 금속 구슬이 허공에서 움직이며 다양한 형태를 만들어내는 Kinetic Sculpture 작품으로 유명한 미디어아트 회사. 2009년 BMW 미술관에 전시된 작품은 714개의 금속 구슬들이 움직이며 자동차 형태를 만들어 낸다. 작품 동영상을 꼭 확인해 보자.

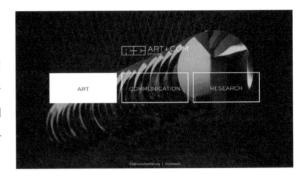

2. TROIKA

http://www.troika.uk.com

우리가 형성하는 세계와 기술적 진보가 서로 어떤 영향을 미치는지에 특별한 관심을 가지고 작업하는 미디어아트 그룹. 2014년 우리나라 대림미술관에서 개최된 기획전에는 무려 20만 명의 관람객이 다녀갔다고 한다.

3. Studio Roosegaarde

http://www.studioroosegaarde.net

미디어아트를 활용하여 고속도로, 공원, 건물 로비, 기차역, 클럽 등 일상 공간을 재해석해서 새로운 인터랙티브 공간으로 바꾸어 놓는다. 사람들과의 접촉에 따라 투명도가 바뀌는 스마트 e-Foils로 만든 패션 웨어러블 작품 'Intimacy'도 확인해 보자.

4. Graffiti Research Lab

🔗 http://graffitiresearchlab.com

사회적 이슈를 대변하는 활동가 그룹으로 건물 외벽에 레이저 포인터로 낙서하듯이 글자나 그림을 그리면 이미지가 만들어지는 기술을 오픈소스 형태로 제공하며 많은 이들의 동참을 이끌어 내고 있다. 권위와 소비 중심적인 도시 공간을 유머와 상상력이 넘치는 창의적인 공간으로 바꾸어 놓는 그들의 퍼포먼스를 동영상으로 감상해 보자.

5. Christa Sommerer & Laurent Mignonneau

🔗 http://www.interface.ufg.ac.at/christa-laurent

화분 속 식물의 잎사귀를 손으로 만지면 스크린 속 가상의 식물들이 자라나는 작품 'Eau De Jardin'으로 유명하다. 아날로그 감성이 묻어나는 타자기를 관객들이 직접 타이핑하면 벌레(인공 생명체)들이 생겨나는 'Life Writer'도 추천한다.

6. TeamLab

🔗 https://www.teamlab.art

예술을 통해 인간과 자연, 자신과 세계 사이의 새로운 관계를 탐구하는 일본을 대표하는 미디어아트 그룹. 2018년 동경 오다이바에 있는 모리 빌딩에 teamLab Borderless 상설 전시관을 열고 많은 관광객들을 불러 모으고 있다.

7. Daniel Rozin

http://www.smoothware.com/danny

관객이 움직일 때마다 작은 나무 조각들이 경쾌한 소리를 내면서 움직이며 거울 앞 관람객의 모습을 역동적으로 표현하는 '나무 거울(Wooden Mirror)'로 유명하다. 차가운 느낌의 반사체를 통해서 느낄 수 있던 거울 효과를 따뜻한 느낌의 자연 소재인 나무를 통해서 느낄 수 있어 더욱 정감이 간다.

8. Jeffrey Shaw

https://www.jeffreyshawcompendium.com

자전거를 타고 문자로 이루어진 도시 거리를 여행하는 작품 'Legible City'로 유명한 작가다. 현실에는 없는 황소 조각상이 관객이 들고 있는 모니터에서는 보이는 'Golden Calf'도 꼭 감상해 보자.

9. David Rokeby

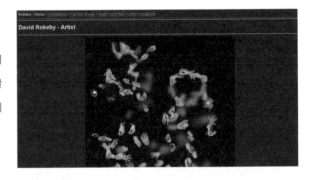

http://www.davidrokeby.com

사람의 움직임, 바람의 움직임, 사물의 움직임 등 움직임을 주제로 표현되는 그의 작품들은 많은 생각을 이끌어 낸다. 관객의 움직임에 따라 사운드가 변하는 초기 작업 'Very Nervous System'은 꼭 감상해 보자.

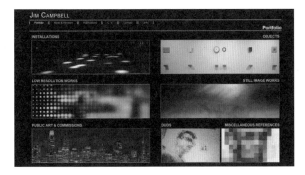

10. Jim Campbell

🔗 http://www.jimcampbell.tv

허공에서 비디오 영상이 재생되는 설치 작업을 하는 작가. 저해상도 비디오 영상을 보는 것 같은 그의 설치 작업은 희미하고 아련하며 사라져가는 것 같지만 그럴수록 오히려 점점 더 작품 속으로 빠져 들어가는 새로운 경험을 제공한다.

0순위 백남준

🔗 http://njp.ggcf.kr/

미디어아트의 선구자인 백남준은 비디오, 라이트, 사운드, 퍼포먼스, 로봇, 웹 등 거의 모든 미디어아트 분야를 개척하였다. 1932년 서울에서 태어나 1963년 개인전 <음악의 전시, 전자 텔레비전>에서 텔레비전을 예술적 표현의 도구로 활용하여 미디어아트의 시작을 알렸다. 백남준은 (당시에는 불가능했지만) 관객이 설치된 기계를 직접 만지고 조작하면서 작품을 통해 즐거운 경험을 얻기를 원했다고 한다.

5.2
무지개 피아노

예제 ex_5_2는 기본 7음계(도, 레, 미, 파, 솔, 라, 시)에 높은음 도를 추가하여 만든 한 옥타브Octave로 구성된 피아노를 만들어 간단한 음악을 연주해볼 수 있는 예제이다. 아두이노 보드에 연결된 충돌 스위치 센서 8개는 피아노 건반을 대신한다. 관객이 특정 스위치 센서를 작동시키면 아두이노 보드에 연결된 부저 모듈에서 해당 음계의 소리가 나오고 프로세싱에서는 해당 음계의 건반을 무지개 색깔로 시각화한다. 이번 예제에서는 아두이노에서 8개의 음계를 재생시키는 법을 알아보고, 8개의 소리를 제어하는 충돌 스위치 센서 값 8개를 프로세싱으로 전송하여 프로세싱에서는 센서 값에 따라 현재 건반의 상태를 무지개 색깔로 표현되도록 스케치해보자.

아두이노 보드에 피아노 건반으로 사용할 충돌 스위치 센서 8개를 연결하고 센서 값 8개를 프로세싱으로 보내면, 프로세싱에서는 센서 값을 통해 현재 어떤 건반이 눌러졌는지 파악해서 해당 건반의 이미지로 변경한다. 아두이노 보드와 연결된 센서로 건반을 만들어보기 전에 먼저 프로세싱에서 키보드 입력만으로 간단하게 건반 이미지가 변하는 스케치를 해보자.

5.2.1
키보드 8개의
키 입력으로
인터랙션하기

5.2.2
아두이노에 충돌 센서
8개를 연결하여
인터랙션하기

5.2.1 키보드에서 8개의 키를 입력하여 인터랙션하기

☑️ **새롭게 배우는 프로세싱 명령어**

colorMode ( ), keyReleased ( )

☑️ **필요한 재료**

피아노 건반의 상태를 나타내는 소스 이미지 2장

소스 이미지 1 (평상시 건반의 모습)	소스 이미지 2 (작동된 건반의 모습)
파일명: down.png 이미지 크기: 150×300px	파일명: up.png 이미지 크기: 150×300px

예제 ex_5_2_1은 평상시에는 8장의 소스 이미지 1이 일렬로 나란히 배치된 건반의 모습을 하고 있다가 키보드의 키를 누르면 해당 건반에 연결한 이미지가 소스 이미지 2로 바뀌고 지정한 색깔이 적용된다.

#무지개 피아노 스케치 실행 과정

🎬 **평상시**

8개 음계의 현재 상태를 확인하기 위해 배열의 크기가 8인 정수 유형의 배열 board[ ]를 만들고 요소값은 모두 0으로 설정해준다. 키보드 [a] 키(도)의 현재 상태는 배열의 첫 번째 칸 board[0]에 저장된 값으로 확인한다. 나머지 음계도 모두 같은 방식으로 저장된 배열의 요소값으로 현재 건반 상태를 확인한다.

🎬 **관객 참여 시**

void draw( ) 함수에서 매 프레임마다 if( ) 조건문으로 키보드의 키 값을 갱신한다. 관객이 [a] 키를 누르면 board[0]의 요소값을 1로 바꾸어 평상시 건반 모습을 나타내는 소스 이미지 1에서 작동된 건반의 모습을 나타내는 소스 이미지 2로 바꾸어 준다. 이때 명령어 tint()로 높은음으로 갈수록 빨간색에서 점점 파란색으로 변하도록 한다.

#colorMode( ): 색깔 입력 방식 변경하기

프로세싱에서 fill(), stroke(), tint()로 색깔을 지정할 때 기본 입력 방식은 RGB 모드다. 각 색깔의 설정값 범위는 기본적으로 0(0%)~255(100%)로, 세 가지 색깔 빨강Red, 녹색Green, 파랑Blue의 혼합 비율에 따라 색이 정해진다. RGB 모드는 어떤 색상의 비율을 높이거나 줄이고 싶을 때는 편리하지만, 명도밝고 어두운 정도와 채도선명하고 탁한 정도가 일정한 상태로 다양한 색깔을 지정해주고 싶을 때에는 RGB 모드보다는 HSB 모드가 더 효과적이다. HSB 모드는 색의 3속성인 색상Hue, 채도Saturation, 명도Brightness로 색깔을 지정할 수 있으며 R, G, B 자리에 각각 H, S, B 값을 입력해주면 된다.

colorMode(입력모드, 범위1, 범위2, 범위3)으로 색깔 입력 방식과 각 색상 요소의 설정값을 본인이 원하는 범위로 새롭게 지정할 수 있다.

colorMode(RGB, 100, 100, 100, 500);	R, G, B 각 색깔의 설정값 범위를 0(0%)~100 (100%)으로 새롭게 지정하고 마지막 투명도 값의 범위도 0(0%, 완전 투명)~500(100%, 완전 불투명)으로 설정할 수 있다.
colorMode(HSB, 360, 100, 100);	색상(Hue)의 설정값은 0~360(먼셀의 360도 색상환의 색깔들), 채도Saturation의 설정값은 0(탁함)~100(맑음), 명도Brightness의 설정값은 0(어두움)~100(밝음)으로 설정값 범위를 새롭게 지정한다. 투명도 값의 범위는 별도로 지정해주지 않으면 기본적으로 0~255로 설정된다.

메뉴바에서 [도구]-[색상 선택]을 클릭하면 원하는 색상의 H, S, B 값을 간편하게 알 수 있다. 스케치 중간에 colorMode(HSB, 360, 100, 100)로 색깔 입력 방식과 범위를 HSB 모드로 설정했다가 다시 RGB 모드로 변경하고 싶을 때에는 colorMode(RGB) 대신 colorMode(RGB, 255, 255, 255)로 입력 방식과 설정값 범위를 모두 재설정해준다.

TIP! ex_1_1_4에서 살펴본 키보드 이벤트 함수, ex_1_3_1에서 살펴본 이미지 출력하기와 색깔 바꾸기, ex_3_3에서 살펴본 아두이노 센서 값으로 프로세싱 이미지 변경하기, ex_5_1에서 살펴본 다수의 아두이노 센서 값 프로세싱으로 전송하는 방법을 조합해서 만들었다. 활용된 예제들을 한번 더 훑어보고 참조하면 많은 도움이 된다.

#실습예제 ex_5_2_1 프로세싱 코드 및 설명

프로세싱 예제_ex_5_2_1

```
int[] board=new int[8];                          //❶ 정수 유형의 배열 선언
PImage down, up;                                 //❶ PImage 유형의 변수 선언
int x=50;                                        //❶ 정수 유형의 변수 선언 및 초깃값 설정
int y=350;

void setup() {
  size(1280, 720);
  background(0, 0, 20, 20);
  down=loadImage("down.png");                    //❷ 소스 이미지 불러옴
  up=loadImage("up.png");
  for (int i=0; i<board.length; i++) {           //❸ 배열 board[]의 요소값 설정
    board[i]=0;
  }
}

void draw() {
  noStroke();
  colorMode(RGB, 255, 255, 255);                 //❹ 색깔 입력 방식 RGB 모드로 변경
  fill(0, 0, 20, 20);
  rect(0, 0, width, height);                     //❺ 잔상 효과를 위해 반투명한 사각형 그림
  if (keyPressed==true) {                        //❻ 키보드의 키를 누르면
    if (key=='a') {board[0]=1;}                   //❻ 각 키에 해당하는 요소값 1로 변경
    if (key=='s') {board[1]=1;}
    if (key=='d') {board[2]=1;}
    if (key=='f') {board[3]=1;}
    if (key=='g') {board[4]=1;}
    if (key=='h') {board[5]=1;}
    if (key=='j') {board[6]=1;}
    if (key=='k') {board[7]=1;}
  }
  for (int i=0; i<board.length; i++) {           //❼ 배열의 요소값 차례대로 확인
    if (board[i]==1) {                           //❽ 현재 요소값이 1이면
      for (int l=0; l<10; l++) {                 //❽ 10번 반복 작업
        colorMode(HSB, 360, 100, 100);           //❽ 색깔 입력 방식을 HSB 모드로 변경
        stroke(0+35*i, 100, 100);                //❽ 선 색깔 지정
        strokeWeight(random(2));                 //❽ 랜덤한 선 굵기 지정
        line(125+150*i, y, random(width), random(height)); //❽ 랜덤한 선 그림
      }
      tint(0+35*i, 100, 100);                     //❾ 소스 이미지 2 색깔 지정
      image(up, x+150*i, y, 150, 300);           //❾ 소스 이미지 2 출력
    } else {                                     //❿ 현재 요소값이 1이 아닐 경우
      noTint();                                  //❿ 이미지 색깔 입히지 않음
      image(down, x+150*i, y, 150, 300);         //❿ 소스 이미지 1 출력
```

```
    }
  }
}

void keyReleased() {                        //⓫ 키보드의 키에서 손을 뗄 때
  if (key=='a') {board[0]=0;}               //⓫ 각 키에 해당하는 요소값 0으로 변경
  if (key=='s') {board[1]=0;}
  if (key=='d') {board[2]=0;}
  if (key=='f') {board[3]=0;}
  if (key=='g') {board[4]=0;}
  if (key=='h') {board[5]=0;}
  if (key=='j') {board[6]=0;}
  if (key=='k') {board[7]=0;}
}
```

예제 ex_5_2_1를 살펴보자. 8개의 음계에 해당하는 키보드의 키가 눌렸는
지 여부를 확인하기 위한 용도로 배열 board[ ]를 선언한다. 소스 이미지 2
장을 사용하기 위해 변수 2개(down, up)를 선언하고 이미지 위치값을 저
장하기 위해 변수 2개(x, y)를 선언한 다음 초깃값을 각각 설정해준다(❶).
[data] 폴더에 저장되어 있는 소스 이미지 1, 2를 불러와 변수 down, up에
각각 저장해준다(❷). 그 다음 for() 반복문을 활용해서 배열 board[ ]의 요
소값들을 모두 0으로 만들어 준다(❸).

void draw() 함수에서 colorMode()로 색깔 입력 방식을 RGB 모드로 바
꾸고 R, G, B 색깔의 입력값 범위를 0~255로 지정해준다(❹). 이미지가 서
서히 사라져 보이는 잔상 효과를 위해 스케치창과 같은 크기의 반투명한 짙
은 남색 직사각형을 매 프레임마다 그려준다(❺). if() 조건문을 활용해서,
관객이 [a] 키를 누르면 배열 첫 번째 칸 board[0]의 요소값을 1로 바꾸어
주고 [s] 키를 누르면 두 번째 칸 board[1]의 요소값을 1로 변경한다. 이렇
게 관객이 누르는 각 키마다 지정해놓은 칸의 요소값을 1로 변경한다(❻).
그 다음 for() 반복문의 카운터 변수 i는 배열의 요소값들을 첫 번째 칸부터
차례대로 확인하면서 소스 이미지 8장을 스케치창 왼쪽 밑(x = 50, y = 350)
에서부터 오른쪽 방향으로 차례대로 출력한다(❼). 이때 for() 문 안에 if()
조건문을 넣어서 현재 요소값이 1인지 아닌지를 체크하고, 만약 요소값이
1이면 스케치창 곳곳으로 퍼져 나가는 선들과 함께 작동된 건반 소스 이
미지 2(up.png)를 출력한다(❾). 요소값이 0이면 평상시 건반 소스 이미지

1(down.png)을 출력한다. 관객이 키를 눌러 요소값이 1이 된 건반은 if() 조건문을 만족시켜 for() 반복문으로 랜덤한 선 10개를 매 프레임마다 반복해서 그린다. 랜덤한 선의 색깔 stroke()과 소스 이미지 2의 색깔 tint() 입력 방식을 HSB 모드로 바꿔주고 채도와 명도는 100으로 일정하게 유지하면서 색상 값만 카운터가 증가할수록 커지도록 하여 높은음일수록 빨간색에서 점점 파란색으로 변하도록 한다. 선의 굵기는 2픽셀 안에서 랜덤하게 선택되도록 하고, 카운터 변수 i는 선이 시작되는 x 좌표 위치에 사용하여 소스 이미지 중간에서 선이 퍼져나가도록 한다. 첫 번째 선이 퍼져 나가는 x 좌표 위치는 좌표값 50에 이미지 가로 크기의 절반 값인 75를 더한 125에서 시작되도록 하고, 소스 이미지 가로 크기인 150에 매번 1씩 증가하는 카운터 변수를 곱한 값을 더해줘 다음번 작동된 건반 소스 이미지 중간에서 선들이 퍼져나가도록 한다(❽). 이어서 건반 소스 이미지 2의 x 좌표 위치도 같은 방식으로 이미지가 시작되는 x 좌표값 50에다가 소스 이미지 가로 크기인 150에 현재 카운터 변수를 곱해준 값을 더해주어 소스 이미지들이 오른쪽 가로 방향으로 배치되도록 한다.

else는 관객이 키를 누르지 않은 경우로, 요소값이 0이 된다. 이때는 이미지 색깔을 입히지 않도록 noTint()를 넣고 소스 이미지 1(down)을 현재 카운터 변수에 해당하는 위치에 출력한다(❿). 그 다음 키보드 이벤트 함수인 keyReleased()로 관객이 키보드의 키에서 손을 떼면 각 키에 해당하는 배열의 요소값을 다시 0으로 초기화시켜서 다음 프레임에는 평상시 건반 이미지가 나타나도록 해준다.

TIP! 현재 스케치에서 colorMode(HSB, 320, 100, 100)처럼 HSB모드 색상 범위를 360에서 320으로 변경해주거나 if() 조건문을 활용해서 만약 카운터 변수 i값이 3보다 작을 때는 stroke(0+30*i, 100, 100)으로 색상 범위가 30씩 증가하게 하고 아닐 경우(else)에는 stroke(0+50*i, 100, 100)으로 50씩 증가하게 만들면 다채로운 색상의 변화를 줄 수 있다.

결과 이미지

스케치 결과를 확인할 때 키보드 입력 방식이 영문 소문자로 되어 있는지 체크해준다.

평상시 모습

키보드의 [a]키를 눌렀을 때

키보드의 [f] 키를 눌렀을 때

키보드의 [d], [h], [j], [k] 키를 동시에 눌렀을 때

5.2.2 아두이노에 충돌 센서 8개를 연결하여 인터랙션하기

☑️ 새롭게 배우는 아두이노 명령어
　tone( )

☑️ 필요한 재료
　아두이노 보드 1개, USB 케이블 1개, 점퍼선(핀/소켓_27개, 핀/핀_2개) 29개,
　브레드보드 1개, 충돌 센서 모듈 8개, 부저 모듈 1개

예제 ex_5_2_2에서는 앞서 다룬 예제 ex_5_2_1에서 사용한 키보드 입력 방
식 대신 관객이 아두이노에 연결된 충돌 센서 8개를 눌러 작동시키면 아두
이노에 연결된 부저에서는 해당 음계의 소리가 나오고 프로세싱에서는 이
미지가 바뀌도록 수정해 보자. 아두이노에 충돌 센서 8개와 부저 1개를 연
결하는 법을 알아보고 프로세싱에서는 아두이노 센서 값 8개를 한번에 입

력받도록 스케치해보자. (●아두이노 설치하기는 232쪽, 다수의 센서 값 묻고 답하기는 366쪽 참조)

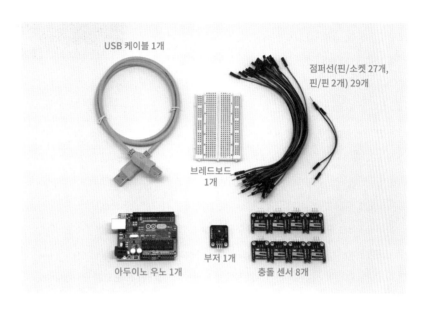

USB 케이블 1개

점퍼선(핀/소켓 27개, 핀/핀 2개) 29개

브레드보드 1개

아두이노 우노 1개

부저 1개

충돌 센서 8개

#아두이노 보드와 충돌 센서 8개, 부저 1개 연결 방법

충돌 센서 (모델명: SEN030202)

충돌 센서는 어떤 물체가 스위치에 닿아 눌리면 작동되는 디지털 방식의 입력 센서 모듈이다. 리미트 스위치 또는 마이크로 스위치라고도 부른다. 어떤 물체가 스위치에 부착되어 있는 막대 모양의 레버나 롤러에 닿으면 ON/OFF되어 전기를 차단하는 방식으로 작동하며, 자동화 기기나 로봇 청소기의 움직임을 제어하는 용도로 많이 사용된다. 이번 예제에서 사

용하는 충돌 센서는 OUT 핀으로, 평소에는 5V(HIGH, 1)를 보내다가 물체가 감지되어 레버가 아래로 내려가면 0V(LOW, 0)를 보낸다. 가격은 1,400원 내외.

부저 모듈 (모델명: ELB030301)

부저 모듈은 전원을 공급하면 얇은 금속판이 미세하게 수축/팽창하며 소리를 내는 피에조 부품으로 만들어진 출력 모듈로, 원하는 음계의 진동수(frequency)를 입력하면 해당 음계의 소

리가 난다. 성대를 울려 소리를 내는 원리와 비슷하다. 또한 피에조 부품은 충격을 받으면 순간적으로 높은 전압이 발생하며 물체 표면에서 일어나는 진동을 감지하는 아날로그 입력 센서로도 활용된다. 가격은 1,500원 내외. (《안녕! 미디어아트》 실습 2-5, 251쪽 참조)

피에조

아두이노 파워 영역에 있는 5V와 브레드보드의 빨간색 전원 레일을 빨간색 점퍼선 핀/핀 타입으로 연결하여 빨간색 라인을 모두 5V로 만들어준다. 같은 방법으로 아두이노 파워 영역에 있는 GND(그라운드)와 브레드보드 파란색 전원 레일을 검은색 점퍼선 핀/핀 타입으로 연결하여 파란색 라인을 모두 GND로 만들어 준다. 빨간색 점퍼선 핀/소켓 타입 9개로 충돌 센서 8개와 부저 모듈 1개의 VCC를 브레드보드 빨간색 전원 레일에 각각 연결해준다. 검은색 점퍼선 핀/소켓 타입 9개로 충돌 센서 8개와 부저 모듈 1개의 GND를 브레드보드 파란색 전원 레일에 각각 연결해준다. 여러 가지 색깔의 점퍼선 핀/소켓 타입으로 가장 왼쪽 충돌 센서 1의 OUT 핀은 아두이노 디지털 2번 핀에 연결하고 충돌 센서 2는 디지털 3번 핀 순으로 각각 연결해준다. 부저 모듈의 IN핀은 아두이노 디지털 13번 핀과 연결해준다.

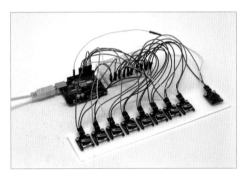
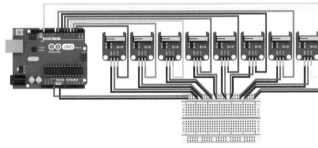

TIP! 아두이노에 연결할 센서들의 개수가 많아지면 점퍼선을 많이 사용해야 하는데 보관이나 설치를 위해 옮기다 보면 점퍼선이 한두 개씩 빠질 때가 있다. 이때 브레드보드에서 점퍼선이 빠지지 않도록 글루건을 사용하면 효과적이다.

#실습예제 arduino_ex_5_2_2 아두이노 코드 및 설명

아두이노 예제 arduino_ex_5_2_2

```
int val1, val2, val3, val4, val5, val6, val7, val8; //❶ 정수 유형의 변수 8개 선언
int val = 0;                                         //❷ 정수 유형의 변수 선언 및 초깃값 설정

void setup() {
  pinMode(2, INPUT);                 //❸ 2번 핀을 디지털 입력 핀으로 사용
  pinMode(3, INPUT);                 //❸ 3번 핀을 디지털 입력 핀으로 사용
  pinMode(4, INPUT);                 //❸ 4번 핀을 디지털 입력 핀으로 사용
  pinMode(5, INPUT);                 //❸ 5번 핀을 디지털 입력 핀으로 사용
  pinMode(6, INPUT);                 //❸ 6번 핀을 디지털 입력 핀으로 사용
  pinMode(7, INPUT);                 //❸ 7번 핀을 디지털 입력 핀으로 사용
  pinMode(8, INPUT);                 //❸ 8번 핀을 디지털 입력 핀으로 사용
  pinMode(9, INPUT);                 //❸ 9번 핀을 디지털 입력 핀으로 사용
  pinMode(13, OUTPUT);               //❸ 13번 핀을 디지털 출력 핀으로 사용
  Serial.begin(9600);                //❹ 시리얼 통신을 시작
  firstContact();                    //❺ 사용자 정의 함수 호출
}

void loop() {
  if (Serial.available() > 0) {      //❻ 만약 시리얼 포트로 값이 들어오면
    val = Serial.read();             //❻ 시리얼 값을 변수 val에 저장
    val1 = digitalRead(2);           //❼ 디지털 2번 핀 값을 val1에 저장
    val2 = digitalRead(3);           //❼ 디지털 3번 핀 값을 val2에 저장
    val3 = digitalRead(4);           //❼ 디지털 4번 핀 값을 val3에 저장
    val4 = digitalRead(5);           //❼ 디지털 5번 핀 값을 val4에 저장
    val5 = digitalRead(6);           //❼ 디지털 6번 핀 값을 val5에 저장
    val6 = digitalRead(7);           //❼ 디지털 7번 핀 값을 val6에 저장
    val7 = digitalRead(8);           //❼ 디지털 8번 핀 값을 val7에 저장
    val8 = digitalRead(9);           //❼ 디지털 9번 핀 값을 val8에 저장
    Serial.write(val1);              //❽ 프로세싱에 val1 값을 보냄
    Serial.write(val2);              //❽ 프로세싱에 val2 값을 보냄
    Serial.write(val3);              //❽ 프로세싱에 val3 값을 보냄
    Serial.write(val4);              //❽ 프로세싱에 val4 값을 보냄
    Serial.write(val5);              //❽ 프로세싱에 val5 값을 보냄
    Serial.write(val6);              //❽ 프로세싱에 val6 값을 보냄
    Serial.write(val7);              //❽ 프로세싱에 val7 값을 보냄
    Serial.write(val8);              //❽ 프로세싱에 val8 값을 보냄
    if(val1==0){tone(13, 261.6, 100);}   //❾ 만약 val1 값이 0이면 '도'음을 냄
    if(val2==0){tone(13, 293.67, 100);}  //❾ 만약 val2 값이 0이면 '레'음을 냄
    if(val3==0){tone(13, 329.63, 100);}  //❾ 만약 val3 값이 0이면 '미'음을 냄
    if(val4==0){tone(13, 349.23, 100);}  //❾ 만약 val4 값이 0이면 '파'음을 냄
    if(val5==0){tone(13, 392, 100);}     //❾ 만약 val5 값이 0이면 '솔'음을 냄
    if(val6==0){tone(13, 440, 100);}     //❾ 만약 val6 값이 0이면 '라'음을 냄
    if(val7==0){tone(13, 493.88, 100);}  //❾ 만약 val7 값이 0이면 '시'음을 냄
```

```
    if(val8==0){tone(13, 523.25, 100);} //❾ 만약 val8 값이 0이면 '높은음 도'음을 냄
  }
}

void firstContact() {                   //❿ 사용자 정의 함수 선언
  while (Serial.available() <= 0) {     //❿ 시리얼 값이 0보다 작거나 같으면
    Serial.write('A');                  //❿ 프로세싱으로 'A' 문자를 보냄
    delay(300);                         //❿ 0.3초 동안 멈춤
  }
}
```

예제 ex_5_2_2 아두이노 스케치를 살펴보자. 먼저 디지털 2~9번까지 연결
된 충돌 센서 값을 저장하기 위해 정수 유형의 변수 8개를 전역변수로 선언
해준다(❶). 프로세싱에서 보내는 시리얼 포트 값을 저장하기 위해 변수 val
을 전역변수로 선언하고 초깃값으로 0을 대입한다(❷). void setup() 함수
에서 먼저 pinMode()로 디지털 영역에 있는 2~9번 핀을 입력(INPUT) 핀으로
설정한다(❸). Serial.begin(9600)으로 컴퓨터와 시리얼 통신을 시작한다
(❹). 그 다음 firstContact()로 프로세싱에 다수의 센서 값을 보내기 전에 프
로세싱과 첫 통신을 시작하기 위한 사용자 정의 함수를 호출한다(❺).

　void loop() 함수에서 if() 조건문을 활용해서, 만약 프로세싱이 응답하
여 시리얼 값 'A' 문자를 보내면 그 값을 읽어 들여 변수 val에 저장한다(❻).
관객이 충돌 센서 중에서 어떤 센서를 작동시켰는지 감지하기 위하여 디지
털 2번 핀에 연결한 충돌 센서 1의 값은 변수 val1에 저장하고 디지털 3번
핀에 연결한 충돌 센서 2의 값은 변수 val2에 저장한다. 같은 방식으로 나머
지 충돌 센서 값들도 변수에 각각 저장한다. 충돌 센서 값은 평소에는 1이
다가 관객이 레버를 눌러 작동시키면 0으로 바뀐다(❼).

　그 다음 Serial.write()로 변수 val1~8에 저장된 센서 값 8개를 차례대로
프로세싱에 보낸다(❽). 이때 각 변수값이 0이 되면 설정한 음이 재생된다.
예를 들어 충돌 센서 1이 작동되어 val1 값이 0이 되면 13번에 연결된 부저
모듈로 '도' 음을 낸다. 아두이노에서 소리를 내는 명령어는 tone(핀 번호, 진
동수, 지속 시간)으로, 첫 번째 설정값에는 부저 모듈이나 스피커와 같이 소
리를 내는 전자부품이 연결된 아두이노 핀 번호를 입력해준다. 두 번째는
출력하고 싶은 음계의 진동수(frequency)를 입력해주고, 세 번째는 소리가
지속되는 시간을 지정해주는데 단위는 delay()의 설정값과 같은 ms(밀리

세컨드, 1,000분의 1초) 단위다. if() 조건문을 활용해서 만약 val1이 0이면 tone(13, 261.6, 100)으로 13번 핀에 연결된 부저 모듈로 '도'음이 0.1초 동안 출력되도록 한다. 같은 방식으로 각 건반의 센서가 작동되어 값이 0이 되면 해당 음을 재생한다(❾).

TIP! 구글과 같은 검색 사이트에서 '피아노 음계 진동수'로 검색하면 모든 피아노 음의 진동수가 정리되어 있는 이미지들을 쉽게 찾아볼 수 있다.

끝으로 프로세싱과의 첫 통신을 위한 사용자 정의 함수 firstContact()를 선언한다. 현재 시리얼 포트에서 어떤 값도 입력되지 않는 초기 상태라면, 다수의 센서 값을 보내도 되는지 물어보는 용도로 프로세싱에 'A' 문자를 보내고, 0.3초 동안 스케치를 멈추고 응답을 기다리는 것으로 스케치를 마무리한다(❿). 아두이노 보드에 충돌 센서 8개와 부저 모듈 1개를 연결하고 스케치를 업로드한 다음 프로세싱으로 이동한다.

#실습예제 processing_ex_5_2_2 프로세싱 코드 및 설명

프로세싱 예제 processing_ex_5_2_2
```
//아두이노 포트가 저장된 배열의 순번으로 Serial.list()[] 배열 안의 숫자를 수정해준다.
import processing.serial.*;          //❶ 시리얼 라이브러리 추가
Serial port;                         //❶ Serial 유형의 변수 선언
int[] values=new int[8];             //❶ 정수 유형의 배열 선언
int val1, val2, val3, val4, val5, val6, val7, val8; //❶ 정수 유형의 변수 선언
int count=0;                         //❶ 정수 유형의 변수 선언 및 초깃값 설정
boolean firstContact = false;        //❶ 불 유형의 변수 선언
int[] board=new int[8];
PImage down, up;
int x=50;
int y=350;

void setup() {
  size(1280, 720);
  background(0, 0, 20, 20);
  printArray(Serial.list());            //❷ 컴퓨터에 연결된 시리얼 포트 정보 출력
  String portName = Serial.list()[0];   //❷ 아두이노 포트 이름을 문자열 변수에 저장
  port = new Serial(this, portName, 9600); //❷ 변수 port로 시리얼 통신을 시작
  down=loadImage("down.png");
```

```
  up=loadImage("up.png");
  for (int i=0; i<board.length; i++) {
    board[i]=0;
  }
}

void draw() {
  noStroke();
  colorMode(RGB, 255, 255, 255);
  fill(0, 0, 20, 20);
  rect(0, 0, width, height);
  if (val1==0) {board[0]=1;} else {board[0]=0;} //❸ val1 값이 0이면 board[0] 값을
                                                //1로 변경하고 아니면 0으로 유지
  if (val2==0) {board[1]=1;} else {board[1]=0;} //❸ val2 값이 0이면 board[1] 값을
                                                //1로 변경하고 아니면 0으로 유지
  if (val3==0) {board[2]=1;} else {board[2]=0;} //❸ val3 값이 0이면 board[2] 값을
                                                //1로 변경하고 아니면 0으로 유지
  if (val4==0) {board[3]=1;} else {board[3]=0;} //❸ val4 값이 0이면 board[3] 값을
                                                //1로 변경하고 아니면 0으로 유지
  if (val5==0) {board[4]=1;} else {board[4]=0;} //❸ val5 값이 0이면 board[4] 값을
                                                //1로 변경하고 아니면 0으로 유지
  if (val6==0) {board[5]=1;} else {board[5]=0;} //❸ val6 값이 0이면 board[5] 값을
                                                //1로 변경하고 아니면 0으로 유지
  if (val7==0) {board[6]=1;} else {board[6]=0;} //❸ val7 값이 0이면 board[6] 값을
                                                //1로 변경하고 아니면 0으로 유지
  if (val8==0) {board[7]=1;} else {board[7]=0;} //❸ val8 값이 0이면 board[7] 값을
                                                //1로 변경하고 아니면 0으로 유지

  for (int i=0; i<board.length; i++) {
    if (board[i]==1) {
      for (int l=0; l<10; l++) {
        colorMode(HSB, 360, 100, 100);
        stroke(0+35*i, 100, 100);
        strokeWeight(random(2));
        line(125+150*i, y, random(width), random(height));
      }
      tint(0+35*i, 100, 100);
      image(up, x+150*i, y, 150, 300);
    } else {
      noTint();
      image(down, x+150*i, y, 150, 300);
    }
  }
}

void serialEvent(Serial port) {    //❹ 첫 통신을 위해 먼저 'A' 문자를 주고받음
  int val = port.read();
  if (firstContact == false) {
```

```
    if (val == 'A') {
      port.clear();
      firstContact = true;
      port.write('A');
    }
  } else {
    values[count] = val;
    count++;
    if (count > 7 ) {
      val1 = values[0];
      val2 = values[1];
      val3 = values[2];
      val4 = values[3];
      val5 = values[4];
      val6 = values[5];
      val7 = values[6];
      val8 = values[7];
      println(val1+":"+val2+":"+val3+":"+val4+":"+val5+":"+val6+":"+val7+":"+val8);
      port.write('A');
      count = 0;    //❺ 8개의 센서 값을 배열에 차례대로 저장
    }
  }
}
```

예제 ex_5_2_2 프로세싱 스케치는 앞서 다룬 예제 ex_5_2_1에서 키보드의
키를 눌러 입력하는 방식 대신 아두이노에 연결된 충돌 센서 값 8개로 실
행되도록 아두이노와 시리얼 통신을 위한 코드들을 추가했다. 먼저 아두이
노와 시리얼 통신을 하기 위해 시리얼 라이브러리를 추가하고 Serial 유형
의 변수 port를 전역변수로 선언한다. 아두이노에서 전송되는 센서 값 8개
를 저장하기 위해 정수 유형의 배열 values[]를 선언하고 배열의 전체 길
이(크기)는 8로 설정해준다. 센서 값 8개를 개별적으로 확인하기 위해 정
수 유형의 변수 8개(val1~val8)를 전역변수로 선언하고 센서 값 8개가 배
열 values[]에 저장될 때 순번으로 사용할 정수 유형의 변수 count를 선언
한 다음 초깃값은 0으로 설정해준다. 아두이노와 묻고 답하기 방식으로 시
리얼 통신을 하기 위해 불 유형의 변수 firstContact을 전역변수로 선언하고,
초깃값은 false로 설정한다.(❶). 그 다음 void setup() 함수에서 아두이노
포트가 저장된 배열의 순번으로 Serial.list()[] 배열 안의 숫자를 수정해
주고 아두이노 보드와 시리얼 통신을 시작할 준비를 한다(❷).

void draw() 함수에서 만약 관객이 '도' 건반에 해당하는 충돌 센서 1을 작동시켜 val1 값을 0으로 만들면 '도' 건반에 해당하는 맨 왼쪽 첫 번째 이미지를 평상시 건반 소스 이미지 1에서 작동된 건반 소스 이미지 2로 바꿔준다. 같은 방식으로 아두이노에 연결된 어떤 음의 충돌 센서가 작동되면 프로세싱에서는 해당 건반의 이미지를 작동된 건반 이미지로 변경하고 색깔을 입혀 구별해준다(❸). 그 다음 시리얼 이벤트 함수로 아두이노와 첫 통신을 위한 문자 'A'를 주고받고(❹) 첫 통신이 성공하면 다음 프레임부터는 아두이노에서 전송되는 센서 값 8개를 배열 value[ ]에 저장한다. 배열의 순번을 나타내는 변수 count 값은 0에서부터 7까지 1씩 증가한다. 배열의 첫 번째 칸 values[0]에서부터 마지막 칸 values[7]까지 차례대로 센서 값을 담은 다음 각 센서의 상태를 확인하기 위한 용도로 변수 8개에 각각 저장해준다. 어떤 건반이 작동되는지 알 수 있도록 println()으로 변수 8개의 값을 콘솔에 출력하고 아두이노에 'A' 문자를 보내 새롭게 갱신된 센서 값을 보내도록 한 다음 순번 변수 count 값을 0으로 초기화한다(❺).

결과 이미지

아두이노 관객 참여	프로세싱 스케치창
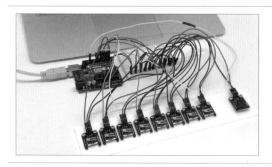	
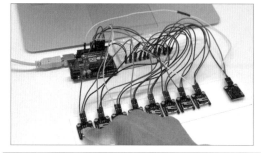	

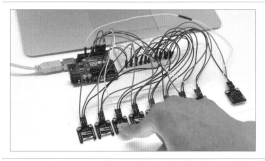

좀 더 붙잡기~ 도전!

1. 프로세싱에서 소리를 제어할 수 있는 사운드 라이브러리 Minim을 활용하여 아두이노에 연결된 부저 모듈 대신 컴퓨터 스피커에서 피아노 음계 또는 나만의 사운드가 재생되도록 해보자.

2. 충돌 센서 대신 터치 센서, 기울기 스위치 센서, 조도 센서, 사운드 센서 등 디지털 방식뿐만 아니라 아날로그 방식의 스위치를 활용하여 새로운 형태의 건반을 만들어보자.

3. 부저 모듈 대신 아두이노 보드에 연결 가능한 앰프와 스피커를 사용하여 음질이 좋지않은 부저 모듈의 단점을 극복해보자.

#사운드 아트

사운드 아트Sound Art는 우리가 일상에서 흔히 듣는 '소리'를 표현의 재료로 사용하여 시각이 아닌 청각에 초점을 맞춘 예술이다. 미술사에서 이러한 소리의 사용은 이탈리아 미래파 화가인 루이지 루솔로Luigi Russolo가 1921년 파리에서 27개의 소음 악기와 오케스트라를 위한 연주회를 개최하면서 시작되었다. 소음 악기에서는 사이렌, 굴착기, 배수관, 호루라기, 기중기 소리, 대포의 굉음 등 당시 일상생활 속에서 쉽게 접할 수 있었던 소음을 만들어냈고, 이러한 소음을 음악 속에 포함시키기 위한 특별한 실험을 진행하였다. 주변에서 발생하는 소음을 활용한 또 다른 작업으로는 존 케이지의 '4분 33초'가 유명하다. '4분 33초'의 악보에는 음표나 쉼표가 없으며 음악의 길이에 대한 지시도 없다. 존 케이지는 공연장에서 악보를 피아노 위에 올려놓고 아무런 피아노 소리를 내지 않는다. 아름다운 피아노 연주를 기대한 관객들은 시간이 지남에 따라 웅성거리기 시작한다. 기침 소리, 종이 만지는 소리, 공연장 밖의 바람 소리 등 4분 33초 동안 다양한 잡음들이 침묵을 깨고 만들어지면서 하나의 작품이 된다. 이처럼 사운드 아트는 전통을 타파하고 일상 속 '소리'의 새로운 가능성을 발견하고자 노력했던 예술가들의 열정과 도전에 의해 음악, 미술, 퍼포먼스 등의 경계를 허물어뜨렸다.

현재 사운드 아트는 미디어 아트에서 중요한 축을 이루며 다양한 형태로 작업이 이루어지고 있다. 소리 풍경화로 어느 장소 또는 환경을 소리로 표현하는 사운드스케이프Soundscape, 오디오의 이퀄라이저Equalizer처럼 소리의 크기, 속도, 음색 등을 시각적으로 표현하는 사운드 시각화Sound Visualization, 소리가 만들어내는 파장을 실제 오브제 형태로 만들어 내거나 소리를 발생시키는 새로운 형태의 악기 또는 설치물을 만드는 사운드 조각Sound Sculpture 등이 그 예다. 전통적인 음악은 정확한 음과 박자를 지켜야 하고 시간의 흐름이 중심이라면 사운드 아트는 미리 정해진 방식이 아닌 현재 공간의 상황과 분위기, 그리고 관객의 참여가 중요한 요소로 작용한다. 하지만 실제 사운드 아트 작업을 경험해보면 익숙지 않은 전자음, 높은 고음의 반복 등 공감하기 힘든 면이 많다. 눈을 감고 '소리'에 집중해 보자. 정말 그 '소리'에만 모든 감각을 집중시켜보자. 어둠 속에서 어떤 패턴이 그려지거나 과거 속 한 장면이 떠오른다면 계속 반복적으로 들으면서 적극적으로 해석해보자. 나도 모르는 사이 음소거되어 있던 내 몸속 '소리 감각'의 작은 울림을 키울 수 있을 것이다.

사운드 아티스트 김기철

0.035 | 김기철 | 헤이리 블루메 미술관 | 2014

Sound Looking Wind v2 | 김기철 | 뮤지엄 산 | 2016
© 김기철

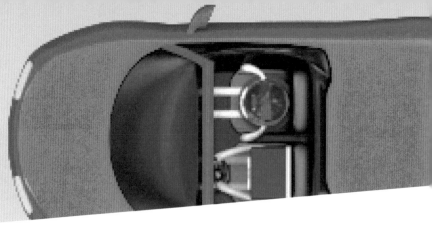

5.3
자동차 경주

이번에는 아두이노에 연결된 4개의 디지털 버튼으로 출발선에 위치한 자동차를 위, 아래, 좌, 우 방향으로 움직여서 차선을 이탈하지 않고 무사히 목적지까지 도달하는 자동차 경주 게임을 만들어 볼 것이다. 경주 게임은 3개의 case로 나눌 수 있다. case 1은 경주 모드로, 스케치창 가운데 밑 출발선에 위치해 있는 자동차를 4개의 버튼으로 위, 아래, 좌, 우 방향으로 이동시켜가며 목적지까지 도달하는 모드이다. case 2는 실패 모드로, 자동차가 차선 양쪽 옆에 그려져 있는 흰색 선을 벗어나면 스케치창 가운데에 "Fail!"이라는 문자가 1초 동안 나타나 실패를 알리고 다시 경주 모드로 돌아간다. case 3은 성공 모드로, 자동차가 무사히 목적지까지 도착하면 스케치창 가운데에 "Goal!"이라는 문자와 몇 초 만에 도착했는지 기록을 3초 동안 출력한 다음 다시 경주 모드로 돌아간다. 자동차가 달릴 차선은 넓지만 구불구불한 길과 좁지만 단순한 길 둘 중에 선택할 수 있다. 누가 먼저 목적지까지 도착할지 시합해 보자!

아두이노 보드와 연결된 센서로 작동시키기 전에 먼저 프로세싱에서 키보드의 화살표 방향키만으로 간단하게 작동되는 스케치를 해본 다음 아두이노와 프로세싱을 연결해 보자.

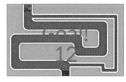

5.3.1
프로세싱에서 자동차
조종하기

5.3.2
아두이노로 자동차
조종하기

5.3.1 프로세싱에서 자동차 조종하기

☑ 필요한 재료
  소스 이미지 5장

소스 이미지 1 (배경 이미지)	소스 이미지 2 (위로 향한 자동차 이미지)	소스 이미지 3 (아래로 향한 자동차 이미지)	소스 이미지 4 (왼쪽으로 향한 자동차 이미지)	소스 이미지 5 (오른쪽으로 향한 자동차 이미지)
파일명: road.jpg 크기: 1280 × 720px	파일명: carUP.png 크기: 300 × 300px	파일명: carDown.png 크기: 300 × 300px	파일명: carLeft.png 크기: 300 × 300px	파일명: carRight.png 크기: 300 × 300px

예제 ex_5_3_1은 배경 이미지 가운데 밑 출발선에 위치한 자동차를 키보드의 화살표 방향키로 차선을 따라 이동시켜 목적지까지 무사히 도착하면 성공하는 게임이다. 관객이 UP 키(↑)를 누르면 위로 이동하는 자동차 소스 이미지 2를 출력하고 자동차 소스 이미지가 위로 이동하도록 한다. 방향키 중에 DOWN 키(↓)를 누르면 아래로 이동하는 자동차 소스 이미지 3을 출력하고 자동차가 아래로 이동하도록 한다. 좌우 이동도 같은 원리로 적용하면 된다. 자동차가 목적지까지 이동하는 동안 자동차의 중심 x, y 좌표 위치가 차선 양쪽 흰색 선과 부딪치지 않으면 case 3(성공 모드)을 실행시키고, 차선과 부딪치면 case 2(실패 모드)를 실행시킨다. 자동차 현재 위치에 해당하는 변수 x, y 좌표와 같은 위치에 있는 배경 이미지의 픽셀 밝기값을 매 프레임마다 체크하여 만약 그 값이 200보다 크면 흰색 선에 부딪친 것으로 판단한다.

TIP! 이번 예제는 ex_1_2_4에서 살펴본 키보드 방향키로 제어하는 방법, ex_1_3_6p에서 살펴본 색깔 정보 활용하는 방법, ex_1_6_7에서 살펴본 픽셀의 밝기 값 체크하는 방법, 3장에서 살펴본 아두이노 설치 방법, ex_3_3에서 살펴본 아두이노 센서 값으로 프로세싱 이미지

변경하는 방법, ex_4_2_1에서 살펴본 실시간 비디오 이미지 픽셀의 밝기 값 체크하는 방법,
ex_5_1에서 살펴본 다수의 아두이노 센서 값 프로세싱으로 전송하기의 내용을 조합한 내용
이다. 활용한 예제들을 한번 더 훑어보고 참조하면 많은 도움이 된다.

#자동차 여행 스케치 실행 과정

🎬 평상시

경주 모드 case 1에서는 배경 이미지
가운데 밑 출발선에 자동차가 달릴 준비를
하고 있다. 관객이 키보드의 화살표 방향키
UP, DOWN, LEFT, RIGHT로 자동차를
이동시켜 목적지까지 차선 양쪽 흰색 선과
부딪치지 않고 무사히 도착하면 성공
모드 case 3으로 이동하여 성공 메시지와
도착하는 데 걸린 시간이 출력되고 이동
중에 양쪽 흰색 선과 부딪치면 실패
모드 case 2로 이동하여 실패 메시지를
출력하고 다시 경주 모드 case 1로
이동한다.

🎬 관객 참여 시

경주 모드 case 1에서 관객이 키보드의
화살표 방향키 UP 키를 누르면 자동차가
위로 이동하고 DOWN 키를 누르면
아래로 이동하며 LEFT는 왼쪽, RIGHT
키는 오른쪽으로 이동한다. 배경
이미지에는 넓고 구불구불한 차선과
좁고 단순한 차선 2개가 그려져 있어
관객은 두 길 중에 하나를 선택하여
목적지까지 도달할 수 있다. 성공하면
결과 시간이 출력되어 누가 먼저 골인
지점에 도착했는지 시합할 수 있다.

#실습예제 ex_5_3_1 프로세싱 코드 및 설명

프로세싱 예제_ex_5_3_1

```
PImage road, car;                       //❶ PImage 유형의 변수 선언
PFont font;                             //❶ PFont 유형의 변수 선언
int x = 640;                            //❷ 정수 유형의 변수 선언 및 초깃값 설정
int y = 680;
int scene=1;
int lastTime=0;
int score;
float bump;                             //❷ 소수 유형의 변수 선언

void setup() {
  size(1280, 720);
  background(255);
  road=loadImage("road.jpg");           //❸ 소스 이미지 불러 옴
  car=loadImage("carUp.png");
```

```
  font=createFont("SpoqaHanSans-Regular", 200);   //❹ 폰트 설정
  textFont(font);
}


void draw() {
  imageMode(CORNER);                          //❺ 이미지의 기준점 위치 변경
  image(road, 0, 0, 1280, 720);               //❺ 배경 이미지 출력
  switch(scene) {                             //❻ 변수 scene 값에 해당하는 case로 이동
  case 1:
    textSize(100);
    textAlign(RIGHT);
    fill(255, 240);
    text((millis()-lastTime)/1000, 160, 100); //❼ 게임이 시작되고 지난 시간 출력
    bump = brightness(get(x, y));             //❽ 배경 이미지 픽셀 밝기값 저장
    if (bump>=200) {                          //❽ 만약 bump 값이 200보다 크거나 같으면
      lastTime=millis();                      //❽ 변수 lastTime 값 수정
      scene=2;                                //❽ case 2로 이동하기
    }
    if ((x>210)&&(x<300)&&(y<40)) {           //❾ 만약 자동차가 목적지에 도달하면
      score=(millis()-lastTime)/1000;         //❾ 최종 걸린 시간 변수 score에 저장
      lastTime=millis();                      //❾ 변수 lastTime 값 수정
      scene=3;                                //❾ case 3으로 이동하기
    }
    break;

  case 2:
    textSize(200);
    textAlign(CENTER);
    fill(255, 100, 0, 230);
    text("Fail!", width/2, height/2);         //❿ 실패 문구 Fail! 출력
    if ((millis()-lastTime)>=1000) {          //❿ 1초가 지나면
      x = 640;                                //❿ 자동차 위치 초기화
      y = 680;
      lastTime=millis();                      //❿ 변수 lastTime 값 수정
      car=loadImage("carUp.png");             //❿ 자동차 소스 이미지 초기화
      scene=1;                                //❿ case 1로 이동
    }
    break;

  case 3:
    textSize(200);
    textAlign(CENTER);
    fill(0, 100, 255, 230);
    text("Goal!", width/2, height/2);         //⓫ 성공 문구 Goal! 출력
    text(score, width/2, height/2+200);       //⓫ 도착까지 걸린 시간 출력
    if ((millis()-lastTime)>=3000) {          //⓫ 3초가 지나면
      x = 640;                                //⓫ 자동차 위치 초기화
```

```
      y = 680;
      lastTime=millis();            //⓫ 변수 lastTime 값 수정
      car=loadImage("carUp.png");   //⓫ 자동차 소스 이미지 초기화
      scene=1;                      //⓫ case 1로 이동
    }
    break;
  }
  imageMode(CENTER);                //⓬ 이미지의 기준점 위치 변경
  image(car, x, y, 90, 90);         //⓬ 자동차 이미지 출력
  println(x + " : " + y);           //⓬ 현재 자동차 위치 출력
}

void keyPressed() {                    //⓭ 키보드의 키를 누르면
  if (key==CODED) {                    //⓭ 특수키 입력 여부 확인
    if (keyCode==UP) {                 //⓭ 방향키 UP을 누르면
      y-=7;                            //⓭ 자동차 위치 위로 이동
      car=loadImage("carUp.png");      //⓭ 위로 향하는 자동차 이미지로 변경
    } else if (keyCode==DOWN) {        //⓮ 방향키 DOWN을 누르면
      y+=7;                            //⓮ 자동차 위치 아래로 이동
      car=loadImage("carDown.png");    //⓮ 아래로 향하는 자동차 이미지로 변경
    } else if (keyCode==LEFT) {        //⓯ 방향키 LEFT를 누르면
      x-=7;                            //⓯ 자동차 위치 왼쪽으로 이동
      car=loadImage("carLeft.png");    //⓯ 왼쪽으로 향하는 자동차 이미지로 변경
    } else if (keyCode==RIGHT) {       //⓰ 방향키 RIGHT를 누르면
      x+=7;                            //⓰ 자동차 위치 오른쪽으로 이동
      car=loadImage("carRight.png");   //⓰ 오른쪽으로 향하는 자동차 이미지로 변경
    } else {                           //⓱ 방향키 이외의 키를 누르면
      x=x;                             //⓱ 현재 위치 유지
      y=y;
    }
  }
}
```

예제 ex_5_3_1을 살펴보자. 먼저 스케치에 필요한 변수를 선언하고 초깃값을 설정해준다(❶, ❷). void setup() 함수에서 [data] 폴더에 저장된 소스 이미지들을 변수에 각각 저장한다(❸). 문구와 시간을 표시하기 위한 폰트는 SpoqaHanSans로 설정한다(❹). void draw() 함수에서 이미지의 기준점(0, 0) 위치를 왼쪽 위로 변경하고 배경 이미지를 스케치창 가로세로 크기에 맞춰 출력해준다(❺). 변수 scene의 초깃값은 1로 설정했기 때문에 첫 프레임에서는 case 1 안의 명령문들이 먼저 실행된다(❻). 게임이 시작되고 현재 몇 초가 지났는지 알려주는 타이머를 스케치창 왼쪽 위에 100픽셀 크기로 오른쪽 정렬하고 색깔은 흰색에 투명도를 조금 준 숫자로 표시한다. 숫자

는 매 게임마다 항상 0초에서 1초씩 증가하는 카운터가 시작되도록 (millis()-lastTime)/1000으로 설정한다(❼).

TIP! millis()는 스케치가 시작되는 시점부터 경과된 시간을 밀리세컨드(1000분의 1초) 단위의 숫자 값으로 표현해준다. millis() 값이 1,000이면 스케치가 시작된 지 1초가 지났다는 의미이고 10,000이면 10초가 지났다는 의미이다. 첫 게임에서는 lastTime의 초깃값이 0이므로 millis()는 1000으로 나누어주면 0초에서 카운트가 시작된다. 첫 게임이 성공 또는 실패로 끝나고 다시 case 1로 돌아와 두 번째 게임이 시작될 때에도 0초부터 증가하는 카운터를 만들려면 case 2와 3에서 case 1로 돌아올 때 변수 lastTime에 현재 millis() 값을 대입하여 millis()-lastTime이 항상 0이 되도록 만들어준다. 이처럼 어떤 case에서 몇 초가 지났는지 시간의 흐름을 체크하고 싶을 때에는 이전 case에서 lastTime 값을 현재 millis() 값으로 미리 수정해주고, 해당 case에서 if() 조건문을 활용해서 millis()-lastTime 값이 내가 체크하고 싶은 시간(1초는 1000, 3초는 3000)보다 커졌는지를 확인하면 된다.

brightness(get(x, y))로 현재 자동차 중심 좌표 위치에 해당하는 배경 이미지 픽셀의 밝기 값을 가져와 변수 bump에 저장하고, 그 값이 흰색(255)에 가까운 200보다 크면 차선 양쪽 흰색 라인에 부딪쳤다고 판단하고 실패 모드인 case 2로 이동한다. 이때 case 2에서 1초 동안만 실패 문구를 스케치창에 출력하기 위해 시간 경과를 체크하기 위한 변수 lastTime을 현재 millis() 값으로 만들어 준 다음 case 2로 이동한다(❽). 그 다음 if() 조건문으로 자동차 위치가 스케치창 왼쪽 위 목적지 영역 안으로 들어오면 case 3으로 이동한다. 이때 case 3에서 최종 기록을 스케치창에 출력하기 위해 총 소요 시간을 변수 score에 저장하고, 성공 문구를 3초 동안만 출력하기 위해 변수 lastTime을 현재 millis() 값으로 만들어 준다(❾).

case 2에서는 "Fail!" 문구를 스케치창 한가운데에 출력한다. if() 조건문으로 case 2로 이동한 후 1초가 지나 조건테스트 (millis()-lastTime) >= 1000을 만족시키면 자동차 위치는 출발선 위치값으로 초기화한다. 다음 게임에서 카운터가 0초에서 시작하도록 변수 lastTime 값을 다시 현재 millis() 값으로 만들어주고, 자동차 이미지는 출발 소스 이미지 2(carUp.png)로 바꾼 다음 case 1로 이동한다(❿). case 3에서는 "Goal!" 문구와 바로 아래 변수 score에 저장되어 있는 목적지까지 도착하는 데 걸린 시간을 스케치창 한가운데에 출력한다. if() 조건문을 활용해서 case 3으로 이동한 후 3초가 지나 조건테스트 (millis()-lastTime) >= 3000을 만족시키면 자동차 위치는 출발선 위치값으로 초기화된다. 다음 게임에서 카운터가 0초에서 시작하도록 변수 lastTime 값을 다시 현재 millis() 값으로 만든다. 자동차 이미지는 출발 소스 이미지 2로 바꾼 다음 case 1로 이동한다(⓫).

그 다음 자동차의 현재 위치값이 이미지 중심이 되도록 이미지의 기준점 (0, 0) 위치를 imageMode(CENTER)로 이미지 한가운데로 변경하고 image()로 현재 변수 car에 저장되어 있는 자동차 소스 이미지를 가로세로 90×90픽셀 크기로 현재 자동차 위치(x, y)에 출력한다. 현재 자동차 위치값은 println() 으로 콘솔에도 출력한다(⓬). 키보드 이벤트 함수로 관객이 키보드의 어떤 방향키를 눌렀는지 체크한다. 화살표 방향키는 일반 영문키와는 다른 특수 키다. 먼저 if(key==CODED) 조건문으로 입력한 키가 특수키인지를 먼저 체크한다. 관객이 ⬆ 키를 누르면 자동차 위치를 나타내는 y 좌표값에서 7을 빼 자동차가 위로 이동하도록 하고 위로 이동하는 자동차 소스 이미지 2를 변수 car에 저장한다. ⬇ 키를 누르면 자동차 위치를 나타내는 y 좌표값에 7을 더 해 자동차가 아래로 이동하도록 하고 아래로 이동하는 자동차 소스 이미지 3을 변수 car에 저장한다. ⬅ 키와 ➡ 키도 같은 방식으로 자동차를 이동시키 고 소스 이미지를 변경해준다(⓭). 방향키 이외의 키를 누르면 현재 위치를 유지하도록 한다. 좌표 위치에 더해지고 빼는 값 7은 임의로 정한 값으로, 7 보다 크면 자동차가 더 빨리 이동하고 작으면 천천히 이동한다.

TIP! 스티븐 스필버그 감독의 영화 <레디 플레이어 원>에 나오는 가상 현실 속 경주 장면처럼 시작 위치에서 후진하여 스케치창 밖으로 나간 다음 골인 지점으로 향하면 10초 안에 도착할 수 있다.

결과 이미지

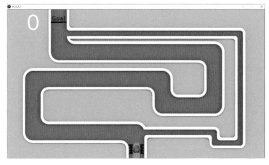

게임 시작

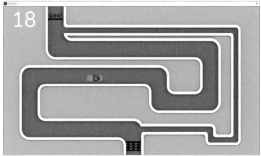

키보드의 화살표 방향키 RIGHT(오른쪽) 키를 눌렀을 때

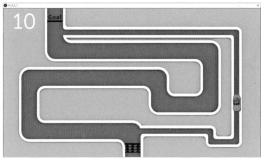

키보드의 화살표 방향키 UP(위쪽) 키를 눌렀을 때

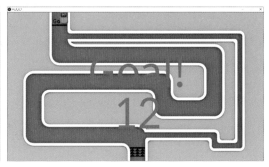

목적지에 도착! 성공!

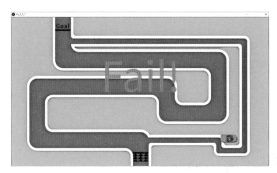

차선을 벗어나 실패했을 때

5.3.2 아두이노로 자동차 조종하기

☑ **필요한 재료**

아두이노 보드 1개, USB 케이블 1개, 점퍼선(핀/소켓 12개, 핀/핀 2개) 14개,
브레드보드 1개, LED 버튼스위치 모듈 4개

실습 예제 ex_5_3_2에서는 앞서 다룬 프로세싱 예제 ex_5_3_1에서 사용한 키보드의 화살표 방향키 입력 방식 대신 아두이노에 연결된 LED 버튼스위치 4개로 실제 관객이 스위치를 누르면 프로세싱에서 자동차가 해당 스위치 방향으로 이동할 수 있도록 수정해 보자. 아두이노 보드에 LED 버튼스위치 4개를 연결하는 법을 알아보고 프로세싱에서는 아두이노 센서 값 4개를 한 번에 입력 받도록 스케치해보자. (●아두이노 설치하기는 232쪽, 다수의 센서 값 묻고 답하기는 366쪽 참조)

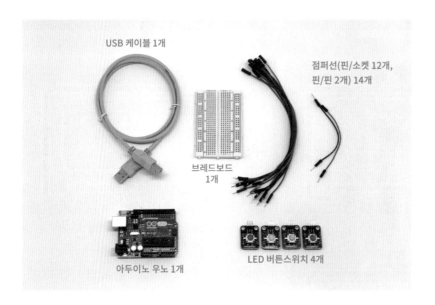

#아두이노 보드와 LED 버튼스위치 4개 연결 방법

LED 버튼스위치 모듈(모델명: ELB050661~4)

LED 버튼스위치는 관객이 손가락으로 버튼을 누르면 버튼 안쪽에 있는 LED가 빛을 내며 작동되는 푸시스위치 또는 누름스위치로 디지털 방식의 입력 센서 모듈이다. 위 모델처럼 버튼스위치를 누르는 과정에서 작동되는 순간이 손끝으로 느껴지는

스위치는 택트스위치라고 한다. 한 번 눌렀을 때 눌러진 상태를 유지하고 있는 스위치는 푸시 락 버튼스위치라고 부른다. 이번 예제에서 사용하는 버튼스위치는 OUT 핀으로 평소에는 5V(HIGH, 1)가 출력되다가 버튼을 누르면 0V(LOW, 0)를 보낸다. 가격은 1,500원 내외.

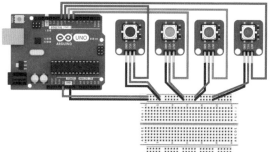

아두이노 파워 영역에 있는 5V와 브레드보드 빨간색 전원 레일 바깥쪽을 빨간색 점퍼선 핀/핀 타입으로 연결하여 빨간색 라인을 모두 5V로 만든다. 같은 방법으로 아두이노 파워 영역에 있는 GND그라운드와 브레드보드 파란색 전원 레일을 검은색 점퍼선 핀/핀 타입으로 연결하여 파란색 라인을 모두 GND로 만든다. 빨간색 점퍼선 핀/소켓 타입 4개로 버튼스위치 4개의 VCC를 브레드보드 빨간색 가로 라인에 각각 연결해준다. 버튼스위치 4개의 GND는 검은색 점퍼선 핀/소켓 타입 4개로 브레드보드 파란색 가로 라인에 각각 연결해준다. 여러 가지 색깔의 점퍼선 핀/소켓 타입으로 가장 왼쪽 파란색 LED 버튼스위치 3(왼쪽 방향키)의 OUT 핀은 아두이노 디지털 9번 핀에 연결하고, 녹색 LED 버튼스위치 1(위쪽 방향키)은 디지털 7번 핀, 주황색 LED 버튼스위치 2(아래쪽 방향키)는 디지털 8번 핀, 빨간색 LED 버튼스위치 4(오른쪽 방향키)는 디지털 10번 핀에 각각 연결해준다.

#실습예제 arduino_ex_5_3_2 아두이노 코드 및 설명

아두이노 예제 arduino_ex_5_3_2

```
int val1, val2, val3, val4;        //❶ 정수 유형의 변수 4개 선언
int val = 0;                       //❷ 정수 유형의 변수 선언 및 초깃값 설정

void setup() {
  pinMode(7, INPUT);               //❸ 7번 핀을 디지털 입력 핀으로 사용
  pinMode(8, INPUT);               //❸ 8번 핀을 디지털 입력 핀으로 사용
  pinMode(9, INPUT);               //❸ 9번 핀을 디지털 입력 핀으로 사용
  pinMode(10, INPUT);              //❸ 10번 핀을 디지털 입력 핀으로 사용
  Serial.begin(9600);             //❹ 시리얼 통신을 시작
  firstContact();                 //❺ 사용자 정의 함수 호출
}

void loop() {
  if (Serial.available() > 0) {   //❻ 만약 시리얼 포트로 값이 들어오면
```

```
    val = Serial.read();              //❻ 시리얼 값을 변수 val에 저장
    val1 = digitalRead(7);            //❼ 디지털 7번 핀 값을 val1에 저장
    val2 = digitalRead(8);            //❼ 디지털 8번 핀 값을 val2에 저장
    val3 = digitalRead(9);            //❼ 디지털 9번 핀 값을 val3에 저장
    val4 = digitalRead(10);           //❼ 디지털 10번 핀 값을 val4에 저장
    Serial.write(val1);               //❽ 프로세싱에 val1 값을 보냄
    Serial.write(val2);               //❽ 프로세싱에 val2 값을 보냄
    Serial.write(val3);               //❽ 프로세싱에 val3 값을 보냄
    Serial.write(val4);               //❽ 프로세싱에 val4 값을 보냄
  }
}

void firstContact() {                 //❾ 사용자 정의 함수 선언
  while (Serial.available() <= 0) {   //❾ 시리얼 값이 0보다 작거나 같으면
    Serial.write('A');                //❾ 프로세싱으로 'A' 문자를 보냄
    delay(300);                       //❾ 0.3초 동안 멈춤
  }
}
```

예제 ex_5_3_2 아두이노 스케치를 살펴보자. 먼저 디지털 7~10번까지 연결된 버튼스위치값을 저장하기 위해 정수 유형의 변수 4개를 전역변수로 선언해준다(❶). 프로세싱에서 보내는 시리얼 포트 값을 저장하기 위해 변수 val을 전역변수로 선언하고 초깃값으로 0을 대입한다(❷). void setup() 함수에서 먼저 pinMode()로 디지털 영역에 있는 7~10번 핀을 입력(INPUT) 핀으로 설정한다(❸). Serial.begin(9600)으로 컴퓨터와 시리얼 통신을 시작한다(❹). 그 다음 firstContact()로 아두이노에서 프로세싱으로 다수의 센서 값을 보내기 전에 프로세싱과 첫 통신을 시작하기 위한 사용자 정의 함수를 호출한다(❺).

void loop() 함수에서 if() 조건문을 사용해서 만약 프로세싱이 응답하여 시리얼 값 'A' 문자를 보내면 그 값을 읽어 들여 변수 val에 저장한다(❻). 관객이 4개의 버튼스위치 중에서 어떤 스위치를 작동시켰는지 감지하기 위하여 디지털 핀에 연결한 LED 버튼스위치 값을 해당하는 변수에 각각 저장한다. 버튼스위치 값은 평소에는 1이다가 관객이 버튼을 눌러 작동시키면 0으로 바뀐다(❼). 그 다음 Serial.write()로 변수 val1~4에 저장된 센서 값 4개를 차례대로 프로세싱에 보낸다(❽). 끝으로 프로세싱과 첫 통신을 시작하기 위한 사용자 정의 함수 firstContact()를 선언한다. 현재 시리얼 포트로부터 어떤 값도 입력되지 않는 초기 상태라면 다수의 센서 값을 보내도 되

는지 물어보는 용도로 프로세싱에 'A' 문자를 보내고 0.3초 동안 스케치를 멈추고 응답을 기다리는 것으로 스케치를 마무리한다(❾). 아두이노 보드에 버튼스위치 4개를 연결하고 스케치를 업로드한 다음 프로세싱으로 이동한다.

#실습예제 processing_ex_5_3_2 프로세싱 코드 및 설명

프로세싱 예제 processing_ex_5_3_2

```
//아두이노 포트가 저장된 배열의 순번으로 Serial.list()[ ] 배열 안의 숫자를 수정해준다.
import processing.serial.*;            //❶ 시리얼 라이브러리 추가
Serial port;                          //❶ Serial 유형의 변수 선언
int[] values=new int[4];              //❶ 정수 유형의 배열 선언
int val1, val2, val3, val4;           //❶ 정수 유형의 변수 선언
int count=0;                          //❶ 정수 유형의 변수 선언 및 초깃값 설정
boolean firstContact=false;           //❶ 불 유형의 변수 선언
PImage road, car;
PFont font;
int x = 640;
int y = 680;
int scene=1;
int lastTime=0;
int score;
float bump;

void setup() {
  size(1280, 720);
  background(255);
  printArray(Serial.list());          //❷ 컴퓨터에 연결된 시리얼 포트 정보 출력
  String portName = Serial.list()[0]; //❷ 아두이노 포트 이름을 문자열 변수에 저장
  port = new Serial(this, portName, 9600); //❷ 변수 port로 시리얼 통신을 시작
  road=loadImage("road.jpg");
  car=loadImage("carUp.png");
  font=createFont("SpoqaHanSans-Regular", 200);
  textFont(font);
}

void draw() {
  imageMode(CORNER);
  image(road, 0, 0, 1280, 720);
   if (val1==0) {                     //❸ val1 값이 0이면
      y-=7;                           //❸ 자동차 위치 위로 이동
      car=loadImage("carUp.png");     //❸ 위로 향하는 자동차 이미지로 변경
    } else if (val2==0) {             //❹ val2 값이 0이면
```

```
    y+=7;                                  //❹ 자동차 위치 아래로 이동
    car=loadImage("carDown.png");          //❹ 아래로 향하는 자동차 이미지로 변경
  } else if (val3==0) {                    //❺ val3 값이 0이면
    x-=7;                                  //❺ 자동차 위치 왼쪽으로 이동
    car=loadImage("carLeft.png");          //❺ 왼쪽으로 향하는 자동차 이미지로 변경
  } else if (val4==0) {                    //❻ val4 값이 0이면
    x+=7;                                  //❻ 자동차 위치 오른쪽으로 이동
    car=loadImage("carRight.png");         //❻ 오른쪽으로 향하는 자동차 이미지로 변경
  } else {                                 //❼ 그 외의 경우이면
    x=x;                                   //❼ 현재 위치 유지
    y=y;
  }
switch(scene) {
case 1:
  textSize(100);
  textAlign(RIGHT);
  fill(255, 240);
  text((millis()-lastTime)/1000, 180, 100);
  bump = brightness(get(x, y));
  if (bump>=200) {
    lastTime=millis();
    scene=2;
  }
  if ((x>210)&&(x<300)&&(y<40)) {
    score=(millis()-lastTime)/1000;
    lastTime=millis();
    scene=3;
  }
  break;

case 2:
  textSize(200);
  textAlign(CENTER);
  fill(255, 100, 0, 230);
  text("Fail!", width/2, height/2);
  if ((millis()-lastTime)>=2000) {
    x = 640;
    y = 680;
    lastTime=millis();
    car=loadImage("carUp.png");
    scene=1;
  }
  break;

case 3:
  textSize(200);
  textAlign(CENTER);
```

```
        fill(0, 100, 255, 230);
        text("Goal!", width/2, height/2);
        text(score, width/2, height/2+200);
        if ((millis()-lastTime)>=1000) {
          x = 640;
          y = 680;
          lastTime=millis();
          car=loadImage("carUp.png");
          scene=1;
        }
        break;
    }
    imageMode(CENTER);
    image(car, x, y, 90, 90);
}

void serialEvent(Serial port) {       //❽ 첫 통신을 위해 먼저 'A' 문자를 주고받음
  int val = port.read();
  if (firstContact == false) {
    if (val == 'A') {
      port.clear();
      firstContact = true;
      port.write('A');
    }
  } else {                            //❾ 4개의 센서 값을 배열에 차례대로 저장
    values[count] = val;
    count++;
    if (count > 3 ) {
      val1 = values[0];
      val2 = values[1];
      val3 = values[2];
      val4 = values[3];
      println(val1+":"+val2+":"+val3+":"+val4);
      port.write('A');
      count = 0;
    }
  }
}
```

예제 ex_5_3_2 프로세싱 스케치는 앞서 다룬 예제 ex_5_3_1에서 키보드 화
살표 방향키로 입력하는 방식 대신 아두이노에 연결된 LED 버튼스위치 값
4개로 실행되도록 아두이노와 시리얼 통신을 위한 코드들이 추가되었다.
먼저 아두이노와 시리얼 통신을 하기 위한 시리얼 라이브러리를 추가하고
Serial 유형의 변수 port를 전역변수로 선언한다. 아두이노에서 전송되는 센

서 값 4개를 저장하기 위해 정수 유형의 배열 values[ ]을 선언하고 배열의 전체 길이(크기)는 4로 설정해준다. 센서 값 4개를 개별적으로 확인하기 위해 정수 유형의 변수 4개(val1, val2, val3, val4)를 전역변수로 선언한다. 센서 값 4개가 배열 values[ ]에 저장될 때 순번으로 사용할 정수 유형의 변수 count를 선언하고 초깃값은 0으로 설정해준다. 아두이노와 묻고 답하기 방식으로 시리얼 통신을 하기 위해 불boolean 유형의 변수 firstContact을 전역변수로 선언하고 초깃값은 false로 설정해준다(❶). 그 다음 void setup() 함수에서 아두이노 포트가 저장된 배열의 순번으로 Serial.list()[] 배열 안의 숫자를 수정해주고 아두이노 보드와 시리얼 통신을 시작할 준비를 한다(❷).

void draw() 함수를 활용해서, 관객이 녹색 LED 버튼스위치 1을 눌러 val1 값이 0이 되면 자동차 위치를 나타내는 y 좌표값에서 7을 빼 자동차가 위로 이동하도록 하고, 위로 이동하는 자동차 소스 이미지 2를 변수 car에 저장한다(❸). 같은 방식으로 관객이 누른 LED 버튼스위치에 따라 해당하는 방향으로 자동차를 이동시킨다(❹,❺,❻). 관객이 아무런 스위치도 작동시키지 않아 지금까지 확인한 조건테스트 어디에도 해당되지 않는다면 현재 위치를 유지하도록 한다(❼).

그 다음 시리얼 이벤트 함수로 아두이노와 첫 통신을 위한 문자 'A'를 주고받고(❽) 첫 통신이 성공하면 다음 프레임부터는 아두이노에서 전송되는 센서 값 4개를 배열 valuse[ ]에 저장한다. 배열의 순번을 나타내는 변수 count 값은 0에서부터 3까지 1씩 증가하며 배열의 첫 번째 칸 values[0]에서부터 마지막 칸 values[3]까지 차례대로 센서 값을 담은 다음 각 센서의 상태를 확인하기 위한 용도로 변수 4개에 각각 저장해준다(❾). println()으로 어떤 방향의 버튼스위치가 작동되는지 알 수 있도록 변수 4개의 값을 콘솔에 출력하고 아두이노에 'A' 문자를 보내 새롭게 갱신된 센서 값을 보내도록 한 다음 순번 변수 count 값을 0으로 초기화한다.

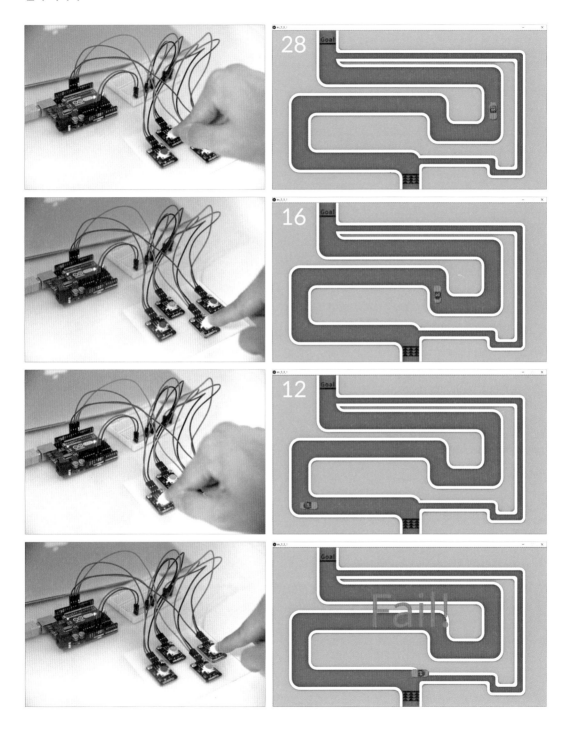

좀 더 붙잡기~ 도전!

1. 자동차가 달릴 배경 이미지를 직접 손으로 그린 그림 또는 카메라로 촬영한 사진으로 교체하여 스케치해보자. 만약 자동차 길이 밝고 부딪침을 감지하기 위한 양쪽 차선이 어둡다면 if() 문의 조건테스트를 if(bump <= 50)으로 수정하면 된다.

2. 자동차가 움직일 방향을 결정하기 위해 아두이노에 연결한 LED 버튼스위치 대신 다른 스위치 또는 센서 들도 연결해보자. 앞뒤 좌우 기울기를 감지하는 3축 가속도 센서, 구부린 정도를 감지하는 구부림(휨) 센서와 같은 아날로그 방식의 입력 센서들을 연결하여 자동차의 움직이는 속도가 센서 값에 따라 변하도록 해보자.

3. 프로세싱 사운드 라이브러리 Minim을 활용하여 자동차가 경주 모드일 때 배경 음악이 재생되도록 해보자.

4. case를 좀 더 추가하여 첫 번째 배경 이미지에서 일정 시간 안에 목적지까지 무사히 도착하면 좀 더 복잡한 길이 펼쳐져 있는 두 번째 단계로 이동하도록 해보자. 경주 중간에 특정 위치에 도착하면 속도가 빨라지거나 제한 시간이 일시적으로 멈추는 등 게임적인 요소들을 추가해보자.

#키네틱 아트

키네틱 아트Kinetic Art는 '움직임'을 의미하는 그리스어 '키네시스Kinesis'에 어원을 두고 있다. 작품 전체가 움직이거나 움직이는 부분들을 조합하는 방식으로 만들고 주로 조각이나 설치 형태로 전시된다. 움직임은 바람, 중력, 전기 에너지 또는 관객의 참여 등으로 만들어지며 바람과 중력을 활용한 키네틱 아트 작가로는 '모빌'로 유명한 알렉산더 칼더Alexander Calder와 바닷가에서 불어오는 바람을 활용하는 테오 얀센Theo jansen이 대표적이다. 전기로 모터를 돌려 움직임을 만드는 작업들은 미국의 만화가 루브 골드버그Rube Goldberg가 고안한 연쇄 반응에 기반을 둔 기계장치들이 많다. 루브 골드버그 장치는 단순한 장치들을 연속적으로 배치해서 한 장치가 다음 장치를 연쇄적으로 움직이도록 만든다. 전체적인 느낌은 아주 복잡하고 거창한데 비해 하는 일은 간단하며 기계의 효율성보다는 재미와 기발한 상상력이 돋보이는 작업들이다. 대표적인 작가로는 아서 갠슨Arthur Ganson이 있다. 관객이 직접 작품을 움직여 볼 수 있는 최초의 작품으로는 뒤샹Marcel Duchamp이 1913년 나무 스툴 위에 자전거 앞바퀴를 거꾸로 뒤집어 고정시켜 놓은 작품 'Bicycle Wheel'을 들 수 있다.

최근에는 물, 안개, 연기, 자력 등 더욱 다양한 요소들을 사용하여 새로운 형태의 움직임을 만들어내거나 정밀하게 제어 가능한 스텝 모터 또는 저속 모터를 사용하여 우리와는 다른 방식으로 그림을 그리는 장치를 만들고 그 장치가 그림을 그리는 과정과 결과물을 보여주기도 한다. 또한 지속 가능한 에너지를 사용하여 끊임없이 작동되는 기계나 정말 살아 있는 것처럼 정밀하게 움직이는 거대한 기계 생명체를 만드는 작업, 빛과 소리를 내는 장치들을 움직이는 작업 등 다양한 방식이 끝없이 나오고 있다. 하루에 한 바퀴씩 스스로 회전하며 태양을 돌고 있는 별, 지구에 살고 있는 우리들은 어쩌면 거대한 움직임 속에서 본능적으로 새로운 움직임을 위한 실험과 변화를 멈출 수 없는 존재인 것 같다.

Steel roost | 한진수 | 철판, 구리, 모터, 고무 |
180 × 55 × 130 cm | 서울시립미술관 | 2013

© 한진수

☑ **필요한 재료**

비디오 라이브러리 설치, 컴퓨터에 웹캠 연결(사용한 웹캠 모델명: 로지텍 HD웹캠 C615)

이번 예제에서는 비디오 라이브러리를 활용하여 반복되는 이미지 패턴을 만들어 보자. 웹캠을 통해 입력되는 실시간 비디오 이미지 안에서 랜덤한 위치의 한 부분을 사각형 형태로 잘라내고, 이 이미지 픽셀을 바둑판 모양으로 반복하여 이미지 패턴을 만들어보는 스케치를 해보자. 이번 예제는 ex_1_3_2에서 살펴본 이미지에 다양한 필터 효과 적용하는 방법, ex_1_6_1에서 살펴본 격자 무늬 바둑판 패턴 만드는 방법, ex_1_6_6에서 살펴본 이미지 픽셀로 이미지를 그리는 방법, ex_4_1에서 살펴본 실시간 비디오 캡처 방법을 조합해서 만들었다.

#비디오 신디사이저 스케치 실행 과정

🎬 **평상시**

사람들이 많이 지나다니는 거리 또는 창 밖 풍경 이미지를 캡처하기 위해 컴퓨터에 웹캠 카메라를 연결하고 프로세싱 예제 ex_5_4를 실행시킨다.

🎬 **관객 참여 시**

웹캠 카메라 앞을 지나가거나 얼굴을 비춰본다. 1초에 한 번씩 다양한 형태로 반복되며 만들어지는 패턴 이미지들을 키보드의 [s] 키를 눌러 저장할 수도 있고 특정 시간마다 한 번씩 자동으로 저장되게 하여 동영상을 만들기 위한 소스 이미지로 사용해 본다.

#실습예제 processing_ex_5_4 프로세싱 코드 및 설명

프로세싱 예제 processing_ex_5_4

```
import processing.video.*;                        //❶ 비디오 라이브러리 추가
Capture cam;                                      //❶ Capture 변수 선언
PImage pImg;                                      //❷ PImage 유형의 변수 선언
int pNum = 7;
int imgW, imgH;
int chance;
int randomX, randomY;
int count=0;                                      //❷ 정수 유형의 변수 선언

void setup() {
  size(1280, 720);
  background(255);
  frameRate(1);                                   //❸ 프레임 속도 조절
  imgW=int(width/pNum);
  imgH=int(height/pNum);                          //❹ 이미지 픽셀 초깃값 설정
  String[] cameras = Capture.list();              //❺ 카메라 설정 목록 배열 만듦
  printArray(cameras);                            //❺ 콘솔에 설정 목록 출력
  cam = new Capture(this, cameras[52]);           //❺ 사용할 카메라 지정
  cam.start();                                    //❺ 실시간 비디오 캡처 작업 시작
}

void draw() {
  if (cam.available() == true) {                  //❻ 새로운 프레임 읽어옴
    cam.read();
  }
  if (second()%3==0) {                            //❼ 3초마다 한 번씩 필터 효과 줌
    chance = int(random(2));                      //❼ 랜덤값 변수 chance에 저장
    if (chance == 0) {                            //❼ chance 값이 0이면
      cam.filter(THRESHOLD, 0.5);                 //❼ 한계값 효과 필터 적용
    } else {                                      //❼ 아닐 경우에는
      cam.filter(INVERT);                         //❼ 반전 효과 필터 적용
    }
  }
  randomX = int(random(width-imgW));
  randomY = int(random(height-imgH));             //❽ 랜덤값 변수에 저장
  for (int y=0; y<height; y+=imgH) {
    for (int x=0; x<width; x+=imgW) {
      pImg=cam.get(randomX+(int(random(-15,15))),
  randomY+(int(random(-15,15))),imgW, imgH);
      image(pImg, x, y, imgW, imgH);              //❾ 이미지 픽셀 출력
    }
  }
  println(pNum + " : " + chance);
}
```

```
void keyPressed() {
  if (key=='i') {                                   //⓾ 이미지 픽셀 개수 증가
    pNum+=1;
    if (pNum > 15) {
      pNum=15;
    }
    imgW=int(width/pNum);
    imgH=int(height/pNum);
  }
  if (key=='d') {                                   //⓫ 이미지 픽셀 개수 감소
    pNum-=1;
    if (pNum<=0) {
      pNum=1;
    }
    imgW=int(width/pNum);
    imgH=int(height/pNum);
  }
  if (key=='s') {                                   //⓬ 스케치창 이미지 파일로 저장
    saveFrame("image"+nf(count, 3)+".jpg");
    count+=1;
  }
}
```

먼저 비디오 라이브러리를 스케치에 추가하고 Capture 유형의 변수 cam을 전역변수로 선언해준다(❶). 실시간 비디오 이미지에서 잘라낸 사각형 형태의 이미지 픽셀을 저장하기 위해 PImage 유형의 변수 pImg를 만든다. 가로세로 한 줄 안에 들어갈 이미지 픽셀의 개수를 정할 변수 pNum를 만들고 초깃값은 7로 설정한다. 그 다음 이미지 픽셀 한 장의 가로세로 크기 값을 저장하기 위해 변수 imgW, imgH를 전역변수로 선언하고, 이미지에 어떤 필터 효과를 적용시킬지 정하기 위한 변수 chance를 만들어준다. 이미지 픽셀의 기준점 위치를 저장하기 위해 변수 randomX, randomY를 만든다. 매초마다 한 번씩 스케치창에 그려진 패턴 이미지를 파일로 저장하기 위해 변수 count를 선언하고 초깃값으로 0을 대입한다(❷).

　　void setup() 함수에서 매초 void draw()가 한 번씩만 실행되도록 frameRate(1)을 넣어준다(❸). 스케치창 가로세로 크기를 이미지 픽셀의 개수(pNum)로 나눈 정숫값을 변수의 초깃값으로 설정한다(❹). 이미지 픽셀은 실시간 비디오 이미지와 같은 종횡비(1.78:1)로 만들어진다. Capture.list()로 현재 컴퓨터에 연결되어 프로세싱에서 사용할 수 있는 카메라들을 목록

으로 만들어 문자열 유형의 배열 cameras[ ]에 저장하고, printArray (cameras)로 콘솔에 출력한다. 목록 중에서 사용할 카메라 순번으로 배열의 순번을 변경한 다음 변수 cam에 저장해준다. 그 다음 cam.start()로 컴퓨터에 연결된 웹캠 카메라가 이미지 캡처 작업을 시작하도록 한다(❺). (◐실시간 비디오 캡처하기는 299쪽 참조)

void draw() 함수에서 if() 조건문을 사용해서 새로운 프레임이 준비되었는지 확인하고, 준비되었다면 카메라에서 이미지를 읽어 들인다(❻). 또 다른 if() 조건문으로 현재 초 시간(second())을 3으로 나눈 값의 나머지 값이 0이면(다시 말해 3, 6, 9, 12, 15... 초가 될 때마다) int(random(2))의 값을 변수 chance에 저장하고 패턴 이미지에 한계값 효과 필터를 적용한다. 조건테스트 결과가 0이 아닐 때는 반전 효과 필터를 적용한다(❼). int(random(width-imgW)), int(random(height-imgH))로 스케치창 안 랜덤한 위치 두 군데를 구한 다음 패턴 이미지를 만들 이미지 픽셀의 왼쪽 위 기준점 x, y 좌표 위치로 사용하기 위해 변수 randomX, randomY에 각각 저장한다. 이때 이미지 픽셀이 스케치창 밖으로 나가지 않도록 랜덤 범위의 최댓값을 스케치창 가로세로 크기에서 이미지 픽셀의 가로세로 크기인 imgW와 imgH 값을 뺀 만큼으로 지정한다(❽). 이제 for() 반복문을 활용해서 바둑판 패턴 이미지가 그려지도록 한다. for() 문이 진행되는 동안 cam.get(잘라낼 이미지 기준점 x 좌표값, y 좌표값, 가로 크기, 세로 크기)로 현재 프레임에서 읽어 들인 실시간 비디오 이미지에서 랜덤한 기준점 위치 randomX, randomY, 가로 크기 imgW, 세로 크기 imgH만큼 잘라낸 이미지 픽셀 조각을 변수 pImg에 저장하고 image()로 스케치창에 출력한다. 이때 이미지 픽셀의 기준점 randomX, randomY에 random(-15, 15)을 더해 for() 문이 실행될 때마다 이미지 픽셀을 같은 위치에서 상하좌우로 조금씩 이동시키면 형태가 살짝 어긋나서 반복 패턴에 재미를 더한다(❾).

키보드 이벤트 함수로 [i] 키를 누르면 이미지 픽셀의 개수를 1씩 증가시키고, 이미지 픽셀 한 장의 가로세로 크기를 다시 계산하여 다음 프레임에서는 갱신된 크기로 패턴 이미지가 만들어지도록 한다. if() 조건문으로 이미지 픽셀의 최대 개수를 제한해준다. 이미지 픽셀의 최대 개수는 반드시 제한할 필요는 없으므로 선택적으로 사용하면 된다(❿). 같은 방식으로 키보드의 [d] 키를 누르면 이미지 픽셀의 개수를 1씩 감소시키고 최소 개수는 1보다 작아지지 않도록 한다(⓫). 끝으로 키보드의 [s] 키를 누르면 save Frame()으로 현재 스케치창 이미지를 스케치가 저장된 폴더 안에 파일명의 순번을 나타내는 변수 count 값에 따라 차례대로 저장되도록 한다(⓬).

결과 이미지

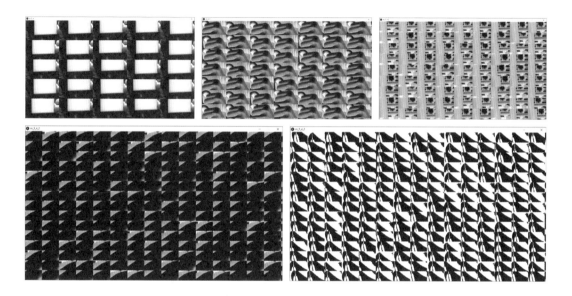

좀 더 붙잡기~ 도전!

1. 이번 예제에서는 현재 초 시간을 활용하여 3초마다 한 번씩 필터 효과가 적용되도록 하였다. 시간 대신 마우스의 위치, 관객의 얼굴 위치, 또는 아두이노와 연결된 센서 정보값에 따라 다양한 필터 효과가 적용되도록 수정해보자.

2. get()으로 실시간 비디오 이미지 픽셀의 색깔 정보를 가져와 tint()로 해당 위치의 이미지 픽셀에 색깔을 입혀보자.

#라이트 아트

회화, 조소, 사진 분야에서 빛의 세기와 위치에 따른 사물의 변화는 오래전부터 작가들의 주요 관심사였다. 1960년에 이르러 네온관 램프, 전구, 형광등과 같은 실제 빛을 내는 재료를 사용하여 새로운 시각적 표현 및 메시지를 전달하는 라이트 아트Light Art 작업이 본격적으로 시작되었다. '최소한의 예술'로 풀이되는 미니멀 아트가 주도하던 1960년대 대표적인 라이트 아트 작가로는 댄 플래빈Dan Flavin과 로버트 어윈Robert Irwin이 있다. 댄 플래빈은 색깔 필름지를 씌운 형광등을 넓은 전시공간에 단순한 패턴 형태로 설치했다. 전시 공간에 설치된 작품 속 형광등 빛을 한동안 바라본 후 잠시 눈을 감았다가 시선을 전시장 흰 벽으로 옮기면 작품 속 형광등 빛과 같은 형태이지만 반대되는 색깔의 패턴이 눈앞에 어른거리며 공간이 왜곡되어 보이는 '보색잔상' 효과를 경험할 수 있다.

Untitled | 댄 플래빈

또 다른 라이트 아트 작가로는 방 안을 빛으로 가득 채워 명상적인 공간을 만들거나 실제 천장을 뚫어 하늘의 색을 작품의 일부분으로 사용한 제임스 터렐James Turrell, 영국 테이트 모던 미술관에 거대한 인공 태양을 만들어 주목 받은 올라퍼 엘리아슨Olafur Eliasson이 있다. 최근 라이트 아트 분야에서는 LED, 레이저, 빔 프로젝터 등을 활용하여 움직이는 빛, 거울을 이용한 착시 효과, 건물 외벽에 낙서를 입히는 레이저 그래피티, 건물 전면에 영상을 투사하는 프로젝션 매핑 등 키네틱 아트 또는 미디어 아트와 결합하는 방식으로 영역을 확장시켜 나가고 있다.

빛은 공기처럼 항상 우리 주위를 감싸고 있다. 직장에서 일할 때, 이동할 때, 식사할 때, 휴식을 취할 때, 잠을 잘 때, 공부할 때 등 상황에 따라 일률적인 흰색 LED 빛이 아닌 그 상황에 맞는 빛의 색깔과 세기를 조절해준다면 작업의 효율성뿐만 아니라 심리적 만족감도 높아진다. 단순히 공간을 밝게 만드는 것이 아니라 빛을 사용하여 어떤 분위기를 연출할 것인지, 어떤 감정이 느껴지도록 할 것인지가 중요하다. 다시 말해 빛이라는 '명사'보다는 어떤 빛인지를 나타내는 '형용사'를 만들어줘야 한다. 따뜻한 빛, 즐거운 빛, 행복한 빛, 시끄러운 빛…

Your Museum Primer | 올라퍼 엘리아슨 | 2014

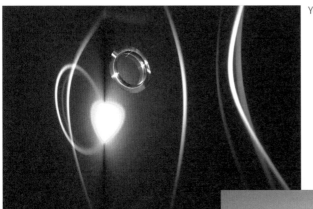

Meteorological Circles | 올라퍼 엘리아슨 | 2016

5.5
떨어지는 파티클 가지고 놀기

☑️ **필요한 재료**

비디오 라이브러리 설치, 컴퓨터에 웹캠 연결(사용한 웹캠 모델명: 로지텍 HD웹캠 C615)

이번에는 영상 속에서 눈 내리듯이 떨어지는 수많은 파티클을 관객이 몸을 움직여 잡거나 위로 튕겨 올릴 수 있는 인터랙티브 영상 작업을 만들어 보자. 관객의 위치와 움직임을 감지하기 위해서 웹캠 카메라를 스크린 쪽에서 관객을 바라보도록 설치하고, 원활한 인터랙션을 위해 스크린 반대쪽(관객 뒤편)은 흰색 벽면이나 천을 설치해 배경을 깨끗하게 만들어준다. 이때 관객 뒤편 배경에는 밝은 조명을 비춰 관객과 배경이 명암 차이로 명확하게 구분되도록 한다. 이번 예제는 원형 파티클이 눈처럼 떨어지는 모습을 연출하는 예제 ex_1_5_2와 실루엣 이미지 만들기 예제 ex_4_2_1을 조합하여 만들었다.

예제 ex_4_2_1을 활용하여 웹캠을 통해 입력되는 실시간 비디오 이미지의 모든 픽셀을 pixels[] 배열에 저장하고 각 픽셀들의 밝기값을 지정된 한계값threshold과 비교한다. 현재 픽셀의 밝기가 어두워 한계값보다 작으면 검은색 픽셀로 변경하여 스케치창에 출력하고, 픽셀의 밝기가 밝아 한계값보다 크면 흰색 픽셀로 스케치창에 출력하여 밝은 배경을 등진 관객의 모습을 검은색 실루엣으로 나타낸다.

예제 ex_1_5_2를 참조하여 300개의 원형 파티클이 스크린 위에서 눈 내리듯이 떨어지도록 한다. 파티클이 아래로 떨어지면서 현재 파티클의 위치에 해당하는 실시간 비디오 이미지의 픽셀 밝기값이 지정된 한계값보다 크거나 작은지 매 프레임마다 확인한다. 현재 파티클 위치와 같은 실시간 비디오 이미지의 픽셀 밝기가 밝아 지정된 한계값보다 크면 파티클의 위치는 현재 밝은 배경으로 인식하고, 파티클의 위치값에 양수를 더해 계속해서 아래로 떨어지도록 한다. 만약 파티클의 위치에 해당하는 실시간 비디오 이미지의 픽셀 밝기가 어두워 지정된 한계값보다 작으면 현재 파티클의 위치는 관객의 어두운 신체에 부딪친 것으로 판단하고, 파티클의 위치값에 음수를 더해 위쪽 방향으로 튕기도록 한다. 이때 만약 관객이 몸을 움직여 어두운 부분이 사라지면 원형 파티클은 다시 아래로 떨어진다.

#떨어지는 파티클 가지고 놀기 스케치 실행 과정

▶ 평상시

원형 파티클 300개가 스크린 위쪽에서 눈 내리듯이 떨어지는 영상이 빔 프로젝터로 스크린에 투사된다. 웹캠 카메라는 스크린 앞에 서 있는 관객 또는 물체의 모습과 움직임을 감지하고 흰색 배경에 어두운 검은색 실루엣 형태로 스크린에 출력한다.

▶ 관객 참여 시

스크린 앞에 서 있는 관객은 몸을 움직여 떨어지는 파티클을 잡거나 위로 튕겨 올리며 참여할 수 있다. 여러 명이 다 같이 참여 가능하며 모자, 가방, 우산, 스마트폰과 같은 사물을 이용하면 훨씬 재미있는 인터랙션이 가능하다.

#실습예제 processing_ex_5_5 프로세싱 코드 및 설명

프로세싱 예제 processing_ex_5_5

```
import processing.video.*;          //❶ 비디오 라이브러리 추가
Capture cam;                        //❶ Capture 유형의 변수 cam 선언

int ballNum = 300;                  //❷ 정수 유형의 변수 선언
float ballX[] = new float[ballNum]; //❷ 소수 유형의 배열 선언
float ballY[] = new float[ballNum];
float speedX[] = new float[ballNum];
float speedY[] = new float[ballNum];
float gravity = 0.15;               //❸ 소수 유형의 변수 선언
int pixelNum;                       //❹ 정수 유형의 변수 선언
int framePixel[];                   //❹ 정수 유형의 배열 선언
int threshold = 100;                //❺ 정수 유형의 변수 선언 및 초깃값 설정
int count=0;
```

```
void setup() {
  size(1280, 720);
  noStroke();
  String[] cameras = Capture.list();        //❻ 카메라 설정 목록 배열 만듦
  printArray(cameras);                       //❻ 콘솔에 설정 목록 출력
  cam = new Capture(this, cameras[52]);      //❻ 사용할 카메라 지정
  cam.start();                               //❻ 실시간 비디오 캡처 작업 시작
  pixelNum = width * height;                 //❼ 전체 픽셀수 저장
  framePixel = new int[pixelNum];            //❼ 배열의 크기 설정
  for (int i=0; i<ballNum; i++) {            //❽ 각 배열의 요소값 설정
    ballX[i] = random(width);
    ballY[i] = -random(height/2);
    speedX[i] = random(-0.2, 0.2);
    speedY[i] = random(0, 14);
  }
}

void draw() {
  if (cam.available() == true) {             //❾ 새로운 프레임 읽어 들임
    cam.read();
    loadPixels();                            //❾ 스케치창 픽셀에 접근
    cam.loadPixels();                        //❾ 캡처 이미지 픽셀에 접근
    for (int i = 0; i < pixelNum; i++) {
      framePixel[i]=int(brightness(cam.pixels[i])); //❿ 배열의 요소값 설정
      if (framePixel[i] < threshold) {
        pixels[i]=color(0);
      } else {
        pixels[i]=color(255);                //❿ pixels 배열값 변경
      }
    }
    updatePixels();                          //❿ pixels 배열값 스케치창에 반영

    for (int i=0; i < ballNum; i++) {        //⓫ 파티클 위치 갱신
      int tempX = int(ballX[i]);             //⓬ 현재 파티클 위치 저장
      int tempY = int(ballY[i]);
      int index = tempY*cam.width+tempX;     //⓬ 현재 파티클 위치 구하기
      if (index >= 0 && index < pixelNum) {
        if (brightness(framePixel[index]) < threshold) { //⓬ 파티클 위치의 픽셀 밝기값 확인
          speedX[i] = random(-3.3, 3.3);
          speedY[i] = random(-4, -2.5);      //⓬ 위치 이동 값을 음수로 지정
        }
      }
      speedY[i] += gravity;                  //⓭ 위치 이동 값에 양수를 더함
      ballX[i] += speedX[i];                 //⓭ 현재 위치에 이동 값을 더함
      ballY[i] += speedY[i];
      if (ballY[i] > height) {               //⓮ 만약 파티클이 스케치창 아래로 벗어나면
        ballX[i] = random(width);            //⓮ 파티클 위치를 초깃값으로 설정
        ballY[i] = -random(height/2);
```

```
        speedX[i] = random(-0.2, 0.2);
        speedY[i] = random(0, 14);
      }
      fill(237, 44, 70);
      ellipse(ballX[i], ballY[i], 15, 15); //⓯ 현재 파티클 위치에 원형 그리기
    }
  }
}

void keyPressed() {                            //⓰ 스케치창 이미지 파일로 저장
  if (key=='s') {
    saveFrame("image"+nf(count, 3)+".jpg");
    count+=1;
  }
}
```

먼저 예제 ex_4_2_1를 참조하여 실시간 비디오 이미지의 픽셀들이 변수
threshold에 따라 흰색 또는 검은색으로만 출력되도록 비디오 라이브러리
를 추가하고 필요한 변수들을 선언해준다(❶,❺). 다음으로 예제 ex_1_5_2
를 참조하여 파티클 300개가 아래쪽 방향으로 떨어지는 모습을 연출하기
위한 배열과 변수 선언 및 초깃값들을 설정해준다(❷,❸,❹).

void setup() 함수에서 먼저 현재 컴퓨터에 연결된 카메라 목록 중에서 사
용할 카메라를 변수 cam에 저장해준 다음 cam.start()로 컴퓨터에 연결된 웹
캠 카메라가 카메라 앞의 모습을 이미지 형태로 캡처 작업을 시작하도록 한다
(❻). 스케치창 가로세로 크기를 곱한 이미지 전체 픽셀의 개수(크기)를 변수
pixelNum에 저장하고 배열 framePixel[ ]의 크기 값으로 설정해준다(❼). 그 다
음 for() 반복문에서 카운트 변수 i가 0에서부터 파티클 총 개수 300까지 1씩 증
가하면서 배열 ballX[ ], ballY[ ], speedX[ ], speedY[ ]의 요소값들을 설정해준
다. random()은 앞에서 살펴본 것처럼 설정값이 한 개일 때는 최댓값을, 2개일
때는 최솟값과 최댓값을 지정한다. random()으로 파티클의 x, y 좌표와 속도를
랜덤하게 조절한다. 이때 각 배열마다 주의할 점이 있다. 배열 ballY[i]는 -(마
이너스) 값으로 지정하여 원형 파티클들이 처음에는 스케치창에서 보이지 않
는 위쪽 방향 상단에서 대기하도록 한다. 배열 speedX[i]의 설정값 범위가 넓
어질수록 파티클의 움직임이 좌우 방향으로 넓게 흩어지며 배열 speedY[i] 설
정값의 최댓값을 14보다 큰 값으로 입력하면 떨어지는 속도가 훨씬 더 빠른 파
티클들이 추가될 확률이 높아진다(❽).

void draw() 함수에서 if() 조건문을 사용해서 새로운 프레임이 준비되었는지 확인하고, 준비되었다면 카메라에서 이미지를 읽어 들인다. load Pixels()로 스케치창의 모든 픽셀들을 pixels[] 배열에 저장하고, cam.load Pixels()로 웹캠으로 입력되는 실시간 비디오 이미지의 전체 픽셀을 cam .pixels[] 배열에 담아준다(❾). 그 다음 for() 반복문에서 카운트 변수 i는 0에서부터 스케치창 전체 픽셀의 개수(pixelNum)까지 1씩 증가하면서 cam.pixels[] 배열에 저장되어 있는 실시간 비디오 이미지의 개별 픽셀 밝기값들을 배열 framePixel[]의 요소값으로 차례대로 저장한다. 이때 if() 조건문을 활용해서 framePixel[i]의 밝기값이 한계값인 100보다 작으면 같은 배열의 위치에 해당하는 스케치창 pixels[i] 배열의 픽셀 색깔을 완전 검은색 color(0)으로 바꾸고, 아닐 경우(else)에는 완전 흰색(color(255))으로 변경한다. 스케치창과 실시간 비디오 이미지의 전체 크기는 같기 때문에 pixels[] 배열과 framePixel[] 배열에 저장된 같은 순번의 픽셀들은 스케치창에서 x, y 좌표 위치가 동일하다. for() 반복문을 활용해서 pixels[] 배열의 모든 픽셀 색깔 값들이 수정되었으면 updatePixels()로 스케치창에 반영하여 관객의 모습을 검은색 실루엣 이미지로 그려낸다(❿).

이제 for() 반복문에서 카운트 변수 i는 매 프레임마다 0에서부터 전체 파티클 개수 300까지 1씩 증가하며 파티클 300개의 모든 위치값들을 새롭게 갱신해준다(⓫). 현재 파티클 위치와 같은 위치에 있는 실시간 비디오 이미지 픽셀의 밝기값을 확인하여 만약 threshold 값인 100보다 크면 밝은 배경에 위치하는 것으로 판단하여 위치값에 양수 값을 더해 스케치창 아래쪽 방향으로 떨어지도록 하고 만약 threshold 값인 100보다 작으면 관객 또는 물체에 부딪친 것으로 판단하여 위치값에 음수 값을 더해 위쪽 방향으로 튕겨져 올라가도록 한다. 실시간 비디오 이미지 전체 픽셀의 밝기값을 저장하고 있는 framePixel[] 배열에서 현재 파티클 위치에 해당하는 순번을 알기 위해 픽셀의 배열 순번을 구하는 공식(이미지 가로 크기×y 좌표값+x 좌표값=픽셀의 배열 순번)을 활용한다. 현재 파티클 x 좌표값은 변수 tempX에 저장하고 파티클 y 좌표값은 변수 tempY에 저장한 다음 공식 tempY×cam.width+tempX에 대입하여 나온 순번 값을 변수 index에 저장한다. 그 다음 if() 조건문으로 index 값이 framePixel[] 배열의 순번 값 범위 0~pixelNum 안에 해당하는지 체크한다. 파티클의 위치가 스케치창 안에 위치하여 조건을 만족하면 해당 픽셀의 밝기값이 threshold 값인 100보다 작은지 체크한다. 밝기값이 100보다 작으면 위치값에 더해질 이동 값을 랜덤하게 정해진 음수로 만들어 파티클이 위로 튕기도록 한다. 이때 파티클이 이동하는 범위와 속도는 랜덤 값의 최솟값과 최댓값의 범위를 조절하여 제어할 수 있다(⓬).

현재 파티클이 밝은 영역에 위치하여 해당하는 픽셀의 밝기값이 threshold 값보다 크면 이동 값에 양수 값 0.15(gravity)를 더해줘 파티클이 아래쪽 방향으로 점점 빠르게 이동하도록 한다. 다음으로 현재 위치값에 이동 값(음수 또는 양수)을 더해주고(⓭) 만약 현재 위치값이 스케치창 세로 크기 height보다 커서 스케치창 아래쪽으로 벗어나면 초깃값을 대입하여 스케치창 위 바깥쪽 상단 랜덤한 위치로 이동시켜 다시 아래로 떨어지도록 한다(⓮). 이제 ellipse()로 현재 파티클 위치에 지름이 15픽셀인 붉은색 원형을 그려주고(⓯) 키보드의 [s] 키를 누르면 현재 스케치창이 이미지 파일로 저장되도록 한다(⓰).

결과 이미지

좀 더 붙잡기~ 도전!

1. image()를 사용하여 떨어지는 파티클을 내가 좋아하는 바탕이 투명한 png 이미지로 바꿔보자.

2. 파티클의 위치값에 더해지는 이동 값의 범위와 크기를 변경하여 파티클의 이동 방향과 속도를 바꾸어보자.

3. 현재 스케치는 배경이 밝고 관객의 모습은 어두운 실루엣으로 표현되도록 되어 있는데 반대로 배경이 어둡고 관객의 모습은 흰색 실루엣으로 표현되고 파티클도 어두운 영역에서는 아래로 떨어지고 밝은 영역에서는 위로 튕기도록 if() 문의 조건테스트들을 반대로 지정해 보자.

#텍스트 레인

로미 아키투브Romy Achituv와 카미유 어터백Camille Utterback의 작품 '텍스트 레인Text Rain, 1999'은 다니엘 로진의 '나무 거울Wooden Mirror'과 함께 SIGGRAPH 2000 Art Gallery에서 나란히 발표된 이후로 인터랙티브 미디어아트 작품을 소개할 때 가장 많이 언급되는 작품 중 하나이다.

'텍스트 레인'은 관객이 자신의 몸을 움직여가며 화면 속에서 떨어지는 낱개의 알파벳 문자를 가지고 놀 수 있는 인터랙티브 영상 작품이다. 대형 스크린 가운데 위치한 카메라는 스크린 앞에 서서 몸을 움직이는 관객의 모습을 흑백 영상으로 화면 속에 나타내며 낱개의 문자들은 비나 눈처럼 관객의 머리와 팔에 떨어진다. 낱개의 문자들은 계속 떨어지다가 어두운 영역을 만나면 그 자리에 멈추고, 장애물이 제거되면 다시 아래로 떨어지도록 프로그래밍되어 관객은 문자를 붙잡거나 들어 올렸다가 다시 떨어지게 할 수 있다.

참여하는 관객이 팔을 뻗거나 어두운 물건을 이용하면 문자들을 계속해서 축적할 수 있는데 때로는 낱개의 문자들이 모여 관객이 읽을 수 있는 단어 또는 시의 한 문구를 만들어 낸다. 이 작품은 우리가 눈으로 문자를 읽고 머릿속으로 의미를 해석하는 평상시 읽기 과정과는 달리 몸을 움직이는 육체적 행위를 통해 문자를 읽는 새로운 경험을 제공해준다.

텍스트 레인 | 로미 아키투브, 카미유 어터백 | 빔 프로젝터, 컴퓨터, 카메라 | 1999
사진: Smithsonian American Art Museum, Museum purchase made possible by the American Art Forum. Text Rain ⓒ 1999, Romy Achituv and Camille Utterback

5.6
웹 미술관 오픈하기

지금까지 배워본 내용들을 바탕으로 전 세계 어디서든 인터넷으로 내가 스케치한 프로세싱 이미지를 감상할 수 있도록 웹 미술관을 만들어 보자. 웹 사이트에서 사용자의 마우스 동작에 반응하는 버튼이나 움직임이 있는 다양한 효과들을 만들기 위해서는 자바스크립트JavaScript 언어가 필요하다. p5.js는 자바스크립트 라이브러리로, 프로세싱으로 코딩한 스케치를 자바스크립트 언어로 재해석하여 프로세싱 결과물을 웹 사이트에서 볼 수 있도록 해준다. 인터넷에서 링크를 통해 서로 연결되는 웹 문서를 만드는 웹 프로그래밍Web Programming 언어들과 함께 p5.js를 사용하면 프로세싱으로 스케치한 결과물을 크롬이나 인터넷 익스플로러와 같은 웹 브라우저에서 실행시킬 수 있다. 먼저 웹 문서가 무엇인지 이해하고 p5.js 모드 활용 방법을 알아볼 것이다. 그 다음 마우스 움직임에 따라 그림이 그려지는 웹 사이트 예제 5.6.1과 내가 좋아하는 이미지를 점묘법으로 그려주는 인터랙티브 웹 미술관을 만들어보는 예제 5.6.2를 차례대로 스케치해보자.

5.6.0
p5.js 모드로 웹 문서
만들기

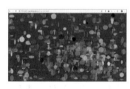

5.6.1
마우스로 그림
그리는 웹 사이트

5.6.2
점묘법 그림이
그려지는 인터랙티브
웹 미술관

5.6.0 p5.js 모드로 웹 문서 만들기

인터넷으로 누구나 확인할 수 있는 웹 문서를 만드는 웹 프로그래밍 언어에 대해 살펴보고 프로세싱에서 p5.js 모드를 어떻게 추가하여 사용하는지 알 아보자.

웹 프로그래밍 언어

HTML은 하이퍼텍스트 마크업 랭귀지HyperText Markup Language의 줄임말로 링 크가 걸려있는 텍스트 또는 이미지를 클릭하면 즉시 다른 웹 문서나 사이트 로 이동하는 하이퍼텍스트 기능을 사용하여 인터넷에서 자유롭게 연결되 는 웹 문서를 만드는 웹 프로그래밍 언어이다. 하이퍼텍스트 기능을 활용한 대표적인 웹 사이트로는 위키피디아를 들 수 있다. HTML은 웹 사이트의 제 목, 속성, 텍스트, 이미지, 비디오, 목록, 표와 같은 사용자에게 전달하고 싶 은 모든 요소(내용)를 웹 문서에 넣어 기본 형태를 만들어준다. CSSCascading Style Sheets는 HTML과 함께 웹 문서를 만드는 웹 프로그래밍 언어로, 텍스 트의 크기와 폰트, 색상, 이미지의 위치와 크기, 여백 조정, 표 배치 및 정렬 방법 등 디자인 요소들을 담당하며 웹 문서의 전체적인 스타일과 레이아웃 을 잡아준다. 자바스크립트JavaScript는 사용자의 마우스 움직임에 반응하는 버튼 또는 다양한 애니메이션 효과, 검색창, 배경음악 재생, 방문자 수 카운 터, 게시판 등 사용자와 상호작용하는 기능들을 추가하여 정적인 웹 문서를 인터랙티브한 사이트로 만들어준다.

위키피디아 페이지 소스

위키피디아 사이트를 방문하여 페이지의 빈 공간을 마우스 오른쪽 버튼으로 클릭한 후 [페이지 소스 보기]를 선택하면 사이트가 HTML, CSS, 자바스크립트로 이루어져 있는 것을 확인할 수 있다.

HTML5와 CSS3는 최근 빠르게 발전한 웹 환경에 맞춘 다양한 기능들이 추가된 최신 버전으로, 대부분의 웹 브라우저에서 지원하고 있다. 자바스크립트는 프로세싱을 구동시키는 프로그래밍 언어 자바Java와 이름이 비슷하여 서로 관련이 있다고 생각하기 쉽지만 두 언어는 아무런 관련이 없는 별개의 언어이다.

한글 프로그램으로 작성된 문서는 *.hwp 확장자로 저장되고 파워포인트로 만든 문서는 *.ppt(또는 *.pptx) 확장자로 저장되듯이 인터넷에서 사용하는 웹 문서들은 *.html(또는 *.htm) 확장자로 저장된다. 이때 일반 문서들은 문서를 작성하는 데 사용한 각각의 프로그램을 통해 문서의 내용을 확인하고 수정할 수 있는 반면 웹 문서는 문서를 작성하고 수정하는 프로그램(웹 편집기)과 문서의 내용을 볼 수 있는 프로그램(웹 브라우저)이 서로 다르다. 웹 문서는 어느 부분이 제목이고 본문인지, 어느 부분이 텍스트이고 사진인지를 표시하는 HTML 태그tag들을 입력하여 만들어지는데 이러한 태그를 입력할 수 있는 프로그램을 웹 편집기라고 한다. 웹 편집기에 HTML 태그와 소스를 입력하면 그 내용을 웹 브라우저가 읽어 보여준다. 웹 편집기는 윈도우의 메모장이나 맥의 텍스트 편집기처럼 텍스트를 입력할 수 있는 프로그램이면 어떤 것이든 가능하다. 하지만 메모장과 텍스트 편집기는 사용자가 태그를 직접 입력해야 하기 때문에 오류가 날 확률이 높다. 때문에 주로 웹 전용 편집기를 사용한다. 대표적인 웹 전용 편집기로는 드림위버Dreamweaver, 유료, 비주얼 스튜디오 코드Visual Studio Code, 무료, 브라켓Brackets, 무료 등이 있다. 대표적인 웹 브라우저는 구글에서 만든 크롬Chrome, 마이크로소프트에서 만든 인터넷 익스플로러Internet Explorer와 엣지Edge, 애플에서 만든 사파리Safari, 모질라에서 만든 파이어폭스Fire Fox 등이 있다.

p5.js 모드 추가

프로세싱에 p5.js 모드를 추가하면 프로세싱 스케치가 실행되는 웹 사이트를 간편하게 만들 수 있다. 먼저 프로세싱 툴바 오른쪽에 위치한 프로그래밍 방식 메뉴를 클릭하고 [모드 추가...]를 선택한다. [Modes] 탭의 검색 창에 p5.js를 입력하고 [install] 버튼을 눌러 설치를 시작한다.

설치가 완료되면 프로그래밍 방식을 'java'에서 'p5.js'로 변경한다.

스케치 에디터에 예제 ex_5_6_0과 같이 코딩한 다음 [파일]-[다른 이름으로 저장]을 선택한다. 파일명은 ex_5_6_0으로 저장한다. p5.js 모드에서 작성된 소스 코드의 확장자는 *.js로, 실제 사용하는 언어는 자바스크립트다. 하지만 아래 스케치를 보면 알 수 있듯이 몇 가지 차이점 이외에는 프로세싱과 매우 유사하다. 가장 큰 차이점을 간략하게 정리해보면 다음과 같다.

- 함수 선언에서 void 대신 자바스크립트 형식인 function 키워드를 사용한다.
- size()는 createCanvas()로 대신한다(캔버스의 기준점은 왼쪽 상단으로 동일).
- 변수와 배열을 선언할 때 정보의 유형(int, float, char, String 등)을 따로 지정하지 않으며 변수 선언에 var 키워드를 사용한다.
- 새로운 좌표계를 추가하는 push/popMatrix()는 push()와 pop()으로 대신한다.
- setup() 함수 전에 preload() 함수에서 소스 파일들을 먼저 읽어 들인다.
- 마우스 이벤트와 유사하게 다양한 터치(touch) 이벤트를 제공한다.

자세한 차이점은 다음 사이트를 참조하자.

🔗 https://github.com/processing/p5.js/wiki/Processing-transition

#실습예제 ex_5_6_0 p5.js 코드

예제 ex_5_6_0   p5.js 스케치

```
function setup() {
  createCanvas(300, 300);
  background(30, 30, 100);
  noStroke();
}

function draw() {
  fill(255);
  ellipse(150, 150, 200, 150);
  fill(255, 255, 10);
  ellipse(150, 150, 80, 80);
  fill(255);
  ellipse(160, 140, 15, 15);
  text("맛있는 계란후라이", 100, 260);
  noLoop();
}
```

툴바에 있는 실행 버튼을 클릭하면 결과물이 웹 브라우저에서 실행된다.

메뉴바에서 [스케치]-[스케치 폴더
열기]([Ctrl+K])를 누르면 소스 코드
ex_5_6_0.js가 저장된 폴더를 볼 수
있다. 폴더안에 있는 index.html을
더블클릭하여 실행시키면 소스 코드

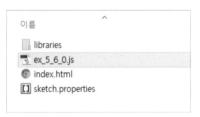

결과물이 내 컴퓨터에 설치되어 있는 웹 브라우저에서 실행된다. 이제 폴더
안에 있는 파일들을 웹 서버에 옮기면 인터넷을 통해 누구나 나의 소스 코

드 결과물을 확인할 수 있다.

웹 프로그래밍 언어에 익숙한 독자라면 p5.js를 다운 받아 웹 전용 편집기로 자바스크립트 소스 코드와 HTML 파일을 직접 만들어 볼 수도 있다. 다음 페이지에서 자세한 사용법을 소개하고 있다.

🖇 https://p5js.org/get-started/

웹 서버에 올리고 인터넷으로 확인하기

내가 만든 웹 문서를 다른 사람들이 볼 수 있도록 하려면 인터넷에 직접 연결되어 있는 웹 서버Server 컴퓨터에 HTML 파일과 소스 파일들을 모두 옮겨야 한다. 내 컴퓨터가 인터넷에 연결되어 있더라도 내 컴퓨터에 있는 HTML 파일들은 인터넷에 연결된 것이 아니기 때문에 다른 사람들이 볼 수 없다. 물론 내 컴퓨터를 웹 서버 컴퓨터로 만들어 다른 사람들이 내 컴퓨터에 있는 웹 문서를 볼 수 있도록 만들 수도 있지만 개인이 웹 서버를 구축하고 유지하기에는 비용이 만만치 않다. 주로 서버 컴퓨터의 일부 공간을 매달 또는 매년 일정 금액을 내고 대여하는 서버 호스팅 서비스나 웹 호스팅 서비스 업체를 이용한다.

국내에서 많이 이용하는 호스팅 서비스 업체로는 카페24https://www.cafe24.com/와 닷홈https://www.dothome.co.kr/이 있다. 특히 닷홈은 웹 문서를 업로드할 수 있는 웹 서버 공간을 무료로 빌려주는 무료 호스팅 서비스를 제공하고 있어 처음 웹 사이트를 만들어 보는 독자라면 먼저 무료 호스팅 서비스로 연습해본 다음 필요하면 유료 호스팅 서비스를 신청하도록 하자. 무료 호스팅 서비스를 신청할 때는 사용할 아이디와 FTP 비밀번호를 잘 기억해둬야 한다. FTP는 파일 전송 프로토콜File Transfer Protocol의 줄임말로, 내 컴퓨터에 있는 파일들을 웹 서버 공간에 업로드하고 웹 서버에 업로드한 파일을 다시 내 컴퓨터에 다운 받을 수 있도록 해주는 프로그램이다. 대표적인 FTP 프로그램으로는 파일질라FileZilla, 다FTP, CuteFTP 등이 있다.

닷홈에 회원가입과 무료 호스팅 서비스를 신청했다면 파일질라를 사용하여 닷홈 무료 호스팅 서버에 접속하는 과정을 살펴보자. 먼저 파일질라 홈페이지https://filezilla-project.org/에서 FileZilla Client를 다운 받아 컴퓨터에 설치한 뒤 프로그램을 실행시킨다. 닷홈에서 신청한 나의 웹 서버 공간에 접속하기 위해서 상단 [호스트] 입력 칸에는 '아이디.dothome.co.kr'을 입력하고 사용자명에는 아이디를, 비밀번호에는 FTP 비밀번호를 입력한 후 [빠른 연결] 버튼을 클릭한다. 서버와 정상적으로 연결되면 화면 왼쪽에는 내 컴퓨터 모습이 나오고 오른쪽에는 서버 내용이 표시된다. 오른쪽 서버 내용에서 [html] 폴더를 더블클릭한 다음 p5.js 모드로 스케치하고 저장한 폴더 안의 모든 HTML 파일과 소스 파일들을 업로드한다. 전송이 완료되면 내 컴퓨터에서 웹 브라우저를 실행시키고 주소창에 http://아이디.dothome.co.kr을 입력하면 스케치 결과물을 바로 확인할 수 있다.

이때 웹 사이트로 들어가는 대문과 같은 첫 페이지에 해당하는 index.html 파일이 반드시 웹 서버 html 폴더 안에 있어야 한다. 만약 index.html 파일이 없으면 웹 브라우저에서 '페이지를 표시할 수 없습니다'라는 에러 메시지가 뜬다. p5.js로 작업한 여러 개의 스케치를 보여주는 웹 사이트를 만들고 싶다면 각각의 스케치를 실행시키는 html 파일의 파일명을 index.html 대신 스케치 제목과 같은 다른 이름으로 저장하고 웹 사이트의 첫 페이지가 될 index.html은 웹 편집기로 따로 제작해준다. 첫 페이지 index.html을 만들 때 문서 안에서 각각의 스케치 제목 텍스트 또는 결과 이미지에 하이퍼텍스트 링크를 걸어 각각의 스케치 결과물을 볼 수 있는 html 파일로 바로 이동할 수 있도록 해준다.

내 컴퓨터에서 웹 브라우저를 실행시키고 아래 주소를 입력하면 p5.js로 스케치한 예제 ex_5_6_0 결과물을 확인할 수 있다.

🔗 http://jaeminlee.net/p5js/0/ex_5_6_0.html

5.6.1. 마우스로 그림 그리는 웹 사이트

☑️ **새롭게 배우는 명령어**
var, function, createCanvas ( ), mouseDragged ( ), keyTyped ( )

☑️ **필요한 재료**
p5.js(자바스크립트 라이브러리) 모드 추가

사용자가 마우스 버튼을 누른 상태에서 움직이면 마우스를 따라 랜덤한 크기와 색깔의 원형이 그려지는 웹 페이지를 p5.js 모드로 만들어보자. 우선 프로그래밍 방식을 java에서 p5.js 모드로 변경하고 다음의 예제를 스케치해보자.

#실습예제 ex_5_6_1 p5.js 코드 및 설명

```
var r, g, b, a;                        //❶ 변수 4개 선언

function setup() {                     //❷ 캔버스 크기와 바탕색 설정
  createCanvas(1280, 720);
  background(255, 255, 245);
}

function draw() {
}

function mouseDragged() {              //❸ 마우스 이벤트 함수 실행
  r = random(255);                     //❹ 랜덤 값 저장
  g = random(255);
  b = random(255);
  a = random(255);
  stroke(r-30, g-30, b-30);            //❺ 외곽선 색깔 지정
  fill(r, g, b, a);                    //❺ 안쪽 면 색깔 지정
  ellipse(mouseX, mouseY, random(60), random(60));  //❻ 원형 그림
}

function keyTyped() {                  //❼ 키보드 이벤트 함수 실행
  if (key=='r') {                      //❼ 키보드의 [r] 키를 누르면
    background(r, g, b);               //❼ 바탕색을 바꿈
  }
}
```

마우스를 따라 그려지는 원형의 색깔과 투명도 값을 저장하기 위한 변수 4개를 전역변수로 선언한다(❶). p5.js 모드에서는 변수와 배열을 선언할 때 정보의 유형(int, float, char, String 등)을 따로 지정하지 않으며 변수 선언에 'var'를 사용한다. 다음은 function setup() 함수에서 웹브라우저 안에서 결과물이 실행되는 캔버스 크기를 설정해주는 createCanvas(가로 크기, 세로 크기)로 캔버스 크기를 왼쪽 상단 기준점(0, 0)에서 가로세로 1280×720픽셀로 지정하고 바탕색은 옅은 노란색으로 채운다(❷). p5.js 모드에서는 함수 선언에서 void 대신 자바스크립트 형식인 function을 사용하고, 스케치창 크기를 설정하는 프로세싱 명령어 size()는 createCanvas()로 대신한다.

그 다음 마우스 이벤트 함수 mouseDragged()로 사용자가 마우스 버튼을 누른 상태에서 움직일 경우 함수 안에 위치한 명령문들이 한 번씩 실행되

도록 하고 draw() 함수는 비워둔다(❸). 마우스 이벤트 함수 안의 명령문들을 살펴보면 우선 random(255)으로 0~255 범위 안에서 임의로 정해진 랜덤 값을 변수 4개에 각각 저장한다(❹). 원형의 외곽선은 변수 r, g, b에서 30을 뺀 값으로 안쪽 면 색깔보다 조금 어둡게 지정하고 안쪽 면 색깔에는 투명도 값을 적용해서 바탕색이 비쳐 보이도록 한다(❺). 이제 타원형을 그리는 ellipse(기준점의 x좌표, y좌표, 가로 너비, 세로 높이)로 현재 마우스 x, y 좌표 위치에 원을 그린다. 가로세로 크기는 0~60픽셀 범위 안에서 무작위로 선택된 값에 따라 그려진다(❻). 사용자가 키보드의 [r] 키를 누르면 키보드 이벤트 함수 keyTyped()가 현재 저장된 랜덤 값으로 바탕색을 새롭게 바꿔준다(❼).

결과 이미지

🔗 http://jaeminlee.net/p5js/1/ex_5_6_1.html

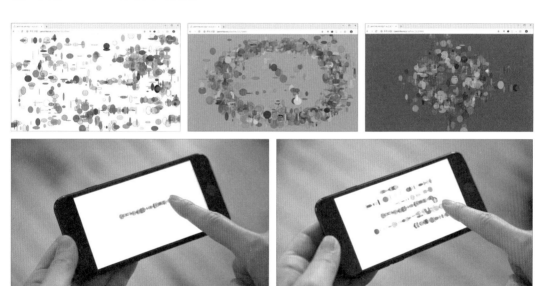

TIP! 웹브라우저 안에서는 마우스를 클릭한 상태에서 움직여 보고, 터치스크린에서는 손가락으로 터치한 상태에서 움직여 보자.

5.6.2. 점묘법 그림이 그려지는 인터랙티브 웹 미술관

새롭게 배우는 명령어
    preload(), push(), pop()

필요한 재료
    p5.js(자바스크립트 라이브러리) 모드 추가,
    이미지 1장(파일명: seurat.jpg, 이미지 크기: 720 × 480px),
    웹 미술관 소스 이미지 1장(파일명: web.png, 이미지 크기: 1280 × 720px)

예제 ex_1_3_8을 참조하여 내가 좋아하는 이미지를 점묘법으로 그려주는
인터랙티브 웹 미술관을 만들어보자. 사용자의 마우스 움직임에 따라 원형
점의 크기가 변하며 매 프레임마다 랜덤한 위치에 추가되는 원형 점을 10개
씩 출력할 것이다. 그 다음 가운데 액자 형태로 투명하게 만들어진 마스크
이미지를 매 프레임마다 씌워줘 투명한 영역 안에서만 내가 좋아하는 이미
지가 점묘법으로 나타나도록 스케치해보자. (⏵투명한 원형 마스크 이미지
만들기는 200쪽 참조)

 +  =

#실습예제 ex_5_6_2 p5.js 코드 및 설명

예제 ex_5_6_2   p5.js 스케치

```
var img, bimg;                         //❶ 변수 선언
var xPos, yPos, xPos2, yPos2;
var pSize;

function preload(){                    //❷ 소스 이미지 불러옴
    img = loadImage("seurat.jpg");
    bimg = loadImage("web.png");
}
```

```
function setup(){                                        //❸ 캔버스 크기와 바탕색 설정
 createCanvas(1280, 720);
 background(255);
}

function draw(){
 for (var i=0; i<=10; i++) {                             //❹ for() 문으로 반복 실행
   push();                                               //❺ 새 좌표계 밀어 넣기
   translate(373, 127);                                  //❺ 새 좌표계 기준점 이동
   xPos=random(720);                                     //❻ 랜덤 값 저장
   yPos=random(480);
   var c = img.get(xPos, yPos);                          //❻ 색깔 정보 가져옴
   fill(c);                                              //❻ 안쪽 면 색 지정
   pSize=random((map(mouseX, 0, width, 1, 30)));  //❼ 원형 점 크기 조절
   xPos2=map(xPos, 0, 720, 0, 554);                      //❽ 새 범위값으로 변환
   yPos2=map(yPos, 0, 480, 0, 350);
   noStroke();
   ellipse(xPos2, yPos2, pSize, pSize);                  //❽ 원형 그림
   pop();                                                //❾ 추가한 좌표계 빼기
 }
 image(bimg, 0, 0);                                      //❾ 배경 이미지 출력
}

function keyTyped(){                                      //❿ 키보드 이벤트 함수 실행
   if(key=='r'){                                          //❿ 키보드의 [r] 키를 누르면
      background(255);                                    //❿ 바탕색으로 스케치창 갱신
   }
}
```

예제 ex_5_6_2를 살펴보자. 먼저 소스 이미지 2장(seurat.jpg, web.png)을 불러와 저장하기 위한 변수 2개와 원형 점의 x, y 좌표 위치를 저장할 변수 4개, 그리고 원형 점의 크기를 저장하기 위한 변수 pSize를 전역변수로 선언한다(❶). 그 다음 funtion preload() 함수에서 같은 폴더 안에 저장되어 있는 소스 이미지 2개를 불러와서 변수 img, bimg에 각각 저장한다(❷). p5.js 모드에서는 사용할 소스 파일들을 불러오는 로딩 작업이 끝났는지 확인해야 하는데 이를 위해 setup() 함수 전에 preload() 함수를 먼저 사용하여 로딩 작업을 진행한다. function setup() 함수에서 캔버스 크기는 배경 소스 이미지 크기와 같은 1280×720픽셀로 설정하고 바탕색은 흰색으로 지정한다(❸).

function draw() 함수에서 for() 반복문을 통해 카운트 변수 i가 0에서부터 10까지 1씩 증가하면서 반복문 안에 있는 명령문들을 매 프레임마다 10번

씩 반복 실행시켜 원형 점들을 그린다(④). 배경 이미지 가운데 액자 안쪽에서 원형 점들로 이미지를 그려나갈 수 있도록 push()로 새로운 좌표계를 밀어 넣고, translate()으로 기준점(0, 0)의 위치를 액자 왼쪽 상단으로 이동시킨다(⑤). p5.js 모드에서는 새로운 좌표계를 추가하는 프로세싱 명령어 push/popMatrix() 대신 push()와 pop()을 사용한다. random(720)으로 0~720 범위 안에서 임의로 정해진 랜덤 값을 원형 점이 추가될 x 좌표 위치값으로 사용하기 위해 변수 xPos에 저장한다. 이때 설정값 720은 소스 이미지 seurat.jpg의 가로 크기에 해당한다. 같은 방식으로 random(480)으로 0~480 범위 안에서 임의로 정해진 랜덤 값을 원형 점이 추가될 y 좌표 위치값으로 사용하기 위해 변수 yPos에 저장한다. 480은 소스 이미지의 세로 크기에 해당한다. 그 다음 img.get(xPos, yPos)으로 임의로 정해진 원형 점의 좌표 위치에 해당하는 소스 이미지 픽셀의 색깔 정보를 가져와 변수 c에 저장하고 원형 점의 안쪽 면 색깔로 지정한다(⑥).

map()으로 사용자가 마우스를 좌우로 움직임에 따라 원형의 크기가 조절되도록 한다. 이때 map()의 결괏값에 random(map())을 적용시켜 항상 같은 크기의 원형이 아닌 1~결괏값 범위 안에서 다양한 크기의 점들이 찍히도록 한다. 사용자가 마우스를 오른쪽으로 이동시켜 마우스 X 좌표값이 커지면 크기가 큰 원형 점이 찍힐 확률이 높아지고 마우스를 왼쪽으로 이동시키면 작은 원형 점이 찍힐 확률이 더 높아져 해상도가 높은 점묘법 이미지를 만든다(⑦). 다시 한번 map()으로 소스 이미지 720×480 기준으로 저장된 현재 원형 점 x, y 위치를 액자 크기 554×350 기준으로 위치값을 변경하고 그 위치에 외곽선이 없는 랜덤한 크기의 원형 점이 그려지도록 한다(⑧). 이제 pop()으로 추가한 좌표계를 꺼내고 가운데 액자 부분이 투명한 배경 이미지 web.png를 캔버스에 출력한다(⑨). 끝으로 키보드 이벤트 함수 keyTyped()를 사용하여 [r] 키를 누르면 스케치창의 바탕색을 흰색으로 바꿔 새로운 점묘법 이미지가 그려지도록 한다.

결과 이미지

🔗 http://jaeminlee.net/p5js/2/ex_5_6_2.html

TIP! 웹브라우저 안에서는 마우스를 클릭한 상태에서 움직여 보고, 터치스크린에서는 손가락으로 터치한 상태에서 움직여 보자.

좀 더 붙잡기~ 도전!

1. 예제 5_6_1에서 랜덤한 크기와 색깔의 원형 대신 사각형, 삼각형 또는 배경이 반투명한 png 이미지가 마우스를 따라 그려지도록 해보자.

2. 예제 5_6_2에서 액자를 하나 더 추가하여 웹 미술관에 내가 좋아하는 작품 2개를 전시해보자.

#인터넷 아트

인터넷 아트는 넷아트, 네트워크 아트, 온라인 아트, 브라우저 아트 등으로 부르기도 한다. 인터넷 고유의 기술과 문화를 기반으로 하는 창작활동으로 인터랙티브 성향이 강한 미디어아트의 한 분야이다. 인터넷 아트는 웹 기술의 발전과 함께 시작되었다. 이미지, 비디오, 사운드가 재생되는 멀티미디어/그래픽 웹브라우저인 모자이크Mosaic, 1993와 넷스케이프 내비게이터 Netscape Navigator, 1994가 처음 발표되면서부터 활발하게 이루어졌다. 초창기 인터넷 아트는 그림이나 조각 등 완전한 형태로 나타나는 실물예술을 추구하는 기존의 갤러리와 미술관 시스템에 대한 비판적인 작품들이 많이 등장하였다.

인터넷 환경에서는 이미지, 비디오, 사운드 파일뿐만 아니라 이메일, 파일 전송, 다운로드, 업로드, 스트리밍과 같은 서비스를 제공하며 2D뿐만 아니라 3D 공간도 구현이 가능하다. 이러한 미디어의 특성으로 작업의 형태도 다양하게 나타난다. 물리적으로 멀리 떨어져 있는 두 공간에 네트워크로 연결된 로봇을 설치하여 두 공간이 서로 영향을 주고받는 작업, 온라인 참가자들에 의해 만들어지는 행위예술 작업, 하이퍼텍스트 개념을 활용하여 누구든지 이야기를 이어나가고 수정할 수 있는 디지털 스토리텔링 작업, 인터넷에서 제공하는 수많은 데이터를 시각 정보로 표현하는 프로그래밍 작업 등이 있다.

최근에는 스마트폰을 통해 장소에 구애받지 않고 인터넷에 접속하는 비율이 높아지고 있어 훨씬 더 다채로운 시도들이 이어지고 있다. 특히 트위터나 페이스북과 같은 SNSSocial Network Services에 실시간으로 업로드되는 데이터를 활용한 작품들이 눈에 띈다.

#A/DD/A

윤지현, 김태윤

"한 순간도 완전한 형태로 존재하지 못하는 디지털 미디어의 순간을 잡아보려 할수록,
노이즈는 점점 확대되고 원본은 흐려지며 우리의 절대적인 믿음은 깨지게 된다."

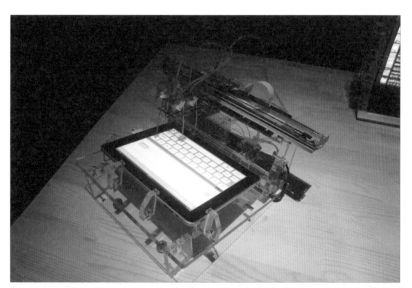

A/DD/A | 윤지현, 김태윤 | 아이패드, 해킹 스캐너, 프린터, LCD 모니터, 전자회로 |
서울국제미디어아트비엔날레 | 2012
© 윤지현, 김태윤

#양산 남부시장

이재민, 박준상(그룹명: 2hour 30minute)

'양산 남부시장'은 양산시를 대표하는 재래시장인 남부시장을 홍보하기 위해 제작된 인터랙티브 미디어아트 작품이다. 온라인으로 물건을 구입하는 데 익숙해진 현대인들에게 재래시장은 어떤 의미를 가질 수 있을까? 작품은 온라인에서는 경험할 수 없는, 사람과 사람이 직접 마주칠 수 있는 현실 공간이라는 점을 시각적으로 부각시키고 있다. 평소에는 시장의 일상을 보여주는 영상이 재생되다가 스크린 왼쪽 또는 오른쪽 방향에서 사람이 다가오면 재래시장에서 판매하는 과일, 채소, 어류 중에서 랜덤하게 선택된 이미지가 해당 방향에서 출발하여 반대편 방향으로 이동한다. 이미지가 이동하는 동안 반대편에서도 사람이 다가오면 반대 방향에서도 이미지가 출발하며, 양쪽 방향에서 이동하는 두 이미지가 어느 지점에서 만나 부딪치는 순간 폴리곤 파티클이 부서지듯 퍼져나가는 영상이 재생된다.

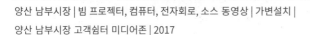

양산 남부시장 | 빔 프로젝터, 컴퓨터, 전자회로, 소스 동영상 | 가변설치 |
양산 남부시장 고객쉼터 미디어존 | 2017

#Nation on Border

이재민

전시장 한쪽 벽면에 손으로 그린 국기는 변하지 않는 현실 세계 속 국가 간에 존재하는 분명한 경계를 표현한다. 옆쪽 벽면에는 트위터에서 국가(#nation)를 검색 키워드로 입력한 메시지가 실시간으로 출력되며, 동시에 국가를 상징하는 국기들이 해체되는 이미지가 반복적으로 프로젝션 매핑된다. 벽면에 매핑되는 이미지는 프로그래밍을 통해 매분 트위터에 트윗되어, 관객들이 현실과 사이버 두 공간에 존재하는 서로 다른 국가의 경계에 대해 생각해 보도록 한다.

Nation on Border | 빔 프로젝터, 컴퓨터, 인터넷, sns 데이터 | 가변설치 | 모인갤러리 | 2018

찾아보기